U0934850

央企青年
强国复兴有我

国务院国资委党委宣传部◎编著

文化发展出版社
Cultural Development Press
·北京·

图书在版编目（CIP）数据

央企青年: 强国复兴有我 / 国务院国资委党委宣传部编著. —北京: 文化发展出版社, 2023.1

ISBN 978-7-5142-3750-4

Ⅰ. ①央… Ⅱ. ①国… Ⅲ. ①青年先进人物－生平事迹－中国 Ⅳ. ①D432.62

中国版本图书馆CIP数据核字（2022）第080691号

央企青年: 强国复兴有我

国务院国资委党委宣传部　编著

出 版 人：武 赫

责任编辑：王 晶　　　　责任校对：岳智勇

责任印制：邓辉明　　　　封面设计：张　敏

出版发行：文化发展出版社（北京市翠微路2号 邮编：100036）

网　址：www.wenhuafazhan.com

经　销：全国新华书店

印　刷：北京中科印刷有限公司

开　本：710mm × 1000mm　1/16

字　数：350千字

印　张：26

版　次：2023年1月第1版

印　次：2023年1月第1次印刷

定　价：78.00元

I S B N：978-7-5142-3750-4

◆ 如有印装质量问题，请电话联系：010-83626929

《央企青年：强国复兴有我》编委会

序 言

奋斗者　正青春

习近平总书记在党的二十大报告中强调指出，全党要把青年工作作为战略性工作来抓，用党的科学理论武装青年，用党的初心使命感召青年，做青年朋友的知心人、青年工作的热心人、青年群众的引路人。这一重要论断，深刻揭示了青年工作在党和国家事业全局中的战略地位，为做好新时代党的青年工作指明了前进方向、提供了根本遵循。

青年强，则国家强。青年是整个社会力量中最积极、最有生气的力量，中国的未来属于青年，中华民族的未来属于青年。当代中国青年生逢其时，施展才干的舞台无比广阔，实现梦想的前景无比光明。在新时代中国特色社会主义的奋斗图谱上，广大青年以奋发有为的精神和蓬勃绽放的青春书写了绚烂夺目的宏伟篇章，央企青年的奋斗群像在其中格外耀眼。国资央企因党而生、跟党奋斗，一代代央企人在党的旗帜下接续拼搏，谱写了国有经济从无到有、由弱到强的辉煌乐章。新时代央企青年不忘初心、牢记使命，紧紧围绕为中华民族伟大复兴而奋斗的时代主题，积极投身企业改革发展和全面建设社会主义现代化国家的伟大实践，成为企业深化改革的生力军和高质量发展的先锋队。党的奋斗主题就是央企青年的行动方向，面对新时代的号召和呼唤，央企青年激昂回应：请党放心，强国复兴有我！

奋斗是青春最亮丽的底色，行动是青年最有效的磨砺。《央企青年：强国复兴有我》一书，以“青春·奋斗”为主题，生动记录了中央企业各条战线先进青年典型的奋斗故事。从重点工程建设的火热现场到重大科技攻关的研发基地，从生产制造的车间班组到市场竞争的商业团队，从抢险救灾的应急突击到应对重大危机挑战的顽强斗争，通过297个典型事迹，充分展示了央企青年奋战在改革发展主战场、攻坚克难第一线，自觉担苦、担难、担重、担险的动人形象。相信该书的出版将激发广大央企青年爱党爱国热情，更好地将青年力量凝聚到贯彻落实党的二十大作出的重大战略部署上来，带动广大青年在企业改革发展和党的建设中开拓进取、奋勇拼搏。

实现中国梦是一场历史接力赛，奋进全面建设社会主义现代化国家、向第二个百年奋斗目标进军新征程，中央企业党委（党组）要深入贯彻落实党的二十大精神，深刻学习领会习近平总书记关于青年工作的重要论述精神，牢牢把握青年工作的政治属性、时代主题、根本任务，坚持加强和改进党对央企青年工作的全面领导，努力增强党对央企青年的凝聚力、感召力和央企青年对党的向心力，引领青年听党话、跟党走，广泛动员青年建功新时代，不断为党培养造就堪当民族复兴重任的时代新人，让革命薪火代代相传。广大央企青年要牢记习近平总书记嘱托，坚定不移听党话、跟党走，怀抱梦想又脚踏实地，敢想敢为又善作善成，立志做有理想、敢担当、能吃苦、肯奋斗的新时代好青年，让青春在全面建设社会主义现代化国家的火热实践中绽放绚丽之花，为实现党的二十大描绘的宏伟蓝图踔厉奋发、勇毅前行。要全面学习、全面把握、全面落实党的二十大精神，坚持以习近平新时代中国特色社会主义思想为指导，深刻领悟“两个确立”的决定性意义，增强“四个意识”，坚定“四个自信”，做到“两个维护”，自觉在思想上政治上行动上同以习近平同志为核心的党中央保持高度一致，在思想洗礼和实践锻造中不断增强志气、骨气、底气。要自觉听从党和人民召唤，胸怀“国之大者”，强化使命担当，以永不懈怠的精神状态和一往无前的奋斗姿态，在做强做优做大国有资本和国有企业的伟大事业中施展抱负、建功立业，为加快建设具有全球竞争力的世界一流企业贡献青春力量，勇做新时代的弄潮儿，不负党和人民的殷切期待！

国资委党委宣传部

中央企业团工委

2022 年 12 月

目 录

第一篇
凝聚青春力量，坚持党的领导的政治方向

第一篇

凝聚青春力量，坚持党的领导的政治方向

第一章

以党的旗帜为旗帜，让坚持党的领导深深融入血脉

青年是社会中最有生气、最有闯劲、最少保守思想的群体，蕴含着改造客观世界、推动社会进步的无穷力量。2022 年 5 月 10 日，习近平总书记在庆祝中国共产主义青年团成立 100 周年大会上发表重要讲话指出："党和人民事业发展离不开一代又一代有志青年的拼搏奉献。只有当青春同党和人民事业高度契合时，青春的光谱才会更广阔，青春的能量才能充分迸发。"新时代央企青年生逢其时、重任在肩，跟党奋斗、强国兴企，施展才干的舞台无比广阔，实现梦想的前景无比光明。

人生最幸福的事莫过于：祖国召唤时，我们正青春。新时代央企青年的使命就是以党的旗帜为指引，把坚持党的领导的信念深深融入血脉之中，始终在党的领导下，同人民一道，为实现第二个百年奋斗目标、实现中华民族伟大复兴的中国梦而奋斗。当下，处于中华民族发展的最好时期，新时代央企青年一定能从先驱先辈走过的征程中汲取智慧、提振信心、增添力量，时刻紧跟伟大的党，持续把忠诚书写在党和人民事业中，把青春播撒在民族复兴的征程上，把光荣镌刻在历史行进的史册里！

有志青年，汇聚在党的旗帜下

思想领航

党育青年成长，青年跟党前进。历史和现实都证明，中国共产党是始终保持青春特质的党，是永远值得青年人信赖和追随的党。实现中华民族伟大复兴的征程，需要风华正茂、对党信赖、对党忠诚的追随者。2014 年 5 月 4 日，习近平总书记在北京大学师生座谈会上发表重要讲话指出，“当代中国青年一定能够担当起党和人民赋予的历史重任”。时代呼唤担当，盛世成就青年。新时代赋予了央企青年新使命、新担当，需要央企青年与党同心同德、同力同行，真正成为中国特色社会主义的建设者和接班人。

广大央企青年要从内心深处厚植对党的信赖、对中国特色社会主义的信心、对马克思主义的信仰，始终听党话、感党恩、跟党走，汇聚起“一起向未来”的青春智慧，成为中华民族伟大复兴的蓬勃力量，为鲜红的党旗、鲜艳的国旗、鲜亮的团旗增添新的亮丽色彩！

青春风采

2022 年 11 月 12 日，习近平总书记给中国航空工业集团沈飞“罗阳青年突击队”的队员们回信，勉励他们学习贯彻好党的二十大精神，为建设航空强国积极贡献力量。习近平总书记在回信中说，你们以罗阳同志为榜样，扎根航空装备研制一线，在急难险重任务中携手拼搏奉献，这种团结奋斗的精神非常可贵。习近平总书记指出：“希望你们继续弘扬航空报国精神，心往一处想，劲往一处使，在推动航空科技自立自强上奋勇攀登，在促进航空工业高质量发展上积极作为，争做有理想、敢担当、能吃苦、肯奋斗的新时代好青年，为全面建设社会主义现代化国家、全面推进中华民族伟大复兴作出新贡献。”

喜讯传来，整个航空工业瞬间沸腾！佳音回响，祖国大江南北人心激荡！航空工业党组第一时间专题学习习近平总书记重要回信精神，第一时间把习近平总书记的勉励与嘱托传达至航空工业每一名员工。航空工业党组书记、董事长谭瑞松说，习近平总书记的回信，是沈飞的骄傲，是以沈飞第一批“罗阳青年突击队”12 名队员为代表的全集团 15000 余支“罗阳青年突击队”的骄傲，是航空工业全体青年同志的骄傲，更是航空工业 40 万员工的骄傲！

2012 年 11 月 25 日，歼 -15 飞机研制现场总指挥罗阳同志因公殉职。11 月 26 日，习近平总书记作出重要批示，要求总结宣传罗阳同志先进事迹，号召广大党员、干部学习罗阳同志的优秀品质和可贵精神。为落实习近平总书记关于学习罗阳烈士先进事迹的重要指示批示精神，航空工业党组第一时间作出部署，动员全体员工传承罗阳遗志、砥砺航空报国精神。航空工业集团团委积极落实集团党组的部署要求，2013 年初，主动策划启动“罗阳青年突击队”建功立业活动，用英雄的名字命名青年突击队，同时向广大青年发出“学罗阳、做先锋、见行动”的活动倡议，号召“罗阳青年突击队”围绕科研生产经营“急难险重新”任务，赛进度、赛质量、赛创新、赛管理、赛效益、赛育人，切实把“罗阳青年突击队”打造成为学习型、创新型、科技型、效益型、阳光型的优秀青年团队。

2013 年 5 月 3 日，按照集团公司党组部署，集团公司“罗阳青年突击队”正式命名并授旗成立。同年 6 月 8 日，在集团公司团委指导下，航空工业沈飞成立第一批“罗阳青年突击队”，以 35 周岁以下团员青年为主体，他们在罗阳战斗过的地方，汇聚在党的旗帜下，牢记初心使命，传承罗阳精神，托举起航空强国的梦想。

2013 年以来，航空工业以“罗阳青年突击队”为载体，组织广大青年学罗阳、做先锋，累计已有 37 万人次参与其中，“罗阳青年突击队”成为圆满完成各项任务的“尖刀”，哪里有急难任务，他们的身影就会出现在哪里：在攻坚克难的科研生产现场、在创新突破的技术研发平台、在周密完善的服务保障一线……他们以“罗阳精神”为航标，用实际行动践行“罗阳精神”，让祖国的战鹰高飞远航，让祖国的海天更加澄澈浩荡！

在众多“罗阳青年突击队”的队员中，有着一个个我们耳熟能详的名字：王刚、方文墨、孙志强、李晓丹、田芳、刘艳梅、张敏……他们各自奋战在航空产品生产、技术研发、管理创新的最前沿，聚焦解决生产、技术、质量、管理等一线难题，在科研生产经营管理的关键节点上，十年如一日，无悔奉献着青春力量。

像王刚、方文墨一样的“罗阳青年突击队”优秀技能人员，扎根一线，在零件生产交付的关键时刻总是冲锋在先，敢于承担重任，同时牢牢确保产品质量，努力让每一件产品都成为精品；像孙志强、田芳一样的“罗阳青年突击队”优秀装配人员，严谨求实、勤奋刻苦，着力解决装配现场的技术难题，优化装配工艺方法，提高装配生产效率，用双手交付一组组完美的产品；像李晓丹、刘艳梅一样的“罗阳青年突击队”优秀技术人员，以产品需求为牵引，聚焦重点领域和关键技术，持续增强自主创新能力，努力打造原创技术策源地，有力推动着航空产品制造材料、工艺流程、数据管理、产品研发等核心技术的不断提升。

10 年来，无数像他们一样的“罗阳青年突击队”优秀队员，不断继承和发扬航空报国精神和“罗阳精神”，激情燃烧报国志向，用青春在建设航空强国的壮美画卷上留下浓墨重彩，奋力将强军梦想照进现实，一步一个脚印踏实践行兴装强军首责，不断推动航空事业向更高目标迈进。

如今，“罗阳精神”已成为一面旗帜、一种基因，融入了 40 万航空人的精神血脉中，激励和鼓舞着无数有志青年前赴后继、赓续接力，在最紧急、最艰难、最危险的任务中勇担重任、勇挑大梁，成为开拓祖国航空事业的中坚力量，让“罗阳精神”的旗帜在建设航空强国的第一线高高飘扬。

青春激昂，报国无悔奉献；赓续接力，共迎中华复兴！央企青年要坚守初心使命、传承红色基因，努力把党的二十大擘画的宏伟蓝图变成现实，为建设富强繁荣的盛世中华而不懈奋斗！

“我是一名管道科研工作者，也是一名党员，每次穿上橙色的工装，戴上红色的党徽，心情都特别激动。”这是国家管网集团北方管道技术支持中心科长、党支部书记王婷经常说的一句话。她长期扎根科研一线，从事完整性管理相关技术研究工作，负责了庆铁线、马惠宁线、兰成渝线、长呼线等多条管线的完整性评价，从公司级课题到国家级课题乃至国际管道研究协会（PRCI）课题，在科技自立自强的道路上不断提升攻坚克难的能力，时刻以党员标准严格要求自己，大胆探索，勇于创新。

2014 年至 2018 年，王婷带队承担了国际管道研究协会“管道环焊缝缺陷内检测评价技术研究”课题，获得项目资金 37 万美元。这是国内外管道运营企业高度重视的一道世界性难题，也是国内管道行业公司首次独立承担的 PRCI 项目。课题旨在探讨各项内检测技术应用于环焊缝缺陷的适用性及可行性，指导各管道运营企业有针对性地进行选择，并推动内检测技术的提升。

PRCI 项目除了需要获得技术上的认可，沟通协调方面也极具挑战。由于项目的合同迟迟未能签订，王婷及项目组成员心急如焚。在 PRCI 技术委员大会上，他们趁会议间隙迅速编制材料、邀请国外专家召开课题启动会，并向大会和 PRCI 总裁提出现场起草并签订合同的提议，争取到 10 分钟的大会解说机会。王婷流利的英文、诚恳的态度以及充分的理由，最终得到了与会者的肯定，项目经表决顺利通过。国外专家对这个思维敏捷的女同行竖起了大拇指，称她不只有果敢的行为，更有满满的自信。

历经一番攻坚克难，该技术为国内外成员单位提供了管道环焊缝缺陷内检测方面的技术支持，研究方案及结论赢得了国外专家的认可，被多家国外管道公司学习借鉴，有力提升了我国管道行业在国际上的知名度和影响力。

有志青年心向党，建功立业新时代。新时代央企青年要把自我理想融入党和人民的事业，把对祖国血浓于水、与人民同呼吸共命运的情感贯穿事业全过程、融会在事业追求中，在奋斗中激扬青春，在奉献中建功立业。

罗家庚，现任华能阳逻电厂运行部副主任。2020 年 1 月 23 日，武汉因新冠肺炎疫情“封城”。“电厂运行部要成立党员突击队，实行封闭管理，请能够参加的值长迅速报名。”当日中午 11 时 30 分，罗宗庚在电厂运行部的 5 位值长中第一个报了名。

“阳逻电厂肩负着武汉 54% 的供电任务，是名副其实的‘停不得企业’。现在疫情这么严重，只有封闭管理才能保证人员相对稳定，这不仅是保障电厂正常运行的前提，也是减少职工家属感染风险的措施。”相对于其他人的恐慌，罗家庚镇定地说：“我是值长，也是党员，这个时候，我必须上！”从收到微信通知的那一刻起，罗家庚就把行李放进了后备厢，时刻为封闭管理做好准备。在他的带动下，运行四值共有 28 名员工参加了封闭管理，人数居电厂首位。

罗家庚总说：“我不是英雄，只是做了自己该做的事。”确实，每一种职业，都有自己的使命，正是有了无数平凡英雄拼搏奋斗，才汇聚成昂扬奋进的洪流。

罗家庚的不懈努力让他始终领跑同期入厂的员工，仅用 11 年就升任了运行部值长。对于党组织，罗家庚更是一心向往，2012 年提交了入党申请书。“这么优秀的年轻人，我一定要发展他加入党组织。”在李黎的介绍下，2019 年，罗家庚光荣地加入了中国共产党，还被集团公司评为“四优”共产党员。

一心向党，坚如磐石。央企青年把党和国家放在心中，民族振兴就会拥有源源不断的力量。

用实际行动展现央企青年听党话、跟党走的政治本色，中国长江三峡集团青年专家黄俊灵说，能够加入中国共产党，他感到无上光荣，一定会认真贯彻落实习近平总书记“四个革命、一个合作”能源安全新战略，为实现“碳达峰、碳中和”作出贡献。

坚定不移跟党走，一心向党谋发展。身为哈佛大学博士、正高级工程师、国家海外人才引进计划入选者、中国长江三峡集团国际清洁能源研究室负责人、清华大学 - 中国长江三峡集团气候变化治理机制与绿色低碳转型战略联合研究中心副主任，黄俊灵始终不忘自己的入党初心：为党和人民贡献自己的微薄之力。

胸怀报国之志，学成报效祖国。入职三峡集团后，黄俊灵便向党组织递交了入党申请书。他说：“我一直都告诫自己不仅要成为业务专家，同时更要不断地加强自己的政治修养。”此后，黄俊灵紧跟党的步伐，认真学习党的理论与党的历史，增强党性修养，加强党性锻炼。在 2021 年建党百年之际，黄俊灵被国务院国资委党委选为在京中央企业新党员代表，在中国共产党历史展览馆参加了中组部集中组织的入党宣誓活动。听到讲解员介绍钱学森、邓稼先等老一辈科学家回到祖国，投身火箭、导弹和航天科技事业的创业史，黄俊灵不禁热泪盈眶、热血沸腾。他激动地说：“我在国外学习工作 9 年，掌握了扎实的专业知识，回国后一定要以所学知识，为国家的绿色能源发展事业贡献力量。”

百年风华，青春无悔。一代又一代中国青年在党的旗帜下，前赴后继、奋勇争先，将青春和理想融入实现国家富强的拼搏奋斗之中，始终成为实现中华民族伟大复兴的先锋力量。广大央企青年要积极投身党领导的革命、建设、改革伟大事业，把最美好的青春献给祖国和人民，在新时代谱写壮丽的青春篇章。

坚定不移听党话、跟党走

习近平总书记在党的二十大报告中强调指出："广大青年要坚定不移听党话、跟党走，怀抱梦想又脚踏实地，敢想敢为又善作善成，立志做有理想、敢担当、能吃苦、肯奋斗的新时代好青年，让青春在全面建设社会主义现代化国家的火热实践中绽放绚丽之花。"

国有企业作为中国特色社会主义的重要物质基础和政治基础，作为党执政兴国的重要支柱和依靠力量，在为实现中华民族伟大复兴提供坚实物质保障方面具有不可替代的重要作用。坚持党的领导、加强党的建设是国有企业的光荣传统和独特优势，是国有企业的"根"和"魂"。国务院国资委党委书记、主任郝鹏说："党中央对国有企业党的建设高度重视，党的十八大以来，先后作出一系列重大决策部署，对国有企业坚持党的领导、加强党的建设、全面从严治党，提出了明确要求。"新征程上，广大央企青年要坚定不移听党话、跟党走，用"两个确立"凝心聚魂，进一步增强"四个意识"、坚定"四个自信"、做到"两个维护"，在学思践悟中牢记初心使命，在知行合一中担当作为，始终保持统一的思想、坚定的意志、强大的战斗力，成为推进企业高质量发展的强大力量。

青春风采

坚定不移听党话、跟党走，是央企青年的行动自觉，也是第 26 届“中国青年五四奖章集体”获得者——核工业西南物理研究院“人造太阳”中国环流器二号 M（HL−2M）（以下简称“HL−2M”）装置研制团队的集体意愿。为实现中国的“聚变能源梦”，早日在中国点亮世界第一盏“聚变之灯”，该团队以一往无前的奋斗姿态，毅然承担起了我国最新一代先进磁约束核聚变实验研究装置建设重任，终于在 2020 年 12 月建成 HL−2M 装置并实现首次放电，标志着我国自主掌握了大型先进托卡马克装置的设计、建造、运行技术，为我国自主设计、建造聚变堆奠定了坚实基础。

HL−2M 装置放电实验需要超高真空环境，比宇宙密度还要稀薄好几个数量级，所以需要研制真空室用来盛装上亿摄氏度的高温等离子体。在设计研发初期，团队大量调研，走访了 10 余家大型制造企业，厂家纷纷反映：“精度高、加工难度大，国内没有任何一家企业有相关制造经验，这是不可能完成的任务。”但“人造太阳”团队清楚，科技是第一生产力，就是要把一个个“不可能”变成“可能”。为了保证真空室制造质量，他们迅速将科学思维调整为工程思维，将科学设计参数细化为一张张可实现的工程图纸，从 1:1 试验段的研制到设计优化，再到正式产品制造完成，全程跟踪，见证了真空室从原材料到材料复验、下料、成型、组对、焊接、检测、加工等的全生产工艺流程，历经了上万次的尺寸数据测量、数百次的测量数据分析、几十次的反复组对试装，终于经过 6 年艰难探索，制造出了我国首台 D 形截面全焊接环状超高真空容器，相关工艺和技术指标达到国际领先水平。

线圈系统为 HL−2M 装置放电实验提供约是地球磁场 5 万倍的强磁场，用以精确和稳定地控制上亿摄氏度的高温等离子体。团队原本打算从美国进口高强度膨胀螺栓用在 HL-2M 装置线圈的连接接头上，单根螺栓进口价格约 1 万美元（折合人民币约 7 万元），总用量约 300 根，这样光是膨胀螺栓总费用就将达到 2000 多万元人民币，高昂的零件价格让团队“肉疼”，更要命的是美国相关部门以涉及国家核心技术为由，禁止美国公司向中国出售这种产品。突如其来的禁售，给了团队成员当头一棒，没有高强度膨胀螺栓组件，线圈将不能连接，整个 HL-2M 装置的建设将直接停摆。依赖于人必将受制于人，核心技术光靠引进是行不通的。团队紧急与国内多个紧固件厂家合作，对原材料热处理、车削、滚丝、表面处理等工艺进行了大量试验和方案优化，终于自主研制出了高强度螺栓组件，打破了国外技术封锁，并且将单根螺栓的费用从进口价格约 1 万美元降到了 1 万多元人民币，膨胀螺栓总费用从 2000 多万元人民币降低到 300 多万元人民币，极大程度上节约了科研经费。

在常规托卡马克装置中，电源系统所有的供电都源于脉冲发电机，脉冲发电机对于 HL-2M 而言就是“巨型充电宝”，没有它，装置无法运转。HL-2M 的参数较之前的装置有大幅度的提升，这对新一代的脉冲发电机也提出了更为严苛的要求，它的总功率和脉冲释能达到现有的 3 台脉冲发电机的总和。同时，为了减少占地面积，需要将脉冲发电机由卧式改为立式，这在国内从来没有过先例。一时间，大家心里都在打鼓，“这么大功率的发电机，还是立式的，真的可行吗？”与其发出疑问畏首畏尾，不如奋勇向前放手一搏，团队迅速组织人员查阅各种资料，在多次咨询专家后决定开始尝试设计和研制工作，开启了披荆斩棘之旅。从前期的机组系统计算到工程方案设计再到最后的验收工作，团队通过自主技术攻关攻克了大惯量高速转子、六相大电流定子等关键技术，由于机组特殊结构和特殊参数，团队对盘车方式进行了调整，并对摆度控制提出更高要求，团队经过对轴系的反复调整，不断修正，最终轴系摆度测量结果远高于安装要求。同时，团队对该脉冲发电机组进行了高转速下机械考核试验，全面考核了高转速下机组的机械特性，相关指标均满足设计要求，保证了机组可以在额定转速下长期安全稳定运行。前后历时近 8 年，团队通过不断对方案进行优化，最终实际研发成本比立项预算评估价节省了上千万元，成功研制出了国内首台完全自主知识产权的大型立轴脉冲发电机组，它的单次释能可达 2000MJ，其功率与秦山核电站相当。

在正式启动安装后，团队连续奋战近 270 天，每天工作 10 小时以上，主动放弃国庆节、高温假、周六日等节假日休息时间，总共安装重型大型部件 12 件，中小型零部件 1000 件以上，紧固件 5000 套以上，形成工艺设计、分析、测试文档近 200 份，安装进展周报近 50 份，各种方案讨论会不计其数。其中，吊装中心柱是最重要同时又是最困难的工作，它高 5 米、直径 4 米，重量达到 90 多吨，体积庞大，而安装大厅的最高位置只有 13 米，空间有限，整个流程要求用 350 吨的吊车吊装到安装位置，并保证安装误差不超过 2 毫米，同时保证吊车的安全和起吊位置匹配。在吊装前期，团队积极协调厂家人员，反复修改吊装方案，及时转运安装设备和上千件的零部件，为吊装腾出尽量大的空间，整个团队为此轮轴转，提前做好了各项应急预案。在吊装现场，团队积极指挥协调整个安装施工队伍，维护现场秩序，正式吊装时，在场的每一个工作人员都屏住了呼吸，最终在施工人员的配合下，一次性吊装完成，而且达到水平度偏差 ±1.5 毫米、同轴度偏差 φ3 毫米的高精度就位。同时，在安装指形工装、吊运脚手架平台、吊装上横段时，由于螺栓的配合间隙太小，仅靠人力是不能装上螺栓的，只能现场解决液压工装问题，团队群策群力，平均每天工作 11 个小时，夜以继日，用了一年零三个月的时间，安装好装置主体，然后中频加热焊接各条引线。为了保证工程进度，团队分成两个班，每天加班到晚上 12 点，仅用一个月时间就完成了引线的安装和绝缘包裹工作。

“人造太阳”中国环流器二号 M（HL-2M）装置研制团队一直秉承“功成不必在我，功成必定有我”的责任担当，甘坐冷板凳，勇做挖井人，以不懈的努力和一往无前的奋斗书写他们的热血青春，为我国早日实现核聚变能的和平开发利用贡献了力量。

坚定不移听党话、跟党走，进一步激发央企青年在重大项目一线扎根奉献，在民生服务前沿经受磨砺，在加快推进创新型国家建设、世界科技强国建设的历史进程中挥洒青春和热血。

中核甘肃核技术产业园建设的“排头兵”——中核四〇四有限公司第二项目部“‘核’力攻坚筑国威”青年集体，是一个高规格的青年攻坚集体，85% 以上毕业于 985 和 211 大学，平均年龄 35 岁。正是这个肩负着实现祖国后处理闭式循环艰巨使命的青年集体，常年扎根戈壁，放弃城市繁华，用拼搏的青春书写奋斗华章。

王文洋是这个集体中的一员，他满怀报国之志，从繁华秀丽的深圳来到寸草不生的戈壁，几年如一日吃住在工地上。由于现场离不开人，王文洋只能利用去深圳周边地区出差的机会，见家人一面，短短的几个小时是他能给妻子、儿子的全部陪伴。“一面夫妻”“一面父子”的故事在这个青年集体里还有很多。来自福建的杨钊长期受寒风侵袭，腰椎间盘突出疼得直不起腰，就用两块钢板缠住脊柱坚持在现场继续奋战。为确保项目建设进度和工程质量，项目部青年职工坚守在戈壁，向核工业建设史上一个个高峰发起一次又一次的冲锋。“年轻就要拼！我们作为工程技术人员，更要把个人命运融入国家发展，用过硬的技术打造出国之重器，不负时代，不负青春。”这是第二项目部青年集体获奖后的感言。

逢山开路，遇水架桥，勇于担当，攻坚克难，广大央企青年坚定不移跟党走，以高涨的工作热情、无私的奉献精神，让青春在全面建设社会主义现代化国家的新征程中淬火成钢、绽放光彩。

大庆油田 1205 钻井队成长的每一步都得益于能够始终听党话、感党恩、跟党走，坚定不移地贯彻执行党的各项方针政策。作为石油工业战线上的一面旗帜——大庆钻探钻井二公司 1205 钻井队，始终牢记“石油工人心向党”，创新“铁人精神 + 党建”，在听党话、跟党走上当标杆做旗帜。

扎根井队 13 年，作为中国石油天然气集团所属大庆油田钻探工程公司 1205 钻井队第 21 任队长，张晶始终胸怀“我为祖国献石油”的赤胆忠心，肩扛百年油田建设的责任使命，高举铁人旗帜，干在实处，走在前列，当先锋、打头阵，带领 1205 钻井队钻井总进尺突破 300 万米，首次实现年钻井进尺 10 万米四连冠。2022 年，他又率队挺进页岩油主战场，克服钻机转型升级、地层复杂多变、缺少深井施工经验等一系列困难，在油田率先实现钻井周期 33.1 天、28.76 天、22.63 天、18.8 天的阶段目标，创出三开定向日进尺 415 米、三开定向周期 1.48 天、三开钻井周期 7.98 天、全井钻井周期 13.77 天 4 项油田新纪录，为页岩油平台井整体大提速蹚出了经验，树立了榜样，为大庆油田钻探扭亏解困、高质量振兴发展，为保障国家能源安全作出了突出贡献。在张晶的带领下，1205 钻井队被评为“新中国 70 年十大经典班组”、中国石油天然气集团公司工程技术金牌队、大庆油田功勋集体和新时代振兴发展标杆。张晶个人被授予“全国五一劳动奖章”，并荣获“中国石油天然气集团有限公司劳动模范”“大庆油田杰出员工”“优秀共产党员”等称号。

张晶始终牢记老队长铁人王进喜“干工作要经得起子孙万代检查”的要求，立足岗位、自觉从严，时时、处处、人人、事事践行严实的钢铁作风。

刚刚率队进入页岩油主战场，第一次用 70DB 钻机，第一次打页岩油水平井，他们也是这个平台上唯一一支没有大钻机施工经验的队伍，所有的“一”最终都指向一个问题——1205 队到底行不行？面对巨大的压力，张晶说：“时间短不能作为理由，没有经验更不能当作借口，因为我们是1205队人！”他第一个停止倒班，拿出铁人识字搬山的劲头，翻出设备说明书、操作指导书，连续一个多月住在井上一页一页、一条一条地琢磨，一句一句、一字一字地研究，一个多月书本不离手、工衣不离身。在他的带动下，全队主动放弃倒班休息，“学习”成了1205队每个人的信念。为了让全队迅速掌握岗位操作技能，他依托1205队海外人才培养基地和青工岗位技校，在队内开办了滚动课堂，邀请公司技术专家、钻机厂家驻队人员、有海外工作经验的师傅等，讲授古页岩油区块钻井工程设计、钻井施工工序、70钻机操作规程等知识。白天，他带领员工现场实践，手把手教操作；晚上，他在矿泉水瓶上画上操作手柄的按键，领着大家反复进行模拟。他还在班组间搭建竞技擂台，开展班组大比武，比谁操作快、比谁运行稳、比谁标准高。就这样，张晶带领全队员工仅用时一个月就熟练掌握了钻机操作运行技术，还创出了接立柱4分30秒的区块最好成绩，全队的接立柱时间也从最初的平均12.55分钟降至7.7分钟，全井仅接立柱一项就节约近14个小时。连钻机厂家工程师都竖起了大拇指，说他们接立柱的速度比厂家试验的最快速度还快。

在与新钻机的不断磨合中，张晶发现原来的岗位制度存在很多责任盲区。为实现责任覆盖无死角，在公司的指导下，他以70直流钻机岗位责任制为基础，把顶驱、柴油发电机组、井控设备、钻井液泵、值班房、材料房等67项482个重点部位，全部纳入巡回检查范畴，带头确立了17个岗位的井场巡回检查路线，重新梳理汇编了《岗位专责制》《巡回检查制》《交接班制》，让各岗位的员工该干什么、该怎么干一目了然。为了拿到设备现场保养的第一手资料，张晶领着机械大班，顶着零下20多摄氏度的严寒，连续在井场巡回工作近10个小时，按照设备手册逐个设备逐点核对日保养点、周保养点、长周期保养点300多个，制定了设备保养制度，绘制出了设备保养路线，为钻机设备高标准顺利运行奠定了坚实基础。第一口井，他们就把原平台钻井周期从113天降至33.1天，在油田率先突破 35 天目标。完井那天刚好是大年三十，张晶和全队员工一起在井场吃了顿年夜饭。他说："虽然没和家人在一起，但是那顿饭能记一辈子，真香。"

张晶时刻牢记习近平总书记的嘱托，积极贯彻新发展理念，以创新追求突破，在多打井、打好井、打高质量井的实践中践行着发展油田接续力量、保障国家能源安全的责任和使命。

张晶始终把老队长铁人王进喜的那句"有条件要上，没有条件创造条件也要上"作为自己的座右铭，自觉加压、不畏挑战、以队为家、甘于奉献。他说："我只是做了我们钻井人该做的事，跟铁人比起来我差得多了。"为了钻井事业，他是豁得出、拼了命地干。他用拼搏的精神感染着、带动着身边的每一个人，用实际行动诠释了一名铁人传人的责任和担当。

时光不老，奋斗不止。只有当青春同党和人民的事业高度契合时，青春的光谱才会更广阔，青春的能量才能充分迸发。广大央企青年要听党话、跟党走，以昂扬奋进的姿态书写下无愧于时代的壮美篇章。

中国航空油料集团有限公司西北公司延安地区联合党支部书记、政工师袁鸿鹏，自踏上工作岗位的那一刻起，就一心想利用自己政治学原理专业出身的优势，将做好一名优秀的理论宣讲工作者的目标暗暗藏在心底。他时刻关注党的理论创新，关注党的重大方针政策，关注国际国内时事。每次召开党的全国代表大会、全会或是党中央其他会议，他都要在最短的时间内对大会报告和全会作出的决定、决议等进行反复研读，力求理论学习先人一步。在学习的过程中，他坚持读原著、学原文、悟原理，用先进的理论武装思想、指导实践。

功夫不负有心人。在共青团中央实施的全国"青年马克思主义者培养工程"培训期间，每次的参观学习、交流讨论，袁鸿鹏都边看边听、边记边思考，做到既看在眼里，又记在笔尖上，再领悟在心坎里，以便学深悟透，积累经验，用于以后的宣讲工作中。优异的表现让他从 200 余名学员中脱颖而出，荣获 2019 年共青团中央全国“青马工程”优秀学员。

敢想敢干是袁鸿鹏一贯的工作作风，一旦认准他便勇往直前。他开创性地打造了《五分钟说“青马”》系列栏目，以口播方式普及马克思主义思想，围绕政策宣传、理论解读和思想解答等主题，加强对青年员工的思想政治引领，引导中国航油广大青年团员积极投身建设世界一流航油公司。根据青年实际需求，他组织开展“‘青马’工作室”实体创建工作。在创建实践中，他始终把建设和培育“学习型”团组织作为主要内容，重抓学习、提升素质。他还经常和同事们一起讨论、研究讲课要点和方法，向有经验的老教师请教，力求讲课环节、教案内容能够贴近实际、尽善尽美。经过不断打磨宣讲课件，袁鸿鹏阔步走上共青团中央“‘青马’学员说”的舞台。他结合工作岗位实际和党史学习心得，分享了“平凡的岗位也可以熔铸不平凡的精神”，获得了社会各界的好评。

两年时间里，袁鸿鹏团结带领“‘青马’工作室”33 名成员，深入学习贯彻习近平总书记关于青年工作的系列重要指示精神，坚持把创建“‘青马’工作室”作为凝聚青年、团结青年、带领青年建功立业的重要载体，紧密结合工作特点，广泛深入基层，融入青年，扎实开展理论宣讲工作，赢得了大家的肯定。

如今，中国航油集团的“‘青马’工程”结出了丰硕果实：它是中央企业第一批 12 家试点单位之一，结合企业发展实际，创新设立了思想育人、技能育人和作风育人的“三育人”培养平台，实现了人才培养使用与公司发展的互利双赢。

青春心向党，永远跟党走。广大央企青年时刻牢记习近平总书记的殷殷嘱托，在实现民族复兴的赛道上奋勇争先，努力当好新时代强国兴企突击队，在奋斗中释放青春激情，在拼搏中追逐青春理想。

当好“立大志”的强国一代

思想领航

2017 年 5 月 3 日，习近平总书记在中国政法大学考察时发表重要讲话指出，“立志是一切开始的前提，青年要立志做大事”。青年理想远大、信念坚定，是一个国家、一个民族无坚不摧的前进动力。有大志、有理想、有信念的青年寄托着国家的希望，承载着民族的未来。

时代在变，价值永存。一代代中国青年把青春奋斗融入党和人民的事业，成为实现中华民族伟大复兴的先锋力量。广大央企青年只有信念坚定、对党忠诚，筑牢信仰之基、补足精神之钙、把稳思想之舵，才能经得住各种考验，走得稳、走得远，不断把为崇高理想奋斗的实践推向前进。

青春风采

什么是青年？这不仅是年龄问题，更是生命质量的定义。新时代央企青年将亲历实现中华民族伟大复兴的历史进程，只有将人生价值与社会进步相融合，在强国的道路上目光如炬，勇于担当，才能成为复兴栋梁、强国先锋。

黄震，中国航天科技集团有限公司第五研究院总体设计部载人航天领域副总设计师，是一位逐梦星河的 80 后航天青年。黄震与航天的缘分源于 2003 年，那一年他在北京大学读大三。中国第一艘载人飞船神舟五号成功发射，举国欢腾，电视屏幕上奔腾的火焰点燃了他的梦想，当时他就暗自下定决心，要做一名航天人。2010 年，黄震如愿来到了中国航天科技集团有限公司第五研究院，成为中国载人航天团队中的一员。幸运的是，在他入职三年后，习近平总书记来到航天城参加全国五四主题团日活动。这让黄震对所从事的事业感到无比骄傲自豪，也对未来的工作充满了信心。也是在那一年，他们的工作迎来了新的挑战，开始了我国新一代载人飞船和载人登月论证工作。如果不抓紧论证我国新一代载人飞船，中国的载人航天技术将被外国远远地抛在后面。他们这群平均年龄只有 30 岁的青年组成了项目团队，踏上了研制新一代载人飞船的征程，而且目标就是要做到国际领先。

研制阶段，举步维艰。他们遇到了很多前所未有的问题，克服了许多难以想象的困难。2016 年多用途飞船缩比返回舱成功返回，完美获取了 4% 的高精度气动数据，为新飞船研制奠定了良好基础。为了验证新飞船从月球轨道返回的能力，他们又研制了约 22 吨的全尺寸新一代载人飞船试验船。由于新飞船体积庞大，需要在天津基地进行总装和大型试验，团队人员比较少，为了一鼓作气尽快完成试验，他们全员奔赴天津。此后的 5 个月，全体成员凝心聚力，创造了多项总装和试验的最快纪录。付出总有回报，2020 年，新一代载人飞船试验船成功发射，落点精度达到 10.8 环，飞行试验取得了圆满成功。他们用 7 年时间实现了我国新一代载人飞船技术由“跟跑”到“并跑”的飞跃，再一次刷新了中国航天的速度！黄震说希望能用青春和热血去奋斗、去创造，去实现我们的航天梦、实现我们的强国梦，让中国人早日登陆月球，在月球插上我们中华人民共和国的国旗。

年轻正当时，不予负流年。当代青年有幸生在红旗下，长在春风里，受党的教育、沐党的恩情、享党的成就，要矢志为党分忧、为党尽责，做党和国家事业需要的有为青年。

把个人志向融于集体事业中，每个人都能成长为一颗星。他叫黄忠政，他在很小的时候就听长辈说，在德阳绵竹市汉旺镇山里有一家名叫“东方电气”的大型国有骨干企业，当地人都以能进入里面工作为荣。从小他就受这样的熏陶，进入东方电气工作也逐渐成为自己的心愿。

幸运的是，2006 年夏天，他如愿走进了东方电气，并在这片沃土里茁壮成长，从一个懵懂的少年学徒成长为一名技能大师。对他而言，这一路走来，有欢声、有笑语、有艰难、有困苦、有失落、有奖章……

刚进企业那一年，他有幸参加了四川省举办的数控比赛，进入前三名。2009 年，黄忠政被推荐参加中华全国总工会举办的第三届全国技能大赛，回想当时的训练过程，他至今记忆犹新。当时的赛件是“十字架形状”的零件，需要借用特定的工装加工，这种新颖的加工方式属于前卫的加工方法拓展，是行业内第一次应用。整套用时要求在 6 小时以内。刚开始练习时，黄忠政完成整套加工需要整整 12 小时，与要求时长相差非常大。

黄忠政没有气馁，迎难而上，他坚持从小处着手，层层分析原因，从程序、计算、动作、测量、操作以及站姿各方面去改进。在经过无数次夜以继日的专项训练后，黄忠政将整套加工时间控制在 5 小时之内，最后决赛获得了全国第十五名的成绩。当时他很沮丧，非常不满意，可老师安慰他说：“在全国性的比赛中能取得这样的成绩，已经不错了，只要尽力了，赛前准备没有留下遗憾，结果就不那么重要了，你毕竟还年轻，调整好心态，还会有机会。”

老师的安慰让他重整旗鼓。黄忠政将前两次的参赛实践作为前进的动力，一路披荆斩棘，勇往直前。截至 2021 年，黄忠政参加了各种市级、省级、国家级的数控类比赛，收获了公司“十佳专业职务人员”、集团“青年技能拔尖人才”、集团“有突出贡献高技能人才”、“德阳首席技师”、“德阳人才绿卡获得者”、“四川省技术能手”和“全国青年岗位能手”等一系列荣誉。

行动上的进步，离不开思想上的笃定。2019 年 11 月，黄忠政立在党旗下庄严宣誓，成为一名光荣的共产党员，这个身份的转变，让他更加坚定信念，持续奋斗。

2020 年 10 月，黄忠政有幸作为四川省青年代表赴井冈山参加全国青年技能人才骨干示范交流研讨班，与来自全国各地的技能骨干、青年岗位能手、技术能手、世界技能大赛冠军等一起重温历史、接受洗礼、缅怀先烈、交流经验、收获感动。中国共产党带领全国人民不断发展壮大的光辉历程，让他更加坚定入党的那一份初心和青年的使命担当。他将一如既往地传承好“三线精神”、弘扬好“东气精神”，做好本职工作，以时不我待、只争朝夕的责任感和使命感，践行“请党放心，强国有我”的青春誓言。

树立远大志向，明确奋斗目标，必然会产生源源不断的前进动力。广大央企青年要把好人生的“方向盘”，不“躺平”，多闯拼，通过积年累月的努力，创造出无愧于时代的业绩。

2017 年 5 月 5 日，C919 大飞机在浦东机场成功首飞，带着中国人的豪气与志气翱翔于天际，标志着我国在商用飞机研制领域迈出了具有决定性意义的一步。这一步胜利，离不开“大飞机人”的全力拼搏，也离不开作为其中一员的彭国辉的一次次带头冲锋。

彭国辉，中国商用飞机有限责任公司上海飞机设计研究院飞机结构强度工程技术所翼面部副部长，长期奋战在 C919 大飞机研制一线。彭国辉入职之初，C919 大飞机研制刚起步，当时确定采用全三维设计环境，对应的国内民用飞机设计领域相关规范和标准尚属空白。面对困难，他没有畏惧不前，反而更有兴致地学习如何使用软件，多渠道收集全三维建模资料，一边向老专家请教，吸收老一辈的航空经验，一边与工人进行工艺研讨，捕获下游客户需求。短短几个月，他和同事们就已熟练掌握软件操作，拿出了适用的三维建模规范初稿，并迅速在各专业领域推广使用。正是凭着这股韧劲，随着型号设计逐步定型，彭国辉也逐渐成长为型号研制的排头兵。

图纸设计完成后，彭国辉随即奔赴千里之外的制造装配一线，扎根制造车间，确保设计意图得到一线工人的充分理解与贯彻。随着一件件产品部段按时交付，机身成龙、翼身对接、总装下线有序推进，图纸中的大飞机赫然变为眼前的钢筋铁骨。在一场场交付攻坚战中，彭国辉总结提炼出交付流程图等方法，保证交付质量的同时，显著提升了现场工作效率，为型号研制缩短周期打下坚实基础，成功保障了 C919 大飞机首飞节点的实现，荣获“C919 首飞立功个人二等功”。

青年人要以远大的志向、广阔的胸襟、奋斗的姿态，在个人的人生追求同国家的前途命运之间建立起更为紧密的命运连接，彰显出人生价值和永恒意义。

冯韶伟，现任中国航天科技集团有限公司第一研究院总体设计部紧固件设计研究室副主任、空间站任务——长征五号 B 运载火箭结构总体副主任设计师。他是“中国青年五四奖章”获得者，中国宇航学会青年科学家俱乐部副主席，入选第三届中国科协“青年人才托举工程”，被评为“中国航天科技集团有限公司杰出青年”。

中国自主可控的空间站建设凝聚着几代航天人的心血与希望，也是实现航天强国梦想的重要一环。为满足大规模空间站建设需求，新一代长征五号 B 运载火箭需要研制长度超过 20 米的整流罩，这是世界上规模最大的采用旋转分离方式的整流罩。分离系统具有构成复杂、结构刚度低和过顶角速度最小的特点，因此作为长征五号 B 运载火箭 4 项重大关键技术之首，其技术瓶颈能否突破直接影响系统方案和研制进程。

纵观近 50 年整流罩分离设计技术发展，对于气动、弹性整流罩分离分析技术仍未从根源上得以突破，设计方案仍遵循 20 年前的准则，无法适应空间站工程发射任务的研制要求，面对天和核心舱发射任务紧迫的需求和前所未有的技术困难，冯韶伟坚持“大胆假设，小心求证”的科学态度，首次提出基于显示动力学的整流罩弹性分离仿真方法。一次仿真需要耗时近 5 个小时，他夜以继日完成了数十项关键参数的协调和优化，实现了空间站系统在超大规模整流罩内有效空间的高可靠利用，为天和核心舱的发射提供了重要支撑。

针对天和核心舱任务运载能力的需求，冯韶伟在整流罩设计方案中精益求精，提出基于能量裕度的整流罩旋转分离可靠性评判准则，辨识出原设计方案对分离能源的过度需求，最大程度上优化了分离系统，策划组织并圆满完成了3次我国最大规模的整流罩地面分离试验，充分验证了仿真方法和分离系统设计的正确性，实现了整流罩分离系统的高可靠性闭环设计，显著提升了专项技术的成熟度，为空间站发射任务的实施和型号研制的顺利开展作出重大贡献，相关技术达到国际先进、国内领先水平。

我国空间站各舱段重量达20吨量级，为保障可靠发射，需要运载火箭配置承载能力更强、可靠性更高的新型分离装置，但这种连接方式对舱箭机械接口设计、舱箭界面降冲击设计提出了新的要求，直接影响空间站舱段在轨运行的寿命及可靠性，如此大规模的分离装置设计和降冲击设计，技术跨度和研制难度前所未有。

面对型号的重大关键技术，冯韶伟主动担当，积极验证，提出基于颗粒阻尼的非直接接触式星箭接口设计方案，从冲击波的传递规律、传感器的采集特点、偏差状态下分离安全性等方面开展专题研究，组织并完成多次全尺寸冲击解锁试验、地面对接和分离试验对设计方法进行全面验证，以适应空间站各舱段环境条件为目标，突破大直径线性分离装置对有效载荷的降冲击设计难题，实现冲击量级降低70%。

空间站核心舱发射任务提出了大吨位舱箭的近场安全分离需求，冯韶伟牵头设计了高可靠性、无污染的分离系统方案，实现了世界上在役火箭最大规模星箭分离系统的安全分离。同时，针对全新舱箭接口设计方案，对空间站发射任务全剖面的使用环境进行全面分析，充分辨识风险，解决了小行程下卫星压点开关状态控制、线性解锁装置热防护适应性设计、分离弹簧自闭环设计等难题。

作为结构系统和星箭联合操作指挥，冯韶伟全程参与天和核心舱靶场发射任务，建立全箭 2600 余项操作项目和 1400 余项关键操作的闭环质量控制措施，提出关键动作事件链的检查确认方法并推广实施。

作为中国航天科技集团有限公司第一研究院总体设计部领航青年先锋和专业组长，冯韶伟主动探索未来专业发展方向，持续攻关型号和专业中的设计难题，发掘传统设计中的薄弱环节，并积极推进型号间横向一致建设。自参加工作以来，他创新性提出了多项结构及分离系统设计方法，有力支撑了型号任务的顺利推进和可靠性提升。

冯韶伟主动承担型号和专业中的设计难题，并着力探索质量提升工程。他创新提出了复合材料薄壁结构环境适应性敏感度分析模型，通过多目标优化设计实现重量减轻 16%；创新新型阻燃柔性防热结构，在重量减轻 50% 的基础上，有效规避了传统防热结构点火烧蚀等不足；提出低温火箭变膨胀系数 + 基于变形协调的低温三心底贮箱变形量理论设计方法与验证方法，有效解决低温液体火箭管路补偿量设计的难题；主动发现传统设计中双螺母防松的薄弱环节，在机理分析基础上，开展地面试验验证，及时发现了设计缺陷，提出合理的力矩分配方式，有效规避了飞行风险。这些设计方法和结果均在天和核心舱发射任务中得以应用，保障了发射任务的高可靠实施。

作为一名航天一线科研工作者，冯韶伟时刻牢记习近平总书记的嘱托，怀揣航天强国信仰，勇当先锋，勇毅前行，全力以赴为我国运载火箭飞行可靠性提升和新一代运载火箭的跨越式发展作出更新、更大的贡献，全力以赴为我国航天科技实现高水平自立自强再立新功。

一个国家的进步，镌刻着青年的足迹。一个个立志于“强国有我”的央企青年，定能凝聚在鲜艳的党旗下，俯下身、扎下根，为实现中华民族伟大复兴贡献无穷的智慧和力量。

王宏祺，高级工程师，是一重集团（黑龙江）重工有限公司轧电制造厂重点把关设备400吨机床的主技工兼制造厂团总支委员，先后完成一重首件大藤峡主轴、我国自主研发的CAP1400常规岛发电机转子、一重首支国产化调相机电机转子、世界最大和全国首件常规岛低压转子等公司重点产品的精加工任务，为填补国内空白作出重要贡献。2009年、2010年他连续两年被评为公司“质量标兵”，2011年荣获“中央企业青年岗位能手”称号，2016年荣获“全国青年岗位能手”称号。2018年9月26日，习近平总书记视察一重集团，王宏祺作为集团青年代表与习近平总书记进行了面对面的交流。作为一名基层产业工人，王宏祺牢牢把握习近平总书记在一重集团视察时强调的“改革创新”这个主题，他带领青年创新团队弘扬劳模精神和工匠精神，立课题、攻难关，先后完成了“压下螺栓表面质量0.4μm加工瓶颈问题研究”等创新课题24项，累计为公司节约成本近100万元。

作为一名共产党员，他时刻牢记自己的第一身份，时刻牢记要为人民服务。2020年初，新冠肺炎疫情暴发，王宏祺带领轧电制造厂22名青年员工作为志愿者逆行而上，完成了守住卡口控制疫情、协助医务人员核酸检测、复工复产后确保生产运营的关键任务，解决了社区工作力量薄弱、小区封闭管理困难、复工后生产力不足等问题。他对志愿者说：“在一重发展的关键时期，绝不能让疫情闯进一重的大门。”

平日里，王宏祺利用休息时间去卡口执勤，不管工作多忙、多累，一下班他都会准时出现在各个街区的卡口，做好出入人员的记录，帮助隔离人员送物资，默默地奉献着自己的力量。复工后，王宏祺积极响应公司一手抓疫情防控、一手抓生产运营的号召，鼓励大家勇挑重担。工作中王宏祺率先垂范，对公司重点产品进行攻关，仅一个月时间就安全高效地完成了公司重点产品高中压转子、两件F侧轴、阿尔斯通低压转子、中空轴和一件大支承辊的精加工任务。

王宏祺用勤奋的汗水、拼搏进取的实际行动，在自己钟爱的岗位上，浇灌着“与一重同发展”的青春梦想。

人不可无志向，更应有远大的志向。所谓“远大”，就是要把个人的志向同祖国和人民紧密相连。抓住当下，面向未来。新时代央企青年要做理想远大、信念坚定的模范，在中华民族伟大复兴征程上勇当先锋、矢志奋斗。

勇立潮头逐浪高

思想领航

100 多年来，一代代青年在中国共产党的领导下，在振兴中华的历史进程中，勇立时代潮头，与国家共命运，与时代齐发展，唱响了不同历史时期的青春之歌，谱写了永载史册的青春乐章。

人的一生，只有一次青春。新时代中国青年生逢其时、重任在肩，施展才干的舞台无比广阔，实现梦想的前景无比光明。习近平总书记在党的二十大报告中强调指出：“时代呼唤着我们，人民期待着我们，唯有矢志不渝、笃行不怠，方能不负时代、不负人民。”广大央企青年应积极响应习近平总书记的号召，勇立潮头逐浪行，不负重托不负韶华，练就过硬本领，勇于开拓创新，锤炼意志品质，在奋进新时代的征程上贡献青春智慧和青春力量。

青春风采

冯坦，2015 年博士毕业后受聘东风商用车技术中心动力总成部主任工程师，承担动力总成排放控制及后处理系统开发等工作。作为东风商用车国Ⅵ动力总成项目的后处理技术负责人、整车排放特性负责人、D600 项目的后处理负责人，牵头研发团队完成国Ⅵ后处理技术路线选择、方案定义、硬件设计、后处理及 OBD 标定开发，负责规划国Ⅶ及近零排放的后处理系统开发。

勇立潮头、敢为人先是他成功的关键。回想过去，入职的第一天，冯坦就面临着自己职业中的第一个困境——国内的后处理技术几近空白，所有的核心技术都掌握在外国公司手里，一旦国外供应商厂家断供，那么直接导致的后果便是一台排放达标的车都造不出来！

怎么办？一切压力都直接施加在这个刚刚入职的青年身上。冯坦下定决心："国外能弄的，我们也能弄，甚至要弄得更好。"在公司领导的大力支持下，冯坦学习研究国内外相关技术文献，并揣着"多干、勤问、敢拼"的想法，亲自带领团队成员进行试验测试，亲临现场了解后处理实际运用工况。通过 120 余驾次，超 500 万公里的整车验证和 1300 余小时的台架试验，不断对测试数据进行分析和仿真模拟，最终历时 3 年，实现 DDi50 到 DDi13 共 4 个系列机型"后处理系统自主封装"，降低后处理系统 15% 的成本，从 0 到 1 走出后处理技术自主化第一步；同时承担"尿素喷射系统自主化"技术课题，制定 FEMA—控制策略—标定—防再发一系列正向开发流程，成本降低 60% 以上。这两项技术不仅成功突破了国外后处理技术壁垒，更给公司带来可观的技术收益。

勇立时代潮头，要脚踏实地，探索、挑战、解决一个个关键问题，不断突破自己、磨砺自己。当今世界，机遇与挑战并存，央企青年要不负重托、不负韶华，敢为人先、冲在一线，在火热的青春中放飞人生梦想，在拼搏的青春中成就事业华章。

中国铁建重工集团股份有限公司的龙斌，是高端地下工程装备制造领域的青年工程师，也是岩石隧道掘进机（TBM）研发设计的领军者。13 年时间，他敢于挑战自我，从一个实习生成长为骨干技术研发工程师。

2010 年，铁建重工自主研发的“开路先锋 19 号”盾构机成功下线，该机的国产化率达到 87%，创造了中国盾构机自主知识产权的最高纪录。龙斌作为项目参与者之一，心里顿时有了更大的动力和目标——挑战“世界级”课题，服务大国工程。

2011 年冬天，龙斌带着科研课题赶赴神华集团矿区，一住就是两个月。他带领团队实地调研，设计最适宜的 TBM。18 个月后，他领衔研制的全球首台长距离大坡度煤矿斜井 TBM，以每天超过 30 米的速度掘进煤海，使建井和巷道成型效率提高 3 倍至 5 倍，开了全断面隧道掘进机应用于煤矿建设的先河，填补了我国煤矿领域斜井掘进方案的空白。

2014 年初，龙斌开始负责国产首台岩石隧道掘进机自主研制项目。年仅 27 岁的龙斌担负起了整个产品生命周期的主导、监督职责。从零起步，如何研制出首台样机？这是摆在他和研发团队面前的第一道难题。“我们不仅要做到设计过程尽心、尽力、尽责，更要在 TBM 的所有环节中起到主导作用。”这是龙斌的项目管理理念。龙斌和研发团队从设计图纸着手，反复审核机械部分图纸约 3000 张……在团队的攻关下，2014 年 12 月，国产首台大直径 TBM 在长沙顺利下线，结束了我国作为 TBM 应用大国不能自主设计制造大直径 TBM 的历史，彻底打破了国外技术的长期垄断。

多年前，缺少核心技术和自主品牌的中国制造业，一直在国际市场的低端徘徊。随着国产盾构机 /TBM 产业不断发展壮大，龙斌把眼光放到了更远的地方——助力“一带一路”建设，让中国装备服务世界。他所在的团队参与首次出口欧洲的土压平衡盾构机“加丽娜”号和最大直径盾构机“胜利”号的研制，研发的“体温调节系统”成功穿越冻土层，以最高日进尺 35 米的速度掘进零下 30 摄氏度极寒环境的土层，刷新俄罗斯地铁施工新纪录，成为中国高端隧道装备助力海外工程建设的成功典范，推动实现从“世界装备装备中国”到“中国装备装备世界”的跨越，开创了中国制造的崭新天地，不断擦亮“中国名片”。

勇立时代潮头，要推进科技创新。当今，科技创新成为国际战略博弈的主要战场，围绕科技制高点的竞争空前激烈，中国要强大、中华民族要复兴，必须大力推进科技创新。央企青年要抢占全球科技发展先机，在基础前沿领域奋勇争先。

保利华信成员企业上海诺基亚贝尔股份有限公司、贝尔实验室（中国）部门总监叶晨晖，主要负责 AI 赋能下的未来通信。叶晨晖是典型的 85 后，少年时适逢中国激昂奋进的时代，求学时恰逢 4G 通信时代中国通信业向全球标杆发起迅猛追赶的 10 年，入行时见证了 5G 时代下中国和全球同台竞技比肩的 10 年，现如今迎来蓄势待发的中国在 6G 舞台上铆劲振飞引领的新 10 年。

2013 年，叶晨晖完成在美国的博士学业后，渗透在血液里的爱国情怀驱使他谢绝了导师的挽留，毅然回国加入了贝尔实验室在中国的研究机构。曾经诞生 9 项 13 人次诺贝尔奖的贝尔实验室，对于每一位从事通信研究的科学家来说都是心向往之的“圣地”。在上海诺基亚贝尔股份有限公司，既可以打开格局、保持开放、积极参与全球合作，又能深耕有差异化竞争优势的技术，为每一次通信产业跃迁大升级中所迸发出的“弯道超车”契机做最充分的战略和技术储备。

入职 3 年后，作为项目负责人，叶晨晖主持完成了一项千万元级的国家科技重大项目。在国家和上海市政府的大力扶持下，他率领年轻的团队很快就在硬件上弥补了与海外知名实验室的差距。至此，从顶尖“人才”团队，到顶尖的“硬件”装备，皆已到位，只缺一条鲜明的技术演进路径和不屈不挠的学术心态。

其时，恰逢 5G 作为一项国家战略，在各地各领域开始陆续部署。人们对 5G 的关键词也是耳熟能详：超高的数据传输速率和超低的传输延时。叶晨晖所在的团队，研究的是超高速的光纤通信。设想一下，手机和其他移动终端会随时随地产生海量的流量数据，用于日常的通信、购物、导航、医疗、教育、服务等。这些海量数据通过空口传输到达基站，而数据是如何从基站和远在异地的云服务器相连的呢？这就用到了超高速的光纤通信。所以，没有好的光纤通信技术，就没有好的5G通信。

叶晨晖团队研究的目标非常明确，那就是：更高、更快、更强。而他们所发力的颠覆式创新，就是如何底层跨界AI人工智能和通信，在不改变原有硬件设备的基础上，仅通过算法在超容量传输状态下进行数据容错和纠错，进而实现在原硬件基础上的传输扩容。2017年，他们结合神经网络算法和专家知识，在全球范围内最早于实验室内通过AI的算法在无源光网络传输中将极限速度提高了5倍。2018年在国家重大专项结项时，他们论证了所采用的创新技术能把传统的光纤传输容量提高到当时依然沿用传统技术路径的国际标准10倍以上的水平。叶晨晖陆续发表了国际顶级论文20余篇，申请了国际、国内专利60余项。因工作成绩突出，他获得了“中央企业青年岗位能手”称号和“上海市青年五四奖章”，入选“上海产业菁英”高层次人才名单，是保利集团先进生产工作者、“诺基亚全球顶级发明人”。比获得认可更重要的是，他的创新成果，能真真切切地让每个普通用户都受益于技术创新，受益于创新带来的“增速降费”，这才是支持这一代青年奋斗的长效动力。至此，一支平均年龄30岁出头的团队，站在5G时代创新的深水区，已经构建起新颖独特的技术路线，练就了不卑不亢的学术心态。

从初心出发，增强信心，到敢为人先，回到以人为本的初心。叶晨晖相信科技的演进并不像故事里说的是一只苹果恰好落在头上，或者坐在浴缸里发现了皇冠里掺了铜；在他看来，科技进步更多的是在迷惘中沉淀、坚持和勇敢地向未知奋进。中华民族第二个百年征程序幕已拉开，80后正值青壮年，血气不曾消退，前进不已的好奇心依然保持。中国的科学精神已经崛起，强大的文化基因在迅速裂变，薪火不断，未来可期！

勇立潮头、乘势而上，只有同党和人民事业高度契合时，青春的光谱才会更广阔，青春的能量才能充分迸发。只有进行了顽强拼搏的青春，才能实现自身的社会价值，留下美好的青春回忆。

永葆昂扬的奋进姿态

思想领航

2020 年 1 月 23 日，习近平总书记在 2020 年春节团拜会上发表重要讲话强调："时间不等人！历史不等人！时间属于奋进者！历史属于奋进者！为了实现中华民族伟大复兴的中国梦，我们必须同时间赛跑、同历史并进。"俗话说："一寸光阴一寸金，寸金难买寸光阴。"时间如流水，一去不复返。青年人要学会珍惜时间，在自己学习能力最强、精力最旺盛的阶段不虚度光阴，多做有意义的事情，使自己的人生变得充实。

庆祝中国共产主义青年团成立 100 周年主题宣传片《共青春》主题曲《有我》唱道："我的样子，就是明天的模样。我是朝阳，落在乡间听书声琅琅。我是屏障，为谁挡一程厄运的墙。我要一生清澈地爱着啊，我要长歌领着风、踏着浪，朝着星辰大海的方向，当有对答世界的音量……"广大央企青年要珍惜光阴，摒弃"躺平"心态，立足岗位，刻苦钻研，以"敢教日月换新天"的气魄奋斗实干，以"越是艰险越向前"的意志披荆斩棘，以更加昂扬的姿态奋进新征程、建功新时代。

青春风采

曾正超，中国五矿集团中冶集团中国十九冶劳动模范，中冶集团首席技师、“中冶工匠”。2015 年，他代表中国队出征巴西圣保罗，在第 43 届世界技能大赛中夺得焊接项目冠军，为我国在该项赛事中实现金牌零的突破，摘得首枚金牌，是中国代表团唯一一名被组委会授予“国家最佳选手”称号的选手。2016 年 4 月 16 日，曾正超在中国科技大学受到了习近平总书记的亲切接见。2019 年 4 月 30 日，他在北京人民大会堂参加了纪念五四运动 100 周年大会，近距离聆听学习了习近平总书记的重要讲话。2019 年 9 月 30 日，他在北京人民大会堂与国家领导人一同观看庆祝中华人民共和国成立 70 周年大型文艺晚会。

他的成功，与永不懈怠的拼搏有关。

2014 年 11 月，曾正超与中国十九冶另一名选手进入了国家集训基地，最终将在他们中间诞生一名“幸运儿”，代表中国出征第 43 届世界技能大赛。曾正超明白，要想获得飞往巴西圣保罗的机票，必须在技艺上胜过队友，更要在比拼中超越自己。

从 2015 年初开始，国家焊接集训基地就进入了全面备战状态，教练和专家组也启动了“2 选 1”的评判流程。世界技能大赛焊接项目分为组合件、压力容器、铝合金结构和不锈钢结构 4 个模块。焊接方法包括焊条电弧焊、实心焊丝二氧化碳气体保护焊、药芯焊丝二氧化碳气体保护焊、钨极氩弧焊。两名选手每周都要完成 4 个模块的焊接，再由教练专家组进行探伤和打压测试评分。

一年多的集训时间里，曾正超几乎每天都要训练 12 个至 14 个小时。“早上 6 点起床，体能锻炼后，8 点开始进行焊接技能训练，直至深夜，我连做梦的时间都没有了。”曾正超坦言，刚进入国家集训队时真没睡过好觉，面对如此大的训练量以及不断变化的焊接方法，必须自我调整心态，他每天都要给自己鼓劲。

“不要怕问题多，有问题才有方向。”集训基地周树春教练的鼓励让他意识到必须从细节入手，在自己的弱项上求突破。于是，他及时调整心态，放慢训练节奏，仔细寻找自己在焊接中存在的不足和技巧问题。焊缝的厚度、焊枪的温度，甚至每一次呼吸，曾正超都反复练习，用手、用心、用情感去焊接每一条焊缝。

北京的盛夏，是曾正超训练的关键时期。穿着厚厚的焊接防护服，每天要完成 10 多个小时的焊接训练。为保证效果，焊接时需要关掉风扇，这对体力和意志都是极大的考验。为加强体能，他每天坚持晨跑 1 小时，晚上训练结束后，还会进行核心力量训练，以此提高手臂稳定性。

“要让焊接出好的试样成为一种自然状态，焊不好反而成为一种异常现象。”集训时基地领导的一句话让曾正超对自己提出了更高要求。训练期间，他认真琢磨教练教导的操作手法，注重每一个细节，努力将教练指导的操作动作变成自身的操作习惯，不断强化自己的操作认知，力求在每一次看似简单的重复练习中寻找新收获，而这些体会都被他总结下来写入训练日记。

“焊接技术全在手上，除了精湛的技术，还要有坚韧的毅力和很好的体力。”在教练周树春看来，来自农村的曾正超除了成绩优异、悟性好之外，最大的优点就是能吃苦。“在冬天训练中，往往前面是高温焊花，背后是刺骨寒风。焊接试件堆成了一座小山，他的左手臂上留下了 10 多处被高温烫伤的疤痕。”然而，为了那张飞往巴西圣保罗的机票，为了心中那个执着的梦想，曾正超始终以严苛的标准要求自己，以近乎完美的作品与队友过招。

精诚所至，金石为开。2015 年 3 月的北京，洋溢着初春的生机，曾正超和队友最后 20 天的较量已经进入白热化阶段，每一天都要进行探伤、评分。在这期间，曾正超对焊接材料的参数、焊接手法和电流电压的掌握都运用自如。最终，经过 3 次综合评分后，曾正超成为代表中国参加第 43 届世界技能大赛焊接项目的选手。

“再苦再累，只要坚持往前走，属于你的风景终会出现。”拿到飞往巴西圣保罗的机票后，低调而腼腆的曾正超在自己的微信签名中这样写道：在实践中不断坚持完善自我，就能在工作中发现创新的闪光。

相关数据显示，我国海域深水油气资源约为 300 亿吨油当量，约占我国南海油气总储量的 50%。向深海要油气，成了保障国家能源安全的重要方向。中国海油“深海一号”大气田勘探开发项目组是一支青年占比达到 73% 的“深海铁军”。他们克服时间紧、经验少、技术等级高等诸多挑战，创造了平台建造提前 18 个月完工的“中国速度”，开发运用了 3 项世界首创、13 项国内首创技术，创造了“30 年不回坞检修，使用寿命高达 150 年，抵御百年一遇超强台风”的工程设计奇迹，实现我国海洋石油工业从 300 米向 1500 米水深挺进的重大跨越，使深海油气资源开发迈进新时代。

针对气田前期出现的各种问题，青年员工主动成立问题攻关工作小组，成功完成空调冷媒水泵在线切换、海水管线降振改造、空气压缩机降噪处理等 10 余项技术攻关，为气田平稳生产作出了贡献。至 2021 年 11 月 24 日，“深海一号”成功全面达产，日产天然气 1000 万立方米，标志着中国海油“深海一号”大气田勘探开发项目首次掌握了超深水气田的完整技术体系和生产运维能力，全面吹响冬季增产保供的冲锋号角。它将每年向粤港琼等地稳定供气 30 亿立方米，为海南自贸港和粤港澳大湾区建设提供充足的绿色能源，保障国家能源安全。“我们一定要为后来人蹚平‘深海路’！”这是所有队友的心声。

早在生产准备组时，项目组经理罗飞箭就制定了“分类管理，人人负责”的人才培养体系，让每个人都精通自己负责的领域，甩掉“洋拐杖”。

仪表主操冯杨锋回忆，在一次审核外方设计的水下海管图纸时，水下主操陈国初在繁杂的外文图纸中发现了设计缺陷。面对外方“若觉得有问题你们有整改方案吗”的嘲讽和轻视，陈国初提出了“海管增设阀门，实施分段管理”的全新方案，让外方马上转变态度表示赞许。

“不能再依赖国外的方案，该有自己的东西。”针对南海的台风工况，冯杨锋从仪表控制的角度细化了平台“三步走不停产避台方案”，完成了空压机远程启动改造、应急发电机远程加油改造，并完成了功能测试，让不停产避台方案第一步走向落实，也在《深水生产管理手册》上写下了一笔。

气田团队先后突破了“卡脖子”核心设备运维困局，成功解决了透平发电机、三甘醇泵、干气压缩机等关键设备运行难题，形成了一套国产化操作流程。面对大量先进技术和设备的首次应用，气田成立了青年先锋队，共编译技术手册 30 万余字，申报技术革新项目 5 项，初步形成全套深水气田运维体系，完成《深水生产管理手册》《深水生产维修手册》，为后续深水油气开发提供理论储备和实操人才。南海的夜虽漫漫，但总会隐去，迎来晨曦。11 口气井如星落深蓝，在 1500 米深处与“深海一号”能源站遥遥相望，又血脉相连。这群可爱可敬的海油人也就有了实现梦的灯塔，有了光的指引，坚定不移地向更深更蓝进发。

永葆昂扬的奋进姿态，要有变压力为动力、化挑战为机遇的勇气与斗志，破除保守思想，树立开放创新意识，使思想观念、工作方法与时代合拍，与实践结合，用新思想、新举措、新方法适应新要求。

赵伟，中国南水北调集团有限公司战略投资部前期工作处副处长、高级工程师，主要从事南水北调工程等水利行业规划设计、咨询审查、前期工作管理、项目投融资、经济评价等工作。

基于海南省经济社会高质量发展和自贸港建设，集团着手开展海南省水利基础设施网络谋划与建设。赵伟作为主要技术负责人员，联合团队深入开展几十次查勘调研，跑遍了海南省所有的县市、河流和主要水利工程。他加班加点，多次放弃假期、集中封闭、开展研究，全面总结海南省水务发展现状及存在问题，深入分析面临的形势。

按照新时代治水思路要求，他围绕水务供给侧改革，探索尝试水网规划与“多规合一”空间规划融合协调，统筹谋划海南省今后一段时期水务改革发展的总体目标、战略布局和建设任务。他联合团队创新提出了基于“多规合一”的水生态空间管控的理念和方法，以及集“工程网、生态水系网、管理网、信息网”于一体的现代综合立体水网的理念和构建思路。相关成果得到海南省和水利部等有关部门的肯定，为全国开展相关规划、完善水利规划体系、构建水利基础设施网络提供了参考。他们编制完成的《海南水网建设规划》，成为海南省落实中央关于海南岛全岛建设自由贸易试验区、建设国家生态文明试验区的重要支撑文件。该《规划》提出的琼西北供水等工程纳入国家水网重大工程的意见，在陆续推行中有力保障了经济社会发展和重大战略的实施，促进了国家水网的完善。该项目获得“全国优秀工程咨询成果奖”一等奖，入选第九届“中国水利记忆 · TOP10”。

“千淘万漉虽辛苦，吹尽狂沙始到金。”永葆昂扬的奋进姿态，自觉做到知难而进，迎难而上。面对困难风险，在逆境中不动摇不退缩，经受住各种挑战考验，危中寻机，行不懈怠，用一流业绩回报党和人民的信任和重托。

高温合金是现代航空发动机的基石，也是航天、舰船动力以及能源领域的关键材料。由于其成分组成复杂、工艺技术难度大，被公认为我国当前亟须突破提升的关键材料之一。航空发动机中的高温合金零部件需要在高温、高载荷的极端严酷条件下工作，因此对于零件的加工尺寸精度和结构稳定性要求极为苛刻。为了达到减重的要求，高温合金零件越来越追求轻薄的结构设计，残余应力引起的变形问题却日益凸显，残余应力控制已是当前航空发动机用高温合金制造过程中亟待突破的瓶颈之一。现为北京钢研高纳科技股份有限公司副总经理、科技发展部主任、重点实验室主任的毕中南，在张继教授和杜金辉教授的指导下，组建研发团队，致力于攻克这一难题。

“善学者尽其理，善行者究其难。”基础科学研究无疑是解决工程问题的“金钥匙”，特别是对于残余应力这样一个对理论要求很高的跨学科难题。年轻的研发团队首先面临的挑战就是残余应力让人“难以理解”和“触摸不到”的特性。尤其是对于深层残余应力来说难以量化，使得高温合金盘件中残余应力的演化规律和机制研究徘徊不前。高能衍射，特别是散裂中子源技术，是当今国际公认的最好的残余应力量化研究方法，目前国内条件尚不成熟。毕中南带领研究团队从工程问题中提炼、拆分出科学问题，尽可能地利用国际研究条件，申请大科学装置来进行研究分析。对于来之不易的束流时间，研究团队倍感珍惜，不放过一分一秒。通常连续 3 天到 6 天的实验过程，团队成员往往只能轮流在实验大厅里小憩，伴随着中式泡面与西式汉堡，在强大的中子光源旁夜以继日地工作。正是通过这样的努力，研究团队掌握了坚实系统的残余应力理论基础，同时也获得了国际同行的高度评价。

从科学理论到工程实践是研究团队需要攻克的第二个堡垒，而这是一个需要反复验证考核的过程。在现场反反复复几十次的“摸爬滚打”，经过模拟计算—设计试验—数据采集—验证校对—再试验的循环后，研究团队终于形成了完善的残余应力问题解决方案，充分考虑现场工艺可操作性和稳定性后，逐步建立起具有自主知识产权的控制技术、配套设备与适用于工程化的检测方法。在重点科研项目支持下，团队创新性地开发了高温合金涡轮盘的分区控冷技术及专用装备，形成了工艺、设备、检测等相关专利 13 项、标准 2 项。某发动机涡轮盘及封严盘典型件内部残余应力降低 70% 以上，加工变形降低一个数量级；经验证对比，零件加工效率、尺寸精度与服役稳定性提升至国际先进水平，现已在多种型号发动机高温合金盘件中推广应用，“卡脖子”问题在工程中得以解决。

青春，意味着无限可能，内含着创新创造伟力。央企青年要挑大梁、担重任，展现新时代中国青年奋发进取的精神风貌。

东风商用车有限公司车辆工厂“王涛班”副班长张永星，是勇挑重担的“突击手”。全国优秀共青团员、全国汽车行业“最美青工”、“中央企业青年岗位能手”、东风公司“十大青年明星”、东风公司劳模……工作10多年来，东风商用车有限公司车辆工厂“王涛班”副班长张永星的荣誉越来越多，但这位85后始终严格要求自己，坚持从平凡的事情做起，从小事做起，一步一个脚印不断提升自己。

“因为所学专业与汽车相关，所以入职东风以前，就对汽车结构和工作原理有一定程度的了解。”张永星说。2009年他入职东风商用车有限公司车辆工厂，从整车调整学徒工做起，对装配下线的汽车进行动态、静态调试以及相应车辆性能的测试，以保证车辆性能优良完好入库。

“汽车调整工就像一个‘全科医生’，既要懂发动机装调，又要懂变速箱装调，还要懂车桥、汽车电气装调，也就是对整车各项性能都要了如指掌。”张永星说，刚开始工作时，每次碰到解决不了的问题，就向师傅王建清或是其他老前辈求教。

为了学好技术，他一有空就“黏”在师傅身边，仔细观察并记录师傅的一举一动。遇到问题时，他就主动提问，直到学懂弄通。

“把简单的工作，每次做好；把重复的工作，每次做精。有一次，我去师傅家看到他的书柜里全是各种荣誉证书，大为震撼，原来工人也可以如此出色。”跟王建清学习工作时间长了，张永星受益于师傅的循循善诱、谆谆教诲，再加上他自己的工作经验，慢慢理解了劳模的内涵，并深感成为一名技术工匠的不易，必须用心、专一，不断进步。

王涛是一杆旗帜，一种精神。以王涛为榜样，传承好作风，张永星立足岗位，善琢磨、爱思考，完成了一个又一个有创意的“草根发明”。他的这些“草根发明”接地气，有实效，解决了不少制约车辆工厂生产的瓶颈问题。安装“北斗导航”时，因为是一个全新的系统，班组里很多人都不会用。张永星看在眼里，急在心里，利用业余时间查找相关资料，熟悉性能，了解操作方法，成为第一个“试水”的人。“经过一段时间的改进后，我总结出一种简单实用的调整方法，并制作成 PPT 上起了公开课。”

10 多年来，张永星丝毫不敢懈怠，他利用业余时间不断提升自己的业务技能。

2021 年至今，随着国Ⅴ转换国Ⅵ法规的正式推行与实施，东风商用车的当家产品东风天龙、东风天锦系列转产。张永星负责处置临时任务 350 余次，编制专项培训课件并培训 60 多次，协助处理整车调试过程中车辆异常电气电路故障、制动管路等问题 300 余个，完成整车 OPL 培训材料制作 30 多项，制作问题反馈报告 290 多份，组织迂回完善东风天龙、东风天锦等系列车型 3500 多辆次。他像铁人一样，干在一线，钻在一线，为工厂日产突破 880 辆和确保整车交检零缺陷交付目标达成立下汗马功劳。

历史，从未停止前行的脚步；时代，期待所有奋斗者新的出发。广大央企青年要立足岗位建功立业，在火热生动的实践中锻造钢筋铁骨，擦亮奋斗底色，敢于夺取胜利，在推动公司高质量发展中奋力书写闪耀的青春篇章。

在接续奋斗中践行青春誓言

思想领航

青年兴则国家兴，青年强则国家强。2016 年 4 月 26 日，习近平总书记在同知识分子、劳动模范、青年代表座谈时发表重要讲话强调：“实现中华民族伟大复兴的中国梦，需要一代又一代有志青年接续奋斗。”人类的美好理想，都不可能唾手可得，都离不开筚路蓝缕、手胼足胝的艰苦奋斗。在百年的奋斗历程中，我们党取得的所有成就都凝聚着青年的热情和奉献，始终与一代又一代青年的不懈奋斗息息相关。

“中流击水，奋楫者进。”当代青年生逢伟大时代、肩负强国使命，沿着先辈开辟的光辉道路，迎着中华民族伟大复兴的壮丽前景，更加美好的未来必将属于勇立潮头、接续奋斗的新时代青年。广大央企青年要勇敢肩负起时代赋予的重任，志存高远，脚踏实地，踔厉奋发，笃行不怠，用奋斗践行“请党放心，强国有我”的青春誓言。

青春风采

青年，是朝气蓬勃、致力向上的；青年，是努力进取、坚实求索的；青年，是志存高远、心攀未来的。李权，清华大学博士，中国青年集体最高荣誉“中国青年五四奖章集体”获得者，中国核动力研究设计院设计所核动力研发设计团队的一员。在成长路上，他是积极探索、知行合一的学术青年，是安于服务、引领奉献的“燃料青年”，也是严于律己、作风务实的科研青年，在各方面不断展现出央企青年的精神风貌。

中国核电走出去，李权等核燃料人功不可没。核燃料曾是“卡”住中国核电出口的咽喉要塞。他们研发的 CF 系列燃料组件，是推动“华龙一号”走出国门的核心利器，被誉为“最强中国‘芯’”。2013 年，李权主动请缨来到核动力院，从事核燃料组件设计研发。他的前途命运就和国家自主创新事业紧紧联系在一起。

2008 年，正值我国核电事业快速发展期，中核集团在清华大学设立定向班。对核电兴趣颇高的李权成了定向生，开始接触核科学基础知识，了解核电的发展历程。

在一次实习中，他接触到了核燃料组件。这是反应堆的核心和关键部件之一，也是反应堆的动力之源。如果形象地把核反应堆比作“烧开水”，那燃料组件就相当于“柴火”。而偏偏就是这“柴火”，成了核电领域“卡脖子”的问题。在2010年以前，除秦山一期核电站以外，国内核电站用的燃料组件大多是国外引进消化吸收的产品，以法国AFA-3G为主。这意味着，每年百亿级的核电燃料市场被国外产品占据；同时，引进消化吸收的燃料组件也有着严格的技术壁垒，只能在国内核电厂使用。

燃料组件不仅一度成为制约“华龙一号”出口的重大因素，而且本身又是一个多学科交叉的复杂部件。在实习中，李权对这个领域产生了浓厚的兴趣。当时20岁出头的李权，感受到内心的召唤：“找到了这样一条路，能将个人志趣与国家需要融合在一起！”

当时，中核集团成立了CF系列燃料元件研发两总系统和研究团队。李权通过笔试、面试，获得了宝贵的联合培养博士研究生机会，在清华上了一年的基础课，2013年来到成都，正式走上燃料组件自主研发的战场。

CF系列燃料组件上有一个关键零部件——格架，对燃料组件的热工水力性能有较大影响，这正好是李权所研究的领域。在攻关过程中，团队遇到一个国际难题——临界热流密度（CHF），它是燃料组件可传热的极限。一旦超过这个限值，就有核安全事故的风险。他们所要做的，就是提高CHF值，提高核电站发热效率的同时，保障燃料组件和核电机组安全。

在设计过程中，团队从不同侧重点提出过近20种格架方案，开展筛选和验证实验。实验团队每一次实验，都要从前一天凌晨做到第二天，这中间要密切关注实验状态，不能离开。经过近5年的反复实验，大量更新迭代，在团队的共同努力下，才突破关键难题，并最终确定了格架方案和产品形态。高性能格架产品使得我国自主创新的CF燃料组件CHF值比法国AFA-3G燃料组件高出5个百分点，达到国际先进水平。

如今，32 岁的李权，致力于自主核电和新型反应堆核燃料研发，拓展核燃料数字化及增材制造两大创新技术，并积极承担燃料发展规划研究。以技术骨干身份承担新型反应堆、CF 燃料组件、“华龙一号”核电工程等多个国家和省部级重点科技专项。他带领燃料总体设计组以第一名的成绩被评为 2019 —2020 年度中国核动力院金牌班组。CF3 燃料组件的成功研发凝聚了一代又一代科研人员的青春热血，让我们看到了持续奋斗的力量。

当前，我国正处在转变发展方式、优化经济结构、转化增长动力的新发展阶段，处在实现中华民族伟大复兴的关键时期，比任何时候都需要当代青年奋勇争先、接力奋斗。

“置身历史的波澜壮阔，才更能真切地感受眼前这份事业的重量。大自然的苍莽神奇，是人类探索前进的永恒动力。”作为中铁第一勘察设计院集团有限公司高原重点铁路工程勘察设计二队技术队长兼地质组长，时年 32 岁的王杜江带领着一支平均年龄只有 28 岁的“青年突击队”踏上了青藏高原，在一本青藏铁路纪实作品的扉页上，王杜江写下了这句话。而他所谓颇具重量的“事业”，就是要完成三代铁路人在半个多世纪中梦寐以求的渴望——打通由川入藏的铁路通道瓶颈——横断山系。

怒江桥是项目控制性工程之一，王杜江负责勘测的怒江峡谷，近乎无人区。江水势如奔雷，两岸陡壁悬耸入云，雪后无数塌方、落石将狭窄的碎石路彻底堵塞，勘察用的无人机也在怒江峡谷初次航拍中因信号中断而下落不明。

他沿怒江上下游 30 公里范围内、针对 14 处方案展开地质选线攻坚，在高山深谷“缺水、少电、无信号”的环境中完成了最艰难的 70 公里线路勘测任务，调绘面积 200 平方公里，成功查明了沿线地层、构造、岸坡稳定性、地应力、地温等控制性地质条件，啃下了这项世纪工程最硬的一块“硬骨头”。

“啃下了一块几代铁路人心心念念的‘硬骨头’，实现了几代铁路人半个多世纪的梦想”，这是《启航 2021——中央广播电视总台跨年盛典》上主持人对王杜江和他所带领的勘察设计技术队的评价。2022 年，他荣获了第 26 届“中国青年五四奖章”。

青春越挺拔，时代越向前。没有一代代青年超越小我、实现大我、追求无我的接续奋斗、持续奋斗，就没有中国特色社会主义新时代的今天，更不会有实现中华民族伟大复兴的美好明天。

中国兵器装备集团建设工业特品研究院通用装备研究所开发一室主任艾川，担任某型高精度产品系统副总项目师，主持项目研制工作，突破精度、可靠性、身管寿命三项关键技术，为我国高精度产品拓展了新口径，完善了高精度产品谱系。

艾川的工作环境比较艰苦。高原气候风云诡谲，颠簸的试验保障车队在湿滑险峻的山路上以龟速前进，为了加快试验进度，艾川背上好几十斤的试验装备登山，每天到达试验场的第一件事是观测风向、风力对产品性能的影响，看看土壤的含水量并做出适当调整，修筑阵地。

作为一毕业就扎根建筑行业 12 年的特品项目师，艾川带领由多家成员单位组成的研制团队，开展 11 项分系统和配套器材的联合研制工作。以用户需求为导向，对人机工效进行调研、探索、设计、试验验证，得到基于实践应用的人机工程设计；应用新材料，设计新结构，实现轻量化设计，提高产品机动性。开展匹配性技术研究，大幅提升产品精度。创新设计夜视瞄准镜使用方式，增加辅助抑制器，使该装备具备全天候、全范围、高精度隐蔽实操能力，综合性能达到国际领先水平，具有完全自主可控的知识产权，创新成效显著。

“你好，有什么问题？”艾川接起电话，来电号码表明这是即将比赛的用户打来的咨询电话。产品的改进没有尽头，产品服务也没有尽头。艾川过硬的专业技能也让他成为用户咨询产品使用细节的首选对象。一次次电话沟通及现场服务，虽然能快速解用户的燃眉之急，但将产品使用过程中的注意事项、参数调校等经验推广，也是亟待解决的问题。通过用户需求调研，艾川了解到，如何在短时间内，利用当地条件，消耗尽可能少的配给，快速编拟规范数据表，用于指导训练和实践使用，这是各基层单位用户当前面临的最突出的难题和最亟须掌握的方法。

艾川根据对高精度产品系统研制理论的专业理解和实际经验，结合系统测试，发挥自身实时发射解算与运用的能力，最终在 2020 年，探索出快速建立实时规范数据的方法论，既解了用户的燃眉之急，维护了公司产品好用、管用、耐用、实用的精品形象，又得以第一时间搜集用户反馈意见，为企业新品研发和设计明确了方向。

艾川在特品领域斩获了诸多专利成果和个人荣誉，获得发明专利 5 项，实用新型专利 28 项，荣获集团公司科技进步奖一等奖，两次获评公司“劳动模范”。2021 年，荣获中国兵器装备集团有限公司第三届“最美兵器人”称号。

青春因奋斗而幸福，奋斗成就精彩人生。历史只会眷顾坚定者、奋进者、搏击者，而不会等待犹豫者、懈怠者、畏难者。

中国兵器装备集团北方工具钳工王翔，自 2008 年入厂以来，始终躬身生产一线，勤学苦干，凭借刻苦钻研的精神和坚持不懈的努力，在平凡的工作岗位上作出了不凡的贡献。

王翔经常主动承担技术难度较大、有挑战性的设备装配及检修任务，同时在公司的自主产品开发和特种设备研发过程中，将扎实的专业理论知识运用到实际工作中，出色地解决了诸多技术难题。

在某特品自动装配线首台样机调试中，他将原有整体式结构改为单式弹簧结构，解决了装料不稳定问题；将测料方式改为传感器检测，提高了测料精度；将组装部分改为组合式冲杆，提高了装配精度和产品表面质量，使该设备顺利达到验收标准。

在另一特品生产线装配调试中，出现了喷枪与特品传送链条速度衔接不上的问题，王翔通过多次调整油漆比例、喷涂量大小和转数等参数使喷涂试验结果达到了分厂使用要求。

他还运用大螺纹丝杠机构解决料屑分离难问题，达到了减员增效的目的；参与进行某特品加工工艺研究，配合其师傅研究设计出可调节主轴夹头、变向传动装置和专用刀具等工装，改变公司现有加工中心的加工方式，作为全国首例，创造性地实现了产品某特殊结构的加工，突破了加工瓶颈，为保障公司科研工作顺利进行作出了重要贡献。王翔用汗水与智慧创造了卓越成就，被评为中国兵器装备集团有限公司第三届“最美兵器人”，2022 年荣获“全国五一劳动奖章”。

“青春心向党，百年再启航。”新时代央企青年要接续奋斗，大力弘扬知难而进、锲而不舍的奋斗精神和求真务实、真抓实干的优良作风，以实干谋发展，以发展赢信任，以务实发展树立务实形象。

第二章

以党的意志为意志，
把党的全面领导落实到工作的全过程各领域

青年是最为积极、最有生气、最富活力的一代，是值得信赖、堪当重任、大有可为的一代。无论过去、现在还是未来，中国青年始终是实现中华民族伟大复兴的先锋力量，中华民族伟大复兴的中国梦终将在从“觉醒一代”到“强国一代”的接续奋斗中成为现实。

习近平总书记在庆祝中国共产主义青年团成立100周年大会上发表重要讲话指出，“要把党的全面领导落实到工作的全过程各领域……高扬爱国主义、社会主义旗帜，不断巩固和扩大青年爱国统一战线”。党的号召，就是行动信号；党的中心任务，就是奋斗使命。当前，向第二个百年奋斗目标发起的时代冲锋已经展开，在中国共产党的领导下，新时代央企青年一定要以党的意志为意志，自觉贯彻党总揽全局、协调各方的根本要求，把党的领导落实到一切工作中，把党中央的决策部署落实到各个领域、各个方面，成为实现中华民族伟大复兴的先锋力量。

不忘初心，青春朝气永在

思想领航

2020 年 1 月 8 日，习近平总书记在“不忘初心、牢记使命”主题教育总结大会上发表重要讲话指出：“一个人也好，一个政党也好，最难得的就是历经沧桑而初心不改、饱经风霜而本色依旧。”不忘初心，保持初心，才能不负历史、不负时代、不负人民。不忘初心，就是要不忘历史，把握历史规律，增强开拓前进的勇气和力量；就是要不忘思想旗帜，坚持对马克思主义的信仰，对社会主义和共产主义的信念；就是要不忘我们党对人民的赤子之心，坚持人民至上，团结人民共同创造新的历史伟业。

“跨越过星辰大海，赤子心热血澎湃，用青春谱写精彩。”新时代央企青年作为党和人民事业的接班人，有幸生在繁荣富强的新时代，路很宽、梦很长，必须不忘初心、牢记使命，用奋斗为企业高质量发展和更好履行责任使命写下生动注脚，以实际行动为国家发展和社会进步贡献才智。

青春风采

吕建，先正达生物科技（中国）有限公司首席科学家、高级工程师。

“不问收获的时候，反而收获特别多。”这是吕建对科研事业的感悟之一。从 2000 年 9 月开始学习生物科学，到 2010 年获得山东大学生命科学学院遗传学专业博士学位，近 10 年青春，吕建都与生命科学为伴。从本科生到硕士，从硕士到博士，然后加入先正达集团（中国），吕建初心不改，始终保持自己前行的方向。

立志勇攀农业科技高峰，以赤子之心勇担使命，永远在国家、企业需要的时候挺身而出，这是吕建自加入先正达集团（中国）以来时时刻刻践守的承诺。他致力于生物育种前沿技术的开发和应用，着力解决种业相关“卡脖子”技术难题，在小麦父本单倍体诱导技术、细胞质雄性不育系快速转育、品质改良等研究中取得了一系列原创性科研成果。

在科学研究这条路上，从来都不是一帆风顺的。有做到一半的项目被叫停转攻紧急项目的时候，有突然接到攻坚项目自己却一片空白的时候，需要不断跨学科、跨专业、跨领域，尝试似乎一直不停。

吕建刚进入先正达集团（中国）时，接到的第一个项目是做抗旱玉米，但在此之前，他主要进行抗盐碱小麦研究。虽说都是抗盐碱课题，但在生物育种领域却是隔行如隔山。刚开始很困难，没有头绪。例如，玉米穗行数都是偶数行，当团队负责人让他去数玉米穗行的时候，吕建却报了奇数行。为此，吕建刻苦钻研，不敢有一丝松懈。现今，从零基础的玉米“门外汉”变成大家口中的玉米专家，就连多年从事玉米研究的科研人员有时候遇到问题也向他请教，可想而知，他付出了多少心血、努力。

2020 年 12 月，吕建以通讯作者身份在国际顶级期刊《自然－生物技术》（*Nature Biotechnology*）杂志上发表了题为《基因编辑（CENH3）基因开发小麦父本单倍体诱导技术》（*Generation of paternal haploids in wheat by genome editing of the centromeric histone CENH3*）的研究论文，首次实现了作物上可商业化应用的父本单倍体诱导技术。随后国际顶级学术期刊《植物科学趋势》（*Trends in Plant Science*）高度评价认为：“期待已久的突破。”论文一经发表便引起业界和媒体的关注。吕建带领团队利用基因组编辑技术建立了创新育种技术所依赖的父本单倍体诱导技术体系，成功实现了细胞质雄性不育系快速转育和杂交小麦制种成本降低。

“恰同学少年，风华正茂；书生意气，挥斥方遒。”不忘初心，就是要葆有新时代青年的青春朝气，保持拼搏进取的状态，面对苦难挫折更要坚定信念，在拼搏中砥砺奋进，在实干中逐梦前行。

物资供应是建设“百年大计”民生工程的根本。中铁物贸集团有限公司商务管理部（采购管理中心）高级经理、经济师齐智，从事供应链管理工作 8 年多。他认真践行“哪里有中国中铁的项目，哪里就有中铁物贸的身影”的初心，重任扛肩、勇于突破，争做建筑业供应链创新的青年先锋。2021 年，他作为中国中铁唯一突围选手参加全国行业职业技能竞赛供应链管理师赛项决赛，并斩获全国一等奖，彰显出中铁青年岗位能手的风采。

他围绕“确保建筑业供应链本质安全，优化建筑业供应链效率”这一战略目标，加强前瞻研究，注重实践应用，主创参与建设中铁物贸大宗物资线上交易平台，通过协同中心联通产业上下游企业，建立包含商品中心、互动交流、物流追踪、结算支付、增值服务等为核心的综合服务能力，实现大宗商品订单、统筹、排产、配送、签收、结算的全流程线上化，最终完成货物流、资金流、票据流、信息流在线闭环管理。逐步实现了与上下游主要资源厂商、仓储、物流服务商及客户等的互联互通，推动企业完成“数平化”转型，向着建筑业供应链集成服务领军企业进军。

在齐智看来，青春就是用来奋斗的。新时代央企青年应该勇于开拓、勤于创新，心中常怀“星光不问赶路人”的紧迫感，以时不我待的精神做好手中一针一线、认真写下一笔一画、扎实盖好一砖一瓦。他常说，要如仰望星空般地锚定目标，同时也脚踏实地地走好眼前的每一步，勇于在大风大浪中当先锋、做闯将，继续书写不负党和人民殷切期待的精彩篇章。“青春因磨砺而出彩，人生因奋斗而升华”，这是对他工作成果的最好检验。

不忘初心，练就担当使命的“铁肩膀”，就要加强思想淬炼、政治历练、实践锻炼、专业训练，在迎难而上中锻造扛得了重活、打得了硬仗、担得起重任的“真本领”，在砥砺前行中创造经得起实践、历史和人民检验的“好成绩”。

陈晋莹博士毕业于四川大学华西医院生物治疗国家重点实验室药学专业，现任中储粮集团公司质检中心研究室副主任。他是中储粮集团公司、成都市商务委、成都储藏院优秀共产党员。2022 年参加中组部、共青团中央第 22 批博士服务团，赴黑龙江省哈尔滨市挂职乡村振兴局副局长，从事乡村振兴工作。

陈晋莹作为一名光荣的共产党员，一名青年科技工作者，从进入粮食行业以来就始终为自己的正确选择而感到庆幸。陈晋莹读博士的专业是人类重大疾病的生物治疗，当时的理想是为人类重大疾病的治愈献出自己的绵薄之力。2015 年，他博士毕业后便义无反顾地加入中储粮集团公司，积极投身中储粮的质检和科研事业，积极投身维护国家粮食安全的工作中来。多年来，陈晋莹在质检一线挥洒汗水，在粮库粮仓留下足迹，在码头船舱取过样品，在田间土地上留下过身影，在实验室为科研探索，在国际国内会场播撒科研成果。

他热爱科学，热爱研究，具备扎实的专业基础知识，并且有很高的外语水平。在其专业领域的国内外专业期刊上发表多篇高水平研究性论文。在创新科研的道路上，他坚持探索、刻苦努力，在化学合成、化学分离、化学分析、真菌毒素检测及防控、粮油食品质量安全等领域有深入研究，发表论文 70 余篇，其中 SCI 、国际会议论文 40 余篇。他主持国家、行业、集团重点研发项目 4 项，主持和参与制修订国际、国家及行业标准 6 项，参编著作 4 部。

2020 年初，新冠肺炎疫情暴发。除了密切关注药物情况，给抗疫前线的英雄加油鼓劲，居家的陈晋莹能做的并不多，但作为学医出身的他始终觉得自己应该担起更大的责任。

虽不是医护人员，但他学药学多年，新冠肺炎疫情的蔓延及核酸检测采样人员的缺少让他非常焦虑。去还是不去，他无时无刻不在与自己辩论：不去，不是医护人员，不能打针、输液、做检查；去，有扎实的药学基础，从事科研检测工作多年，触类旁通，经过培训能很快上手，补充不足，以解燃眉之急。陈晋莹入党 9 年，博士毕业 5 年，党、国家和中储粮集团培养了他。他愿用毕生回报恩情，国家有难，义不容辞，不能做旁观者，一定要去。

几经辗转，陈晋莹找到了新冠肺炎疫情防控指挥部。防控指挥部表示现在请战的医护人员很多，没想到非医护人员也来请战，他们很受感动。

2021 年，是中国共产党成立 100 周年，陈晋莹满怀激情创作了诗歌《党师赋》，采用四言诗体的形式称颂党，讴歌党性党魂，弘扬伟大精神，一字一句都表达出对党的崇敬和热爱。这首诗歌荣获中国科协“庆祝建党 100 周年”征文诗歌类二等奖，被中国粮油学会全体同志朗诵。

不忘初心，要以百姓心为心，与人民同呼吸、共命运、心连心。在任何时候，都不能忘了人民这个根，与人民风雨同舟，始终保持血肉联系，把新时代的美好愿景变成现实的美丽风景，让人民群众的获得感、幸福感、安全感更加充实、更有保障。

中国华录·松下电子信息有限公司加工系长、高级技师王永山，从事模具加工相关工作，擅长精密模具、高精密齿轮模具加工，拥有数控铣工高级技师技术职称。因为高精密斜齿齿轮一直是从国外采购，不仅价格昂贵，且购买周期长，在一定程度上制约了企业的生产，也使模具成本大幅增加。作为模具精密班班长，为提高齿轮电极加工精度及生产效率，王永山自学钻研相关软件，查阅大量制作高精密斜齿轮的资料，并与实践相结合，利用自身的技能水平，与技术经验丰富的加工师傅彻夜钻研，自制多向位调节治具及一套更合理的工艺流程，使高精密机芯类齿轮动态、静态精度都达到国际先进水平，打破了国外垄断现状，使齿轮型芯精度大幅度提高，现各类齿轮制品已经出口多个国家。

模具行业飞速发展，对产品的精度、功能性的要求越来越高。模具镶块超小字体加工一直由外协专业雕刻厂家完成，周期长，成品率非常低，价格昂贵，无法满足生产周期要求。王永山通过各类检测仪器分析了字体结构数据，结合现有的高转速加工设备，设计出一款特殊雕刻刀具，经过大量试验加工最终达到使用标准，摆脱了依赖外协单位完成的现状，在提高效率及精度的前提下实现完全内置化，为部门节约25万元。

王永山一直坚信，“简单的事情坚持做好就是不简单，平凡的事情认真做好就是不平凡”。无论做什么事都需要专注与认真，无论做什么工作都需要爱与责任。王永山兢兢业业、无私奉献、追求完美的精神，受到各级领导以及同事的认同，近年来获得“全国五一劳动奖章”，被授予“全国技术能手”“中央企业劳动模范”“中央企业技术能手”等荣誉称号。

初心易得，始终难守。把初心和使命变成踔厉奋发、开拓创新的精气神和埋头苦干、笃行不怠的原动力，方能无愧伟大时代，不负人民重托。

在机械化、自动化焊接技术不断发展的今天，手工焊作为焊接技术基础中的基础，依然发挥着不可替代的重要作用，特别是关键核心装备的内部组件，大型焊接设备无法进入，只能凭借焊接工人的一双巧手，成就“天衣无缝”的美名。

一重集团大连核电石化有限公司快堆突击队手工焊班组长殷存柱，

在关涉国家国防安全的重大工程项目中，以高超的技能水平、忘我的奉献付出，连续攻克多项技术难关，确保了产品在各个节点按期交付。他带领班组成员不辞辛劳，不畏艰难、不怕挑战，出色地完成了世界首台“华龙一号”核反应堆压力容器福清五号、防城港二期首台核反应堆压力容器防城港三号、全球首台“国和一号”示范工程一号机组核反应堆压力容器等一大批核电主设备的制造任务。

殷存柱扎根焊接岗位 14 年，用匠心焊接大国重器，完成核反应堆压力容器顶盖 CRDM 管座密封焊 20 余台，专项产品核反应堆压力容器顶盖 CRDM 管座密封焊近 10 台，完成了反应堆筒体径向支承块组焊 10 余台、专项产品 8 台等核电关键部件焊接任务。前不久，公司承制的又一国家重点项目产品正在紧锣密鼓地制造中，殷存柱不负众望完成了各攻关节点，为提升核电制造技术核心竞争力作出突出贡献，打造了中国亮丽的“核电”名片。

几分热血照儿郎，国之重器敢担当！能为“国之重器”奉献自己的力量让他感到荣幸和自豪！殷存柱在工作中做到“关键质量把握住，微小细节不放过”，对每一道焊缝都力争精细控制，时刻防范焊接变形的产生。在一次进行纵缝焊接的关键工序焊接作业时，由于焊接位置差，大部分焊接时间都要保持蜷缩身躯的姿势，且由于要尽量减小焊接变形而无法提高焊接速率，这对于焊工的技能水平尤其是意志品质都提出了极高的要求。即使在汗液滴进双眼、浑身酸痛的极度不适情况下，都不能中途停下，否则将对焊缝成型质量造成极大损害，甚至前功尽弃。在长达数小时的焊接作业过程中，殷存柱不讲条件不叫苦，以超高的意志力和技能水平，顺利完成了焊接工作，并经质量检测合格。身边同事都向他竖起了大拇指，他却轻描淡写地说道：“这条缝焊得还可以吧，还有好几条等着我呢。”

无论在什么岗位上，青年人都要保持着那颗纯粹的初心，为了党和人民的事业竭尽所能，全力付出，以锲而不舍的韧劲，拿出吃苦耐劳的劲头对待事业和工作。

关改玉是中铁十七局集团铺架分公司的一名探伤女工，曾荣获“全国五一劳动奖章”，被授予“全国三八红旗手标兵”“全国五一巾帼标兵”“中央企业青年先锋”等荣誉称号。

她长期从事铁路钢轨探伤工作，需要背着十几公斤重的精密仪器，逐一对钢轨焊接接头处进行质量检测，“揪”出病害。这种给钢轨做“B超”的工作，连男职工都觉得很累很辛苦，但关改玉一干就是 8 年。

关改玉先后参与了海南东环、京沪高铁、汉宜铁路等多项国家、省重点铁路工程探伤作业，累计步行 1700 余公里。

在不断刻苦钻研探伤技术、改进工作方法的过程中，关改玉练就了一双“火眼金睛”。经她检测的 8000 多个焊头，准确率达到 95% 以上。她先后总结出“心里稳、移动慢、坚持看”工作法，“看关键、看重点、看本质”工作要领和“一看波形显示、二看探头位置、三看轨道状态”等工作技巧，有效避免了误判漏检的发生。

初心如磐，使命在肩。在迈向第二个百年奋斗目标的新征程上，央企青年要牢记习近平总书记的号召，不断叩问初心、锤炼初心，不断坚守使命、担当使命。

云南文投集团杂技团有限公司杂技演员王志贞，从 6 岁开始学杂技，22 年坚守，缘于杂技国粹的艺术魅力和她对中国传统表演艺术的爱好与追求。练杂技之苦，非常人所能承受。她坦言：“从小练杂技，辛苦又危险。有段时间天天哭，曾一度想要放弃。”最后，她还是咬着牙坚持了下来。

高强度的训练，熬筋锻骨，既增长了她的技艺，也磨炼了她的心志。

2004 年 7 月，王志贞正式成为一名杂技工作者。多年来，她随团前往英国、法国、日本、韩国、印度等 10 多个国家进行艺术演出以及文化交流，主演的节目有《流星》《五人柔术》等。2014 年，王志贞接到云南省杂技团的工作安排，前往柬埔寨参演由云南文投集团倾力打造的大型史诗级剧目《吴哥的微笑》。

“刚开始表演时，并不能完全明白《吴哥的微笑》这部剧的内涵，后来慢慢了解了柬埔寨的历史文化和艺术形式后，才发觉这部剧特别了不起。”此后的每次演出，王志贞除了展现饱满的情感之外，还会融入一些新的舞蹈元素，对角色进行更好的诠释。

时至今日，她将柔美婉转的舞蹈融入惊心动魄的杂技动作中，给世界各地的观众带来极富张力的视觉呈现。曾有媒体这样形容王志贞，“她是吴哥历史遗迹中舞蹈的精灵”。

2018 年，王志贞荣获“云南省五一巾帼标兵”称号，这是对这位精灵女孩的最佳认可。面对荣誉，王志贞尤为谦逊：“我只是一个普通的杂技演员。”

青年朝气蓬勃、富有激情活力，要把这些优势切实转化为干事创业的强大动力。广大央企青年虽立足不同岗位，耕耘不同领域，但唯有不忘初心，朝气永在，人生才能绽放异彩。要始终对标先进，把学习当作生活工作的一部分，学有所悟、学用结合，力争树标杆、作表率。

做对党忠诚的栋梁之才

思想领航

“天下大德，莫过于忠。”对党忠诚，是每位党员入党时在党旗下作出的庄严承诺，也是年轻干部最基本的政治品质。2022 年 3 月 1 日，习近平总书记在 2022 年春季学期中央党校（国家行政学院）中青年干部培训班开班式上发表重要讲话强调，年轻干部要“锤炼对党忠诚的政治品格，树立不负人民的家国情怀，追求高尚纯粹的思想境界，为党和人民事业拼搏奉献，在新时代新征程上留下无悔的奋斗足迹”。这不仅是对年轻干部的要求，更是对广大青年的希望。

对于实现中华民族伟大复兴而言，党的领导就是灵魂，就是力量。对党忠诚，关乎党和国家事业发展的全局和未来，是堪当中华民族伟大复兴重任的新时代青年的政治底色。作为新时代央企青年，对党忠诚是第一位的要求。广大央企青年要心无旁骛地沿着党指明、带领的方向前进，与党同心同德，积极工作，把自己的生命融进党的事业。

青春风采

中国航天科技集团有限公司第四研究院第四十一所长征系列运载火箭固体大推力发动机研制团队牢记习近平总书记“探索浩瀚宇宙，发展航天事业，建设航天强国，是我们不懈追求的航天梦”的殷殷嘱托，勇敢担负起“为建设航天强国打造强大动力引擎”的光荣使命。团队共有成员 18 人，35 岁以下青年占比 67%，曾荣获“陕西省青年五四奖章”，被授予“陕西省青年文明号”“中国航天科技集团有限公司科技创新团队”等荣誉称号，累计获得授权发明专利 52 项，发表学术论文百余篇，荣获国防科技进步奖、军队科技进步奖等科技类奖项 10 余项。该团队自 2010 年成立以来，自立自强、创新超越，实现了固体火箭发动机直径从 2 米到 3.5 米、推力从 120 吨到 500 吨的跃升，助力我国宇航运载技术的跨越式发展。

作为我国固体动力技术的领军者，发展运载火箭固体助推技术一直是航天科技四院的梦想，而分段对接作为大型固体助推发动机的关键技术，是固体发动机进军运载火箭捆绑助推动力领域的核心支撑。基于分段式固体发动机技术新、进度紧、压力大，团队坚持“技术创新，技艺传承”的人才培养思路，建立了“起飞、入轨、运行”的“三步走”培养方案，淬炼了敢于攻克“卡脖子”技术、啃下“硬骨头”的拼搏精神。短短几年时间，团队就成功解决了多项重大关键技术和诸多技术难题，形成了一套完整的分段式固体发动机设计与分析方法，实现了分段式发动机从无到有、从小到大的跨越式发展，并圆满完成了两段式和三段式技术验证发动机的研试工作，不断刷新我国固体发动机研制的纪录。

随着分段式固体发动机技术的日益成熟，首次应用直径 2 米 2 分段固体助推捆绑的 CZ-6A 运载火箭终获国家立项，标志着固体运载正式向着我国主流运载火箭进军。

自项目立项以来，这支年轻的设计师团队不断挑战极限、主动进取作为。“发动机工作同步性是决定本次发射任务是否成功的一个关键考验，如果捆绑在火箭 4 个方位的固体助推发动机步调不一致，将会产生翻转力矩从而影响火箭的稳定性。”陆贺建在方案评审会上总结道。作为“攻坚急先锋”，他率先组织团队“头脑风暴”，通过多项设计、工艺、过程控制方法保证药柱性能一致性，实现对称发动机工作时间的误差小于 1.5 秒。

“一次要把事情做对，次次都把事情做好！”这是“巾帼设计师”赵玉静的工作格言。面对首次采用捆绑连接结构要求，她采用拓扑优化的方法进行壳体的结构设计，理论计算与试验数据最大偏差小于 8%，以高性能满足了指标要求。苗志文作为团队中最年轻的成员，为保证发动机在低温条件下首飞圆满完成，开展了 20 多种仿真工作计算。“要珍惜，现在正是我们年轻人吃苦攒经验的大好时候”成了他的口头禅。

十年运载梦，备尝艰与辛。当 CZ-6A 运载火箭直冲云霄、划过天际，固体助推发动机发出的耀眼光芒照亮了火箭征途，团队成员们凝视长空、热泪长流。

对党忠诚，必须一心一意、一以贯之，必须表里如一、知行合一，任何时候任何情况下都不改其心、不移其志、不毁其节，真正以实际行动践行对党忠诚。

“让青春与高教机一起飞翔”的航空工业洪都新型高级教练机研制交

付保障团队，忠诚于党，逐梦蓝天。他们伴随着机型型号的发展而成长，先后涌现出获得“中华技能大奖”、“全国五一劳动奖章”、“全国技术能手”称号等荣誉的先进典型。

“高教机训效体系很复杂，光有先进的技术能力还不够，团队要发展，系统科学的研发管理能力不能少。”面对“卡脖子”难题，团队聚焦实战需求，突破专业壁垒，研究设计飞行训练模拟器，创建某型战术训练系统，降低飞行员安全风险。在测试调优的关键阶段，仅用 3 个月就实现了产品定型，累计提供 58 项软件、90 余万行代码，开了国内外同类产品的先河。

“这个团队胆子最大，最敢干。”这是用户对这个团队的评价。新型高级教练机某部位出现安装偏差，影响研制速度。“中华技能大奖”获得者龙建军深入现场察看分析问题，设计并自制工具，反复试验后确定了方案，产品废品率由 40% 降至 1%。围绕项目科研生产中的重难点问题，年轻的工长万辉带领 80 后、90 后开展技术攻关，提出合理化建议 300 余条，极大缩短了关键部件装配周期，显著提升产品质量。为保证新用户使用批次顺利交付，型号生产长多次跟飞保障，坚持问题不过夜，辨识了多项关键技术并有针对性地进行项目攻关。无数个日夜，试制现场始终灯火通明，每个人都在为使命和责任而奋战。

“天下难事必作于易，天下大事必作于细。”在小批量生产过程中，研制团队殚精竭虑，精益求精，谱写了一曲打造精品工程的赞歌。

2017 年 3 月，新型高级教练机代表国家征战“航空飞镖”国际军事赛事，取得强击机组第二名的优异成绩。“趁青春，多做些对国家有意义的事，多么令人幸福！”年轻的技术服务保障人员许信如是说。

做好海外用户的服务保障，对我国航空教练装备在国际市场再创辉煌至关重要！为此，团队成员远赴异国他乡，直面当地复杂的社会环境和匮乏的物质条件，圆满完成了排故技术保障、排故处理等任务。团队优良的业务素质和保障能力，打造了完美的海外培训交付样板，擦亮了“中国制造”名片。

坎坷与挫折、压力与责任、荣誉与泪水交织汇聚。2019 年国庆大阅兵，中国战鹰米秒不差威武受阅，教练机梯队更是压轴出场，向祖国 70 华诞献上了厚礼。“这是我工作十几年来第一次带队出征，还是保障阅兵任务，使命光荣，压力巨大。”动力安装工朱宸宇，不仅要为部队提供技术支持，还要负责随行人员的管理。他们周密策划、高效协同、上下联动、快速响应，多少个日夜鏖战，换来的是飞机的绝对安全，用户的高度肯定，阅兵任务的出色完成，成功实现受阅飞机完好率 100%，展现了航空人忠诚奉献、逐梦蓝天的品质和风采。

对党忠诚是具体的、实在的，不能停留在口号上，必须转化为摸得着、看得见的行动。广大央企青年要担当作为，凡是有利于党和人民的事，就要事不避难、义不逃责，大胆地干、坚决地干，把对党忠诚、为党分忧、为党尽职、为民造福落到实处。

甘玉叶身为中国节能环保集团有限公司下属中国地质物资有限公司党委副书记、总经理，北京岩土工程勘察院有限公司总经理，岩土工程高级工程师，在创新项目经营模式、市场开拓及科研创新等方面取得了创新性突破。在市场拓展方面，甘玉叶以市场需求为主，充分利用国家相关政策，根据不同专业领域、不同区域市场、不同项目规模、不同社会影响力，在现有成熟经营模式的基础上，按照“一业一策”“一地一策”等原则，带领公司青年团队开拓创新，分门别类创新多种经营模式，并大力推行 EPC 项目承接模式。同时，甘玉叶积极践行习近平生态文明思想，紧跟国家政策，积极服务集团战略，成立公司市场拓展青年突击队和长江大保护青年突击队，积极推动长江流域、黄河流域及赤水河流域等生态环境治理项目开发及实施落地。在甘玉叶及其团队的共同努力下，近三年公司新签合同额平均年增长 35%，创历史新高。此外，甘玉叶带领团队聚焦科技创新，2021 年度先后荣获国家级“高新技术企业”“中关村高新技术企业”认证。

对党忠诚，关键要做到矢志不渝、一以贯之。无论形势怎么发展、环境怎样变化，都一以贯之对党忠诚，保持政治上的清醒和坚定，切实践行对党忠诚的铮铮誓言。

孙宜春，现任国药集团同济堂（贵州）制药有限公司党委委员、副总经理。自 2009 年进入同济堂以来，为了中药材种质资源优选、新药研发项目的完成，他通宵达旦，查文献资料，根据种植品种和新药项目，及时试验调整方案。

面对新药研发的重重困难、重重阻碍，作为共产党员、公司领导班子成员的孙宜春，深知共产党员的使命和担当，深知肩负着企业发展的重大使命，毅然决然站了出来。凭着一腔热血、死磕到底的闯劲儿和拼劲儿，主动承接了该项工作，并组成临时项目组，开始全力投入调研和试验，他深知研发耗资大，研发周期长，研发难度也大，但他都无所畏惧，不为所动，继续为新药研发不懈努力奋斗，在这平凡的岗位上，充分发挥着共产党员先锋模范作用。

孙宜春说：“公司每年在科研上投入大量的人力、物力和科研经费，公司给足科研空间和舞台，每一种药物的研发，都像在培养一个幼儿，这是我实现人生价值的地方。”孙宜春先后主持或参与国家重点研发计划、国家“重大新药创制”科技重大专项、国家科技支撑计划、中央引导地方科技发展基金项目、智能制造项目、中药标准化项目、博士后基金等国家级科研项目 10 余项。通过对相关的科研课题研究，先后发表学术论文 20 余篇，其中 10 多篇被 SCI/EI 收录，参编重要专著 5 本，获得授权专利 21 项，发明专利 10 件，实用新型专利 10 件，外观设计 1 件，完成 3 项科技成果鉴定工作。荣获第二届国药集团“青年榜样”提名奖、中国医药集团“科技成果”三等奖、“中国优秀专利奖”。

做对党忠诚的栋梁之才，必须表里如一。必须在坚持党的领导、对党绝对忠诚上作出表率，身体力行，听党话、跟党走。不论在什么地方、在哪个岗位上工作，都经得起风浪考验，不折不扣完成好党组织交办的各项任务。

2013 年，面对雾霾重污染天气频发的现状，国家提出了全面空气质量治理的“蓝天”计划。那时国内针对颗粒物在线监测设备的研发水平还处于刚刚起步的阶段，其中对高端的环境空气重金属在线监测仪器的研发尚属空白。只有准确测定空气质量的污染特征和水平，才能对症下药，从源头解决污染问题。但是当时在世界范围内，能够生产制造相关仪器的仅有一家美国公司，且仪器售价高达上百万美元，严重制约了相关工作的开展。当时，刚刚毕业的王雷，加入钢研纳克接到的第一个任务就是攻下这座“高峰”。年仅 28 岁的他，面对困难没有畏惧，认真梳理关键难点及核心攻关对象，详细制订研发计划。作为研发团队的核心成员，他带领团队历时一年半的时间，完成了国内首台环境空气重金属在线监测仪器的研制开发工作，又经历了半年的现场技术迭代，使仪器能够满足现场的长期稳定运行。

在线检测仪器成功投入使用，仅是王雷工作的开始。很多时候，由于现场情况复杂，仪器到达现场后的安装和长期运行，会发生意想不到的情况。面对困难，王雷作为团队负责人，坚持身先士卒，以身作则。

2015 年，王雷带领团队前往郑东电力厂进行仪器安装，但现场运送仪器的电梯出现故障，导致仪器无法准时运输到位。工期紧迫，时间不等人，王雷只好带领大家将重达 150 公斤的仪器设备，用手搬、肩扛，硬是搬到了指定位置。

2018 年，他们研制的烟气重金属检测系统在现场部署后经常出现故障，后来发现是因为现场工艺复杂，导致排出的烟气酸度含量较高，设备无法正常工作。为解决这个问题，王雷在现场连续蹲守 7 天，与技术工人深入了解生产工艺，确定了具体排放的酸雾种类，有针对性地改进烟气处理系统，实现了现场仪器的稳定运行。仪器的“表现”超过了同类的进口产品，他看着这台仪器，仿佛看着自己的孩子一样，充满了骄傲和自豪。

王雷带领团队研制了国际上首套基于 XRF 原理的烟气总汞在线监测系统，荣获 2018 年中国仪器仪表行业协会“自主创新金奖”，2020 年“朱良漪分析仪器创新成果奖”，累计销售额超过 3000 万元，在污染源烟气重金属在线监测领域市场占有率位居国内首位；开发了国际上首套用于悬浮颗粒物超痕量（pg-μg）化学组分的在线校准仪，是目前世界上唯一能够溯源到化学标准物质的颗粒物在线校准仪，成功填补了相关领域技术的空白。

对党忠诚是对理想信念坚定的最好诠释，广大央企青年尤其是青年科技工作者要从本职岗位出发，把科学梦想与青年梦想紧密结合，大力弘扬科学家精神，坚定创新自信，勇攀科技高峰，致力于攻克“卡脖子”问题，为加快实现高水平科技自立自强作出新的更大贡献。

心系国家事，肩扛国家责

思想领航

2022 年 5 月 18 日，习近平总书记回信勉励南京大学留学归国青年学者时强调：“你们在信中表示，生逢伟大时代是人生之幸，留学归国青年要心系‘国家事’、肩扛‘国家责’，这些话讲得很好。希望同志们大力弘扬留学报国的光荣传统，以报效国家、服务人民为自觉追求，在坚持立德树人、推动科技自立自强上再创佳绩，在坚定文化自信、讲好中国故事上争做表率，为全面建设社会主义现代化国家、实现中华民族伟大复兴的中国梦积极贡献智慧和力量！”

出国留学是中国青年了解世界的重要途径。随着中国对外开放的大门越开越大，新时代中国青年以前所未有的深度和广度认识世界、融入世界，在对外交流合作中更加理性包容、自信自强。根据《新时代的中国青年》的统计数据，自 1978 年以来，40 多年间各类出国留学人员累计超过 650 万人，40 多年间回国留学人员累计达 420 余万人。这表明，改革开放 40 多年尤其是新时代日新月异的发展，为包括留学人员在内的广大人才提供了施展才华、报效祖国的历史机遇。

今天，人才竞争已经成为综合国力竞争的核心。奋进新征程，无论身处何种岗位，无论是否为留学青年，广大央企青年都应心系“国家事”、肩扛“国家责”，想国家之所想、急国家之所急、应国家之所需，知责于心、担责于身、履责于行。

青春风采

热爱伟大祖国，担当时代责任，有的人从不止步于个人目标的实现。陈亮，法国里尔科技大学博士，长期致力于高水平放射废物深地质处置研究，现任核工业北京地质研究院环境工程研究所所长。作为中核集团引进的海外人才，陈亮放弃法国终身教职，长期扎根戈壁一线，全情投入我国高放废物处置研发工作，成果突出，入选国家级青年人才计划。

2009 年 5 月，在香港举行的国际岩石力学大会上，陈亮聆听了核工业北京地质研究院副院长王驹作的大会特邀报告，第一次系统地了解到我国高放废物处置整体战略规划和最新进展，知道有一群人正在戈壁无人区挥洒汗水绘制蓝图。长期在国外从事这项工作的陈亮，像听到了祖国的召唤，报告结束后他第一个冲上讲台，“我希望回国加入这个团队”。

2011 年如愿回国工作后，陈亮很快完成了角色转变。他与团队成员不畏酷暑寒冬，坚持在戈壁深处连续奋战 200 多天，完成了 3000 多米钻孔岩心的裂隙编录和测量、40多平方公里的地表节理调查和综合分析，圆满完成了各项科研任务。2015年，作为现场总指挥，陈亮带领团队启动了地下实验室坑探设施工程建设和地下实验室场址评价工作。尽管环境艰苦，但陈亮带领团队仅用一年半时间，就圆满完成了工程建设和10余项大型地下现场试验研究，建立了地下实验室建设安全技术体系，为我国“十三五”规划重大工程——高放废物处置地下实验室建设方案的制订提供了技术支撑。陈亮说：“作为留学归国人员，回来有国家级平台，最重要的是有这样一个团队，一起推进高放事业，我觉得非常幸运。青春是用来奋斗的，能将自己的青春、热情和智慧融入国家发展需求中，这本身就是一种幸运和幸福。”

留学青年这个群体是中国发展的见证者，他们有条件，也最有机会讲好中国故事。很多留学青年当初选择出国留学，在异国他乡努力学习打拼；学成之后又选择回来，无论从事教书育人的工作，还是搞科研创新，其实都在用他们的行动讲述中国故事。

长期以来，我国核电软件的整体规模化开发起步晚，经验及试验数据匮乏，核电软件自主化一直是制约我国核电“走出去”的技术瓶颈。同时，软件直接涉及核安全问题，每一个过程都需要经过严格的检验，这些都给软件的设计、编码、验证与评估带来了极大的困难。

“十一五”时期，国家引进AP1000三代核电技术，开启我国三代核电“引进，消化，吸收，再创新”的自主化发展之路。2010年初，余慧毕业于韩国科学技术院原子能及量子工学专业，为了响应国家“全面实现核电核心技术自主化”的号召，她毅然加入核电软件自主化研发团队，作为国家核电软件技术中心初创首批员工投身核电关键设计软件自主化研发中。

科研之路坎坷而漫长，人们习惯用“十年磨一剑”来形容科研背后的艰辛，但对于核电软件自主化这样的大国重器来说，项目人员所付出的探索与艰辛又何止10年。从一线开发人员，到项目负责人，再到团队负责人，从软件的架构设计、编码、验证到工程应用评估，余慧带领她的研发团队刻苦钻研、精益求精，解决了一个又一个难题，建立起了一整套研发规范和标准，取得了一个又一个成果。2013 年，COSINE 内部测试版发布；2015 年，COSINE 公开测试版发布；2017 年，COSINE 工程应用版发布。十年磨一剑，功到自然成。依托国家大型先进压水堆国家科技重大专项课题，联合国内 10 余家核电科研单位，终于成功研发出了我国首套具有自主知识产权的核电关键设计软件——COSINE。COSINE 软件的开发与工程应用，极大地提升了我国核电技术“自主研发、自主设计、自主建设、自主运营”的能力，解决了我国核电发展关键技术的瓶颈问题，也为世界同行搭建了技术交流的平台。

今天，留学青年选择回来为国效力，是家国情怀的表达，也是选择了机会和未来，因为中国的快速发展，为广大归国青年学者提供了施展才华的广阔舞台。核电软件自主化一直是制约我国核电“走出去”的技术瓶颈。归国的央企青年学者要追随先辈的足迹，脚踏祖国大地，在各自岗位上努力报效祖国、服务人民，让人生出彩！

中车技能专家、中车青岛四方机车车辆股份有限公司电焊工高级技师牟世超，多年来扎根在高速动车组转向架制造一线，为中国高铁安全、快速运行作出了贡献。

对于高速动车组来说，转向架是承载整车重量重要的走行部，是高速动车组的九大核心技术之一，转向架横梁焊接更是核心中的核心。在高速动车组制造一线，牟世超潜心研究，攻克了一个又一个转向架焊接技术难题。

牟世超日复一日地钻研焊接技术，从理论到实践，通过反复的摸索，他掌握了 MIG、TIG、MAG 等多种先进焊接方法，擅长铝合金、不锈钢、碳钢等材料的焊接，掌握高速动车组、城际列车等转向架焊接工艺，并取得了国际焊接技师证书（IWS），国际焊工资质 6 项。

“我一直在寻找适当方式，能够把自己多年的一些经验传授给广大青年，让他们少走点弯路，也力所能及地给高铁事业培养一些人才，作点自己的贡献。”牟世超是这样想的，也是这样做的。他经常利用业余时间，发挥“传帮带”作用，通过各种焊接技术培训，教思路、传经验、讲方法、践行动，他称之为“四步带徒法”。

作为一线青年高技能人才，牟世超立足本职工作，从身边小事做起、从每个细节做起，保持勤奋敬业的状态，充分发挥青年先锋模范带头作用，引领广大青年秉持“用匠心雕琢精品”的工作理念，直击生产中的痛点、难点，发扬了中国高铁工人精神，以实际行动投身高铁事业，为助力交通强国建设贡献了青春力量。

伟大时代呼唤人才，伟大事业造就人才。广大央企青年要以强烈的历史主动精神，积极投身中国特色社会主义伟大事业，为千帆竞发、百舸争流的时代写下生动注脚。

“在建党百年、世纪圆梦的重要历史节点，你们响应党中央号召来到高原，用自己所学所长服务青海，在培养爱国之情、砥砺强国之志、实践报国之行中，把论文写在了青海高原的大地上，为青海经济社会发展绽放青春、建功立业，青海省委省政府感谢你们！青海各族群众不会忘记你们！青海永远是你们的家，青海人民永远是你们的家人，欢迎你们常回家看看。”

这是中共青海省委给来青博士团同志们的一封感谢信。在这样一支由各行各业的杰出人才组建的团队里，就有来自中国煤炭地质总局中化局地质研究院的总工程师、教授级高工、博士后王淑丽。

王淑丽，博士和博士后均师从郑绵平院士，从事盐湖与盐类地质学研究工作，对钾、锂、硼等战略性矿产资源勘查与评价具有较深入的研究，科研方向面向盐类资源勘查与开发技术前沿和社会需求，服务于保障国家战略性矿产资源安全与粮食安全。

王淑丽作为一名女地质工作者，在女儿刚满一岁时就主动申请到西部地区服务锻炼。2020 年和 2021 年入选中组部、团中央第 20 批和第 21 批支援青海省博士服务团成员名单，并担任第 20 批青海团的秘书长，连续两年被评为“来青服务优秀博士”，并入选首届青海省专家人才联合会理事。2020 年挂职青海省地矿局任地质科技处副处长，兼青海省柴达木综合地质矿产勘查院副院长。2021 年挂职青海省地矿局党委委员、副总工程师。

王淑丽在青海服务锻炼的两年中发挥专业优势，聚集工作重点，加强行业调研，服务于企业生产需求，联合青海盐湖工业股份有限公司成功申请了青海省科技厅科研项目。该项目旨在解决盐湖生产面临的技术难题，实现资源透明化、生产智能化、环境友好化，服务于打造集资源化工、康养保健、生态旅游等于一体的世界盐湖科技城，为加快建设世界级盐湖产业基地服务。她立足长远，积极建言献策，科学谋划盐湖产业新发展，撰写的《新时代中国盐湖事业必将繁盛于青海》在《人民日报》客户端青海频道发表。她结合实际，牵头撰写的《关于建设盐湖资源与环境联合国家重点实验室的建议》得到 6 位院士联名举荐，青海省政府高度重视。结合青海省情定位，积极融入国际生态旅游目的地建设，助力新时代青海高质量发展，她所撰写的《穿越时空的呼唤　给古生物化石一个“家”》《对如何促进青海地勘行业高质量发展的思考》《关于深化五项机制改革构建新发展格局的青海路径分析》等资政报告，从青海省实际出发，分别提出了相应的具体建议与对策。

全国盐湖资源一盘棋，全国科技人才一家亲，要科学谋划盐湖产业新发展，就要整合西部资源优势与东部人才技术优势，形成资源共享、优势互补的合作模式与产学研全方位的长期合作战略，促进盐湖资源开发动能变革，优化盐湖产业布局，推动战略资源转换，发展大盐湖产业，打造“国之大者”。两年来，她发挥桥梁纽带作用，结合派出单位的人才、技术、资源等优势，服务于盐湖产业全生命周期，并在察尔汗盐湖建立了“中化局察尔汗盐湖中试基地”。签署了 2 项高层次人才引进项目，联合多家盐湖科研单位共同举办“新理念、新成果、新盐湖——盐湖绿色勘查技术研讨会”，为青海省首届和第二届“人才项目洽谈会”招才引智。

“青海气候环境恶劣，生活和工作条件相对艰苦，所以专业人才也相对匮乏，这也正是成立博士服务团的初衷，所以我没有理由不努力。”王淑丽顿了顿说：“自己也觉得很亏欠家人，尤其是女儿，但我相信她长大了一定能理解妈妈的选择。”扎根高原结硕果，王淑丽在青海、新疆等艰苦地区积极组织与带领项目组成员开展野外地质工作，担任多个科研项目负责人，并多次获得“优秀项目组”“青年岗位能手”“先进工作者”“优秀共产党员”“三八红旗手”等荣誉称号，是青海省高端人才项目创新创业团队学术带头人，入选国投新疆罗布泊钾盐有限责任公司专家咨询委员会委员等。

广大央企青年要心系“国家事”、肩扛“国家责”。珍惜韶华，不负青春，做起而行之的行动者，当攻坚克难的奋斗者，努力学习掌握科学知识，提高综合素养，锤炼过硬本领，在经风雨、见世面中积累经验、增长才干，才能更好以真才实学服务人民，以创新创造贡献国家。

青春构筑“战斗堡垒”

思想领航

党的力量来自组织。党的基层组织是党的肌体的“神经末梢”，是党执政大厦的地基。2013 年 7 月，习近平总书记在河北调研时发表重要讲话指出：“只要每个基层党组织和每个共产党员都有强烈的宗旨意识和责任意识，都能发挥战斗堡垒作用、先锋模范作用，我们党就会很有力量，我们国家就会很有力量，我们人民就会很有力量，党的执政基础就能坚如磐石。”青年党员干部朝气蓬勃、激情飞扬，是精力最旺盛的时期。只有强化基层党组织建设，使每一名青年党员都时刻沐浴在党的光辉下，青年党员才能坚强有力，才能在各种严峻形势面前，经受起任何风浪的考验。

筑牢“战斗堡垒”，增强基层党组织的凝聚力、向心力，基层青年党员要不断提高综合素质，敢于创新、敢于拼搏，充分发挥好党员先锋模范作用。广大央企青年应立足岗位，促进理论与实际工作深度融合，筑牢党员的思想根基，充分发挥青年党员生力军作用，展现出央企担当。

青春风采

企业党支部是党组织许多工作的具体承担者、组织者和落实者。党支部不只是起到“堡垒”作用，还要“战斗”。

中国长江电力股份有限公司三峡电厂电气维修部副主任李光耀，敢于把责任扛在肩上，把党旗插在工作难度最大的地方，构筑坚强战斗堡垒。

2016 年 9 月，李光耀担任溪洛渡电厂保护分部主任、党支部书记。他说，作为一个基层党支部书记，感谢全面从严治党对自己的精神洗礼，让他找到了人生正确方向。他决心通过加强支部建设，打造坚实堡垒，带领年轻员工弹奏一曲奋进的“青春之歌”。

从学会当一名合格党支部书记入手，李光耀刻苦学习党内法规和有关工具书，结合工作实际编制支部工作手册，逐步夯实党支部战斗堡垒作用。保护分部党支部始终结合中心工作，扎实开展党员示范岗、党员突击队、党员示范检修机组等主题实践活动，树立“质量就是价值与品牌”的鲜明导向，引导全体员工弘扬长江电力“精益－责任”文化，以工匠精神严格执行安全规程、作业规范、工艺流程和验收标准，让每一次作业都经得起设备“长周期安全稳定”运行的考验。他要求支部党员“多点压力、多点动力、多点努力、多点奉献”，在岗位上发挥先锋模范作用。支部提出，哪里有困难，党员就要到哪里，要把党旗插在工作难度最大的地方。2016 年至 2017 年岁修中，保护分部党支部共开展 4 台次党员示范检修机组活动。在每一次示范活动中，支部党员都积极主动，努力拼搏，克服工期紧、任务重、危险系数高等困难，实现了“安全岁修、质量岁修、成长岁修、创新岁修”的目标，为分部全体员工树立了榜样。

2017 年 9 月，保护分部党支部成为国务院国资委党委命名的全国首批 103 个“中央企业第一批基层示范党支部”之一，成为三峡集团基层党支部中的先进代表。

能否战胜挑战，能否在时代潮流中找到自己的定位，走好新长征路，既决定着青年个体的前途与命运，也与一个国家、一个民族的未来息息相关。握紧实现中华民族伟大复兴的接力棒，在百年未有之大变局中，在成败攸关的关键时刻，新时代青年责无旁贷，唯有奋斗，才能在时代的年轮上留下自己的青春华章。

2022 年 4 月 8 日，北京冬奥会、冬残奥会总结表彰大会在人民大会堂隆重举行。中共中央、国务院对在北京冬奥会、冬残奥会筹办和竞赛中作出突出贡献的集体和个人进行了表彰。会上，中国国际航空股份有限公司地面服务部副总经理张新获得了“北京冬奥会、冬残奥会突出贡献个人”荣誉称号。面对荣誉，张新心潮起伏：“我就是做了自己分内的事，这份荣誉应该属于所有舍家忘我、坚守数月的中航人！”

回忆起冬奥保障期间的点点滴滴，张新总是反复提到和他一起并肩战斗的同事们，“机坪上达到零下 10 摄氏度，但大家穿着密不透风的防护服，里面的衣服还是被汗水浸透了，冷风一吹，冻得刺骨。有个员工回到休息区，摘下手套发现手上竟然长满了红疹。这个员工却说‘咱现在干的是国家大事，这点累不算啥’”。

张新是中航集团冬奥保障团队中的一员，作为地服冬奥“前沿指挥负责人”，三次进入保障闭环区，冲锋在前，高效协调处理各类保障情况。面对荣誉，张新说，功劳是大家的，从中航集团总部到一线保障岗位，所有中航人都在各自的岗位上真诚奉献、默默耕耘，大家协力齐心，形成了冬奥保障的强大合力。

筑牢疫情防控屏障，着力实现机场地面保障人员、执行飞行任务人员、驻冬奥村工作人员、观赛人员全部“零感染”，是冬奥航班运输保障的关键问题。为此，集团根据冬奥疫情防控要求，对参与冬奥保障人员采取了“全体进闭环、三个不交叉”的措施，并派出包括张新在内的 2 名总经理级和 11 名高级经理级领导进入闭环区，成立了冬奥保障战时党支部，建立冬奥保障最前沿的指挥中枢，靠前指挥、内外联动。

张新是战时党支部中的一员。他和同事们在“两集中”内部打造了一个高效的地面保障指挥系统，全面掌握航班运行动态，盯紧每一个航班、每一个环节，遇到特殊情况，现场沟通协调，现场拍板处置，确保保障工作一刻不停，一步不错。张新说：“作为党员干部，在面对压力和重任时就应该冲在最前面，这是责无旁贷的。特别是在面对生产流程不断调整、突发情况不时出现的时候，我们坚守在一线，让员工们随时随地都能看到我们，遇到问题和困难能更好更快地处理，这样大家工作起来就有了主心骨，也就更安心，更踏实，更高效。”

2022 年 2 月 18 日，中航集团响应民航局要求：一方面，做好从冬奥村到首都机场 T3 航站楼的冬奥离港航班闭环运行保障；另一方面，要在 34 个小时内完成 T3 航站楼所有国内航班向 T2 航站楼的转场，以保障冬奥离港高峰顺畅。面对瞬时集中的冬奥离港高峰人数和应急工作安排，张新和同事们在首都机场“两集中”冬奥保障区域里，现场沟通，随时研判，快速决策。原本在外界看来是“不可能完成的任务”，却在全体中航人的共同努力下顺利完成。张新说，2 月 19 日 0 时，灯火通明的国航运行控制大厅，全身心扑在航站楼里的地服人员，都成为他脑海中挥之不去的英雄群像。

在中航集团，还有无数像张新一样全力以赴、全力冲刺，主动请战参与冬奥保障闭环工作的员工。冬奥村里 16 人的“国航 OAP 工作团队”不断钻研细节，制作《旅客温馨提示卡》，以专业服务打造优质体验；默契配合、高效沟通的中转服务中心保障人员，为冬奥人员留下“第一道风景线”，也是出港服务的“最美印象”；一对 90 后客运员夫妇与同事们为应对复杂航班情况，提前 7 个小时开柜，连续奋战十几个小时，他们是夫妻亦是“战友”，谱写出专属于中航人的浪漫故事。

2022 年 2 月 20 日晚，当人们沉浸于冬奥会闭幕式的喜庆祥和气氛中时，张新和他的同事们已连续工作了 30 多个小时。张新说：“一直不停歇地干，那是真的累啊！就拿行李分拣来说，那天 139 名行李装卸员一共搬了 1.1 万多件行李，有 1/3 的大件行李无法直接到达 T3E 楼的分拣大厅，全都是靠人工搬运，没有机械设备，但大家依然完成了任务。”

张新说，最让他感动的是同事们奋斗拼搏的那股昂扬激情。保障冬奥离港高峰期间，国航地服的行李装卸员们穿着防护服连续搬运四五个小时，刚刚有间隙脱下防护服，喝了一口水，又听到下一个航班的保障通知。他们什么话都没说，立刻放下水瓶，穿上新的防护服再次投入工作之中。“他们的眼里只有活儿，只有任务。”张新说。还有一个细节让他记忆犹新，在冬奥出港后期与冬残奥进港保障任务叠加的阶段，需要有人放弃休息、直接转战。张新原本担心大家经过前期高强度的体力透支，会打退堂鼓，没想到地服部所有人都报名了，有位 50 多岁的老同志也主动找主管报名：“我缓过来了，没关系，还能接着干！”

迎着星星来，顶着星星走。“这就是我们的地服员工，淳朴，乐观，认为自己只是做了分内的事；面对挑战，大家心往一处想，劲儿往一处使，关键时刻冲得上去、危急关头豁得出来。”张新表示，所有地服员工在急难险重任务面前，始终保持着同进退、共担当，“你说累吗？那肯定累！但是，能坚持吗？必须能坚持！”张新和他的同事如是说。

自2021年进入冬奥测试赛阶段以来，中航集团取得了安全万无一失和运输服务保障“零失误”“零投诉”“零感染”的优异成绩，不断收到北京市委、民航局、体育总局等相关党政部门、其他航空公司及社会各界的表扬感谢，并多次收到北京冬奥组委的感谢信，获得高度评价。

从人民大会堂领奖归来，张新当天下午就又投入航班保障任务中。当大家向他表示祝贺时，张新说：“这个荣誉是大家的，集体的力量让我们勇往直前。”

100多年来，我们党之所以能够从小到大、由弱到强，成功领导人民取得革命、建设、改革的一个又一个伟大胜利，得益于我们党始终坚定不移地做好基层党建工作，得益于广大党员干部始终为人民更加美好的幸福生活而不断奋斗。

一段时间里，国家游泳中心“水立方”里交织着一种奇妙景象：观众在台上看比赛，同时，台下一群人为“冰立方”改造施工。

为了迎接北京2022年冬奥会，2008年北京奥运会中承担游泳等比赛项目的场馆“水立方”变身为“冰立方”，成为冰壶等项目的比赛场地。这也是世界首座完成“水冰转换”的场馆。

作为中国建筑第一工程局建设发展公司北京区域党总支书记、“冰立方”项目专职副书记，90后霍文震最常被问到的是，“水立方”中的水，是怎么变成冰的？

霍文震干脆组织团队，成立“建证未来”先锋志愿者服务队，工作之余为大家讲解冬奥会场馆“水冰转换”的奥秘。

从“水立方”到“冰立方”，“双奥”场馆华丽变身的背后，汇聚着一群年轻人的智慧。

这是霍文震第一次参与体育场馆的改造建设，“水冰转换”无先例可循，这个平均年龄只有28岁的建设团队，面临着前所未有的压力。

建设初期，身为党总支书记，霍文震组织项目青年员工成立青年突击队，用了4个月时间，把场馆的基础设施全部摸排了一遍，制冰机组怎么安装、管线怎么排布，一步一步设计出改善方案。

考虑冰壶比赛对架体受力变形的要求尤其严苛，冰场的架体要保证结实、承载力大，还要能快捷拆装，满足“水立方”和“冰立方”的顺利变身。

为找到合适的架体搭设方案，这支青年工程师团队经过大量记录和分析，获得了丰富的实验数据，最终选用薄壁H型钢和轻质混凝土预制板的组合方式进行搭建，这样可以最大限度满足冰场稳固、荷载和冰面平整度的要求。

这套可转换钢结构的设计考量和安装精度堪称精密，2600余根钢构件和1500余块混凝土预制板支撑着冰场，冰面之下分别有制冰管、保温层、防水层、预制混凝土块层、钢梁和钢柱，仅制冰排管加起来就有3万多米长。为了保证安装快、精度高，这群年轻人把所有构件做成“实名制”，每个构件都有自己的二维码，可通过数据模型控制，保证转换过程按原位置安装。

水上运动的场馆环境高温高湿，而冰上运动场馆的环境要求恰恰是低温低湿。青年工程师们改造场馆原有的空调系统，新增除湿系统，通过这两个系统实现场地环境温湿度分区控制。最终在“冰立方”比赛大厅内形成3个温度区：冰面零下8.5摄氏度，冰面上方1.5米处8~12摄氏度，观众看台16~18摄氏度，实现室内高大空间温度的分区调控，既满足比赛环境的需要，又为观众营造舒适的观赏环境。

由于2019年8月国际篮联篮球世界杯在这里开幕，工期进一步被压缩。但通过大家的努力，团队提前搭好冰场转换结构，做好荷载实验，保证禁得住开幕式的大型表演，并提前 180 天完成消防系统改造，提前两个月完成空调系统改造。

2019 年底，“冰立方”举办了中国青少年冰壶公开赛，成为第一个完成奥运会标准制冰工作、正式开启高规格赛事的场馆。然而 2020 年初，新冠肺炎疫情来袭，许多工人无法第一时间返京，可冬奥会工程建设一刻也不能停，一步也不能错，一天也误不起。霍文震记得，那时“冰立方”项目所有在京管理人员全部上场施工，终于按计划完成了施工进度。霍文震表示，改造“冰立方”是他最具成就感的工作之一，绿色、可持续的理念渗透在场馆的各个细节中。冰场采用环保效果最好的制冷剂，钢结构和混凝土板也都可重复使用，场馆照明全部换成 LED 灯，共 300 多盏，可一键切换不同模式，最大程度实现节能。

截至目前，霍文震所在的这个青年团队已获得 15 项授权专利，场馆不停业的改造经验被编制成手册，成为其他建筑施工项目的范本，他本人也被评为 2021 年“北京青年榜样”。

党的基层组织是党在社会基层组织中的战斗堡垒，是党的全部工作和战斗力的基础。要有力推动基层党组织全面进步、全面过硬，构筑起坚如磐石的战斗堡垒，为中国企业高质量发展提供坚强组织保证。

国新资本有限公司党委委员、国新融资租赁有限公司总裁舒威，凭借其突出的融资租赁专业能力，年仅 31 岁即被聘为在 2016 年底新创立的国新租赁主要负责人，从“一人一桌一椅”开始了艰难创业历程。

万事开头难！中国融资租赁行业伴随着改革开放和社会经济发展，经历了金融市场开放、制度创新、风险整治等多轮发展周期，对于当时的国新租赁而言，面对激烈的市场竞争环境，舒威看到了公司嫩芽破土而出的旺盛生命力。他肩负企业战略发展方向、组建团队、扩展业务等一系列重担，一手搭建团队、一手开拓市场，始终坚持业务拓展与风险防范同步推进，带领创业团队鼓足劲头工作，用惊人的毅力和艰苦奋斗精神，辛勤浇灌出企业创新发展的成功之花。

公司成立之初，舒威便提出公司的首要任务是找准定位开拓市场，求生存谋发展。5 年来，在中国国新坚强领导下，按照国新资本工作部署，舒威带领公司上下，坚持以国有资本运营试点为立足点和出发点，按照国新金融服务平台部署，专注央企，开拓创新，努力培育差异化竞争优势。紧紧围绕国有资本运营试点的初心使命，深入贯彻国家发展战略，坚持“专央企、严风控、建生态、强管理、树标杆、创一流”，通过搭建“三去一降一补”五大平台，精准对接央企战略性新兴产业、“两新一重”建设等关键领域，全力支持央企改革发展，积极贡献国有资本运营金融力量，服务国家战略和央企改革发展中的积极作用不断增强，在业内率先提出“碳租赁”等创新业务。

舒威始终坚持创新驱动的战略方向，不断探索行业发展新格局，带领国新租赁发挥“央企租赁链长”作用。他创新性地提出了“央企租赁生态圈”理念，探索成立“央企融资租赁联盟”，推动央企租赁领域实现协同性高质量发展。5 年来，“央企租赁生态圈”已得到业内普遍认同，“央企融资租赁联盟”已蓄势待发，“央企融资租赁合作平台”已初具规模。

回顾国新租赁的创业历程，舒威心中五味杂陈，这期间既有开局的摸索尝试，又有创业的艰辛付出，更重要的是对业务拓展、风险管控和经营管理的积极探索和实践，而其中最重要的是理想信念的作用。舒威作为一名高中时就入党的“老党员”，始终以马克思主义信仰为立身之本，在学习和工作实践中不断深入领会中国共产党人理想信念的精神实质，坚持问题导向，善于发现问题、解决问题，带领国新租赁在艰苦创业的道路上劈波斩浪、一路向前、自强不息，以“功成必定有我”的历史担当，脚踏实地为国新租赁发展作出了应有的贡献。

在工作中，舒威坚持以习近平新时代中国特色社会主义思想为指导，深入贯彻国家发展战略，坚守国有资本运营试点的初心使命，贯彻落实中国国新“1345”战略目标，不断完善体制机制，持续深化经营管理，始终严守风控防线，带领公司党组织充分发挥基层战斗堡垒作用，以高质量党建引领企业改革创新发展。2020年初，新冠肺炎疫情暴发，面对当时的重重困难，舒威以“攻坚克难示范党支部”旗帜为引领，带领公司全体党员，组建党员突击队，签署承诺书，驻扎天津职场一线作战，采取线上线下结合的手段，压茬推进各项工作，全力拓展业务，尽最大努力克服因疫情等因素带来的不利影响，以战时状态实现了公司业绩“逆势飘红”。同时，舒威高度重视提升自身的政治理论水平和政治素养，积极参加全国青年马克思主义者培养工程“国企班”的学习，在国新租赁广大党员干部和职工群众中，真正起到了“点亮一盏灯，照亮一大片”的表率作用，他本人也成长为一名听党话、跟党走的“国企青年企业家”。

“志不求易者成，事不避难者进。”在各项急难险重的工作中，央企青年知难而上、逆向疾行，把青春奋斗融入了党和人民事业，用青春构筑起了坚强的战斗堡垒，充分展现了新时代央企青年的责任和担当。

第三章

以党的使命为使命，
听党话、跟党走，做新时代的可靠接班人

2022 年 4 月 25 日，习近平总书记在中国人民大学考察时发表重要讲话强调："立足新时代新征程，中国青年的奋斗目标和前行方向归结到一点，就是坚定不移听党话、跟党走，努力成长为堪当民族复兴重任的时代新人。"坚持党的领导是青年的立身之本。新时代青年只有听党话、跟党走，才能成长、成才、成功，不负党的殷切期待，不负祖国和人民的殷切期待。

广大央企青年要以党的使命为使命，永远坚守听党话、跟党走的政治生命。树立为祖国为人民永久奋斗、赤诚奉献的坚定理想，深刻理解把握时代潮流和国家需要，以聪明才智贡献国家，以开拓进取服务社会。弘扬党的光荣传统和优良作风，在火热的实践中经风雨、见世面、壮筋骨、长才干，为实现第二个百年奋斗目标、实现中华民族伟大复兴的中国梦而奋斗！

在新时代干出一番事业

思想领航

青年时光是最宝贵的，要用来读书学习、干事创业、服务人民。2018 年 5 月 2 日，习近平总书记在北京大学师生座谈会上发表重要讲话指出："广大青年要努力成为有理想、有学问、有才干的实干家，在新时代干出一番事业。我在长期工作中最深切的体会就是：社会主义是干出来的。"面对新时代新形势新问题，面对广泛而深刻的社会变革，广大青年能否勇挑重担、勇克难关、勇斗风险，是实现中华民族伟大复兴的关键因素。

一代人有一代人的长征，一代人有一代人的担当。广大央企青年要树立干事创业的担当，想干事、能干事、干成事，做时代之奋斗者，向深处扎根，向高处成长，与时代同行，与祖国同心，与梦想同在，干出一番事业，写好不负时代韶华的青春答卷。

青春风采

中国节能环保集团有限公司团委书记、合作发展部（长江保护事业部）长江保护处处长付海巍，从项目一线到集团总部，再到国家部委，在项目推动、资金申报、政策制定等方面，全力投身长江大保护中。

付海巍在工作岗位上兢兢业业、勤勤恳恳，将青春之志融入国家工程建设，他在写给儿子的信中说道："每次你来找我，我不是在打电话调拨物资就是在电脑前统计数据、写记录材料。等夜深人静，我忙完手头的工作，你已熟睡。爸爸绝没有嫌你烦闹，而是精力有限，暂时只能用在刀刃上。”

千里之行，始于足下。2019 年，付海巍借调到国家发展改革委，参与处理中央领导批示等重要文件、推动国家推长办为中国节能开展长江大保护工作下发指导意见等工作。他厘清和明确工作思路与措施，牵头组建“长江大保护”青年突击队，推动中国节能成为共青团中央“美丽中国·青春行动”合作伙伴。2020 年，他扎根国家示范项目嘉鱼滨江生态提升项目一线，带领项目人员系统梳理山水林田湖草等全生态要素间的关系，研究打通系统治理路径，并将成熟经验逐步在长江沿线复制推广。2021 年，成功协助地方政府谋划项目 9 项，获中央预算内投资支持。付海巍也获得了全国“青马工程”优秀青年、“中央企业优秀共青团干部”、首届“中国节能十大杰出青年”、“中国节能优秀共青团干部”等荣誉称号。

在新时代干出一番事业，必须敢于担当、主动作为。要克服畏难情绪和懒惰思想，面对本职工作创先争优，面对矛盾困难知难而上，面对失误敢于负责。在工作中要变被动应付为主动谋划，超前作为，在复杂的事务中理清头绪，把问题想在前面、把工作做在前头。

中车大同电力机车有限公司构架车间焊接操作工李颜清，主要从事“复兴号”“和谐号”系列电力机车构架的焊接工作。焊接工作非常紧张劳累，平均一根单梁在机械手工装上的焊接时间将近 4 个小时，而且每条焊缝都要十分完美。为了能生产出高质量焊缝，李颜清发扬工匠精神，兢兢业业，不怕苦、不怕累，对工作精益求精，完成车间交给的每一项工作任务。在 FXD1 机车构架生产过程中，李颜清发现机车横梁电机支座焊接过程中经常发生“咬肉”现象，造成返修。经过仔细观察、反复琢磨、推敲研究，他决定更改焊接方式，使用“单丝焊接”取代“双丝焊接”，合理调节送丝速度、电流电压、摆幅、摆频等各种工艺参数，以至减少焊接时的热输入量，从而彻底地解决了焊缝的“咬肉”现象，大幅度提升了机车横梁电机支座焊缝的焊接质量。

在新八轴电力机车构架批量生产过程中，他发现侧梁制动座单件焊接需要人工在使用示教器调节转胎旋转速度的同时，另一人手持手工焊把进行制动座里缝的焊接。为降低劳动强度，缓解人员短缺的压力，李颜清反复研究焊接机械手的焊接程序，多次请教经验丰富的师傅，最终尝试在程序中编入若干个 GP 点和 ARC 点，仅需设定几个程序命令，不调用任何焊接参数，就实现了转胎能够在程序命令中 480° 顺时针空间旋转。经过反复调节测试，最终设定出合适的旋转速度，从而实现了单人操作、焊接的目标，有效缓解了人员短缺的压力，提高了生产效率，保证了公司所要求的焊接产品能够在高标准、严要求下达到高质量。李颜清成为车间保质量促生产的榜样，多次被评为车间“质量之星”。2021 年，他荣获全国铁路“优秀共青团员”称号。

干字当头，实字为先。中国特色社会主义新时代是奋斗者的时代，也是新时代中国青年以青春之我、奋斗之我奋力奔跑、奋勇争先的时代。

在改革开放最前沿的深圳，有这样一家建筑央企，从零开始，经过 13 年的拼搏，发展壮大至百亿元体量，是天航局在南方市场的一面旗帜。“火车跑得快，全靠车头带”，作为“车头”的他，就是天航局南方公司党委书记、执行董事史本宁。他锐意进取，坚持走差异化发展道路，2019—2020 年两年间，交出了 66 亿元产值和 160 多亿元新签合同额的成绩单。

2014 年，天津市滨海新区汉沽垃圾处理场 2 号坑处置工程开工。作为国内首例大规模污泥原位处理环保工程，无施工先例，加上重型机械原位搅拌施工难度大，极大地阻碍了正常施工运转。“项目再难也要干，决不后退。”时任项目经理的史本宁带领项目团队开启了“白＋黑”模式。白天，他带领技术人员在现场反复勘探、试验，晚上定时召开圆桌会议与团队探讨，最终制定出浅层污泥原位机械固化施工工艺，圆满完成了当时看似不可能完成的任务，荣获天航局优秀施工组织设计、优秀施工总结、优质工程等多个奖项。

2019 年，在天航局南方公司年度工作会上，担任总经理仅两个月的史本宁提出“坚持‘价值创造’导向，打好‘十大攻坚战’，全力以赴做好‘八项保障’，开启二次创业新征程”的口号。两年间，史本宁在粤港澳大湾区、广西、海南、四川、云南等主责市场来回奔波，深入对接湖南省河湖疏浚污染控制研究项目，在传统主业和转型业务领域均落地了多个有重要影响力的项目，使南方公司实现了全年中标额和新签合同额创历史新高，双双突破百亿元，提前一年完成“十三五”规划目标，跻身百亿元级子公司行列，用实际行动证明了“业绩是干出来的”。

广大央企青年要扎根一线，坚持以习近平总书记提出来的“钉钉子精神”狠抓落实、真抓实干，把确定好的规划一张蓝图绘到底，一锤一锤敲、一茬一茬干，将钉子钉实钉牢，绝不半途而废。

锁旭宏，现为中交一航局深中通道项目部测管中心副主任。他以“为国建桥”的使命担当，10 年来扎根伶仃洋一线，全程参建了港珠澳大桥及深中通道两大超级跨海沉管隧道工程建设。

2012 年，锁旭宏参与了港珠澳大桥岛隧工程项目，负责沉管管节标定、浮运及安装测控等工作。作为世界最长的跨海大桥，港珠澳大桥涵盖了当前岛隧桥多项尖端科技，极具挑战性。面对极高的行业要求和技术封锁，他初生牛犊不怕虎，从一张产品宣传单页起步，对待每一项工作任务都格外严谨，不允许出现一点失误。沉管安装前，锁旭宏每天都要背着几十公斤重的测量设备在 30 多摄氏度的环境中工作八九个小时，确保每一个点的测量数据准确无误。他优化了无线声呐测控系统和测量塔定位系统，最终联合研发出“外海达成沉管隧道安装免精调定位控制技术”，实现了后续沉管免精调安装。

超级工程往往超级瞩目。在 GPS 一家独大的卫星定位领域，面对空前的压力，锁旭宏和队员们在深中通道开启了漫漫攻关之路，前前后后光试验就做了两个月，从白天到黑夜，从陆地到海上，最终在自主研发的新型测控软件上实现了系统之间的穿透，可采集 GPS 和北斗两种信号。经过精度比对，两者相当，但北斗稳定性和安全性更有保证，且成本只有原来的 1/4。

2020 年 8 月 27 日，经过近 50 公里浮运的首个深水区管节 E3 抵达沉放水域，蓄势待发的北斗系统正式亮相。信号通过北斗接收器，传送到装有新型测控系统的电脑上，实时计算沉管三维动态，指挥人员精准掌握船管在海底的具体位置。“1 米、90 厘米……”E3 管节一点点向对接端靠近。至此，北斗成功引进跨海通道施工领域。

锁旭宏勇攀科技高峰，为实现海洋强国的中国梦贡献出蓬勃力量。2021 年，他获评“中央企业青年岗位能手”称号。

马厩里养不出千里马，不愿意下水就永远学不会游泳。只有真干、实干、加油干，把人生理想融入党和人民的事业中，才能成就一番事业，实现人生价值。央企青年要苦干实干，攻坚克难，不断续写国资央企奋进新征程、建功新时代激昂的青春乐章。

执着追梦，才能梦想成真

思想领航

2014 年 5 月 4 日，习近平总书记在北京大学师生座谈会上发表重要讲话指出：“当代青年建功立业的舞台空前广阔、梦想成真的前景空前光明，希望大家努力在实现中国梦的伟大实践中创造自己的精彩人生。”理想指引人生方向，信念决定事业成败。青年富有激情和梦想，更要有为实现梦想执着追求的精神。

人生因奋斗而精彩，青春因梦想而美丽。新时代是追梦者的时代，也是广大青少年成就梦想的时代。新时代央企青年当与激情相伴、与奋斗为伍，在时代坐标上不断标记出璀璨夺目的出彩青春，让青春韶华的光芒闪耀梦想星空。

青春风采

青年总是同梦想相伴。新时代央企青年既是追梦者，也是圆梦人。

从“长征五号”“天问一号”，到北斗组网、探月工程，每一次共和国“飞天”成就的背后，都离不开一代代航天人的辛勤付出。中国航天科技集团有限公司六院西安航天发动机有限公司技能专家、35 车间数控车工何小虎，从投身航天事业的一线学徒工做起，用 11 年时间，先后解决了液体火箭发动机生产研制问题 65 个，申请专利 7 项，获公司首个国际专利授权，成长为航天科技六院西安航天发动机有限公司最年轻的一线技能专家。

中学时代的何小虎，便在心底埋下了航天梦的“种子”。那是 2003 年，电视机前的何小虎看到航天员杨利伟乘坐“神舟五号”飞船进入太空的新闻时想:“如果有一天，自己也能参与到伟大的航天事业中，该有多好。”此后，他加倍努力，考入陕西工业职业技术学院学习机械制造与自动化专业，并在毕业时“过关斩将”，以实操第一名的成绩进入航天六院，终于如愿成为一名航天人。

作为我国唯一的大型液体火箭发动机研制生产企业，50 多年来，西安航天发动机有限公司先后研制生产了长征系列、探月工程、载人航天工程所需的一系列火箭发动机，成功将中外 100 余颗卫星送入太空，为我国液体火箭发动机多方面性能居于世界一流水平奠定了坚实基础。

上班第一天，看着车间里的机器，何小虎问了师傅董效文一个问题："用这样的车床，我们怎么加工出高科技的火箭发动机？""航天人就是要沉得下心，去锻炼技能！"师傅的回答，让何小虎彻底静下了心。从此，"最早进入车间，最晚回到宿舍"成为何小虎的工作常态。

自投身航天事业以来，何小虎便将自己的前途和命运与祖国的航天事业紧紧联系在一起，他从基层一线操作工干起，瞄准液体火箭心脏"钻刻师"的目标，苦干实干加油干，用实际行动助力航天强国梦的同时，也一步步实现着自己航天报国的人生理想。

为此，他不断学习新技术，掌握新设备的操作方法，挖掘机床设备潜能。最初的 3 年里，他每天都要做一系列重复的动作：把产品装到数控机床上，加工完后从数控机床上取下来测量，再把它清洗完放到规定位置。一天下来这样的重复性动作加起来有几百次，凭着一股"虎"劲儿，何小虎在年轻人中脱颖而出。

也是凭着这股"虎"劲儿以及坚定的信念、过硬的技能、矢志不渝的创新创造，何小虎坚持把青春梦融入航天梦，在建设航天强国的伟大征程中恪尽职守，成为液体火箭发动机动力之源名副其实的"守卫者"。

发动机被称为火箭的"心脏"，研发液体火箭发动机燃烧系统相关产品更是心脏之中的心脏，就像是给心脏动手术，既需要精深技术，也需要较强的综合能力。

在长三乙火箭发动机喷注器架的生产过程中，有基本尺寸为直径 3.5 毫米、公差为 0.008 毫米的深小轴，精度仅相当于头发丝直径的 1/10，且在机床上无法测量，初期试加工合格率仅为 20%。面对挑战，何小虎主动要求拿下这块难啃的"硬骨头"，经过半个多月的试验、摸索、查阅资料，他提出了"设备稳定性"的加工概念，最终独创出了"极限加工稳定性控制法"和"首件标定参数法"，即准确掌握机床最理想的加工时间段进行精密加工。这个思路完全颠覆了传统的加工方法，开创了工厂超精密加工的新方法，第一批次试加工时合格率就达 100%，生产效率提高 4 倍多，实现了该产品效率和质量的双提高。

现在他可以操作 10 多种不同种类、不同型号的数控机床，目前操作的也是工厂精度最高的多轴车削中心，可以利用最先进的数控加工手段完成微米级的产品加工。他在反复实践中总结提炼出了“微小孔高效加工法”“车－铣－磨集成加工法”，有效保证了新一代液氧煤油发动机燃烧喷注系统的稳定性，解决了制约工厂生产的瓶颈问题，使相关喷嘴产品合格率由 60% 提升至 90% 以上，每年降本增效约 100 万元。他解决了火箭发动机加工难题 65 项，独创了“微小孔高效加工法”“异型零件高效找正法”“极限加工稳定性控制法”，有效提升了新一代液氧煤油发动机喷注燃烧系统工作的高可靠性。

成为大国工匠，带领更多的航天年轻人推动航天事业，不仅是技术上的坚持，更需数年如一日的坚守。何小虎最高兴的事情就是将自己总结出的新方法、新工艺、新技术、新技能与大家一起分享、一起成长。

2016 年，他第一次参加国家一类大赛就荣获陕西省第一名、全国第四名的好成绩，是陕西省参加该项赛事的最好成绩；2017 年，他第一次参加“中国大能手”选拔赛，成为陕西省入围全国十强第一人，位列第六名。在成长道路上，他时刻提醒自己，给任务就是信任，有活干就是在锻炼，多承担一项任务、多完成一件工作，就多一分难得的收获，多一次增长才干的机会，多一分令人认可的信任感。

这个时代的青春，该如何定义？央企青年以自己的实践和经历作最充实的回答。

“当我看见身边的一张张稚嫩的面孔，为了誓要攻克技术难题，跌跌撞撞满身伤痕却从不怀疑可手摘星辰。我想，势不可当的信心、势在必得的决心，应该就是青年理想的底气。”航空工业特飞所前沿创新部主任王明振坚毅地说。

王明振，北京航空航天大学硕士毕业，南京航空航天大学在读博士。近年来，他先后发表论文 10 余篇，编写国家和航空行业等标准 20 余项。先后获特飞所“青年立功标兵”“先进工作者”“优秀党员”“优秀党务工作者”称号，获通飞公司“优秀共产党员”“专业技术后备人才”称号，荣立航空工业集团二等功 1 次、三等功 2 次，获省部级科技奖 10 余项。

“上天入海”，何其之难？AG600 大型灭火 / 水上救援水陆两栖飞机的研制，是王明振参加工作 10 多年来遇到的最大挑战。AG600 不只是一款水陆两栖飞机，更是多学科、多技术领域高度融合的特种航空装备，是唯一具备承接陆上、水面、空中 3 个不同场景、不同使用模式下新材料、新技术集成的综合平台，飞机水动力设计极具挑战性。“作为一名航空人，在自己的研制生涯中能够遇到一个重点型号，是多么大的一种幸运！”面对任务，王明振异常兴奋，踌躇满志。

然而，短暂的兴奋之后王明振就被铺天盖地、席卷而来的困难“惊醒”。

首先，摆在眼前的就是技术人员的“青黄不接”。2009 年型号立项之初，由于特飞所经历了 20 多年的项目空乏期，当年参与过水轰五飞机设计的老一辈技术人员基本上都已退休，现在这支平均年龄不足 35 岁的年轻队伍，设计中大型水上飞机的经验为零。其次，就是设计和试验的“标准断层”。“型号设计，标准先行”，然而，面对 AG600 这个能“上天入海”的“神器”，原有的水上飞机型号研制经验与现有技术已经很难匹配，设计标准与试验标准严重缺乏，技术断层和标准缺失让研制工作举步维艰。

心中有阳光，脚下有力量。王明振，这个脚下生风的青年，为了抵达理想彼岸，从此只顾风雨兼程。作为年轻的设计组组长，他大胆地提出“边设计、边总结、边改进、边提炼”的理念，积极带领员工一起学习国内外型号管理经验，并且组建“专业团队”，推行“项目管理制度”，有效地提升了团队效率和专业程度，保障水动力设计工作能够如期完成。

自 AG600 立项开始，王明振就很少休假。由于项目团队缺乏设计经验，设计工作很容易走弯路。为保证各个节点的顺利完成，他把试验现场当成了家，把办公桌当成了床，太累了就趴在上面眯一会儿再接着干，熬红了双眼熬白了“少年头”。同事们戏称他为“山大王”，守着半山腰的高速水池不回家；妻子经常一连几个星期见不着他的人，半生气半调侃地说要“报人口失踪”；孩子太小有时看到爸爸来抱吓得哭鼻子。大家劝他多注意休息，可是他却说：“既做新装备，就得多辛苦，我们就是要笨鸟先飞啊！”这是一群平均年龄不足 35 岁的年轻团队，都到了谈恋爱、结婚生子的年纪，为了型号研发推迟婚期，为了试验不休婚假，出差在外妻子生产时无法陪伴，加班少假孩子责怪不被理解……这是一群“不负责任的人”，他们既称不上好丈夫、好妻子，也算不上好儿女、好父母，然而这更是一群“有温度的人”，他们充满激情、热情似火，他们有使命、有担当。两年多的时间内，他们完成了 AG600 船体的定型，开展了百余次方案优化、模型制作和试验工作，终于使一个个问题得以解决。

“既然面前没有大树，我们就成长为大树。”王明振时常这样鼓励团队成员，其实更多的是在鼓励自己。由于该机指标的特殊性，没有水动性能方面可参考的母型机，王明振带领团队开展了无数次的模型试验，对船体部件参数进行优化，最终得到最优外形方案。“一流企业做标准”，团队一点点提高对标准的重视程度，一步步搭建水面飞行器水动力设计标准体系，一遍遍修改完善各类水动力设计与试验标准，先后申报国家级、行业级和企业级标准 20 余项，申报发明专利 50 余项，通过几年的摸爬滚打，成功地促使水面飞行器型号研制积累了标准化、专业化的水动力设计经验，通过标准流程体系建设为型号设计可持续发展提供了技术支持。

习近平总书记寄语新时代青年："心中有阳光，脚下有力量。"当代青年想要抵达理想，需要的不仅是力量，更是坚持。王明振，用坚持成就了新时代的梦想，与千千万万"正青春"者一起，在实现新时代航空强国的道路上前行。

执着追梦，才能梦想成真。青年一代有梦想、有理想，坚定哪种人生理想，选择哪种奋斗方向，决定着我们的青春往何处去。我们要紧紧拥抱这个美好的新时代，在全面建设社会主义现代化国家的伟大事业中书写属于我们这一代人的青春华章，把对党和人民的无限忠诚镌刻在新时代的征程上！

蚌埠中光电科技有限公司党支部书记、总经理曹志强，作为玻璃领域的一名青年科技工作者，敢于筑梦、勇于追梦、勤于圆梦，他把高世代液晶玻璃基板国产化作为自己的人生目标和奋斗方向，在中国工程院彭寿院士的指导下，为推进电子信息显示玻璃科技创新和 8.5 代 TFT-LCD 玻璃基板的产业化攻关奉献着自己的青春和智慧，奋力奔跑在中国玻璃创新求强的高速赛道上。

唯有脚踏实地，方能行稳致远。曹志强自 2008 年加入中建材玻璃新材料研究总院以来，长期从事电子信息显示玻璃等特种功能玻璃的产业共性关键技术研究工作，凭借着他对玻璃新材料始终不渝的钻研劲头和勤于思考的工作习惯，参与和承担了大量工作，取得了丰硕成果。

伟大的事业始于梦想、基于创新、成于实干。曹志强对待工作勤勉敬业，标准高、要求严，肯吃苦、善钻研，为高标准高质量完成好各项任务，他认真学习党和国家路线、方针、政策，深入分析党和国家对玻璃行业科技创新的宏观需求，及时掌握并了解行业的前沿技术及产业发展现状，把自己的理解融入实际工作中。在中建材玻璃新材料研究总院工作期间，他与玻璃结下了不解之缘，"玻璃"成了他成长历程中的一个重要代名词，玻璃方面的专业书籍，他翻了一本又一本，读了一遍又一遍，一步一个脚印地向前走，脚踏实地地往前冲，打牢了基础，练强了内功，为他在高世代液晶玻璃基板领域攻坚克难积蓄了力量，夯实了底气。

突破封锁，打破垄断，开发高世代液晶玻璃基板成为我国光电显示产业发展的重大战略需求，也是中国当代玻璃科技工作者的责任、使命和夙愿。追梦需要激情和理想，圆梦需要奋斗和奉献。2016 年，曹志强主动请缨，成为“十三五”国家重点研发计划“高世代电子玻璃基板和盖板核心技术开发及产业化示范”项目的核心成员之一。他始终牢记初心使命，以强烈的责任心奋战在项目攻关最前沿，在重大任务面前主动作为，勇于担当负责，敢于直面挑战，遇到困难主动向前，决不退缩。以奋斗之姿书写新时代青春答卷，为中国玻璃领跑世界奏响青春最强音。

为了推动项目顺利实施，早日实现心中梦想，他带领项目青年研发团队攻难关、破难题，用实际行动创造了自主生产高世代浮法液晶玻璃基板的“中国速度”。

从 2016 年项目正式启动到 2019 年 9 月 18 日中国首片 8.5 代 TFT-LCD 玻璃基板的成功下线，再到如今产品形成规模化稳定量产，在这 5 年多时间近 2000 个日夜里，他把为国争光、科技自立自强作为崇高使命和不懈追求，为突破关键核心技术限制，和团队一起，争分夺秒、奋勇拼搏，不断向中国玻璃“无人区”发起冲锋，用最短时间成功实现了从 0 到 1 的科技原创，打破了国外企业在高世代液晶玻璃产品上的垄断，解决了国家信息显示材料的“卡脖子”难题。

2020 年初新冠肺炎疫情暴发，曹志强在疫情最严重也是攻关最关键那段时间，带领大家吃住在生产线，艰苦鏖战 50 多天，顺利完成产品关键指标的再升级、再突破。在团队成员只争朝夕的不懈努力下，8.5 代 TFT-LCD 玻璃基板入选国务院国资委 2019 年度“央企十大创新工程”。

2021 年 10 月，8.5 代 TFT-LCD 玻璃基板作为我国“十三五”时期新材料领域的重大标志性成果，亮相国家“十三五”科技创新成就展，得到党和国家领导人的高度肯定。

“惟创新者强，惟创新者胜。”站在新的起点上，曹志强充满创新自信，紧跟玻璃新材料科技发展大势，积极探索玻璃材料的发展前沿领域，他和团队成员正在向更高世代的 10.5 代、11 代 TFT-LCD 玻璃基板进军。

奋斗是青春最亮丽的底色，行动是青年最有效的磨砺。面对新时代、新征程、新使命，曹志强以刻苦学习本领、大胆创新创造的奋进之姿，不断向玻璃科学技术高峰发起新的冲锋，争当伟大理想的追梦人，争做玻璃新材料领域的生力军。

自胜者强，自强者胜。作为新时代的青年，我们要志存高远、勇于担当、不惧艰险、矢志奋斗，在新时代的宽广天地中用智慧和汗水谱写不负时代、不负韶华的青春诗篇。

张庆伟，上海医药工业研究院化学制药新技术中心课题组组长、院一级学科带头人。他一直专注科研创新工作，把青春融入科研梦中，在科研求索的路上书写别样的青春。

作为一名 80 后青年科研工作者，张庆伟积极参与国家及地方医药科研项目研究，发挥党员模范带头作用，敢于攻坚克难，出色完成多个医药科研攻关项目，为国家医药产业发展贡献了自己的青春力量。

新药研发不是易事。张庆伟从 2009 年进入上海医药工业研究院起，就瞄准对人类健康危害性极大的恶性肿瘤、中枢神经系统疾病方向进行重点突破。众所周知，新药研发投入多、周期长、风险大，需要科研工作者长期的坚持与点滴积累，更需要科研工作者能耐得住寂寞、忍受得了孤独。为了能发现安全有效、具有竞争优势的候选新药结构，前期需要进行大量的文献、专利调研，完成复杂的化合物设计、合成，同时伴随大量动物体内外药效、安全性评价加以反复验证。这一研究过程中影响因素众多，实验结果不如意者往往十之八九，这意味着科研工作者时刻要迎接失败，长时间的研究工作可能要推倒重来。面对失败和困难，他激励自己要有屡败屡战的精神、要有越战越勇的气魄、要有有志者事竟成的信心，正是靠着这股“执拗劲”，他带领着团队在新药研究领域攀登着一个又一个高峰。迄今为止，他领衔研发 5 个原创性 1 类新药项目，其中有 3 个抗肿瘤 1 类新药项目、1 个抗抑郁症 1 类新药项目、1 个治疗缺血性脑卒中 1 类新药项目。他所研发的新药项目化合物结构新颖，具有自主知识产权，与国内外同类型药物相比，疗效和安全性具有竞争优势。

在进行原创性新药研发的同时，他继承了老一辈科研工作者的优良传统，以切实解决医药品种产业化难题为己任。作为项目负责人，他先后主持完成了 9 个重大医药品种的产业化开发，其技术绿色环保，成本低，工业化生产竞争力强，与国内多家制药企业完成了产学研转让，转让经费总计 5000 余万元。“我能深深感受到制药企业对我们技术的渴盼，能为国家、集团本土制药企业产业化解决难题，提升竞争实力，是科研工作者义不容辞的责任。”他是这样说的，也是这样做的。2014 年 8 月，爱人临产之际，他接到合作制药企业中试品种生产遇到技术难题急需现场指导的任务，冒着酷暑千里奔赴工厂车间，和工人蹲守在反应设备旁，一干就是几天几夜。最终，成功攻克技术难题，高质量完成项目中试任务，为合作制药企业生产品种申报赢得了宝贵时间。

作为一名青年科研工作者、一个青年追梦人，在科研创新的道路上，他牢记“关爱生命，呵护健康”的企业使命，不忘科研初心，求真务实，努力钻研，勇于探索。作为一名党员，他用实际行动践行了一名共产党员的初心和使命。“仰望星空，脚踏实地”，相信在不久的将来，他会研制出更多安全、有效的新药消减病痛、造福社会。

心向往之，行必能至。执着和热爱是事业成功的基石。无论对事业，还是对学业，每一个青年都需要有一种执着的精神。

刘仔才，现任中国能源建设集团广东火电工程有限公司焊接资深教练。自工作以来，他先后参加了广东岭澳核电站、广东台山核电站、广东阳江核电站等多个重点工程的焊接工作。他焊接技术高超，被同行誉为新时代当之无愧的“焊王”。

他是“南粤工匠”，被共青团中央授予“中国青年五四奖章”，荣获“全国最美青工”称号，是国资委授予的“中央企业技术能手”“青年岗位能手”，是国务院领导下的中华全国总工会授予的“全国劳动模范”，党的十九大代表。

“台上一分钟，台下十年功。”从焊接新人到全国技术能手，再到全国劳动模范、党的十九大代表，作为一名普通的技术工人，刘仔才走过了17年的艰辛历程。

出生于1986年的刘仔才，彬彬有礼，总是面带微笑，交流起来给人以和风细雨般的美好印象。他不穿工作服时，很难把他和世界“焊王”这个称号联系在一起。作为广东火电的焊接教练，历经17年磨砺，刘仔才在焊接领域练就了一身绝活，斩获“国际焊接技能大赛”冠军，获得“中央企业技术能手”称号，成长为业内“焊接明星”。作为80后党员和电力行业基层一线员工，他是践行“工匠精神”的杰出代表。他用手中的焊枪南征北战，大放异彩，一束束弧光绘成了他从一名普通焊工到顶级“焊王”的成长之路。

2004年7月5日，刘仔才经过面试、实操两个环节的选拔，顺利被中国能源建设集团广东火电工程有限公司录用，成为一名焊工。焊接是火电、核电工程的核心工艺。刘仔才遭遇了初入职场的困惑——焊接抓不住重点，一件小活儿尝试几次都不成功。面对困难，他的应对之策就是“坚持、坚持、再坚持”。每天，他总是第一个进入、最后一个走出培训车间的人。

“焊接是一门辛苦手艺，既要忍受高温作业环境，还要承受被火花烫伤的风险。”刘仔才说，按照公司规定，焊工进厂 3 个月必须拿到初级焊工证。在 3 个月的强化训练中，刘仔才在师傅吴发朗指导下，用一桶又一桶焊条进行练习。刘仔才非常认真，对待每一次焊接，他都会像对待一件工艺品，力求做到最好。在 3 个月的实操考试中，刘仔才以第一名的成绩考取初级焊工证。

志向是人生的航标。“志不立，天下无可成之事。”有信念、有梦想、有奋斗、有奉献的人生，才是有意义的人生。工作中，刘仔才从不挑活，做坚实的筑梦人。公司是按件计酬的，很多同事都不愿意干难度大又费时的活，但刘仔才从不拒绝，用他的话说：“难干的活都能干好，那简单的活就更容易了。”就这样，他的技术进步很快。

2006 年，刘仔才在汕尾电厂项目焊接时遇到了一个难啃的“硬骨头”——一个两边都有封闭阀门的焊口，他始终不得要领，焊了一天都没焊上。为了这事儿，他一整天茶饭不思，脑子里盘算个不停。晚上回到宿舍，他翻起了当年从技校带回来的课本——《金属材料与热处理》，书里提到的“热胀冷缩”让刘仔才眼前一亮。原来，他焊接的管道两边阀门始终锁紧，焊接加热了管道内的空气，造成膨胀，才导致焊接屡屡失败。第二天，刘仔才在焊接时打开了管道的一个阀门，让膨胀的空气排出去，焊接终于顺利完成。

刚进厂的前 3 年，刘仔才把所有精力都用在了一线项目工地上，立志将每次焊接都打造成精品。由于深入现场一线观察，每接到一个新任务，他都会摸索出新的焊接方法，满足现场施工的要求。工作中，刘仔才根据工地项目环境练就的“镜面”焊法、90° 墙角焊等绝活，在公司得以推广。

“我身上有很多伤疤，每一个伤疤都有一个故事。当这些伤疤愈合的时候，都成为我向上攀登的台阶。”刘仔才感慨地说。正是靠脚踏实地与精益求精的精神，他完成了从新手到“焊将”的华丽蜕变，成为坚定筑梦人。

时代的责任赋予青年，时代的光荣属于青年。广大央企青年既是追梦者，也是圆梦人。追梦需要激情和理想，圆梦需要奋斗和奉献。执着追梦，永不言败，必将成为最勇敢的战士，找到自己的诗和远方。

做追求进步的模范青年

思想领航

2022 年 5 月 10 日，习近平总书记在庆祝中国共产主义青年团成立 100 周年大会上发表重要讲话强调：“追求进步，是青年最宝贵的特质，也是党和人民最殷切的希望。”青年一代有理想、有本领、有担当，国家就有前途，民族就有希望。

青年向上，国家向前。在实现中华民族伟大复兴的赛道上，广大央企青年要坚定不移听党话、跟党走，争做追求进步的模范青年，不负韶华，不负时代，不负人民，与时代同步伐、与祖国共命运、与人民齐奋斗，必将成长为堪当民族复兴重任的时代新人，让青春在实现中国梦的伟大实践中绽放异彩。

青春风采

“人生万事须自为，跬步江山即寥廓。”追求进步，是青年最宝贵的特质，也是党和人民殷切的希望。

沪东中华造船（集团）有限公司围护系统部殷瓦焊工、集团公司首席技师秦毅，是国内液化天然气（LNG）运输船建造焊接技术资深专家，被誉为“中国殷瓦焊接第一人”。他追求进步、锐意进取，参与了30多艘超大型LNG船的建造，以精湛的焊接技术为中国LNG船从无到有进而置身世界一流建造方阵，作出了历史性贡献。

从普通焊工到焊接技能高手，秦毅比别人付出了更多努力。1998年9月，从技校毕业的他怀着一颗好学之心，与焊接结下了不解之缘。战寒斗暑，他总是拿着焊枪勤学苦练，就连吃饭时也经常拿着筷子模仿焊条在空中比画，因此得名“焊痴”。2001年1月，秦毅在集团公司焊接比赛中勇夺第一名，获得“集团公司技术能手”称号。

2003年，作为连续两届集团公司焊接比赛冠军，秦毅参加了第六届“工程建设杯”全国焊接比赛。这届比赛首次与国际奥林匹克焊接技能大赛接轨，要在7.5小时内完成仰板对接焊，并以手工焊、氩弧焊、二氧化碳焊三种方法完成压力容器焊接。在当时，这是全新焊接项目，比赛难度极大。秦毅技冠群雄，夺得全国中央企业组第一名，成为集团最年轻的全国技术能手。兄弟单位都羡慕地说：“秦毅在，我们就只能争第二了。”比赛中摘金夺银，生产中更是挑起大梁，秦毅主动承担各种高、难、险、急焊接任务。在中国第一艘拥有完全自主知识产权的8530箱集装箱船建造中，他攻克了超大厚度高强钢的对接焊难题，在业界进一步打响“中国沪东型”箱船的知名度，他带领的班组被评为上海市“新长征突击队”。

2004年底，为了实现中国早日成为世界第一造船强国的目标，在国家有关部委和集团公司支持下，沪东中华开始建造LNG船。LNG船用于运输零下163摄氏度的液化天然气，建造难度极大。殷瓦钢焊接是核心建造难点。殷瓦钢是一种耐超低温不膨胀特殊材料，厚度仅0.7毫米，薄如纸片。全船殷瓦焊缝总长约130公里，焊后需进行6项严格密性试验，保证百分之百无泄漏，难度可想而知。

当时国内没有一家船厂掌握殷瓦钢焊接技术。为填补国内空白，秦毅带着造船人的殷殷期盼赴日本进修。在日本，培训一名合格殷瓦焊工至少要 3 个月。而秦毅有深厚的焊接技术功底，仅一个月就通过了国际权威认证机构——法国 GTT 公司考核。24 岁的秦毅出任“殷瓦焊工总教头”，编制完整的培训方案。在他的精心指导下，我国第一批殷瓦焊工诞生了，为中国第一艘 LNG 船成功建造提供了技术人才保障。

为了建立一套国内标准的殷瓦技术规范，秦毅业余时间笔耕不辍，将殷瓦自动焊、手工平焊、手工立焊、手工仰焊等不同工位的施焊方法整理成工艺规范和作业指导书，这是国内唯一的殷瓦焊接技术规范，是建造 LNG 船的“宝典”级教材。

在 LNG 船建造中，殷瓦焊接关键点、要害点、难点的施工，均由秦毅担纲。为了“消灭”殷瓦焊接漏点，他反复试验，创造了“扭动施焊法”，使液货舱焊接成功做到百分之百无漏点，被韩国质检专家称为“奇迹”。这项技术创新，保证了 LNG 船优质建造，同时为每只船试验成本节约 1200 万元人民币。国内首制 LNG 船许多设备都需进口，仅一台 MO2 殷瓦自动焊机就价值 100 多万元人民币，建造一艘 LNG 船需 5 台这样的设备。为降本增效和实现相关设备国产化，沪东中华与国内焊机厂家共同研发殷瓦焊机。秦毅是权威专家，在一次次试验中为样机“把脉”。他带领团队不懈努力，MO2 殷瓦自动焊机实现了国产化，各项技术指标达到了法国 GTT 公司要求。此项创新为企业节约进口设备费 300 多万元。随着国产化力度加大，陆续有 4 种新型殷瓦自动焊机调试成功，应用于实船。

2017 年 9 月 19 日，经过激烈的市场竞争，中国船舶集团赢得法国达飞集团 9 艘 23000TEU 双燃料动力集装箱船的建造合同。作为中国 LNG 全产业链的“链长”，沪东中华责无旁贷勇当先锋，承担了首批（5 船）建造重任，开启了中国超大型、双燃料集装箱船从中国制造向中国创造历史性跨越。其核心难点——MARK Ⅲ型燃料舱正是由秦毅担纲攻关的。他在很短时间内吃透技术要求，焊接质量获得权威机构认可，获得船东好评。揽入全球最大订单有秦毅一份功劳，为中国 LNG 产业链延伸作出了贡献，这一年，他成为集团公司焊接技能带头人。

近年来，秦毅完成了“LNG 船非熔化钨极氩弧焊模拟培训”，并获得国家发明专利，“连接件基座自动焊接试样固定装置”等 7 个项目获得了国家实用新型专利；完成了“LNG 船殷瓦焊接 G 证工艺研究”“殷瓦薄膜局部损坏的工艺研究”等 6 项课题，攻克了焊炬改制、焊接变形控制等一系列技术难关，极大地提高了 LNG 船殷瓦焊接质量，这些“金点子”也为企业创造了上千万元的经济效益。LNG 船建造成功是我国造船业的一座丰碑，对我国造船业发展和国家能源战略调整具有深远意义，作为 LNG 船建造的先行者，秦毅功不可没。

树立梦想从学习开始，事业靠本领成就。只有带头立足岗位、苦练本领、创先争优，努力成为行业骨干、青年先锋，才能在开拓进取中创造非凡业绩。

易灵洁，中国建筑设计研究院有限公司李兴钢建筑工作室主任建筑师、高级建筑师、国家一级注册建筑师。2019 年 12 月至 2020 年 3 月，她担任设计驻场代表赴马德里服务中国驻西班牙大使馆改造项目，在欧洲全面暴发新冠肺炎疫情的严峻时刻，仍然坚守岗位直到圆满完成任务。

中国驻西班牙使馆办公楼的改造项目，从 2017 年底开始施工。易灵洁到西班牙工地的时候，主楼结构已完工，进入内外装阶段。外装的重头戏是 GRC 构件的吊装。由于使馆项目的特殊性，工人和物资几乎都从国内引进，理应由分包单位或厂家进行的复测深化、加工运输、指导安装，在这里都得由总包现场独立完成。换句话说，GRC 构件与土建部分的精度匹配，吊装过程中的调整保护，基本就位后的细节对缝等，在一个个 GRC 构件稳稳地挂上去之前，现场没人能拍胸脯保证没问题。

由于是改造而非新建项目，图纸难免与现状有所出入。对于易灵洁来说，驻场工作的最大目标就是把控建筑效果，外装如GRC构件的调平对缝，内装如扶手鹤颈的转折角度，一切事项都要与施工方、监理方、业主方密切配合，从设计的角度出发，提出具有可操作性的建议。令人欣喜的是，通过共同努力，项目进展顺利。可以说，能够圆满完成任务，这与易灵洁细致做事、坚持不懈是分不开的。

令易灵洁非常自豪的是自己能够参与冬奥工程的设计及施工配合工作。从2017年10月征集方案的入选，到2021年12月完成竣工验收，她作为设计主持人，投身北京2022年冬奥会张家口赛区太子城冰雪小镇项目。从方案征集到竣工验收的全过程设计工作中，4年多的执着努力只为确保承担赛时保障功能的小镇及位于其中心的冬奥颁奖广场能够顺利交付。

太子城冰雪小镇是冬奥会张家口赛区的三大组团之一，虽然没有比赛任务，但张家口赛区颁奖广场正位于小镇文创商街的中心，既要保证赛时的使用和配套，更要保证赛后的使用和运行维护。该项目时间紧，需要边设计、边施工、边做商业运营调整；规模大，地上、地下共33万多平方米；头绪多，建设方的各部门、冬奥组委、酒管等顾问公司、院内院外的各专业及专项分包。面对种种压力，她直面挑战，白天对内对外沟通协调、晚上继续推进设计工作。施工开始后，她更是经常当天往返于北京和崇礼之间，施工现场几乎每周都可以看到她的身影。历经4年多的执着努力，她和设计团队确保了承担赛时保障功能的小镇及位于其中心的冬奥颁奖广场顺利交付。

追求进步，要带头迎难而上、攻坚克难，在复杂严峻的斗争中经风雨、见世面、壮筋骨，做到困难面前撑得住、关键时刻顶得住、风险挑战扛得住。

中国钢研科技集团有限公司正高级工程师丰涵，十年磨一剑，带领团队突破了高均匀耐蚀金属材料组织调控关键技术，实现了国家重点工程装备用材的国产化，打破了国际垄断。

2005 年，从我国“钢铁摇篮”北京科技大学本科毕业后，丰涵在钢铁研究总院攻读研究生并获得了硕士学位。还要不要留在钢铁这个“夕阳产业”，是摆在这个 25 岁毕业生面前的一道人生选择题。此时，一则介绍我国核电国产化难题的新闻报道，深深刺痛了丰涵，让这个“钢”小伙下定决心选择了“是”：随着我国确定“大力发展核电”战略，先进核电机组建设和装备国产化提上了日程。作为典型的高技术产业，核电的关键技术长期被欧洲国家及美日等国垄断。尽管我国手握全球最大核电市场，但在面对拥有核心技术的国外设备制造商时却很难掌握主导权。

为了不被“卡脖子”，提高国产核电的市场竞争力，我国开始尝试蒸汽发生器传热管材国产化，可是国外公司却有人预言，“中国人是做不出来的”。丰涵偏偏不信邪，“凭什么外国人搞得了，我们搞不了？自己硕士研究课题就是‘690 合金材料’，我就要试一试”。在国家重大专项资金的支持下，他暗下决心，硬啃也要啃下这块“硬骨头”。由于技术封锁，公开文献仅能查到 690 合金宽泛的材料成分范围，没法指导现场生产，他就一口气冶炼了三四十炉试验钢，搞清楚了所有重要元素的影响；在多轮次管材中试中都出现混晶问题，性能一直不稳定，他就从轧制到热处理把材料的组织演变规律研究个透，最终掌握了高均匀耐蚀合金组织调控技术这一独门秘籍。经过多年的攻坚克难，丰涵采用多项研究成果和关键技术开发，使 690 合金传热管在宝钢成功实现国产化，我国也成为世界第四个具备核电传热管批量制造能力的国家！

追求进步，要脚踏实地、求真务实，吃苦在前、享受在后，勇于挑大梁、担重任，展现新时代中国青年奋发进取的精神风貌。

刘天童，中车大连机车车辆有限公司机车开发部总体设计师、团支部书记。从建模绘制 1500 多个细小繁杂的零部件，到虚拟装配成数百个实现各种功能的组件，再到设计研发出一个完整的“火车头”，他是公司里最年轻的主管设计师。2017 年春节将至，他主动承担了一项光荣的任务——远赴青藏高原，放弃与家人团聚，进行为期 3 个月的春运保障服务。

除夕凌晨 5 点，雪域高原皎洁的月光依偎在察尔汗盐湖边，刘天童所在的服务组接到了需要更换高原车中冷器的工作通知。作为机车冷却系统的关键部件，单个中冷器重约 200 公斤，正常更换需要借助吊车。在段里没有大型起吊设备的情况下，他们只能借助小滑轮以及人工辅助搬运的方式进行更换。高原氧气稀薄，拆卸几百斤重的大家伙并不是一件轻松的事，干一会儿就得停下来喘几口气。当时的室外温度低至零下 20 摄氏度，但他们的手套、内衣还是很快就湿透了，凛冽的寒风又让这种潮湿感更加冰冷刺骨。经过十几个小时的连续奋战，4 个中冷器终于全部更换完毕，当时已是深夜。就这样，刘天童与同事们在岗位上度过了一次“别样”的春节。

“虽然是第一次离家在外过春节，但能让更多的人及时回家团聚，我感到非常自豪。这个春节过得很有意义！”除夕夜，仍在岗位上坚守的他在工作日志中这样写道。

追求进步，要不断挑战自我，矢志追求更有高度、更有境界、更有品位的人生，在人生道路上走得更正、走得更远。

中国安能二局常州分公司、抢险救援大队（江苏省应急抢险队）副大队长崔中国，始终战斗在应急救援第一线，先后参加过数十次重大抢险行动。

2020 年入汛后，全国多地连降暴雨，26 个省份遭受洪涝灾害。7 月上旬，江西鄱阳县昌江发生多处决口，周边 15 个行政村群众房屋被淹被毁。紧急时刻，崔中国带领 33 人小分队闻灾而动，千里驰援，10 天内连续参与完成问桂道圩 188 米决口、桂湖村 80 米决口封堵和西冲里 130 米水淹道路贯通任务，创造了决口封堵“奇迹”。

2020 年 7 月中旬，根据江苏省防汛抗旱指挥部命令，中国安能常州分公司出动 200 人、装备 40 余台（套），分赴扬中和世业洲方向前置备勤。崔中国所带领的小分队从鄱阳凯旋后，未经休整立即加入大部队中，近一个月时间，克服高温酷暑、蚊叮虫咬，挖沟导渗、处置管涌，日夜守护着大堤，洪水不退，他们不退。

2020 年 8 月 13 日上午，应急管理部自然灾害工程救援常州基地在中国安能常州分公司挂牌成立，下午就收到了江苏省防总的险情通报和出动请求，盱眙县腰滩发生 25 米决口，周边村庄、道路和 8000 亩蟹塘受灾，情势危急。崔中国立即带领 26 名抢险队员，携装载机、挖掘机等大型救援设备 14 台（套）紧急驰援，连夜制订了“水上挖掘机植桩、稳固北堤裹头、抛填沙袋、封堵决口，南堤水淹道路抢修、机械配合进占”抢险方案，经过 33 个小时的鏖战成功封堵。抢险过程中，他既当指挥员，又当战斗员，表情严肃，精神高度集中，几乎没有合过眼，直到决口实现合龙才敢“眯一会儿”，此时他已疲惫不堪，瘫倒在地上的样子令人心疼。

英勇无畏，无私奉献，崔中国荣立个人二等功 1 次，多次被表彰为优秀共产党员、优秀基层干部、抢险尖兵；他所带中队连续 16 年被评为“标兵中队”，被表彰为“全国抗震救灾英雄集体”、武警部队“基层建设标兵中队”、“中央企业先进基层党组织”，荣记集体一等功 2 次。2021 年，崔中国被授予“江苏省最美应急人”和“江苏省五一劳动奖章”。

青年强则国家强。同样，青年追求进步，则国家能进取。新时代央企青年要踏实奋斗，勇于磨砺自己，在各行各业的平凡岗位上书写非凡的奋斗故事，诠释向上的奋斗精神，推动社会的发展、人民的幸福、民族的振兴。

到祖国最需要的地方去

思想领航

2020 年 4 月 22 日，习近平总书记在陕西省考察西安交通大学时，勉励广大师生大力弘扬“西迁精神”，抓住新时代新机遇，到祖国最需要的地方建功立业，在新征程上创造属于我们这代人的历史功绩。青春，充满朝气、富有梦想，也充满机遇、面临选择。如何走好青春之路是广大青年面临的重要人生课题。

国家的希望在青年，民族的未来在青年。广大央企青年要自觉听从党和人民的召唤，把视线投向国家发展的航程，把汗水洒在艰苦创业的舞台，到基层、到一线去施展抱负、建功立业，争当伟大理想的追梦人，争做伟大事业的生力军，把青春播撒在祖国最需要的地方。

青春风采

罗恒，现任中国冶金地质总局中南地质调查院常务副总工程师。他积极响应大学生志愿服务西部的号召，主动要求到新疆工作，常年坚守在新疆高寒山区野外一线从事地质找矿工作。

2014 年，中南地质调查院决定开辟南疆市场，提出向南疆昆仑山一带发展的想法。当时选择的靶区之一是海拔 4800 米到 5200 米的帕米尔高原，工作区西临国境线的无人区，山高路远，高寒缺氧，条件十分艰苦。谁来牵头组建队伍？这个问题摆在大家面前。作为共产党员，在做好西天山项目的同时，罗恒主动站出来，承担了开拓南疆市场的艰巨任务。

拿第一个社会项目时，矿老板对年纪不过 30 岁的罗恒没有太多的信任，抱着试试看的心态驱车 200 公里把他带到了西昆仑慕士塔格峰下的工作区，指着远处 5200 米的山头说："你看看这座矿。"罗恒交代好接车地点，背起地质包直奔矿区，用了 5 个小时，从 4600 米爬到了接近山顶的 5100 米，最终发现了一条 2 米到 10 米厚、400 米长的菱铁矿体，当他拿着 44% 品位的菱铁矿体来到矿老板跟前，指出这个矿区有进一步找矿工作的必要时，老板当场拍板："这个项目由你来做。前面来了几批地质人员，都没找着矿。"

在踏勘西昆仑勒嘎铁矿的过程中，罗恒对工作区进行了三天的地质踏勘。摸清工作区的矿产远景后，在 5200 米的山顶，踩着积雪，罗恒怀揣着满满的收获，兴奋地准备返回，突然，耳际传来"嚓嚓"的破冰声，脚和身体不受控制地往下陷，罗恒一下子掉进冰裂缝里，刺骨的冰雪马上灌入了衣领里。这条冰裂缝十分隐蔽，由于天寒地冻，裂缝上面覆盖了一层薄冰，冰上又覆盖了齐膝的积雪。罗恒小心地趴在冰窝里，用地质锤凿出冰窝，咬紧牙关，历经半个多小时的努力，终于爬出冰窟窿，回到 4300 米的营地。一个能凭顽强的意志和智慧脱险的人，一定会到达光辉的顶点。凭着这次惊险的踏勘，面对众多的勘查单位，罗恒硬是啃下了新疆阿克陶县喀拉吉勒嘎铁矿普查的技术服务项目，而他自己则累得足足躺了 3 天才能起床。

2015 年，罗恒带领团队开展西昆仑木吉乡玛尔坎苏一带锰矿资源远景调查项目。西昆仑开展地质工作，最难的是后勤供给，路程遥远，每天都面临泥石流封堵道路的情况。而当地戈壁滩黄沙飞舞，雪山赤裸光秃，地面的草刚冒头就会被山羊啃食，牧民生活不富裕，寄望于矿产资源能让他们一起过上幸福生活。这激发了罗恒干好西昆仑地质工作的热情。

玛尔坎苏河横穿整个锰矿调查工作区，项目部要在河两岸展开地质调查工作，绕河一周得 5 个小时，工作时间耽误不起。每天，项目部成员集体过河，水流湍急，河水深过腰部，单独过河会被激流冲走。在这么一个物资匮乏的无人区，唯一可以利用的是石头，项目部每人拿一块石头，迈右脚则把石头放在左腰，迈左脚则把石头放在右腰，交叉蹚水过河。河水是雪水融化汇集而成的，到岸后，每个人腰以下部位都是麻木的。工作区地形切割强烈，山坡都是 40° 的陡坡，爬不上去就用地质锤凿出脚踩的窝窝。为不漏掉一丝一毫的矿化信息，有时候为了观察一两个地质点，不惜绕道 10 多公里山路；针对锰矿体的采样工作，工作人员更是一丝不苟，不管条件多么恶劣，路途多么遥远，对每个锰矿样品均严格按照标准进行采样，有时一天的样品多达上百公斤，一次背不到目的地就分两次、三次背。不管多么辛苦，一定要保证样品质量；不管条件多么艰苦，罗恒总是冲锋在前，遇到各种困难，总是带头先上。

正是这一步步细致、踏实的工作，在野外工作的几个月时间里，项目团队先后发现了多条矿（化）带及数个矿化点，确立了矿区锰矿的矿化分布格局，在工作区圈定了 4 个找矿靶区，为今后的地质工作提供了方向。

经历就是财富，罗恒认为有了西昆仑 - 帕米尔高原的工作经历，地质野外工作就没有“难”字了，他是幸运的。

罗恒有个梦想，就是组建一支技术过硬、作风顽强的地质团队，把每个项目执行好，在新疆树立中南地质调查院的品牌。

优良的团队需要有凝聚力的领导，领导的凝聚力是靠人格魅力、专业水平和管理能力树立起来的。在担任项目经理期间，罗恒一直致力于组建一个这样的地质团队，白天在野外，他跟项目部人员一起干活，将最危险最累的工作留给自己，晚上，和队员们一起整理资料，讨论技术难题。

长期的相濡以沫、生死相依，让罗恒所带的团队有很强的凝聚力。

他以此为自豪，并坦言：一声令下，这个团体可以在坑道里编录十五六个小时以保质保量地完成紧急时期的工作任务，也可以在西昆仑几百公里范围内几天几夜不休息，踏勘多个工作区。

可以说，罗恒的青春岁月，是在西昆仑和西天山连绵起伏的山峦间度过的，他用实际行动践行了在党旗下的庄严承诺：到祖国和人民最需要的地方去，做一名合格党员，为祖国找到矿，实现资源报国！

艰苦的边远地区和基层一线是历练青年的“练兵场”，是青年经风雨、长本事的“大熔炉”，广大央企青年要不畏千难万苦，用脚步丈量祖国的山川大地，努力成长为党、国家和人民所期盼的有志青年。

中国南水北调集团江汉水网建设开发有限公司党委委员、副总经理李志伟，热爱水利水电建设事业，立志为这个利国利民的光荣梦想奉献一生。

2007年，李志伟从清华大学水利水电工程系毕业。当时，恰逢党和国家发出“大学生到基层去，到艰苦的一线去”的号召。入党一年多的李志伟，带着家人和朋友的不舍与支持，毅然放弃了留在北京工作的机会，坚决投身祖国大西南建设。那时，他暗下决心，要把自己这一辈子奉献给祖国的水利水电建设事业。

李志伟选择了中国水电八局——一家以水利水电建设闻名的国有企业；同时也如愿以偿被分配到了祖国的大西南——位于川滇交界的溪洛渡水电站。在世界第三大水电站建设工地，李志伟参与设计右岸成品骨料系统的竖井滑模。骨料竖井是溪洛渡整个右岸成品骨料系统的重要组成部分，直径12米，深达85米，对滑模的稳定性要求很高。如何进行滑模的受力分析计算，成为一道难题。

虽然刚大学毕业，没有多少实践经验，但年轻的李志伟毛遂自荐，承担了滑模的设计及受力分析工作。在同事们的共同努力下，经过十几个昼夜的研究摸索，他们出色地破解了这一难题。经过施工验证，李志伟设计的滑模在结构稳定性及操作性方面都得到了高度好评。

2010 年，李志伟被调往水电八局马来西亚沐若水电项目从事合同管理工作，可谓易地换岗。当时，他初到工地便临危受命，负责项目成本控制系统的开发任务。李志伟直面困难，最终仅用 3 个月就开发出了成本控制系统，对沐若项目部的成本控制起到了重要作用，得到了项目部及软件公司的普遍好评。由于业绩突出，他被任命为马来西亚 OM 项目副经理兼总经济师。

2013 年 10 月，李志伟再次“受命于危难之际”，前往商务问题突出的水电八局厄瓜多尔美纳斯水电项目部，担任项目副总经理兼总经济师。李志伟立足实际，花费大量的时间研究合同条款，从中找到切入点及突破口，最终使项目部经营状况稳步好转，让一个又一个的“不可能”变成“可能”。

2014 年 11 月，30 岁出头的李志伟被任命为厄瓜多尔美纳斯水电项目党工委书记、副经理兼总经济师。也许有人认为他今天的成绩全靠头顶上“清华名校的光环”，然而，从溪洛渡到马来西亚沐若再到厄瓜多尔美纳斯水电项目，他勤勤恳恳的工作态度、永不退缩的进取精神、严谨细腻的思维方式、不拘一格的创新理念、立足长远的全局意识，让所有接触过他的人都对他产生敬佩之情。

担任项目党工委书记、副经理兼总经济师后，李志伟的工作重心从专门的项目经济管理转变为党群管理与经济管理并重。他深知“在其位”就得“谋其事”。尽管每天工作任务繁重，但他仍坚持抽时间与青年员工聊天谈心，并以自身成长的经历鼓舞青年不断学习、不断进步，提升自身能力。李志伟与青年谈话时轻声细语、循循善诱，弯成月牙儿般的笑眼很容易让参与聊天的人敞开心扉，与之交流，青年私底下都亲切地将这位年轻的领导当成“知心大哥”，整个团队始终保持着乐观、向上、拼搏的工作劲头。

多年职业生涯的洗礼，李志伟已从心怀梦想的稚嫩大学生，蜕变成经验丰富的企业骨干，从一名普通的技术员成长为优秀的项目副经理。经他手营销的项目年产值高达数亿元，而他却始终坚持多年来的那份“愿将青春奉光明”的理想，用自己的豪情壮志在青山绿水间建立一座又一座丰碑。

广大央企青年要虚心学习、勇于探索，立志投身国家重点行业建功立业，把所学用于解决实际问题，踔厉奋发、笃行不怠，从艰苦奋斗中获得知识和力量，用实际行动团结和带领人民群众。

国新央企金融服务（北京）有限公司首席运营官、中组部第九批援藏干部（西藏国有资本投资运营有限公司财务总监）王本运，坚持到祖国最需要的地方去，以顽强的意志品质战胜高原氧气少、气压低、紫外线强的艰苦环境引发的失眠、头痛、消化功能下降、记忆力下降等不良反应，勇于担当、拼搏奉献，积极投身援藏工作中。

他以专业的眼光和敏锐的洞察力，深入分析受援单位面临的经营风险，勇于担当、敢于作为，全力为企业保驾护航。2019 年 11 月，受援单位西藏某公司因发生资金流动性危机，王本运主动向受援单位党委请缨，主抓债权清收工作。经过一番精心谋划、周密部署，他创造性地提出了采取协商与诉讼同步推进的债权清收方案——一方面与西藏金租公司负责人商谈还款方案，另一方面督促受援单位法务人员与案件代理律师尽快推动案件诉讼。同时，他积极寻求西藏自治区国资委、金融监管局等监管部门的支持。他带领专项工作组，历时 5 个月，经历 7 轮艰难谈判，签订 3 项补充协议，最终回收 13 笔款项，为受援单位挽回直接经济损失上亿元。

他作为受援单位的财务总监，牵头开展不良金融资产包清收。金融资产包形成原因复杂、时间久远，是一块难啃的“硬骨头”。王本运认真研究案件、充分听取各方建议，制订工作计划，建立可执行的清收进度督办结果，及时向受援单位党委汇报结果，历时 3 个月、经过 10 余轮鏖战，与债务人签订了由法院确认的有法律强制力的民事调解书，共清收不良金融资产包 2.46 亿元。

2020 年 5 月，王本运因高原反应视力急剧下降并两次住院手术，病愈后仍未放弃自己热爱的援藏工作，毅然决然再上高原。他荣获 2019—2021 年度中组部第九批“优秀援藏干部”称号。

环境越艰苦，越能磨炼意志。到祖国最需要的地方去，是成长成才的重要途径。行动是青年最有效的磨砺，攻克一次难关就能得到一次成长。在祖国最需要的地方，在任务和困难面前保持坚定、勇敢向前，必然能成长为新时代青年最好的模样。

在基层一线淬炼青春

思想领航

青春由磨砺而出彩，人生因奋斗而升华。2021 年 9 月 1 日，习近平总书记在秋季学期中央党校（国家行政学院）中青年干部培训班开班式上发表重要讲话强调：“刀要在石上磨、人要在事上练，不经风雨、不见世面是难以成大器的。”对年轻干部而言，基层一线正是磨炼意志、增长才干的最佳“磨刀石”。广大青年要勇于到艰苦环境中担苦、担难、担重、担险，主动到基层一线淬炼青春，经风雨、见世面、长才干，把其作为职业生涯的第一站，到乡村去、到社区去、到群众中去，在艰苦奋斗中磨砺意志，在基层岗位上提高本领，用青春和汗水谱写人生芳华！

树木向往阳光，就要扎根泥土；雄鹰向往蓝天，就要展翅飞翔。基层一线是了解实际、增长本领的最好课堂。广大央企青年要深入基层、扎根一线，立足本职、埋头苦干，勤于学习、甘于奉献，努力从推动企业高质量发展和实践中汲取智慧和力量，不断增长干事业的本领，成为能担重任的栋梁之材，完成时代赋予的历史重任。

青春风采

全面建设社会主义现代化国家的重任，是历史的，也是现实的，在肩负时代重任时行胜于言。

姚东，现任国家管网集团西气东输公司中卫压气站站长、党支部副书记。作为清华大学毕业生的他，胸怀建设家乡、报效祖国的理想与情怀，迈出校园就一头扎进毛乌素沙漠的偏远站场，在西气东输盐池压气站开始了一步一个脚印的人生。

姚东先后在盐池、靖边、延川 3 座西北压气站工作。夏季里，他带着几名同事，克服重重困难，在毛乌素大沙漠腹地巡检管道，用脚板丈量 40 多摄氏度高温的滚烫沙地。冬季里，他们裹着厚厚的棉工作服，穿行在寒风呼啸的野地里。风吹起的沙子打在脸上，如同刀割一般难受。但这些艰难困苦都没吓住姚东，他每天乐呵呵的，用自己的乐观态度和实际行动鼓舞和影响着同事们。

西气东输一线盐池站两台进口压缩机组刚刚投用时，经常突发报警。从解读英文报警信息到排除故障，既费时又费力。姚东看在眼里，急在心上。他利用业余时间，两周内翻译修订了 1000 余条英文报警信息，极大提升了机组故障排查效率，还编制了一个压气站管容计算和放空量统计程序，帮助值班员提高计算精度与效率。有一次管道光缆熔接作业，必须在限定时间内完成。但由于雨雪交加、地下水位超高、管道光缆埋深超标，给作业带来了重重障碍。姚东带头跳入 5 米多深的泥坑组织开展作业，从下午 3 点到晚上 10 点，一直在泥泞中连续苦干，凭借过硬的技术和丰富的经验，不断调整优化作业环节，终于及时完成了维修任务。此时的他衣服已经湿透，站在泥水中瑟瑟发抖，却还笑着鼓励大家，“今天的战斗太激烈了，你们都是最美的英雄”。

2015 年，西三线西段宁夏段工程进入投产攻坚期，姚东吃住在现场

4个月，协调解决冬季水压试验、场站管线吹扫、国产大口径阀门调试等多项工程难题。置换投产时，他冒着漫天大雪，坚守在68#阀室，协调8个参建单位做好应急保驾，确保了83公里管道、1座联络站和4座阀室投产一次成功。他说，只有经历过夹着风沙吃盒饭的无奈、顶着风雪守工地的艰辛，才能品味出管网人的自豪感和成就感，只有拼尽全力创造，才是青年该有的样子。

青年的成长成才没有捷径可走。只有坚持干中学与学中干的辩证统一，在实践中感悟、在善于思考中总结提高，才能出真知、长才干，在现实的考验中练就过硬本领。

2008年11月，豆存印来到山东核电设备制造有限公司，加入我国第三代核电AP1000自主化依托项目设备制造的行列。几年来，通过公司的专业培养和自身的刻苦钻研，他迅速从一名技校毕业生成长为公司最年轻的高级技师。他全面参与了AP1000核电核级结构模块、机械模块、管道、反应堆压力容器一体化顶盖组件等关键产品的焊接工作，多年来一直保持着焊接合格率100%的纪录，取得了骄人的业绩，曾荣获“全国技术能手”、全国电力行业百名“电力工匠”等称号。

豆存印对自己在第一线所从事的焊接工作，有着一份执着和坚守。他朴实地说道：“作为一名电焊工，能够投身我国三代核电自主化发展的事业，是我人生的最大幸运，我要倍加珍惜这样的机遇。”展望未来，他希望自己在40岁时能够成为一名出色的焊接教练，把自己所掌握的焊接经验、焊接工艺和创新感悟进一步理论化、系统化，来帮助更多的年轻焊工少走弯路，快速成长。

央企青年要在平凡岗位上扎根基层，鼓足干劲，踔厉奋发、勇毅前行，在急难险重任务中冲锋在前、在基层一线经受磨砺、在创新创业中走在前列、在社会文明建设中引风气之先，努力成长为党和人民信任的好青年。

胡欢，现任黑旋风股份质量技术部经理、团委书记、高级工程师。他扎根中试车间和中片工段等生产现场，从生产一线的实习与实操锤炼开始，到成为一线技术工程师从事技术创新工作，10余年摸爬滚打，精于钻研，成长成才。

在做一线技术员时，他积极参与公司组织的QC小组活动，针对车间某类新型磨床试用时产品加工废品率较高的问题专门成立小组，开展QC小组技术攻关。那段时间，他天天在磨床边上，通过自己的操作、检验、记录，研究引起智能化磨床产生废品的各种原因，并逐一分析论证，最后确定主要原因是：磨前片体同片厚度差大，系统返修磨削方式，系统控制工作台及系统控制砂轮问题。找出了主因，他通过修改相应磨削标准规范、与磨床控制系统制作方联系沟通，经过长时间“改进—验证—再改进—再验证”的无数次循环，使得智能化磨床加工产品的废品率降低至正常水平。目前，该类磨削类设备在公司“四化改造”实施过程中最先实现全系列单机智能化覆盖和批量化稳定应用。

胡欢坚持长期在研发一线开展生产工艺、技术标准、产品研发及成果转化等方面的创新工作，主持、参与了国家、省市及企业20多项重大科技创新项目，先后在《金刚石与磨料磨具工程》《超硬材料工程》等专业科技学术期刊上发表论文12篇，曾荣获中国冶金地质总局“青年岗位能手”、中国冶金地质总局“科技创新先进个人”称号。

实践证明，青年人只有在基层“墩墩苗”，在一线矛盾复杂、困难多的地方有意识地磨砺自己，后面的路才能走得更稳更远。

华侨城云南世博集团旗下云南世博园艺有限公司园林景观部副经理字颖杰，刚到世博园时，每天的工作就是挖地、浇水、施肥、养花、种草，但她没有放弃。不久，许多年轻同事要么辞职走了，要么换了工作岗位，只有几位老党员一直坚守，还经常主动教授她植保知识。渐渐地，字颖杰被老党员们身上那种不怕苦、不怕累，善于钻研、乐于助人，默默奉献、不求回报的精神所感染，在园林养护岗位上坚持了下来。工作之余，她认真观察花卉植物生长情况和特点，慢慢熟悉了世博园里的每一棵植物，也热爱这里的一草一木。

后来，她被调至植保组，成了一名给植物问诊看病的“医生”。听起来是一个“高大上”的工作，实际却是一件实实在在的苦差事。植物病害防治需要用农药，而字颖杰出现了药物过敏反应，身上长了许多红点，又疼又痒，非常难受。

如何克服农药过敏，如何做到低毒又高效地杀虫，一道道难题摆在了字颖杰的面前。她抓虫、养虫，观察、分析病虫害发生时间规律，不断做药效试验，摸索最有效的防治办法。她先后攻克了防治红棕象甲等多个病虫害难题。

作为一名党员，作为植保组的主管，字颖杰在做好本职工作的同时，也积极进行“传帮带”。如今，她已带出10余名植保技术骨干，并且成立了“党员突击队”和“团员先锋岗”，不论是急难险重任务攻关还是疫情期间坚守保障，都能见到这支队伍的身影。

字颖杰的默默付出得到了各界认可，近年来先后荣获“云南省五一巾帼标兵”“云南首席技师”“全国五一巾帼标兵”等荣誉称号，还获得“云南省五一劳动奖章”。一张张荣誉证书，记录和见证了她在植保路上用辛勤汗水浇灌结出的果实。

扎根基层，淬炼青春，是敢于担当的勇毅，是能力作风的砥砺。广大央企青年要在基层的工作中磨炼意志、锤炼品质、积累经验，在一线的摔打中砥砺逢山开道、遇水架桥的精气神，不断攻坚克难，善作善成。

第二篇

展现青春风采，坚守理想信念的政治之魂

第四章

高扬理想主义，
用党的科学理论武装头脑

理想指引人生方向，信念决定事业成败。2019 年 1 月，习近平总书记寄语南开大学师生：“青年时代树立正确的理想、坚定的信念十分紧要，不仅要树立，而且要在心中扎根，一辈子都能坚持为之奋斗。”有什么样的理想，为什么样的理想而奋斗，有什么样的信念，信仰什么主义、捍卫什么主义，走什么样的道路，绝不是个人的兴趣爱好，这决定着国家的前途命运。

心有所信，方能行远。广大新时代央企青年要带头学习马克思主义理论，从内心深处厚植对党的信赖、对中国特色社会主义的信心、对马克思主义的信仰，高扬理想主义旗帜，用党的科学理论武装头脑，为实现第二个百年奋斗目标和中华民族伟大复兴中国梦贡献青春力量。

青春的航向，要靠理想掌舵

思想领航

理想指引人生方向，信念决定事业成败。青年的理想信念关乎国家和民族的未来。青年理想远大、信念坚定，就能激发奋进伟力。毛泽东从青年时代开始便深切关注民族命运，树立“改造中国与世界”的宏大志向。14 岁的周恩来在回答老师提问时，斩钉截铁地说“为中华之崛起而读书”。当代中国青年生逢其时、重任在肩，要努力成长为有理想、敢担当、能吃苦、肯奋斗的新时代好青年。

扬起青春远航的风帆，需要坚定的理想信念掌舵。2018 年 5 月 2 日，习近平总书记在北京大学师生座谈会上发表重要讲话指出，“新时代青年要乘新时代春风，在祖国的万里长空放飞青春梦想”。广大央企青年要牢固树立坚定的共产主义理想和信念，做理想远大、信念坚定的模范，早立志、立大志，从内心深处厚植对马克思主义的信仰、对中国特色社会主义的信心，树立起共产主义远大理想、中国特色社会主义共同理想，善于明辨是非，自觉抵制一切腐朽思想的侵蚀。要继承和发扬党的优良传统和作风，靠理想掌舵，以自身坚强的党性成为青年和群众的榜样。

青春风采

中国航天科工集团航天三江十七所陈际玮，致力于为飞行器信息化智能化发展提供最佳方案。在他看来，控制系统研制是一个永无止境、不断攀登的漫长历程，陈际玮并不满足于仅实现用户对飞行器提出的世界先进水平精度指标要求，他要在同等精度指标基础上探索未来更复杂环境下的识别对抗途径，真正发挥出飞行器的边界能力。

在国家某项目研制过程中，由于陈际玮的坚持和团队的共同努力，使该飞行器在交付用户之后持续突破多项创新性技术，最终实现对抗能力提升 40%，相关创新技术成果获“国防科技进步奖”。作为新时代航天青年，陈际玮认为，立足于第二个百年奋斗目标新的起点，我们生逢中华民族发展的最好时期，比老一代航天人拥有更优越的发展环境、更广阔的成长空间，更应该发扬“永久奋斗”光荣传统，把平凡的岗位作为成就人生的舞台。

陈际玮很庆幸自己身处十七所这个优秀的集体里，这里不乏年逾古稀依然矢志不渝的航天元老，不乏正值壮年意气风发的青年才俊，他们的闪光点潜移默化地影响着他。“有了信仰，才会把最宝贵的东西奉献出来。”这是陈际玮的“师傅”——十七所第一位“中国青年五四奖章”获得者石晓荣经常对他说的一句话。在这样一位杰出导师的倾情教导和传承帮助下，陈际玮更加懂得“航天报国，青春无悔”不是说出来的，而是需要用一生来践行的信仰。十年来，陈际玮始终奋斗在航天一线岗位，先后参与多项国家重点项目研制，圆满完成数十次重大试验任务。

成长于改革开放后的青年，多呈现出学历高、视野开阔、思维活跃、务实上进等特征，但同时也受到国内外各种非主流价值观渗透、干扰，所以，在这个时期一定要扣好人生的“第一粒扣子”，坚定崇高信仰，激发奋进潜力，把准青春岁月航向。

周时莹，1981 年出生，2001 年加入中国共产党，是博士研究生、研究员级高级工程师，现任中国第一汽车股份有限公司智能网联开发院副院长。有着 20 年党龄的她，坚守汽车强国产业报国初心，在奋进中锻造信仰，在挑战中锤炼技术，逐渐成长为中国一汽智能网联领域的技术领军人物，不断推动民族汽车品牌发展壮大。

理想掌舵青春的航向。攻读计算机博士学位的周时莹深受作为优秀红旗设计师的父亲的影响，振兴民族汽车企业的信念在她心中深深扎根。毕业后，她放弃 IT 互联网公司的高薪工作，毅然入职刚刚成立的一汽技术中心汽车电子部。作为女儿，她牢记父亲的谆谆教导。作为党员，她以振兴红旗为己任。几经思量，她将目光集中在汽车领域最难啃的“硬骨头”——发动机电控上。她深知，这是一条枯燥且艰辛的道路，可她义无反顾。在攻关的第三年，一汽的发动机电控技术虽小有起色，但距离国内领先水平差距仍然很大，不少同事知难而退。可每当她想起父亲 35 年的坚持，想起老一代汽车人 60 年的坚守，信念与理想便越发坚定：自己一定要像父辈祖辈一样，将一生奉献给党、奉献给民族汽车品牌振兴这一伟大事业！

十几年来，周时莹厚积薄发，逐渐掌握了国际先进的虚拟仿真验证核心技术，攻下了车云协同技术、汽车信息安全攻防体系、整车 OTA 远程软件升级、车载百兆及千兆以太网、智能座舱等一系列高精尖的全新科技，打破了国外电子电气功能验证技术的长期封锁。2020 年 7 月 23 日，习近平总书记视察中国一汽，周时莹介绍的红旗核心技术得到了习近平总书记的充分肯定和赞扬。她用实际行动诠释了新一代红旗人振兴国产车的使命担当以及敢为天下先的进取精神和坚强意志。

理想的灯塔照亮前行的道路，信念的光芒丰盈青春的颜色。凝聚起实现中华民族伟大复兴的青春力量，就要用理想信念强化青年的思想共识。

苏士杰，现任中天合创能源有限责任公司门克庆煤矿总工程师。作为一名共产党员，他理想信念坚定，坚持用党的创新理论武装头脑，深入学习习近平新时代中国特色社会主义思想，并用以指导实践、推动工作，成为中天合创冲击地压防治工作的领军人物。

2018 年，处于联合试运转期间的矿井面临冲击地压灾害威胁，在没有专业的冲击地压防治技术人员的情况下，苏士杰怀着对煤矿灾害治理的一股冲劲和专业的技术功底，离开正需照顾的刚满一岁的孩子，只身一人来到大西北广袤的沙漠荒滩。他从零做起，牵头成立专业防冲机构、抽调高知识专业技术人才、建立冲击地压防治管理体系、引进专业防冲施工队伍、购置先进精密的防冲监测预警设备，逐步建立起“健全机构、监测预警、措施解危、效果检验、安全防护、培训教育”的“六位一体”技术保障体系和防冲“四级”评价体系，有效提升了中天合创公司冲击地压防治管理水平。

一次，矿井首采面转入第二个接续工作面时，工作面冲击显现日益严重，临空巷道压力增大，局部巷道断面变形严重，在这危急时刻，综采队工人几乎每天都能看到他瘦小的身躯穿梭在低矮的巷道中，一点点分析冲击原因，查找治理方法。他全年的一半多时间几乎都是在井下度过的。他常说：“我每多下一次井，心里就踏实一点，安全生产就多一份保障。”苏士杰通过不断分析总结，改造 40T 刮板运输机，研制简易单轨吊装运输装置，减少了冲击危险区域作业人数，降低了劳动强度。通过综合治理，工作面的回采进度由原来的每天 4 刀逐渐提升至 6 刀、8 刀，增收总额达 1733.2 万元，保障了矿井各工作面未发生任何冲击地压安全事故，实现了矿井“减震消灾，有冲无伤”的防冲目标。

广大央企青年要把对党和人民血浓于水的情感融入血脉之中，贯穿于人生价值和事业追求之中，树立为祖国为人民永久奋斗、赤诚奉献的坚定理想。

中国航天科工二院二十五所交会对接微波雷达项目主任设计师贺中琴，20 年里，她把最美好的青春岁月融入实现航天梦的奋斗征程，倾心钻研一件事，那就是交会对接微波雷达的自主研发。

贺中琴的相册中，保存着一张中国首次交会对接任务成功后现场庆祝的照片。照片中的她，和团队队员高举握紧的手开怀大笑，洋溢着喜悦和幸福。回想起微波雷达研制之初的日子，贺中琴百感交集。那是与时间赛跑、与困难相伴、与难题作战的艰苦岁月，也是突破自我、收获成果、见证成长的人生历程。

交会对接微波雷达，是空间交会对接中远距离关键测量设备，具有精确相对测量和可靠双向通信功能。两个航天器在太空实现“相遇”到“相连”，必须清楚它们的即时飞行状态参数，例如：飞行速度、相对角度和相对距离等。微波雷达测量出这些数据，强大的计算机系统就可以计算出控制指令，指挥它们朝相遇点前进。

贺中琴是微波雷达研制团队第一批参与交会对接微波雷达产品研制的设计师之一。当时，我国面临技术封锁，项目团队一穷二白。贺中琴被委以重任，独立承担微波雷达抗多径攻关工作，在北京六环外的暗室里试验一做就是半年。从方案设计到试验实施，每一步都靠她自己摸索创新，压力大时哭了鼻子，也只能仰起头把眼泪憋回去，咬咬牙接着干。“不服输，就想着一定要干好、干成。”那时贺中琴的心中没有其他杂念，只有一股向前冲的干劲。

暗室的试验环境比较特殊，为了隔绝外界干扰铺满了吸波材料，这让贺中琴和同事们没少忙碌。由于吸波材料里填充了炭粉，贺中琴和同事们每天都像下矿井挖煤一样，整个人黑乎乎的，就连手指甲也是黑的，用刷子使劲刷都刷不掉。

“记得有一次，所里领导来暗室慰问我们，看到我们一拨人黑压压地站在那里，所长突然大声问‘小贺呢，小贺怎么没来？’其实我就站在里面，但脸、手、头发，都黑乎乎一片，完全认不出模样。”贺中琴笑着说，这件事后来也常常被大家当笑话讲。

由于加入载人航天工程研制队伍时间晚，交会对接微波雷达的研制进度非常紧张，要在短短几年内完成从原理样机到正样产品的整个设计研制，几乎是不可能实现的事情。贺中琴和研制团队立下了“咬牙也要挺进载人航天工程”的誓言。一群铮铮铁骨的航天儿女，放弃了所有的节假日，放弃了家人的温暖陪伴，开始了超常规的高强度工作、超负荷运转，这一干就是几年！“很难想象，一个团队，几年都在攻关！”说起这个团队，二十五所时任所长既赞赏又心疼。

2011 年 11 月 3 日凌晨 1 时 37 分，神舟八号与天宫一号交会对接成功，标志着中国成为世界上第三个独立掌握交会对接技术的国家。二十五所微波雷达项目团队作为中国载人航天工程突出贡献集体，参加了在人民大会堂举行的颁奖礼。

面对任务成功后接连到来的肯定、称赞和荣誉，贺中琴和研制团队在短暂而简单的庆祝后，又默默回到了工作岗位。因为在承担保驾神舟飞船对接任务的同时，还在同步进行另一项重要的工作——月球轨道交会对接微波雷达的研制。已成长为骨干的贺中琴作为主任设计师，承担了更重要的职责。

2015 年 7 月，月球轨道交会对接微波雷达转入正样研制阶段，此时的贺中琴刚刚怀孕，孙武正总师和队友们都让她以肚子里的宝贝为重，但贺中琴放不下心里的另一个“宝贝”，一向风风火火的她一刻也没停下，写文件、做试验、开会研讨，眼见着肚子一天天大起来，队友们不得不一遍遍叮嘱她：“哎呀，你慢点，要记得自己是个孕妇！”

贺中琴女儿刚满一岁时，微波雷达产品面临重要节点。看着后续排得满满当当的 30 天，贺中琴分身乏术，只能忍痛给女儿断奶。晚上十点多回到家，听到她母亲卧室里传出女儿撕心裂肺的哭声，贺中琴也只能忍着眼泪一遍一遍默默地说“宝贝，对不起……”

一个月后，产品顺利通过验收，凌晨三点开完验收会，贺中琴拿起手机，看见家人发来的一段视频，女儿张开双臂颤颤巍巍地走着，嘴里奶声奶气地喊着“妈妈”。成为主任设计师以后，贺中琴一直都是团队的主心骨，压力再大、困难再多，她都是一副刀枪不入的模样，而此刻，她早已收不住眼眶里的泪水。

理想信念之火一经点燃，就永远不会熄灭。走好新时代的长征路，央企青年需要更加坚定理想信念、矢志拼搏奋斗。在祖国的万里长空放飞青春梦想，肩负起社会主义建设者和接班人的光荣使命，中华民族伟大复兴终将在广大青年的接力奋斗中变为现实。

树立远大志向

思想领航

2021 年 4 月 19 日，习近平总书记在清华大学考察时发表重要讲话强调，“广大青年要肩负历史使命，坚定前进信心，立大志、明大德、成大才、担大任，努力成为堪当民族复兴重任的时代新人”。新时代中国青年既是追梦者，也是圆梦人。树立远大志向是新时代青年成长成才的强大动力。

青年志存高远，就能激发奋进潜力。毛泽东 26 岁时在《民众的大联合》一文中就立下誓言：“天下者我们的天下。国家者我们的国家。社会者我们的社会。我们不说，谁说？我们不干，谁干？”伟大的人生源于远大的志向，伟大的志向产生伟大的动力。只有树立远大志向，才能勇毅前行，激发更多潜能，不断攻坚克难。

新时代央企青年肩负建设社会主义现代化强国和实现中华民族伟大复兴的职责使命，要把人生志向转化为奋斗动力，增强奋斗的意识，坚定奋斗的决心，将责任扛在肩上，用“甘于做一颗永不生锈的螺丝钉”的奋斗品格展现自己的抱负和激情，依靠勤劳和汗水开辟人生和事业前程。

青春风采

袁闪闪，中国建筑科学研究院有限公司环能科技供热中心主任，住房和城乡建设部供热质量监督检验中心副主任，住房和城乡建设部科技委市政交通委委员，破格进入清华大学院士工作站开展博士后研究。她长期开展节能降碳、清洁供暖等国家重大需求研究，多项原创技术达到国际领先水平。

她志存高远，服务国家重大战略。始终坚持将服务国家和社会作为工作的首要前提，长期支撑国家有关部门绿色低碳、供热节能等工作。在绿色低碳领域，积极开展建筑领域二氧化碳排放达峰行动方案研究工作，研究成果支撑了国务院印发的《2030 年前碳达峰行动方案》。在清洁供暖领域，基于大量一线实践经验，她积极向国家建言献策，累计提交国家发展改革委、生态环境部、住房和城乡建设部、财政部、国家能源局、科技部、国资委等部门专题报告和政策建议稿 20 余篇，屡获国家发展改革委、生态环境部、国家能源局等部门的肯定与表扬。

推进北方地区清洁供暖是中央关心、社会关注、人民关切的重大民生工程，她提出基于热量衡量理论的清洁供暖技术可持续性评估方法，推动解决清洁供暖面临技术可持续性差、部分地区返煤比例高的难题。基于热量衡量准则在国际上首次建立了清洁供暖技术可持续性评估模型，综合考虑了建筑节能改造力度、设备能效水平、室内环境水平、用户使用习惯及能源转化系数等全要素，并探索量化分析方法，从而实现对不同技术路线的可持续性评估分级，为推动我国北方地区清洁供暖可持续发展提供了重要技术支撑。

理想信念是一个精神信仰问题，更是一个实践问题。自觉想国家之所想、急国家之所急、应国家之所需，把实现个人理想与服务国家人民有机结合，与祖国发展的历史洪流相融合，与人民前进的伟大步伐相统一，主动把握大势、服务国家、奉献社会，这样的理想抱负才能真正得到实现。

中国冶金地质总局新疆地质勘查院的华北，自参加工作就树立“以找矿立功为荣”的志向，一直从事野外地质找矿和科研工作，足迹踏遍甘肃、内蒙古等西部偏远地区，先后参与区调、矿调、固体矿产勘查等多个类型的项目。

自 2017 年 9 月起，华北负责的内蒙古某勘查项目开始“大会战”，总计投入 16 台钻机、20 多名技术人员、80 多名钻工，投入资金 8700 余万元。该项目为中国冶金地质总局自有矿权风险勘查项目，位于内蒙古中北部，靠近中蒙边界，气候恶劣，特别是在 10 月下旬以后，寒风呼啸，降雪频繁，白天气温可以降到零下 20 摄氏度。项目组年轻职工居多，工作经验较为欠缺，加之工作手段多样、工期紧，对项目人员的安排是个很大的挑战。作为项目负责人，华北分析每名技术人员的能力与水平，制订安全生产应急预案，合理安排人员的工作，保证了项目部全年安全无事故。

2018 年 11 月底，由华北主编的《内蒙古某矿区铅多金属矿勘探报告》顺利通过内蒙古自治区矿产资源储量评审中心组织的评审，探明一处大型铅多金属矿床，潜在经济价值达 160 多亿元，实现了内蒙古中部地区找矿的突破，提交了一处有色金属矿产资源开发基地，为该地区隐伏多金属矿床找矿工作带来示范意义，对增加地方财政收入、增加就业、助力乡村振兴都将产生积极作用。

新时代央企青年要顺应时代大势，坚定与时代同向同行的信心，肯学肯干肯钻研，立足岗位成长成才，服务人民、奉献祖国，在实现远大志向过程中体现价值、展现风采、感受快乐。

中国兵器装备集团长安望江的李雪松 2001 年大学毕业进厂，面对人生的第一份工作，他立下志向，要成为一名优秀的兵器人。为此，李雪松付出了多于别人数倍的勤奋、努力。他白天跟随师傅勤学苦练技能，晚上如饥似渴地研读机械制造方面的工具书，在实践中不断探索进取，3 年努力之下，他不仅能熟练操作国内外各种先进数控设备，还对加工中心操作中的刀具选择、切削参数控制、数控程序编制等都有了较深的造诣，在同龄人中脱颖而出。2008 年，在中国兵装集团公司第三届职业技能竞赛“望江杯”加工中心操作工决赛中，李雪松大显身手，一举夺得第四名的好成绩。

核心技术是国之重器。当在电视上看着公司生产的特种产品参加大阅兵时，李雪松热泪盈眶，他立志要在数控加工领域有所成就。从此，他跟一个又一个“难题”较上了劲，二十一年如一日扎根一线，一人操作 HS630 卧式加工中心和福裕 2040 立式加工中心两台数控设备，掌握了公司多项特种主产品关键零部件的核心加工技术，擅长高精度箱体类零件、高精度螺旋宽槽的数控加工和数控编程，先后攻克“人”字形曲线槽、高精度螺旋宽槽、高精度同轴孔等数控加工技术难题。

2015 年 6 月，以李雪松名字命名的“李雪松劳模创新工作室”正式成立，许多志向远大的青年纷纷加入他的团队。李雪松引领青年员工聚焦科研生产经营中的难点、堵点、弱点、空白点等“揭榜攻关”，累计实施工艺改进、工艺攻关、质量攻关等 500 余项，节约及创造经济价值近 700 万元，成为推动公司新质突破的强劲动力。李雪松先后荣获中国兵装集团公司“技术能手”、中国兵装集团公司“优秀共产党员”、中国兵装集团公司第三届“最美兵器人”等称号。

远大志向是人生航向的指明灯，是建功立业的方向标，是砥砺前行的强大精神动力。央企青年要勇立时代潮头，树立远大志向，积极投身经济社会发展的主战场，肩负起时代赋予的历史使命。

爱国奋斗：青春最亮丽的底色

思想领航

2018 年 5 月 2 日，习近平总书记在北京大学师生座谈会上发表重要讲话指出："爱国，是人世间最深层、最持久的情感，是一个人立德之源、立功之本。"爱国奋斗是中华民族的精神核心。弘扬爱国奋斗精神，就是要深怀爱国情怀，为国家富强、民族振兴、人民幸福而艰苦奋斗、顽强拼搏。

爱国主义精神是当代青年最可贵的精神品质，激励着广大青年成长成才、建功立业。"你是中国人吗？""是！""你爱中国吗？""爱！""你愿意中国好吗？""愿意！愿祖国繁荣富强！"……1935 年，张伯苓校长在南开大学开学典礼上，面对全体南开师生发出著名的"爱国三问"。如今，爱国主义早已成为新时代中国青年的坚定信念、精神力量和自觉行动。

新时代央企青年要担负起时代赋予的崇高使命，必须大力弘扬爱国主义，把自己的理想同祖国的前途、把自己的人生同民族的命运紧密联系在一起，让爱国主义的伟大旗帜始终在心中高高飘扬，勇毅前行，顽强奋斗，在与祖国共奋进中谱写壮丽的青春之歌。

青春风采

农发种业所属山东中农天泰种业有限公司科研副院长石绪海，为国育种，矢志不移。出身于农民家庭的石绪海，深知种子是农业的"芯片"，更深知粒粒良种对农民的重要性。2001 年大学毕业后，他毅然选择山东中农天泰种业有限公司，扎根沂蒙山区，从事玉米科研育种工作。

夏天在本地，冬天在海南，这一坚守转眼已有 20 多年。他是公司第一个开展南繁工作的员工，春节都是阖家团圆的日子，而他 20 年来只陪家人度过了 3 个春节，17 个春节是在海南育种试验田度过的。三伏天三四十摄氏度高温下，石绪海穿梭在玉米试验田里进行套袋授粉采集实验数据，身上的工作服从早到晚都被汗水浸透。辛勤的汗水换来丰硕的成果，石绪海在玉米育种、试验示范等方面取得了突出的成绩，为公司的发展壮大提供了核心竞争力，为农民的增产增收作出了贡献。

在石绪海的主持和带动下，山东邦泰生物技术研究院累计已育成国家和省级审定玉米品种 24 个，审定的玉米品种数量在种企中位居山东省前列。选育审定的玉米品种类型丰富、特点突出。将选育审定的品种良种良法配套推广应用于我国各玉米主产区，累计推广 1.5 亿多亩，为农民累计增收 100 多亿元，为国家粮食安全和农民增产增收作出了积极贡献。“天泰”“邦玉”系列在我国已成为具有一定影响力的玉米品种品牌。石绪海为打赢种业翻身仗作出了贡献。

青春是用来奋斗的，奋斗本身就是一种幸福。奋斗是青春亮丽的底色。无论在战争岁月还是在和平年代，爱国从来都是具体的，需要用热血铸就，需要用奋斗书写。新时代央企青年要有“以天下为己任”的抱负，有“勇做新时代弄潮儿”的志气，有“惟其艰难，方显勇毅”的恒心，让青春飞扬和时代腾飞同频共振，让爱国之志与奋斗之行同向同行。

王军强，高级工程师，北京市科技专家，中铝集团“优秀党员标兵”，中铝集团“王军强青年创新工作室”带头人，主要从事航空铝合金残余应力调控、热加工过程温度 – 力学 – 组织预测及调控研究。他主持参与的“第三代核电站（EPR）安全壳内衬特种钢材与核燃料池不锈钢衬的焊接技术”获得中建总公司科学技术奖三等奖。其“焊接构架无退火工艺技术研究之焊接构架仿真及试验技术研究”课题，实现了高铁转向架无须退火消减残余应力即可装车使用。攻读博士期间，他获得北京市首届“创新创意设计大赛”二等奖以及北京交通大学“智瑾”奖学金、太原重工专项奖学金等。

2016 年博士毕业后，他加入中铝集团。由于缺乏有效的厚板内部残余应力检测方法和标准，导致航空铝合金厚板加工变形大，难以实现大规模国产化替代。为了攻克这一难题，他放弃婚假、陪产假，带领科研团队，通宵钻研理论模型，持续跟班跟产，监测企业生产数据，反复修正检测，通过不懈努力自主研发了一系列中铝拥有全套知识产权的残余应力测试技术、装备和软件，实现了航空铝合金厚板残余应力的低成本高精度便捷测试。切缝翘曲法厚度内部残余应力测试技术还被纳入有色行业标准，成功打破了空客国际专利限制，成为替代波音、空客标准最有潜力的方法。

无论是到 2035 年基本实现社会主义现代化，还是到 21 世纪中叶建成社会主义现代化强国，青年群体都将是发展的重要见证者和任务的主要承担者。广大央企青年要珍惜这个时代，担负时代使命，在担当中历练，在尽责中成长，以实实在在的行动投身伟大的爱国实践中，以真才实学服务人民、扎根人民、贡献国家。

康念军，现任华润化学材料科技股份有限公司首席专家、研发总监，珠海华润化学材料科技有限公司技术创新中心研发总监。主要从事功能性聚酯材料的研发工作。2017 年，他面对公司产品结构单一、差异化产品短缺的现状，结合公司发展战略，主动请缨进行 PETG 特种聚酯项目的开发工作。PETG 特种聚酯材料产品技术门槛高，生产工艺要求苛刻，虽然在我国有大量的市场需求，但是由于国际技术垄断和国内企业研发的滞后，仍然严重依赖进口。2017 年 PETG 特种聚酯工艺技术被国家发展改革委列为《增强制造业核心竞争力三年行动计划（2018 —2020 年）》重点领域关键技术攻关项目。

作为PETG特种聚酯项目的研发负责人，康念军在公司研发硬件尚不完备的前提下，通过与外部力量合作，快速地实现了技术突破，此后又以PETG特种聚酯工艺为基础，开发出了使用消费后塑料生产PETG特种聚酯工艺、阻燃型PETG生产工艺、耐高温PETG生产工艺和热熔胶型PETG聚酯工艺等技术，将国内PETG特种聚酯的生产推向多元化，打破了美国和韩国的垄断，获得华润（集团）有限公司2020年度最佳科技创新奖金奖。

“苟利国家生死以，岂因祸福避趋之。”爱国奋斗精神是激发人们顽强拼搏、无私奉献的强大精神动力。对于广大央企青年来说，只要心中高高飘扬爱国主义伟大旗帜，干事创业、艰苦奋斗就有了内生动力，攻坚克难、开拓创新就有了信心和勇气，从而在报效祖国、服务人民、奉献社会中找到人生的价值和意义。

让增长本领成为青春搏击的能量

思想领航

2013年5月4日，习近平总书记在航天科技中国空间技术研究院同各界优秀青年代表座谈时发表重要讲话指出：“让勤奋学习成为青春远航的动力，让增长本领成为青春搏击的能量。”新时代既为青年施展才华提供了广阔舞台，也对青年能力素质提出了更高要求。广大央企青年要成为堪当重任的时代新人，就必须锤炼过硬本领，努力增长才干。

增长本领，首先要认真学习马克思主义理论特别是新时代党的创新理论，学习党史、新中国史、改革开放史、社会主义发展史，学习经济、政治、法律、文化、社会、管理、生态、国际等各方面基础性知识，学习并掌握做好本职工作相关的新知识新技能，掌握更多知识，全面提升自身素质。

增长本领，还要向实践学习。坚持在干中学、学中干，在实践中真正上心用心，善于总结思考，真正做到学以致用、用以促学、学用相长，勇立潮头、争先创新，扎根祖国大地，投身社会实践。

青春风采

国家电网党组宣传部新闻处三级职员张钦，在新闻宣传、国际传播、能源战略等方面经验丰富，2021 年获得“国家级人才”称号。

2020 年 7 月，阿里联网工程全线即将贯通，为此，需要经验丰富的人对这一盛况进行直播。经过商定，张钦被指派赴藏参与此项工作。张钦曾经 3 次进藏，参与了川藏联网、藏中联网等“电力天路”工程的宣传报道，可以说是最佳人选了。接到紧急任务后，张钦详细了解了工程情况，拟订直播总体方案，带领 7 名摄像记者、文字记者赶赴西藏，与央视驻西藏站的记者会合，组建了直播工作团队。

在高原工作，最稀缺的是氧气，最宝贵的是精神。为了快速适应高原环境，迅速投入战斗，张钦结合前几次进藏的经验，采用了不吸氧的策略。为全面展现工程建设难度、亮点及工程意义，他带领直播团队驱车 2000 余公里，连续奋战 6 个昼夜，白天赴工程现场踩点，晚上商讨直播点位与采访内容、编写直播脚本、剪辑视频短片，每天都工作到清晨四五点，用实际行动诠释了国家电网人“缺氧不缺斗志，海拔高斗志更高”的顽强拼搏精神。

一线出真知，现场见真功。2020 年 7 月，在大家的共同努力下，阿里联网工程全线贯通央视大型直播活动取得了圆满成功。这条造福西藏人民的“电力天路”、这项阿里人民期盼已久的幸福工程，以壮观绝美的姿态进入了全国人民的视野。央视领导观看直播后评价：“这 1 小时的大屏小屏直播，浓缩了 3 万名工程建设者近 400 个日夜的爬冰卧雪与战天斗地，也有力彰显了央视铁军与电网铁军的敬业、担当和奉献，给工作团队点赞！”

青年成长无捷径可走，经风雨、见世面才能壮筋骨、长才干。我们要在本职岗位上勇于担当、敢于负责、乐于奉献，面对困难挑战迎难而上、开拓进取、冲锋在前，永葆“闯”的精神、“创”的劲头、“干”的作风，为全面建设社会主义现代化国家贡献全部力量。

现任内蒙古大唐国际托克托发电有限责任公司设备部副主任的林显超，从一名懵懂的见习员工历经12载的磨砺，逐步成长为汽轮机设备管理、检修管理的工匠能手，享受国务院政府特殊津贴，曾获得“中央企业技术能手”“中央企业青年岗位能手”“中国电力优秀青年科技人才”“中国大唐十大杰出青年”等荣誉称号。

勤学上进、注重增长本领的林显超，刚参加工作时被师傅们赋予了很多爱称：生产现场他是“设备问题十万个为什么”；吃饭时他是“餐厅里的书呆子”；夜幕下的办公室、会议室里他又成了“铁打的夜猫子”。他结合自身管理设备区域，进行了有针对性的学习和提高，通过认真仔细地查阅图纸、说明书、技术标准、检修规程等基本资料，并结合现场检修对设备的结构、检修工序、质量控制关键点等进行系统学习，不放过任何技术疑问，养成了知标准、懂标准、用标准的好习惯，把生产技术锻造成了如影随形的“铁布衫”。

机组检修中，他跟踪了汽机所有设备的检修全过程，对汽机所有设备的结构、检修工艺、质量标准等都有了一定的了解和提高，并掌握了机组A级检修的管理工作。2015年8月20日，公司成立了以“林显超”命名的“职工技术创新工作室”，作为带头人，他带领工作室成员紧紧围绕生产技术难题、技术改造、节能减排等深入开展创新活动，多次解决了专业生产技术难题，实现了技术创新。2010年7月至2016年，林显超从一名青涩的大学毕业生成长为一名在生产一线奋战的电力工匠。

林显超主持完成的6、7号空冷机组加装尖峰凝汽器项目，充分利用了原有辅机循环冷却水系统的余量，提高了空冷机组运行经济性，两台机组可节约标煤至少1.1万吨/年。他组织策划的国内首例600MW亚临界机组升参数改造项目，改造后机组年平均供电煤耗降低15克/千瓦时，节约燃料成本约2200万元/年，对示范引领亚临界煤电机组技术进步及升级改造具有重要指导意义。

大志非才不就，大才非学不成。广大央企青年要把心思和精力放在提升本领上，把苦功夫下在长本事上。加强业务知识学习，系统掌握专业基础知识，提升专业技能，具备过硬本领，让勤奋学习成为青春远航的动力，让增长本领成为青春搏击的能量。

李辉，现任中国南方航空技术分公司技术管理中心副经理、民航高级工程师。2004年，李辉大学毕业后就来到南航深圳分公司飞机维修厂航线维修车间。他是“特别能吃苦”的机务人，从A320飞机最基础的加滑油勤务工作做起，从学徒工、机械员逐步成长为飞行放行工程师。他是“特别能战斗”的机务人，在航线工作期间，发现并排除了多起重大故障隐患，如A319飞机翼上逃生滑梯钢索连接失效、A320前轮转弯偏转异常等影响飞行安全的隐患。在航线工作期间，李辉面对飞机的疑难故障和重大工作有一种踏实肯干和勤于钻研的精神。2010年，李辉和团队首创了发动机孔探工作标准化管理方法，解决了困扰行业多年的质量问题，成为预防发动机空中停车工作的典范。他是“特别能奉献”的机务人，在航线车间总是主动请缨参与重难任务，在技术科室舍弃节假日与家人相聚的时光，坚守在岗位一线。2022年深圳基地封闭运行期间，李辉坚守办公室筑牢技术防线，带领工程师团队为特殊时期深圳基地运行提供坚实的技术保障。

2016年4月，李辉和队友代表中国民航站在有“飞机维修界奥林匹克”之称的美国达拉斯第九届国际飞机维修技能大赛的赛场上，这是他们勤于钻研的回报。比赛中，李辉沉着冷静、不卑不亢，一举夺得“泰勒传记笔试”和“飞机导线制作”项目两项冠军，并在“泰勒传记笔试”项目中以 7 分 17 秒满分的成绩创造了赛会新纪录，在世界技能大赛舞台上为国家争得了荣誉。

大赛归来李辉就回归到了日常飞机维修工作中，他说得最多的一句话是“成绩属于团队，代表的是过去”。2020 年，他以“万李高技能人才创新工作室”为阵地，带领团队开展了多项“五小”创新攻关，解决飞机维修工作中的难点、痛点，目前工作室已有两个创新项目获得国家实用发明专利。

增长本领、服务人民、奉献祖国是新时代中国青年的奋斗方向。只有当青春同党和人民事业高度契合时，青春的光谱才会更广阔，青春的能量才能充分迸发。

神龙汽车有限公司东风雪铁龙销售部东二区销售总监汪象超，在 13 年的时间里，从生产一线到宣传一线，再到销售一线，不管在哪个工作岗位上，他都勤勤恳恳、兢兢业业，优质、高效地完成各项任务，获得领导、同事的一致好评。“汪象超不是我见过最聪明的，但一定是最勤奋的。”这是领导、同事对汪象超的一致评价。在管理班组期间，汪象超首创了“90 后班组管理法”“汪象超降成本工作法”“质量管理法”，获得了东风集团班组管理竞赛第三名，代表神龙公司与东风本田、东风日产、东风小康、国航等单位交流班组管理经验。

2018 年 5 月，汪象超从生产一线被调到了宣传一线，成为公司企业宣传员，负责视频新闻。一开始对于视频知识，他一无所知。不会就去学！汪象超从零开始，利用业余时间勤奋学习，报培训班学视频相关知识，如脚本策划、视频拍摄、剪辑、运营等。在担任企业宣传员期间，他主动联系生产、技术、营销一线，联系并指导员工自编、自导、自演视频，鼓励他们参与短视频创作，营造了良好的视频创作氛围，挖掘、带动和培养了一大批视频人才，为公司代言发声。他还主动开设自媒体账号并兼职运营，服务公司宣传，传播正能量。先后开通抖音、快手、今日头条、西瓜视频、火山小视频、微视、悟空问答、汽车之家、懂车帝等账号，形成了公司的短视频传播矩阵及图文、问答窗口。一年多的时间，累计发布作品 2214 个，传播量 2.3 亿次，收获粉丝 44.69 万个，获赞 300.4 万个，为员工搭建了施展才华的舞台，培养了一大批自媒体创作人和兴趣爱好者，共同传播正能量。

“业精于勤，荒于嬉；行成于思，毁于随。”我们履职尽责离不开专业技能和工作本领，只有本领过硬，才能接得了“烫手山芋”。

“东航技能大师工作室”领衔人之一吴佳妮，从“中国国际技能大赛”餐厅服务项目铜牌得主，到第 45 届“世界技能大赛”餐厅服务项目优胜奖得主，再到第 46 届“世界技能大赛”餐厅服务项目教练，她用亲身经历诠释了“三百六十行，行行出状元”。

在被誉为“世界技能奥林匹克”的“世界技能大赛”赛场上，餐厅服务项目包含宴会服务、休闲餐服务、咖啡制作、水果拼盘、鸡尾酒制作、盲品葡萄酒等，每一个模块的得分点、扣分点都十分严谨细致。在吴佳妮看来，比赛项目与客舱工作虽有不同，但服务技能是相通的。同是服务行业，能够接触到其他行业的服务和新技能，并运用到空中客舱服务中，这是一项难得的提升自我的机遇。她除了在技能上要求自己高人一筹外，吴佳妮还善于总结和提炼，通过自发学习掌握西方餐饮服务理念和习惯，从中寻找亚洲国家与欧洲国家在西餐服务比赛中存在对标的差异，深刻理解不同场景下西方人对服务的精致度和优雅度的衡量标准。吴佳妮以精湛的技能表现在世界赛场上展示了东方魅力，也向全世界展现了东航人的风采和匠心，最终以第九名的成绩荣获优胜奖，创下中国选手在此项赛事上的历史最好成绩。

岗位锻炼是获取实践给养、深化理论认知的重要途径。广大央企青年要拿出“不达目的不罢休”“不干好事不收工”的拼劲，把承受挫折、克服困难当作成长路上的铺路石，在攻坚克难、披荆斩棘过程中锤炼过硬本领、提升工作能力。

第五章

弘扬优良传统，用党的初心使命铸牢防线

为中国人民谋幸福，为中华民族谋复兴，是中国共产党人的初心和使命。100多年来，中国共产党人不忘初心、牢记使命，领导人民不断探索、不断实践，在攻坚克难中不断从胜利走向胜利，取得了令世人瞩目的历史性成就。今天，中国特色社会主义进入新时代，我们比历史上任何时期都更接近、更有信心和能力实现中华民族伟大复兴。

2018年5月2日，习近平总书记在北京大学师生座谈会上发表重要讲话指出："伟大精神是一代一代中华儿女创造和积淀出来的，也需要一代一代传承下去。"弘扬优良传统，坚守初心使命。广大央企青年要把不忘初心、牢记使命作为终身课题，锤炼忠诚干净担当的政治品格，在传承优良传统中践行党的初心和使命，在实现中华民族伟大复兴的赛道上奋勇争先，守正创新，自信自强，以青春之我、奋斗之我，创造青春之中国，为实现中华民族伟大复兴贡献青春力量。

把人民群众放在心中最高位置

思想领航

以百姓之心为心，一枝一叶总关情。2012 年 12 月，习近平总书记在河北省阜平县考察扶贫开发工作时发表重要讲话强调，“我们党就是为人民服务的。中央的考虑，是要为人民做事”。可以说，牢记宗旨、为民造福是新时代青年的初心和本分。央企青年要始终把人民群众的利益放在心上，把人民群众对美好生活的向往作为自己的奋斗目标，用实际行动书写对党对人民的无限忠诚。

广大央企青年必须把人民群众放在心中最高位置，自觉践行初心使命。要有强烈的忧民、爱民之心，及时准确了解群众所思、所盼、所忧、所急，对人民群众“时时放心不下”，竭尽全力为人民谋福利。要真正排民忧，解民难，把为民服务做实、做深、做细、做透，切实把人民利益维护好、实现好、发展好。

青春风采

位于大别山革命老区的河南省驻马店市平舆县曾是国家级贫困县，矿冶科技集团有限公司为平舆县的中央企业定点帮扶单位。2018 年 11 月，矿冶集团朴永超博士被选派到平舆县前张村任驻村第一书记。全村共有建档立卡贫困户 120 户。为尽快进入角色，他拿出做科研时严谨细致的作风，挨家挨户拜访贫困户，很快成为村民的贴心人、家里人。

驻村后，朴永超多次到一位70多岁高龄的贫困户家中走访，了解他家的困难，耐心讲解扶贫政策，帮着出主意、想办法。2019年下半年一天深夜，老人的儿子旧疾发作，慌乱中他想到了朴永超。朴永超迅速联系当地公安和卫生部门，马上赶往老人家中，将病人送往医院治疗，老人感动得落泪。

针对村“两委”班子凝聚力薄弱，干事创业的意愿和信心不强的问题，朴永超在村内建立起村“两委”和驻村工作队早晚碰头会、周例会等一系列制度，实施“四议两公开”工作方法，加强村干部与群众的沟通，前张村的整体治理水平和为民办事服务能力得到了显著提升。

朴永超还想方设法促进前张村的产业发展。2019年，他通过招商引资引进平舆县华夏制衣有限公司，入驻矿冶科技集团投资建设的1000平方米标准化扶贫厂房，项目计划总投资500万元以上，可提供100多个就业岗位，人均月工资3000余元，使村民实现在家门口就业，打工、务农、照顾家庭三不误，又增加了收入，脱贫带动效果显著。

“树高千尺也忘不了根”，习近平同志在《我是黄土地的儿子》一文中深情地回忆了7年梁家河岁月：“作为一个人民公仆，陕北高原是我的根，因为这里培养出了我不变的信念：要为人民做实事！”为人民服务，就要落到为民造福上来，群众想什么，我们就干什么，把群众呼声、群众需求作为党员干部干事创业的第一信号，把群众满意作为工作的根本目标，真正把工作做到群众心坎上，把群众的急难事当头等大事来办，为我们党赢得民心、凝聚起人心。

陈昱晓，现任中国绿发海口公司工程总监。他积极参与中国绿发在海南省三亚的三亚湾新城项目市政道路桥梁、三亚桃源河水系工程、水系景观绿化等项目的开发建设，为人民群众建造美好家园。

三亚桃源河水系横穿三亚湾新城项目东西，全长约9.4公里，为三亚海坡内河。受前期河道区域拆迁供地及市政设施迁移问题的影响，河道一直没有完全贯通。2020 年，为配合实施《三亚市污染水体治理三年行动方案》，完成城市黑臭水体消除任务，实现三亚“水清岸绿”的目标，陈昱晓积极推动桃源河水系品质提升工作，主动开展了三亚湾新城排污整治，全面贯通 9.4 公里水系工程。

他主动开展负责区域内全部 12 个小区排污整治，堵住污染源头；同时，针对体育公园区段大量私倒建筑垃圾的问题，组织全面开展垃圾清运工作，历时 3 个月清理垃圾超 15000 立方米，平整复绿约 400 亩土地。在他的不懈努力下，桃源河水系水质环境持续改善，成为小有名气的沿河生态公园，使三亚城市风采更加彰显。

在海南自贸港建设中，陈昱晓始终将“绿水青山就是金山银山”理念作为准则，所负责的项目面积累计 60.19 万平方米，全部实现了绿色认证，坚决把好生态关，留住一方碧海、一片蓝天。2021 年，陈昱晓被授予“全国五一劳动奖章”。

“人民对美好生活的向往，就是我们的奋斗目标。”陈昱晓牢记习近平总书记的这一指示，把人民始终放在心中最高位置，将人民利益作为我们一切工作的根本出发点和落脚点，以人民忧乐为忧乐、以人民甘苦为甘苦，怀忧民爱民之心，思利民惠民之策，禁伤民害民之举，真心实意为人民造福，我们就能无往而不胜。

中国旅游集团（宁夏）沙坡头旅游度假区导游演艺部，以“让游客从满意到感动”为服务目标，秉承“以客为先，以爱为本”的服务理念，坚持“特色讲解、留下记忆、细心服务、感动游客”的服务宗旨，团结奋进、守正创新，持续提升特色服务，用心打造文明先锋。该部先后荣获“全国青年文明号”、“中央企业青年文明号”、中国旅游集团“明星团队”等称号，并推动沙坡头旅游度假区获得了“国家级文明旅游示范单位”称号。

沙坡头旅游景区导游演艺部成立了“金牌导游志愿服务队”，在景区设置“文明旅游志愿服务站（岗）”10处，常态化开展文明引导、咨询讲解、便民服务等志愿服务活动，每年提供便民服务3800余次，接送残疾游客1300人次。导游演艺部制定了《导游员文明服务规范》等制度，将文明旅游、治沙环保等内容融入导游讲解词；利用节假日，开展“亮标识、亮承诺、亮监督”“让文明之风浸润旅程”“文明旅游，为中卫加分”等主题宣讲活动，践行“文明旅游，导游先行”的服务承诺，以身作则、正确引导，让游客告别不文明行为。先后开展了“敬老院送温暖”“贫困山区捐赠义演”等多项公益活动，累计捐款5万元，捐赠书本、学习用具、衣物等2000多件。其优异的业绩和良好精神风貌，得到社会各界和广大游客的肯定。

导游演艺部秉承创新促进发展的理念，通过“迎客有笑声、沿途有惊喜、送客有感动”的形式，打造了“2+1+1”特色服务模式。每个导游讲解员在提供优质讲解服务的基础上，都能提供2项特色化服务——“方言快板和花儿歌曲”，1项个性化服务——“小魔术或手工作品”，1项人性化服务——“贴心包或防沙手机套”，为游客提供有温度的暖心服务。同时，开展了“导游服务技能大赛”“项目销售比拼”“服务创意比拼”等各类活动，运用实操培训，提升导游讲解服务技能。

央企青年践行群众路线，围绕基层所盼、民心所向，聚焦群众的现实需求，创新服务理念，改进服务方式，更好地为基层服务、为群众服务。

中康养（沈阳）养老投资管理有限公司党支部书记、总经理梁瑜，一直供职于央企系统，擅长财务管理、企业管理等工作，作为中国健康养老集团组建后的第一批员工，于2020年10月调任初创的中国康养（沈阳）公司，担任党支部书记、总经理。任职期间，他探索建立了普惠型居家养老品牌化、连锁化、规模化运营模式，树立“品质养老”标杆，引领带动沈阳养老产业高速发展，切实解决了长者“住不到、住不起、住不好、住不安”的问题，并建立“价格可负担、质量有保障、企业可持续”的普惠养老商业模式。目前，“中国康养楠山有约”已成为沈阳最大的连锁养老服务品牌，为沈城百姓提供更全面、更优质的养老服务。

梁瑜说，回忆起这段从业经历，最令他难忘的就是在为老人服务的过程中，看到老人脸上洋溢着乐享生活、安享晚年的幸福笑容，他真切地感受到了养老这份职业带给他的巨大的成就感、幸福感、归属感。

起初，梁瑜也是一名康养门外汉，从未接触过养老行业。但随着父母逐渐年迈，他开始感受到人口老龄化就在身边，老人既需要心灵上的呵护，更需要更多专业优质的养老服务。在不断学习与实践的过程中，梁瑜不仅增加了康养专业知识，更对康养产业的重要性、紧迫性有了更加深入的理解，这也更加坚定了他深耕康养、为广大老人提供优质普惠养老服务的初心与使命。

2020 年 10 月，公司党委委派梁瑜到沈阳公司任负责人。面对陌生的城市、全新的岗位、艰巨的任务，他没有半点犹豫，立刻服从组织的安排。他表示，作为一名共产党员，本就应该冲到组织最需要的第一线贡献自己的力量。

告别亲人，远离家乡来到沈阳公司。面对客观存在的重重挑战，作为公司负责人，梁瑜首先通过三会一课、中心组学习等形式，统一了干部职工的思想，激发了大家凝心聚力、勇往直前的工作热情。之后，他带领团队争分夺秒、日夜兼程，白天协调政府、施工单位等到现场解决各种问题，夜晚研究团队建设、政策支持、资金保障、品牌推广等事项，统筹解决企业各项难题。在无数个日日夜夜的奋战中，梁瑜与公司职工干在一线、吃在一线、睡在一线。针对施工中每一块砖瓦，装修中每一处螺钉，都严把质量关，力求品质保证，确保为入住老人带来最优质的养老服务体验。星光不负赶路人，自梁瑜到任后，中康养沈阳公司在沈运营及在建服务点位 47 个，运营及在建床位 1500 余张，形成了沈阳市最大的居家养老服务中心社区骨干网，社区居家嵌入式养老床位数量居沈阳市第一。

新时代央企青年要用心用情服务群众，以百姓之心为心，关心群众、关爱群众，急民之所急，想民之所想，跳出小我，成就大我。

沈敏，融通地产（四川）有限责任公司总经理助理、资产管理部经理，一位甘于奉献、扎根基层、服务群众的女共产党员。小微企业租金减免是一项全新工作，既无经验可循，更无捷径可走，为确保应减尽减、应免尽免，沈敏带领团队从选择 4 家不同业态项目先行试点入手，举一反三厘清每项政策的标准和边界，既充分发挥好政策指引的最大效益，又在实践中摸索建立了一整套流程规范的工作机制，极大地提高了后续的项目申报和审核效率。减免工作正式启动后，仅用两周时间就完成首批 108 家承租户的资料审核工作，其中还包含了西藏日喀则地区 42 家语言不通的藏族租户。

想要在少数民族地区快速落实租金减免政策并非易事。由于资料缺失和语言、文化等带来的政策理解差异，部分租户手续办理进度滞缓。为了让租户尽快享受到党中央惠民助民的政策红利，沈敏克服高反不适，带队前往日喀则，协调驻地军分区选派藏语翻译解决语言不通问题。工作中，沈敏不厌其烦地登门讲解政策，很快搭建起了租户与公司之间的信任桥梁。为了推动工作落细落实，对办理社保、工商和税务证明困难的租户，她协同属地政府相关部门畅通“绿色通道”，争取到了通过具有公信力的第三方机构出具证明文件予以认定的要件替代便民措施。在共同努力下，团队加班加点鏖战 3 日，收齐全部申请资料，顺利攻下办证难关，将租金减免福利踏踏实实交到了租户手里，把党和国家的温暖关怀完完全全地落到了实处，他们也收获了 42 名藏族租户饱含深情寄来的一封按满了 42 枚鲜红手印的感谢信。

面对心怀感激的各地租户向公司寄来一封封情真意切的感谢信和一

面面熠熠生辉的锦旗，沈敏感慨万分，“唯有真诚服务才能构筑起跨越地域和民族的‘连心桥’，党员干部的信仰就是全心全意为人民服务，群众的认可就是我们的‘勋章’”。

广大央企青年必须牢记初心使命，站稳人民立场，放下架子，扑下身子，想群众之所想，急群众之所急，要与群众手拉手、心贴心，多做雪中送炭的暖心事，多下啃“硬骨头”的苦功夫，从而真正赢得民心。

在新时代勇挑重担、奋勇争先

思想领航

国家的前途、民族的命运、人民的幸福，是新时代中国青年必须和必将承担的重任。2015 年 7 月 24 日，习近平总书记在致全国青联十二届全委会和全国学联二十六大的贺信中指出：“紧跟时代砥砺前行，担当责任奋发有为，是我国青年的光荣传统，也是党和人民对广大青年的殷切期望。”勇挑重担、奋勇争先是青年必须具备的基本素质，新时代中国青年要勇做走在时代前列的奋进者、开拓者、奉献者，展现亮丽的青春风采，迸发豪迈的青春激情。

时代呼唤青年坚定理想、努力拼搏、奋勇争先。广大央企青年要拼搏在前、奉献在前，在担当中历练，在尽责中成长，争做经济高质量发展的积极推动者、社会主义民主政治建设的积极参与者、社会主义文化繁荣兴盛的积极创造者、社会文明进步的积极实践者、美丽中国的积极建设者，在实现第二个百年奋斗目标、建设社会主义现代化强国的新征程上勇挑重担、奋勇争先，不辜负党的殷切期望，不辜负祖国和人民的殷切期望。

青春风采

有多大担当才能干多大事业。要做到敢于担当，既要有想担当的意愿，也要有能担当的能力、品质。

杨宁，现任中国三峡建工（集团）有限公司乌东德工程建设部第三党支部书记、大坝项目部副主任。毕业后他立志水电报国，扎根金沙江，先后投身综合技术难度位居世界前列的国家重大工程溪洛渡、乌东德水电站建造，履职尽责筑造拱坝精品，精细创新打造大国重器，有效解决超规范 300 米特高双曲拱坝建设优质均衡高效施工及温控防裂等世界级建设技术和管理难题，高质量打造两座无缝精品大国重器，打破“无坝不裂”的行业魔咒，为工程全生命期建设运行奠定基础。

杨宁说：“既然学了水电，就定要学以致用。”于是，他一毕业就奔赴水电最前线，在关键部位、关键时刻、关键环节，总能看到他的身影。有人问他，是什么支撑他这么做的？他说，是那份责任感和使命感、那份建设精品工程的紧迫感和青年共产党员应当践行的担当。他发自内心认为，当代水电青年要有一种家国情怀和为历史负责的态度，让国家重大工程能百年、千年矗立于大江之上，造福人民群众，方能不负自身所学和青春韶华。金沙江深山峡谷，夏季最高温度可达 40 摄氏度以上，很多人不愿外出，他却顶着炎炎烈日，巡视检查高温浇筑措施，确保施工质量受控。只要下雨，无论多大，他必到现场指导，有时为加快仓面排水，甚至和现场工人一起干。百米高门槽二期混凝土施工期间更是如此，他甚至半夜到工地巡检。

为坚守初心和使命，他参加工作以来春节期间很少陪伴家人，高峰期更是连续值守。面对突发新冠肺炎疫情，他以“零疫情零延误，按期蓄水发电”为目标，一边周密部署疫情防控工作，开展疫情监控、保障协调、统计报告工作，一边保质保量推进工程建设和复工，实现疫情防控和工程建设“双零”目标。尾工阶段很多同事转战新战场，他继续发挥新时代青年“顶梁柱”“压舱石”作用，周密部署、严格执行、稳步推进，凝聚共识明方向，精准发力破解合同变更难题，彰显新时代青年的担当和责任，为创建竣工验收示范工程而拼搏向前。

双曲拱坝的质量管理具有相当的挑战性。溪洛渡坝高 285 米位居世界第四，乌东德坝高 270 米位居世界第六，均为国家重大工程，建设质量和安全事关国计民生。千年大计，质量为本。同事问他：“你拿什么去建造精品工程啊？”他笑说：“看着自己的孩子，难道不希望他健康成长吗？不想让时代见证我们的丰功伟绩吗？”他以这种对事业忠诚、执着的责任感和使命感，在新时代大国重器建造征途上奋勇攀登。他以“拱坝精品、世界典范”为出发点，以“精品工程、无缝大坝”为目标，全面推广标准化工艺建设，分别编制备仓、浇筑、温控养护标准化工艺 26 本，修编 10 余项质量安全办法，精心组织 50 余次质量例会，改进 10 余道工艺，全面消除质量顽疾；组织百余次温控检查，开展仿真分析预判风险，制定措施防患于未然。最终，优质高效地完成两座特高拱坝“无缝大坝”建设任务。溪洛渡投运 9 年运行正常，荣获“菲迪克工程项目杰出奖”；乌东德大挡水运行 3 年工作性态优良。

关键时刻往往最能检验一个人的品质。因敢担当、能吃苦、肯奋斗、勇担当，杨宁被周边的人戏称“拼命三郎”。双曲拱坝表孔大梁宽缝回填是拱券成型最后一道工艺，其施工质量事关工程建设成败，工期紧、任务重。为高标准、严要求如期完成回填任务，他亲自组织各方制订专项计划，分析检查资源配置，梳理关键工序，优化浇筑措施，克服外界条件制约将计划 60 天宽缝回填提前 10 天完成。其间，4 号宽缝未按计划备仓，若不按计划执行将影响直线工期 5 天，他深夜两点步行至工地，协调资源连夜突击，直至清晨 5 点开仓后方返回；为落实“精清面、深凿毛、细振捣”工艺，全天候扎根宽缝，同作业人员在 15 米深宽缝内同作业、同检查、同改进，确保一次回填成功不留隐患。

300 米级拱坝建设超出了现有施工规范的范畴，具体标准和规范的缺乏，给建设管理者带来了极大的挑战。为突破传统水电建设管理模式的局限，集团创造性地提出基于“全面感知、真实分析、实时控制”的智能化建坝理念。杨宁的知识储备在信息化建设方面正好发挥作用。他本着先易后难的原则出谋划策，开发帷幕灌浆、接缝灌浆、仿真分析、三维查询、工程档案管理、标准化生产工艺等功能模块，构建多要素、多维动态耦合分析模型，达到工程全生命期性态可知可控；研发智能通水、数字灌浆、智能振捣等智能装备和系统，实现施工全过程“在线采集、动态分析、智能操作、预警预控”。溪洛渡建完后，他又将全部成果移植至乌东德，构建智能建造 2.0，编制首套成体系智能建造文件，开展“生产工艺智能控制，业务流程及管理程序数字化管控，人机料法环全资源要素数字化管控，进度分析及其与结构工作性态的耦合分析和实物成本精准化管理”五大业务体系 78 个子题 12 个合同科研攻关，实现工程全生命期、全资源要素、全工艺流程、全建设过程的智能管理，将大坝建设由传统模式向智能建设模式推进。

在项目研发和实施阶段，他不时穿梭在施工现场和科研单位间，“5+2”“白 + 黑”是家常便饭。为推进系统应用，他组织参建各方，结合现场工作紧密程度，以应用为目标，以问题为导向，一个模块成熟，就应用一个模块，促进全方位、全过程的实时监控。张超然、钮新强、冯夏庭、许唯临等院士与专家认为，该项目是目前国内大型水电站智能建造涉及内容最广、研究程度最深、应用成效最显著的示范工程，为工程高标准建设与长期安全运行提供了先进的技术手段，代表了水电建设领域的最高水平，成为行业标杆。当前，智能建造导则已通过国家能源局立项，入选“国有企业数字化转型 100 个典型案例”，荣获中国管理科学学会“管理科学奖”、“中国大坝工程学会技术发明奖”一等奖。

超级工程催生超级材料、超级技术。特高拱坝全坝使用低热水泥混凝土，开世界坝工之先河。虽经三峡集团 20 余年科研攻关及生产性应用，但业内对其早期抗裂尚有争议，且新材料应用尚未形成标准，需要精心进行技术准备工作。他率领国内科研单位、顶级院校，形成以建设单位为项目管理中心、以科研咨询单位为技术支撑、以设计施工监理单位为科研成果应用改进支柱的创新团队，全面探明低热水泥混凝土性能时变规律，揭示其性能优良热力学特性和微观机理，证实其全龄期抗裂特性优于中热水泥。此外，还突破高拱坝常规温控措施，制定可调可控可优化温控策略，开创特高坝温控防裂新途径和新模式。

成果形成低热水泥混凝土筑坝完整产业链，在简化温控措施、加快筑坝速度、降低综合造价、实现环境友好等方面取得突破性成果，与中热水泥筑坝相比，可降低能耗 35 万吉焦（16.4%）、减少二氧化碳排放量 10 万吨（17.4%），且已形成行业规范，将大国重器建造核心技术掌握在自己手中。支撑乌东德、白鹤滩两座国家重大工程绿色高效建设，实现无缝大坝建设夙愿，同时创造单坝年上升 122 米、月上升 10.29 米等世界纪录，温控合格率高达 99.7%，居同类工程之首。大坝工程学会和电机学会评价该成果“居国际领先水平”，获中国大坝工程学会、中国电机学会、中电联科技进步奖一等奖。

勇挑重担，历来是评价人的重要尺度。央企青年不畏艰难、敢于负责的精神是央企奋斗中不可多得的精神财富。

张海生，现任石家庄际华资产管理有限公司副总经理、鹿泉园林绿化分公司总经理。他勇挑重担，成了一名默默奉献的播绿人。

2018 年公司改革转型，成立了际华园林绿化工程事业部，张海生自荐前往农场，接过这管理 1900 亩地的“军令状”，从此马不停蹄地奔赴在最前线。起初为了更快地适应岗位需求，他一个月内跑遍了周边市场，向资深苗木人学习，拓展市场、引进技术，在短时间内完成了自己的角色转换。

2020 年初，新冠肺炎疫情暴发，突如其来的疫情让际华园林损失惨重。此时刚刚做完静脉曲张手术的张海生，立即召集单位人员启动防控预案，在接到复工复产通知后的第一时间，他又亲自奔赴内蒙古、山东、河南等地协调苗木供应、绿化施工、苗木养护等一系列工作。在做好防疫工作的同时，张海生还带领团队推进项目，最终以实际行动超额完成收入指标。2021 年春节前夕，疫情再次暴发，际华园林采取封闭式管理，忙碌了一年工作的他也没能回家与妻子吃一顿团圆饭，他率领值班人员坚守岗位，做好疫情防控工作，守护际华园林一方净土。

勇挑重担、奋勇争先，就要有“闯”的精神和“拼”的劲头。广大央企青年要坚决摒弃“坐等”的观望心态、“坐享”的懒汉思维，敢闯敢试，敢想敢干，积极发挥主观能动性，创造性地开展工作。

新兴际华集团三五一五皮革皮鞋有限公司军品事业部总经理张园芳，自参加工作以来一直战斗在研发、销售岗位第一线。

每次接到新项目，她都是第一时间前往实地调研，上高原、下海岛、顶酷暑、冒严寒，了解不同地形环境、不同行业的穿着需求，忠于职责，高效执行，组织制订精准的项目方案，快速响应客户需求。

刚踏入公司的时候，面对制鞋专业，她还是个门外汉，一路走来成为技术骨干，这离不开她对专业的热爱和辛劳的付出。她不断汲取新知识，更新观念，以满足高科技时代对制鞋行业更高的要求。

2020 年面对突如其来的新冠肺炎疫情，因担心对订单的生产交期产生影响，她积极组织内外部协调沟通，发挥集体力量，攻坚克难排险情，战疫情保军需，困难时期尽显“军品保生存”的责任担当。

随着军品市场的改革变化，她以敏锐的眼光洞察市场变化趋势，及时找准未来军品专装市场的发展方向，高效整合新科技、新材料、新工艺资源并应用到军品开发项目上，以项目换市场。在各类科研招标中，她精准响应，多次以第一名的成绩在陆军、火箭军等单位获取单一来源订单，拓展了专装市场。

她通过产品的科研试制参与起草了军队标准，并申请了国家及军队的专利，提高了企业科研水平和影响力。在2020年7月底军品专装投标中，她以不变应万变的总体布局，最终取得了2个第一、4个第二的好成绩。在2022年1月军品专装投标中，她以深耕细作、精益求精的担当作为换回了6个第一，实现了订单承揽2.6亿元，为2022年公司经营指标的完成作出了突出贡献。

年轻人不能只享受、不付出，没有勇往直前、永不懈怠的精神状态，就无法完成民族复兴的使命。新时代央企青年不能沉湎于“小时代”，要做有责任担当、有创新热情、有创新动力的青年，直面新挑战，建功新时代。

从我国第一高土石坝——糯扎渡水电站，到世纪工程——南水北调工程，从单个项目的技术工匠到10多个项目群的区域负责人，中国电建水电七局第一分局副分局长兼区域负责人郭瑞，14年扎根一线，他奋斗的足迹遍布云南、河南、四川等地区。5000多个日夜拼搏，他在工程管理、工法专利、QC成果等领域斩获50多项荣誉。

2011年，参加工作3年的郭瑞，来到南水北调工程鲁山南1段任技术负责人。面对工程施工面全渠段膨胀土分布的难题，他带领技术团队探索形成了“改性土换填以及抗滑桩固坡”的施工方案，解决了有“水利建筑癌症”之称的膨胀土施工难题，减少了开挖弃土对生态环境的破坏，实现经济效益约5270万元，节约工期54天。

2021年，郭瑞被任命为水电七局西昌区域项目管理负责人。在他的带领下，曾名菜子山大道西延线的高铁大道，原计划3年工期仅用不到1年时间便履约并高效完成，为西昌市高铁骨干路网提前通车打下了坚实基础，质量安全总体受控，擦亮了中国电建的金字招牌。

勇于担当则无惧艰难险阻。广大央企青年要在重大项目一线扎根奉献，在企业发展前沿经受磨砺，在加快推进创新型国家建设、世界科技强国建设的历史进程中挥洒青春和热血！

弘扬劳动精神，创造美好生活

思想领航

2020 年 11 月 24 日，习近平总书记在全国劳动模范和先进工作者表彰大会上发表重要讲话指出："在长期实践中，我们培育形成了爱岗敬业、争创一流、艰苦奋斗、勇于创新、淡泊名利、甘于奉献的劳模精神，崇尚劳动、热爱劳动、辛勤劳动、诚实劳动的劳动精神，执着专注、精益求精、一丝不苟、追求卓越的工匠精神。"劳动是推动人类社会进步的根本力量。正是因为劳动创造，我们才拥有了历史的辉煌；也正是因为劳动创造，我们才拥有了今天的成就。我们要尊重劳动，尊重创造，大力弘扬劳动最光荣、劳动最崇高、劳动最伟大、劳动最美丽的社会风尚。

劳动最光荣，奋斗最幸福。这是一个呼唤劳动创造、鼓励拼搏进取的时代，也是一个有机会干事创业更能干成事业的时代。让我们大力弘扬劳模精神、劳动精神、工匠精神，用劳动托举复兴梦想，靠双手开创更好明天。

青春风采

劳动创造了人类，创造了世界，创造了美！人世间的美好梦想，只有通过劳动才能实现。

2020 年 9 月 1 日，国家电网有限公司 2020 年科技创新大会在北京国网管理学院隆重举行。会上宣布了国网公司首批 5 个“揭榜挂帅”制基础前瞻研究方向“揭榜”结果，国网江苏省电力有限公司的胡成博成为唯一来自省级电力公司的“揭榜挂帅”方向负责人。他带领团队重点攻克电力设备，用无线传感网的国产化器件、轻量化加密和宽窄带融合通信等关键难题，推动电力传感向低功耗、高安全、实用化发展。

2011 年，他入职国网江苏电科院从事设备状态监测专业管理，成为一名名副其实的运检人。自参加工作以来，他始终坚守科研初心、持续攻坚克难、不断创新突破，逐步成长为江苏省电力有限公司“劳动模范”、“江苏省电力年度科技人物”。

电力是保障社会经济发展的先行官，设备可靠性直接关系电力的安全稳定供应。及时感知设备状态，发现设备缺陷是其中的关键环节。工作不久，胡成博发现在电力设备上安装无线传感装置，不仅成本低，而且能够实现输变电设备状态全面感知，但由于不同传感器厂家的无线通信协议不统一，难以实现互联互通，所以无法实现传感器在电网中的灵活高效部署。

为攻克这一难题，他努力自学无线通信知识，决心要建立国网公司自己的面向设备状态感知业务需求的无线传感网协议。2018 年开始，他带领团队从零起步，进行了漫长的技术探索。他们走访基层班组、设备厂商，深入论证业务需求指标，常围绕一个细节进行反复推敲。经过 3 年多的技术积累和打磨，他牵头编制该领域 3 项电力行业标准、7 项国家电网标准，形成涵盖无线通信协议、数据规约、装置规范的全套标准体系，首次实现了在电力设备无线传感领域的“书同文，车同轨”，打破了过去因各厂商传感器采用私有协议而无法“互联互通”的困局，并在全国网推广应用。

新时代央企青年要大力弘扬劳动精神、工匠精神，在各自岗位上拼搏奋斗，不畏险阻、勇毅前行，用干劲、闯劲、钻劲鼓舞更多的人，让勤奋做事、勤勉为人、勤劳致富在全社会蔚然成风，激励广大劳动群众争做新时代的奋斗者。

中国航天科工二院六九九厂精密制造事业部加工中心操作工赵宇，是“为导弹擦亮眼睛”的人。他用铣刀打磨出一件件精密的航天产品，把握微米之差。他熟练掌握各项数控加工技术，赋予每个加工零件以“生命”。同事评价他是一个爱跟零件较劲的人，生产出的零件是免检产品。进入航天系统工作近 11 年，赵宇凭借扎实的基本功和精湛的技术，屡次在大赛上拿奖。2018 年他获得“全国职工职业技能大赛”冠军，2019 年被授予“首都劳动奖章”，获得“全国技术能手”荣誉称号，被集团公司授予“优秀共产党员”“优秀共青团员”“青年岗位能手”等荣誉称号，2021 年荣获“全国五一劳动奖章”。

自参加工作起，赵宇就扎根在数控加工第一线，努力学习钻研，弘扬劳动精神，全力保障产品质量和周期。遇到问题、难题，他像个“拼命三郎”一样，总是冲在最前面去解决。

航天产品意味着“精”。加工的零件精度要求达到头发丝直径的 1/7，一些关键尺寸的精度甚至达到头发丝直径的十几分之一。铣削属于减材加工，就像医生做手术一样，每一刀都不能出错，越复杂的零件动刀的难度就越大。错误或失准一刀，作为航天产品的损失都将无法估量。赵宇就是这样高精度零件的操刀人。作为车间骨干，他多次作为重点课题项目负责人，完成核心零部件的生产加工。作为技能骨干，他多次担任重点课题项目负责人参与到工艺工作中，不仅完成核心零部件的生产加工，也为工艺设计找到思路和方法。他跨专业掌握了高速加工技术、电火花技术、线切割技术，对复杂零件都能够独立完成加工任务。通过实际生产经验的积累和勤奋思考，他逐渐形成了自己的特长技术。他创新采用“微连法”“反拉法”“留台把筋法”等工艺方法，解决了航天零件易变形、精度高等加工难题，提高生产效率 70% 以上。

当今世界综合国力的竞争归根结底是人才的竞争、劳动者素质的竞争。劳动者要不断提高综合素质，树立起终身学习的理念，积累更多的知识和才能，勤奋工作，勇于创造，在全面建设社会主义现代化国家新征程上创造新的时代辉煌，为实现中华民族伟大复兴铸就新的历史伟业。

中国一重天津重型装备工程研究有限公司副总经理王大鹏，在一线从事大型铸锻件新产品、新材料、新工艺开发等工作。在工作中他不断实践、创新，精益求精，为中国一重奉献了青春热血，作出了卓越的贡献。

“坐而论道，不如起而行之。”王大鹏深知，实践是解决问题的必要手段，如果不深入一线，不扎根基层，就很难找到真正的问题所在，更遑论从根本上解决问题。于是，他带领技术团队全身心投入支承辊差温热处理的生产实际中。3 个月里，他们对数十件支承辊的差温热处理过程进行了全程跟踪、记录，对支承辊最终热处理结果进行了系统分析。“那段时间确实挺苦的，不仅是白天，很多个二班、三班，我们与车间的工人师傅们干在一起、想在一起，他们给我们提出了很多建议，刚开始结果并不理想，随着工艺不断改进，产品质量越来越好，直至达到预期效果，大家的心情都被产品质量牵着走。”王大鹏笑着回忆。

历时 3 个月，王大鹏带领团队从辅具设计、提升加热效果等方面对支承辊差温热处理工艺进行了科学优化，对支承辊差温加热、喷淬环节的实际生产过程控制提出了精准的操作要求。此外，他还明确了重点产品、重点生产环节必须进行现场跟踪的技术服务原则。通过技术攻关，中国一重支承辊热处理质量得到了大幅提升，合格率达到并保持在 99.2% 以上，圆满地完成了攻关指标，为中国一重开拓国内及国际市场打下了坚实的质量基础，也进一步提升了国产支承辊的国际竞争力。

劳动是一切幸福的源泉。“崇尚劳动、热爱劳动、辛勤劳动、诚实劳动”，这 16 个字是对劳动精神的高度概括和生动诠释，为新时代坚持和弘扬劳动精神指明了方向，提供了遵循。

中航西飞汉中航空零组件制造有限公司机加标准件厂厂长助理彭晨晞，长期奋斗在技术工作一线，用实际行动矢志践行劳动精神和“忠诚奉献、逐梦蓝天”的航空报国精神。

参加工作后，彭晨晞刻苦钻研，积极进取，不断学习，工作能力快速提升。在不到两年时间里，他不仅熟悉了分厂各类设施设备及其加工方式，还先后完成数百份工艺规程的编制、修改和完善工作，其中有两份被确定为公司级技术标准，这使他迅速成为公司青年员工中的佼佼者。

2018 年 1 月，彭晨晞报名参加了第 45 届世界技能大赛制造团队挑战赛项目的选拔培训，对他来说，这是一次全新且巨大的挑战，也是磨炼意志、增强本领的大好机遇。自报名参赛到参加世界技能大赛，在这一年半的时间里，他一路披荆斩棘、勇闯难关，先后经历公司、业界、国家等多层次选拔，最终顺利成为国家队正式参赛选手，并荣获“全国技术能手”称号。尤其是在国家队集训期间，他艰苦奋斗、顽强拼搏，同队友不惧酷暑、不畏寒冬，并肩前行，克服种种困难，用饱满的热情和良好的精神状态投入每一天的训练，解决了训练中出现的一道道难题，攻克了试验中出现的一个个难关。2019 年 8 月，他和两位队员一举夺得第 45 届世界技能大赛制造团队挑战赛项目金牌。

载誉归来的彭晨晞不骄不躁，回到工作岗位，他始终脚踏实地，全身心投入公司新产品、新技术的开发和应用工作，先后带领技术攻关团队完成 20 余种规格的钛合金标准件鉴定评审工作，为公司钛合金标准件项目研制快速转入批产付出了艰辛努力。彭晨晞还获得了“全国青年岗位能手”“全国劳动模范”“全国优秀共青团员”等荣誉称号。

挥洒汗水，点亮青春。我们要不断弘扬实干精神，以时不我待、奋力拼搏的激情，焕发劳动热情、释放创造潜能。

中国煤炭科工集团北京中煤二级专家、公司技术委员会秘书宋朝阳，弘扬劳动和实干精神，聚焦机械破岩钻井，推动了建井技术发展。

井筒的安全、高效、绿色、智能化建设是保障地下矿产资源安全开采和拓展开发利用地下空间的核心工程。宋朝阳以“唯有雄心多壮志，敢为建井谱新篇”为座右铭，潜心学习专业知识，刻苦钻研建井技术，在干事创业热潮中赓续初心和使命，在矿井建设技术发展和变革中挑重担，不断成长为一名本领过硬的行家里手。

“进得去、取得出和待得住”是深地资源开发和深地空间工程建设的技术核心。矿井井筒作为进入地下资源开采物料和人员输送的咽喉通道，“进得去”是首先要攻克的难题，“取得出”是制约深井建设与资源高效开采的关键，而“待得住”是深部矿井建设与资源开采安全性的必然要求。宋朝阳不断探索岩石力学特性测试方法，研究了我国西部弱胶结岩石宏细观结构、力学行为、破坏模式和临界状态判识等基础科学问题，揭示了其破坏机理和软化机理，并将其基础研究成果转化为工程技术应用，保障了井筒的安全建设。

“纸上得来终觉浅，绝知此事要躬行。”宋朝阳不满足科技创新停留在实验室，他深入工程一线，将基础理论向工程应用转化与推广，足迹涉及甘肃华亭煤矿、内蒙古福城煤矿等 20 余座煤矿。他主持或作为研究骨干参与国家“863 计划”、国家重点研发计划等近 10 项国家级纵向项目以及企业委托横向项目 20 余项，获省部级“科学技术奖”特等奖、一等奖等 4 项，申请、授权发明专利近 20 项。

真干实干，首先就要脚踏实地地劳动。面向未来，无论时代条件如何变化，我们始终都要崇尚劳动、尊重劳动者，始终重视发挥工人阶级和广大劳动群众的主力军作用。要贯彻“尊重劳动、尊重知识、尊重人才、尊重创造”方针，建设知识型、技能型、创新型劳动者大军，推动全社会热爱劳动、投身劳动、爱岗敬业，激励人民群众积极投身经济社会发展的火热实践，为改革开放和社会主义现代化建设贡献智慧和力量。

要“敬业”，更要“乐业”

思想领航

2017 年 10 月 18 日，习近平总书记在党的十九大报告中指出：“建设知识型、技能型、创新型劳动者大军，弘扬劳模精神和工匠精神，营造劳动光荣的社会风尚和精益求精的敬业风气。”敬业是一种美德，乐业是一种境界。所谓“敬业”，是指用严谨细致的工作作风对待自己的工作和任务，认真负责，任劳任怨，精益求精。所谓“乐业”，是指发自内心地喜欢自己的工作，忠于职守，专心致志，乐此不疲。可以说，敬业是乐业的基石，乐业是敬业的升华和体现。

鲜花因汗水而绽放，事业因奋斗而勃兴。在日常工作中，央企青年要把爱岗敬业作为第一责任，以感恩之心对待组织，以奉献之心对待工作，时刻保持“满电状态”，把岗位当事业来干，把事业当作生命来珍惜，兢兢业业做事，踏踏实实工作，恪守职业道德，弘扬职业精神，为民服务，鞠躬尽瘁，立志在平凡的岗位上干出不平凡的成绩。要时刻保有对工作的热情、激情，以工作为乐，以付出为乐，以奉献为乐，以饱满的精神状态投入党和人民的伟大事业中去。

青春风采

所有的敬业奉献都源于热爱。

张成功是船坞总装三部工程科的一名施工员。作为 90 后，他不仅具有年轻人的朝气蓬勃与昂扬斗志，还在工作中展现出与年龄不相称的认真沉稳与敬业奉献。

张成功刚入职便作为首艘国产航母的机舱施工员，全程参与了该舰的建造工作。“飞天巡洋，动力先行”，首艘国产航母动力系统设备、仪器众多，管路、系统复杂，兼有锅炉、主机、轴桨施工等高精度作业项目，是全舰其他一级系统系泊联调的保证，具有工期紧、任务重、施工难度大等特点。张成功所负责的动力舱室又是首艘国产航母动力系统首个锅炉点火、联动试验单元，要求在最短的时间内完成同样繁杂的工作。面对艰巨的生产任务，这名参加工作不久的90后小伙儿勇于担当，坚守承诺，干得有声有色。他根据项目时间节点及总体要求，围绕区域安装、系统调试等工作和急、难、险、重任务，精心策划生产组织，精细管理施工现场，有力地推进了系统生产目标的实现。

首艘国产航母顺利实现了出坞节点后，张成功便马不停蹄地投入首台锅炉点火的生产组织中。他第一时间参与编制了点火计划，协同车间组织点火计划会，积极推进点火计划的实施。在其主抓的几个锅炉点火必需的管系系统施工中，他一手抓现场生产，仔细学习图纸，了解生产进度，编写施工计划，严格考核施工单位完成情况；一手抓管系配套供给，将需加工的管子及管附件记录下来，通过信息平台掌握供货信息，遇到技术问题及时组织拉练，保证系统施工正常进行。在管系系统报验期间，他时常不离质检人员与军代表的左右，设计报验路线，严抓报验环节，听取质检人员与军代表的意见，及时组织施工单位处理报验时出现的问题，使几个重点系统在点火实验前完成交验并达到使用的要求。自出坞到点火，某动力舱室各施工单位在不到20天的时间里，完成了多个液舱的封舱交验、数十个联动必需管路系统的外观密性交验、近百个辅机设备的安装交验，有力地确保了点火节点的实现。

动力系统试验联调初期，张成功展现出青年造船人不怕苦、不怕累的顽强作风。他协调现场生产，及时安排相应施工单位处理问题，确保当天试验顺利进行。在高温的环境中，参试人员汗流浃背，张成功的工作服更是在汗水长时间的浸泡下，结出一层层厚厚的白色盐花。试验参试人员在他的带动下，坚守岗位，勇挑重担，用钢铁的意志和朴实的行动描绘出一幅幅感人的画卷。

2020 年，张成功作为某型产品工程科动力组组长，主管机舱、电站等动力舱室及动力、电力系统的各项相关工作。这两个系统是全舰的动力之源，也是其他系统系泊试验的先决条件，并要在不到一年时间内完成各项安装工作、交验各项系泊试验。面对全年艰巨的生产任务，张成功与组内成员一起科学分析，合理规划，详细地拆解了全年的生产任务，以系泊试验为导向，有针对性地制订各项重点施工计划，充分协调车间人力，逐一攻克各个重点、难点、关键点，按期完成电站动车试验，提前完成带桨动车试验，为后续平台试验创造了有利条件。

动力组成员均大学毕业，平均入职时间不到 3 年。作为这个团队入职时间最长的“老大哥”，针对组内成员施工现场管理经验有所欠缺、专业知识不足、与施工单位沟通缺乏技巧等情况，张成功以身作则，言传身教，时常带领大家学习图纸及相关工艺知识，分享现场生产安排的要领与技巧，总结每天各项施工进展情况，带队学习该系列其他船只的建造情况，不断夯实组员业务能力基础，使其快速成长为能独当一面的主力干将。正是这样一个朝气蓬勃的青年团队，在他的带动下持续发扬艰苦奋斗的工作作风，充分发挥青年人精力充沛、敢打敢拼的优势，为工程建造作出积极努力。电站动车前夕正值坞内工程阶段，兼有轴、桨安装等重点作业施工，施工作业多，施工难度大。面对严峻的生产任务，张成功及组内成员勠力同心，勇挑重担，他们一同吃住在集团三工厂厂区，连续加班奋战 50 余天，重点施工，重点组织，关键活段 24 小时不停施工，顺利完成各项既定生产目标。

敬业，必定会用心做好每一件事情，珍惜每一份成果。敬业的人，即使前方有千难万险，心中总有一盏灯为梦想而点亮，而这就是热爱。他们以工作为乐，以付出为乐，以奉献为乐。

田官元，现任成都融通望江宾馆团总支书记、宾馆房务部培训经理，长期从事酒店客房基层服务和管理工作。2017 年被全国总工会授予“全国五一劳动奖章”，曾担任四川省“服务技能大赛”和国家机关事务管理局的技能竞赛裁判。

作为一名基层服务及管理人员，田官元在工作中始终任劳任怨、无怨无悔。矢志不渝的追求成了他的人生动力，积极的工作干劲和饱满的工作热情深受宾馆领导和客人的赞扬。由于接待任务需要，他经常坚守在对客服务一线，休息日、节假日甚至春节都没时间回家陪伴父母和妻儿，这样的状态一坚持就是几年。在工作岗位上，他不怕误解，笑对委屈。有一次，他接到前台电话，被告知客人有贵重物品在房间遗失，他便亲自和值班服务员去客房检查，找了很久，也没有看到遗失的物品。不一会儿，客人回店，见没有给他找到遗失的物品，性子急躁的客人顿时火冒三丈，指着田官元鼻子破口大骂道：“我住在你们酒店，东西落在你们这里了，肯定是你们服务员捡了不归还。”说完便气冲冲地前往总台投诉。此时尽管田官元心里十分委屈，但面对客人的诘难，他仍报以微笑，不断跟进工作，安抚客人情绪，避免事态升级。后经与服务员沟通了解、总台查询、调监控录像，得知客人的物品被同行的人带走了，田官元这才长松了一口气，继续做好善后工作，最终得到客人的道歉和赞许。

如今田官元仍然早出晚归，兢兢业业从事着服务工作，始终把服务奉献作为自己最大的快乐。在他心中，有一团熊熊燃烧的炽烈火焰，深深影响着酒店的青年。平凡的岗位，平凡的他，求实上进，虚心好学，让每一次成绩都不平凡。他始终保持着热情与执着，彰显着不平凡的奋斗风采。

乐业敬业，看似平凡，实则伟大，值得尊敬。每一个岗位都是展示个人能力、实现自我价值的舞台。我们大力倡导干一行、爱一行的敬业精神，努力掌握履行岗位职责的各种必备知识，结合工作需要学习新知识、新经验，努力使自己成为行家里手。

大唐环境产业集团股份有限公司特许经营分公司许昌项目部主任工程师闫欢欢，自参加工作以来，凭借对环保事业的热爱和不懈追求，实现了从一名普通工人到“技术工匠”的飞跃。她用情诠释红色初心、用心守护碧水蓝天、用力谱写青春华章，在平凡的岗位上作出了不平凡的业绩，先后被授予“全国五一劳动奖章”，获得“全国技术能手”、“全国三八红旗手”、集团公司“劳动模范”等称号。

没有随随便便的成功，只有脚踏实地的努力。闫欢欢在艰苦的脱硫运行岗位上虚心学习环保技术，把每一次任务都当成训练课，遇到技术难题，总是认真思考，并虚心地向师傅和身边同事请教。经过 5 年的历练，闫欢欢迅速成长起来，工作经验和应对能力得到了突飞猛进的提升，站上了全国技能大赛的赛场，在全国电力行业 29 个代表队 87 名选手决赛中脱颖而出，荣获第十届全国电力行业“职业技能竞赛”（脱硫脱硝处理工）决赛冠军，被授予“全国技术能手”和“大唐工匠”称号。

作为一名“蓝领工匠”，闫欢欢出名了，成了诸多环保及外企的“香饽饽”。一次，闫欢欢为一家企业解决技术问题后，该企业的领导两次找她，想把她挖走。面对优厚的待遇，闫欢欢说：“作为新时代的产业工人和共产党员，不能只为钱活着，要坚守初心与信念，干好本职工作，对得起组织、对得起党的培养。”正是这份热爱和执着，让闫欢欢一直都坚守在基层一线，见证了环保企业的发展壮大。

“爱而不敬，非真爱也；敬而不爱，非真敬也。”比奋斗更重要的是热爱。热爱一份工作，必定会尽心做好每一件事情，细心呵护每一份成果，即使前方荆棘遍地，有千难万险，心中总有一盏灯为梦想而点亮，而这就是热爱、激情的力量。

国家能源集团榆林化工有限公司分析化验班班长王跃，最开始成为一名化验员，是选择，也是一种热爱。2013 年 7 月，稚嫩而执着的她，毅然决然地选择扎根西北荒漠，投身煤化工行业。7 年如一日苦练本领，让她从初出茅庐的学子，成长为沉稳干练能够独当一面的“全国技术能手”，并获得了 2020 年陕西省“五一劳动奖章”。

在公司甲醇下游加工项目建设过程中，她积极参与到化验室的初期筹备工作中，从调试仪器到建立分析方法、从编写操作规程到创新攻关，她始终坚持学习，用知识武装自己，短短几年时间，掌握了从原料进厂到中间控制，再到成品产出、水质及环境监测等全方位的煤化工分析。

作为一名操作工人，参加技术比武是提高自身素质及技能的重要途径。2018 年，她代表公司参加第十届全国石油和化工行业职业技能大赛检验员赛项，个人总成绩第一名，获得“全国技术能手”称号。“脚踏实地，仰望星空。”她靠着持之以恒的学习和一丝不苟的钻研，以踏实的脚步在追梦。成绩没有让她停止前进的脚步，2019 年 12 月，她参加了全国研究生统一考试，目前是中国石油大学在读研究生。因为投入而甘愿付出，因为付出而心生热爱，因为热爱而始终坚持。她用自己最真诚的方式在工作中创造价值。

岗位是锻铸人格的熔炉，是实现人生价值的舞台。专注本职，安心岗位，操心想事、用心干事、尽心成事，砌好每一块砖，自己人生最美丽的建筑终将拔地而起、巍然屹立。

张宁是通用技术环球医疗所属鞍钢集团公司总医院心血管病医院党支部书记兼心内三科副主任，辽宁省“五一劳动奖章”获得者。他曾多次参加国家、省级及市级医学理论竞赛和操作竞赛，荣获全国大赛第三名 1 次，辽宁省冠军 1 次、亚军 1 次，鞍山市冠军 5 次。

有人曾问：“这么多年你要负责临床，要出门诊、做手术，同时还要建设胸痛中心、心衰中心、康复中心以及集团心血管培训中心，要负责党支部、工会、共青团工作，还要参加那么多全国、辽宁省以及鞍山市的比赛，你怎么有那么多精力？”张宁说：“人的精力都是有限的，我既然做出了选择，就要把更多精力投注给自己的工作。而我之所以会做出这样的选择，是因为热爱。让工作成为兴趣所在，真的是一件很幸福的事情，因为合理安排好时间，每做好一件事情都非常有成就感。”

从无到有，从有到优。2017 年，医院启动胸痛中心建设。张宁作为胸痛中心建设主要执行者，实现了胸痛中心从无到有的突破，建成了鞍山市唯一一家国家级胸痛中心。2018 年底，他负责筹建医院心脏康复中心的工作，建设了通用环球医疗集团及鞍山市唯一一家心脏康复中心。2019 年，他筹建医院远程心电监测诊断中心及心衰中心。2020 年 1 月，他通过远程心电技术及时救治了一名急性心肌梗死患者。他负责的医院“全国心电一张网”项目，仅有北京的极少数知名三甲医院可以同步实施。此举在鞍山市乃至辽宁省开了先河，极大地造福了鞍山当地及周边百姓。

“知之者不如好之者，好之者不如乐之者。”敬业的员工对岗位、事业和工作的热爱，是其取得工作成果的奥秘所在。为此，广大央企青年要以挚爱之心对待岗位，努力保持长久的积极主动的敬业精神，做到干一行、爱一行、钻一行、精一行，满腔热情地投入工作，努力在本职岗位上创造一流业绩。

淡泊名利，甘于奉献

2017 年 5 月，习近平总书记号召以黄大年为榜样，“学习他淡泊名

利、甘于奉献的高尚情操”。这既是对黄大年精神的高度评价，也是对广大党员干部和青年的勉励和要求。

“中国航天之父”钱学森，给自己定下许多原则：不题词，不吃请，不为人写序，不出席应景活动，不接受采访，不参加任何成果鉴定会，不接受礼品，不写回忆录，不同意为他塑像和立功德碑等，世人赞他“国为重，家为轻，科学最重，名利最轻”。淡泊名利，甘于奉献，青年人应具有这样的信念与情怀，把个人追求与国家发展、社会进步紧密联结在一起，以淡泊名利、无私奉献的人生境界和高尚品格，提升人生的境界和高度。

“个人名利淡如水，党的事业重如山。”广大央企青年要淡泊名利、甘于奉献，把爱国之情、报国之志融入祖国改革发展的伟大事业之中，融入人民创造历史的伟大奋斗之中，从自己做起，从本职岗位做起，为实现中华民族伟大复兴的中国梦贡献智慧和力量。

青春风采

淄柴机器有限公司加工一车间的大机机体班班长张继峰，技术精湛、专业专注，任劳任怨、敬业乐业。加班加点，对张继峰来说是家常便饭，每每有紧急生产任务，他都是车间的第一人选。他说：“我是一班之长，以身作则是我的原则，有任务，我就要主动承担。”

工作中，张继峰是出了名的“拼命三郎”，生活中他却是同事们眼中的“大哥”，在车间里，同事们每遇到生产难题都会想到张继峰。虽然在公司获得诸多荣誉，但是张继峰对此并不在意，他将所学知识、经验毫无保留地传授给徒弟，努力做好“传帮带”，并且陪徒弟一起“练兵”，改进操作方法，师徒多次在技术比武活动中同时获奖。他与同事们共学习、同进步，使班组整体业务技术水平有很大提高。他总是谦虚地说：“我刚参加工作的时候，啥也不懂，啥也不会，都是师傅一点点教的。没有师傅教我，我现在啥也不是！这是淄柴的优良传统。我有责任把这个优良传统传承下去！”在日常工作中，他从不计较工时多少，一有难活、新活，都是他主动去干。他说：“干难活、新活是对自己技能提升最好的锻炼。年轻人，就要多学习，多历练，多提升。”他是这么说的，也是这么做的。功夫不负有心人，张继峰现已成为精通车间所有数控设备的多面手。

人生最快乐的事，莫过于为理想而奋斗。在这个世界上，除了名利之外，还有更高的境界和价值，值得我们为之奋斗，为之奉献，乃至牺牲。

中农发山丹马场一场有限责任公司党群工作办公室业务员王超，是一名退伍军人。2016 年 12 月，王超退伍回到山丹马场，开始为家乡服务。在这 5 年的时间里，他满怀着对新闻宣传报道工作的赤诚热爱，立足本职，踏实工作，刻苦钻研新闻宣传业务，通过自己的笔端、相机生动地展示了基层鲜活的工作场景、感人的典型事迹、企业的发展成果，激发了广大干部员工为马场拼搏奉献的工作激情。5 年来，《人民日报》、新华社等国家主流媒体刊用他的文稿 89 篇，他为推介、宣传山丹马场作出了自己的贡献。

一次次扎实勤奋的采编经历、一篇篇画面生动的新闻报道让他的新闻形成了独特且鲜明的风格。王超不仅让“报道精品，精品报道”成为自己的自觉追求，也为企业健康可持续发展贡献了一名企业新闻工作者的力量。为了挚爱的宣传报道事业，王超无悔地行走在一条不计得失、不断前进的道路上，以期用更多记录时代的精品力作实现新闻理想，在对人民群众的更多贡献中绽放人生光彩。他永远处在随时出发的待命状态，永远在自己的岗位上等待冲锋的号令，因为在他心中始终坚守着“我就是个兵，部队锻炼了我，企业成就了我”。

青年人无论从事什么工作，都要始终做到吃苦在前，享受在后，勤奋敬业、任劳任怨，勇于创新、敢于担当，脚踏实地干出一番事业，成就有价值的人生。

王勇，现任中国冶金地质总局第三地质勘查院副总工程师兼技术研发中心负责人，地质高级工程师。他一直奋战在野外一线，从事地质找矿和研究工作。2011 年 11 月—2014 年 3 月，王勇全面主持中国地质调查局老矿山找矿项目“山西省垣曲县胡家峪铜矿接替资源勘查”，最终探获（333）资源量铜 4.27 万吨、钴 5030 吨，并且开展构造蚀变的专题研究，提出矿区边部盖层下可能存在隐伏的褶皱构造含矿，为该区找矿提供了新的思路。该项目野外工作质量、成果报告被山西省国土资源厅和中国地质调查局评定为优秀，王勇为该项目第一完成人。

2005 年大学毕业之初，王勇被安排在地质勘查项目组，经过两个月野外项目的锻炼学习，艰苦的工作环境和生活条件没让他退缩，反倒坚定了他学习地质专业知识的决心，以补齐自己在地质工作中的短板。

2006 年“山西省绛县后山铜矿接替资源勘查”项目开始实施，王勇被正式确定为项目组的一名地质人员，开始全面接触和参与地质找矿的各项工作，上高山，下坑道，一年 12 个月，他有 11 个月在野外度过。但是王勇丝毫没有觉得是在吃苦，他认为这是个现场学习的难得机会，有老师傅和同事现场指导，直接演示，学习更直观，效率更高。怀着这种乐观的态度和火热的工作劲头，环境专业出身的他，在地质找矿方面的专业技能迅速提升。

凭着对地质事业的执着与坚守，十几年来，王勇从一个普通的技术员成长为第三地质勘查院副总工程师，山西、内蒙古、新疆、河北等地的山山水水，都留下了他跋涉的足迹和奋斗的汗水。

无论逆境还是顺境，央企青年都要始终保持定力、坚守初心，克服急功近利的浮躁，远离追名逐利的彷徨，不计得失做人，坦坦荡荡做事。

宝武集团中南钢铁有限公司韶钢松山特轧厂棒材维检作业区机械班班长查安鸿，工作勤勉敬业，默默奉献。他积极响应韶钢工会蓝领创新号召，2019年领衔创建韶钢松山特轧厂第一个班组级蓝领创新工作室。他如痴如醉地投身岗位创新活动中，最终实现了从一名优秀班组长向“韶钢基层创新达人”的华丽转身。

仅仅3年时间，他带领的班组级创新团队共申报91项专利技术，其中发明专利63项，技术秘密16项。如今，热爱创新的他，依旧勇往直前、努力奔跑。2022年，他已完成11项发明专利申报，2项实用新型专利等成果申报，目前正在准备参加国家级自主管理成果发布。他的团队提出的“一种线下打焊装置”，实现了在线下备辊、轧辊上机就可以转动生产，以前轧辊上线后并不能立即开机生产，必须在线上打焊，要花40分钟时间。“我为企业‘对标找差创一流’献一计”项目——“一种棒材尾钢夹刹装置”被评为宝武集团“金点子”，因为献计多，他还被评为宝武集团“智多星”。

树立无私奉献的崇高境界，每一名企业青年都应该默默无闻、任劳任怨，甘当无名英雄、幕后英雄，永远做“一个高尚的人，一个纯粹的人，一个有道德的人，一个脱离了低级趣味的人，一个有益于人民的人”。

中铝广西有色稀土开发有限公司党委委员、副总经理、矿山事业部总经理张新光，长期默默耕耘于矿山建设一线，无论身处哪个岗位，他都始终践行“深入项目一线，才能沉得下去；只有扎根一线，才能务实高效”的理念，始终保持着雷厉风行、敢于担当的作风，带领矿山团队在荆棘丛生的深山老林中寻矿定靶，“白＋黑”“5+2”是工作的常态。他坚持亲力亲为，把关审核，力争把基层工作的每一环节都烂熟于心。

多年来，张新光带领的矿山团队在梧州红岭项目、岑溪项目、藤县项目、玉林项目、贺州花山项目等经营建设任务中创造了多个“广西稀土速度”，获得了国家稀土整合以来批复的首个采矿权证，并且积极践行“一带一路”倡议，先试先行、多措并举推进有关东盟国家稀土项目的建设和运营，开辟了境外稀土资源获取新通道。各项目的建成和运作稳固了公司发展的底盘，也促进了地方经济发展，得到了各地方党委政府及主管部门的认可。面对项目上的困难和挑战，张新光身先士卒，攻坚克难，带领着这支平均年龄不到 35 岁的稀土矿山尖刀队伍，在一线摸爬滚打，历练成长，成为广西稀土资源获取的有生力量，为助力实现“把稀土产业建成广西新兴支柱产业”的目标作出了重大贡献。

“天清江月白，心静海鸥知。”对信念的坚守、对名利的淡泊，能反映出一个人的气质和操守。我们要把淡泊名利、甘于奉献转化为自己的信念动力，融入自觉行动，争做不务空名的行动者和兢兢业业的奉献者。

第六章

自觉担当尽责，用党的伟大精神砥砺品格

2016年10月21日，习近平总书记在纪念红军长征胜利80周年大会上发表重要讲话指出，“精神是一个民族赖以长久生存的灵魂，唯有精神上达到一定的高度，这个民族才能在历史的洪流中屹立不倒、奋勇向前”。党的伟大精神和光荣传统是我们的宝贵精神财富，是激励我们奋勇前进的强大精神动力。当今中国正处于实现中华民族伟大复兴关键时期，国家强盛、民族复兴需要物质文明的积累，更需要精神文明的升华，决不能丢掉革命加拼命的精神，决不能丢掉谦虚谨慎、戒骄戒躁、艰苦奋斗、勤俭节约的传统。

人无精神则不立，国无精神则不强。我们党之所以历经百年而风华正茂、饱经磨难而生生不息，就是凭着那么一股革命加拼命的强大精神。时代为青年创造舞台，青年在时代中实现自我。广大青年争做民族复兴的生力军，就要传承党的伟大精神，发扬好党的优良传统，做到克己奉公、甘于奉献，把小我融入大我之中，让青春的光谱更加广阔、青春的能量充分迸发。

脚踏实地成就梦想

思想领航

2014 年 5 月 4 日，习近平总书记在北京大学师生座谈会上发表重要讲话指出：“青年要把艰苦环境作为磨炼自己的机遇，把小事当作大事干，一步一个脚印往前走。滴水可以穿石。只要坚韧不拔、百折不挠，成功就一定在前方等你。”大道至简，实干为要。事无论大小，都是靠脚踏实地一点一滴干出来的。邓小平指出：“不干，半点马克思主义都没有。”如果只是纸上谈兵而不真抓实干，再宏伟的蓝图都会落空，再美好的梦想也不可能成真。新时代是奋斗者的时代，夸夸其谈的清谈客没有舞台，脚踏实地的实干家才有位置。

只有拼出来的精彩，没有等出来的辉煌。前进道路上容不得丝毫消极和懈怠。在新的“赶考”路上，广大央企青年要始终保持“不驰于空想，不骛于虚声”的精神，脚踏实地，自觉干事，主动作为，敢于挑最重的担子，敢于攻最难攻的山头，勇做锐意创新的模范，努力成为行业骨干、青年先锋。

青春风采

2014 年巴西足球世界杯开幕，由东方电气集团东方电机有限公司研制、世界单机容量最大的巴西杰瑞贯流式发电机组正式投入商业运行，是中国制造业海外发展史上浓墨重彩的一笔。该机组的核心部件发电机主轴就是东方电机焊接分厂焊工、高级技师秦建及其团队的杰作。杰瑞贯流式发电机主轴属于分段组焊，在同类产品中具有长度最长、内径最小、坡口最深等特点，传统的焊接方法难有成效。秦建带领团队自主创新采用“窄间隙热丝 TIG 焊与窄间隙埋弧自动复合焊接技术”，解决了小口径、厚壁轴的水轮机主轴焊接难题，出色地完成了焊接攻关任务。同时，该项技术也打破了国外公司在该领域的多年垄断。

秦建说：“电焊，最考验人的就是韧劲。不管有多想快点完成工作，都得耐着性子，持好焊枪，熔敷焊丝，一层又一层地填满焊缝。就像人生一样，不管有多想快速成长，都必须日复一日地积累。”秦建所在班组负责东方电机大型水火电机组核心部件的焊接工作，干好自己工作的同时，他还要随时解决“疑难杂症”。异种钢的焊接，尤其是铝青铜与低碳钢的焊接，由于材质的特殊性，极容易引起裂纹。在无数次尝试后，秦建最终使用了“手工钨极氩弧焊”的方法，有效防止了裂纹产生，使焊接质量和生产进度有了进一步的提高。他也是目前东方电机唯一熟练掌握该技术的焊工。

秦建还将他的操作经验，采用多种方式毫无保留地传授给一批又一批的青年职工，用他精益求精的精神和人格魅力影响了越来越多的后辈，为企业的可持续发展培养和储备了优秀的焊工人才。

“四时相催不肯迟，脚踏实地不停歇。”志存高远、脚踏实地，是青年成长成才的正道。在树立远大理想的同时，只有脚踏实地、稳扎稳打，一步一个脚印地努力奋斗，才能最终成就自己的梦想。

叶金金，现为中盐昆山有限公司团委书记、合成压缩装置部经理。在日常生产管理过程中，他始终坚持“查隐患、优管理，育人才、稳生产”的工作思路，积极面对错综复杂的外部生产环境和新冠肺炎疫情影响，主动对标先进、查错纠弊，从未出现因工作失误而造成的生产安全事故。

在中盐昆山30万吨合成氨、60万吨纯碱项目建设期间，他先后参与了硫回收冷凝器、床间换热器的安装工作，顺利完成了公司两台大型汽轮机组单机与联动调试工作，配合丹麦工程师完成合成塔内件安装及催化剂升温还原工作。他建议并主导实施了合成气放空管道的优化改造，每年可节约生产成本100万元；2015年，他被评为中盐昆山有限公司“迁建项目卓越个人”。

在正常生产过程中，他先后参与公司合成压缩装置生产指标的制定，以及生产成本和计算的修改，参与合成气压缩机系统逻辑优化等项目的实施。通过自身努力及同事的配合，先后解决了氨压缩机调试过程中润滑油回油不畅、合成塔一床触媒意外中毒、催化剂失活等问题。在生产管理过程中，他先后编制并实施了《合成压缩装置主控室操作管理考核规定》《合成装置班组综合考核规定》《合成压缩装置劳动纪律考核规定》等各项装置管理和员工考核制度，并在此基础上推行千分竞赛，定期组织技能培训，有力提升了基层员工的实操水平。

唯有脚踏实地，方能行稳致远。优秀共产党员杨善洲说：“无论是做事还是做人，总得有个标准，有个原则。要老老实实做人，踏踏实实做事。”无论形势如何变化，世事如何变迁，当老实人、说老实话、办老实事，应该永远是我们做人、说话、办事的标准。

赵玉芳，中国建材集团有限公司北京东方建宇混凝土科学技术研究院有限公司建材室兼管理室主任。多年来，她踏踏实实、勤勤恳恳，一直致力于混凝土技术和产品的研究和开发，2019年荣获“全国技术能手”称号。

入门易，精通难。作为第三方检测机构，填写原始记录、出具检测数据必须精准无误，检测报告必须体现公正、科学、高效。对于女生而言，挑战之一是工作环境脏乱差。检测材料通常是水泥、砂石、钢筋混凝土，胶砂和砂石检测室经常灰尘弥漫，机器运转噪声刺耳；力学检测室钢筋拉断轰鸣声震耳欲聋。挑战之二是重复性试验枯燥乏味。为了数据的准确性，每项试验需重复成百上千次，在日复一日的重复性劳动中坚持下去成为“必修课题”。挑战之三是工作压力大，容错率极低。面对上述挑战，赵玉芳提升检测能力，完成各类建材类的检测试验和报告。工作之余她系统地学习了单位体系文件和混凝土相关知识，并顺利通过试验员考试。

她面对工作环境的嘈杂、枯燥乏味的重复性试验挑战，不言苦、不言弃，带领团队组织编写、修订管理体系文件，确保管理体系文件的现行有效和持续改进。她定期集中开展标准学习、研讨考核和模拟实验，不断提高检测数据的准确度，每年都能顺利通过国家建筑工程质量监督检验中心和中国建材检验认证集团股份有限公司组织的防水卷材拉伸性能、金属材料拉伸性能、室内空气中甲醛含量、TVOC 含量、水泥物理性能等能力验证。

多年来，赵玉芳与多名专家学者一直致力于混凝土技术和产品的研究与开发，完成了多项科研课题和专利技术，获得建材行业科技进步奖等多项奖励，并多次参与国家、行业和地方标准的编制与修订。截至 2022 年，她参与了 3 项标准编制、10 项专利申报和 12 项科研项目研究，并取得诸多成绩。

空谈误国，实干兴邦。再美的愿景，再好的规划，再大的蓝图，如果光说不做，都将会是竹篮打水一场空。广大央企青年干事创业要弘扬实事求是的优良传统，立足岗位真抓实干，砥砺奋进，以实实在在的行动践行初心和使命。

中铁五局集团有限公司华南工程有限责任公司测量队副总工程师丁岳森，自 2018 年加入中铁五局四公司以来，仅用 3 年时间就从工程测量的“门外汉”成长为全国行业职业技能竞赛——中国中铁股份有限公司工程测量大赛第一名获得者。在京张高铁、银西高铁等多个国家重难点工程项目中都有他奋斗的足迹。

2018 年 12 月，丁岳森负责京张高铁的精调工作。工作中，他总是勤于思考，善于分析问题、解决问题，每次上班前他都会反复检查精调小车的状态，随时准备去现场进行轨道精调，回来后还要将数据归档、复核，并提前准备第二天的工作，始终保持着严谨务实的工作作风。经过半年时间，京张项目部精调工作保质保量按期完成，没有出现一例误差，为京张铁路的按期通车提供了保障。

2019 年，公司实行机构改革，测量分公司根据实际需求改组为公司测量队。改革初期，测量人员的薪资待遇等相关制度还未完善，大量测量员出现“转岗潮”。面对更好的工作平台和薪酬待遇，丁岳森毅然坚守测量岗位，选择了责任与担当。短暂调整后，他再次出发，随着测量人员的不断减少，本就繁重的测量工作变得更加忙碌了。原先两三人的作业量经常需要一个人完成，面对需要翻山越岭、栉风沐雨的工作环境，丁岳森没有后退，反而越战越勇，在一次野外测量时遇到了野猪，他沉着应对，化险为夷。一次又一次的挑战和磨炼，练就了这个 95 后小伙子钢铁般的意志与信念。

2020 年 8 月，丁岳森被调回公司测量队，负责公司所有项目精密控制测量工作，他踏遍京张、银西、石港、宣绩、西延等 30 多个项目工地，节假日都没有休息一天，一天工作下来要走 10 多公里的山路，脚磨出了水泡，他还坚持工作，没有因施工环境的艰苦和高负荷工作而退缩。

脚踏实地，成就梦想，首先需要打好基础、增长才干。“短绠难汲深井之水，浅水难负载重之舟。”任何人都不可能轻轻松松地成才，要想干成一番事业，必须积极主动学习新知识、新思想，练就适应新形势、新挑战、新任务的过硬本领。

李晓萍，现任中国建筑科学研究院副院长。她始终坚守科研工作一线，爱岗敬业、务实创新，着重塑造核心技术竞争力，并以科技创新撬动业务发展，在科研、管理、经营方面均取得了突出成绩。

作为天津分院技术负责人，她长期开展建筑节能、绿色建筑、既有建筑改造、智慧建筑等领域的课题和标准研究，担任中国电子节能技术协会副理事长、中国工程建设标准化协会智慧建筑与智慧城市分会副秘书长等行业学会多项协会职务，入选2022年中国建筑科学研究院有限公司“百人计划”（科技人才）。

她积极推进科研与业务深度融合，在天津分院实行“绿色建筑+”业务模式的契机下，以绿色建筑咨询服务为基础，积极在“双碳”咨询、近零能耗建筑、健康建筑（WELL）、海绵城市、BIM咨询、LEED技术服务等新业务领域发力，延伸绿色低碳服务范畴，累计完成咨询项目百余项。

她作为课题主要实施负责人，主持国家重点研发计划课题“既有公共建筑改造实施路线、标准体系与重点标准研究”，获得科技成果鉴定专家组的一致认可，该研究在全国范围内首次明晰了我国既有公建性能水平及现状问题，填补了国内空白。她首次提出了既有公共建筑“三大层级”改造目标及实施路线，建立了既有公共建筑改造市场化推广模式、标准体系及重点标准，研究成果指导天津、重庆、厦门等近10个城市既有建筑改造相关规划及政策文件编制出台。

青春孕育无限希望，青年创造美好明天。脚踏实地，成就梦想，新时代青年要向上向前、不惧困难、顽强拼搏。

魏向元，现任中国航天科工三院航天智信联合筹划事业部系统工程中心副主任，高级工程师，主要从事作战任务规划技术、智能辅助决策技术研究与工程实践，先后参与4个任务规划领域重大工程研制，牵头申报20余项院级以上研究课题。

在作战任务规划领域研究的关键期，为了更好地推动项目论证和实施，他启动了“机器人”模式，按下开机键就不停地工作，遇到紧急工作时，干到深夜两三点是常态。他经常一大早左手拎着烧饼和豆浆、右手拿着笔记本小跑穿梭在大院里。他不断扩大自己的知识储备，深夜研究赶方案，作为多项重大工程和项目总体负责人，牵头各家单位推动项目进展。

他注重经验积累，把每一次工程实践和科研实践都当成提升自己的机会，在他的工作电脑上，有一个文件夹被命名为“经验池”，专门记录他在工作和学习过程中所犯的错误和总结的经验。他常说：“咱们航天人，要发扬革命先驱不怕牺牲、艰苦奋斗的精神，不怕累，也不怕犯错，在工作当中必须秉持‘严、慎、细、实’的工作态度才能将经验转化为知识，将工作做到极致。”

作为核心成员，魏向元所在的团队先后获军队科技进步一等奖 1 项、国防科技进步一等奖 1 项、航天科工技术进步一等奖 1 项、航天科工集团创新团队奖 2 项；他先后获“航天科工集团青年先锋奖”，被评为“三院创新个人”，入选“国家青年人才托举工程”、航天科工集团青年创新型优秀后备人才计划。

作为新时代央企青年，必须始终砥砺前行，不懈追寻梦想，要把青春之树种在祖国最需要的地方，以青春之我、奋斗之我建设青春之国家、青春之民族。

农发种业所属河南黄泛区地神种业有限公司副院长、玉米所所长李清峰出身农民家庭，深知种子的重要性，更理解农民的不易，“一粒种子可以改变一个世界”一直激励着他，培育出一个好品种是他的梦想，2005 年大学毕业后，他选择河南黄泛区地神种业有限公司，扎根黄泛区，从事玉米科研育种工作。

他每年从 10 月开始在海南省一待就是 5 个多月，海南省气候比较特殊，从播种到收获田间管理工作极其烦琐，特别是授粉的季节要持续 40 多天，为了保质保量完成授粉计划，他每天必须顶着烈日工作 10 多个小时，春播材料授粉在三四十摄氏度高温高湿环境下，进行套袋授粉，身上的工作服从早到晚都被汗水浸透，又不能按时吃饭，连年劳累导致颈椎、腰椎、膝盖、胃等部位出现很多毛病，另外还有材料调查、考种、收获、考察、报审和研发方案制订等工作，一年到头没有几天休息。艰辛的付出是有收获的，他在玉米育种、试验示范等方面取得了突出的成绩，为农民的增产增收作出了贡献。他主持及参与选育玉米审定品种 10 个，推广面积 1500 万亩，撰写科研论文及科技文章 20 余篇，获省部级奖项 2 项。

无畏的青春应有无愧的担当。新时代是追梦者的时代，也是广大青年成就梦想的时代。心系祖国，志存高远，脚踏实地，行稳致远，在奋斗中创造精彩人生，为祖国和人民贡献青春和力量。

永葆奋斗精神

思想领航

2018 年 5 月 2 日，习近平总书记在北京大学师生座谈会上发表重要讲话强调："广大青年要培养奋斗精神，做到理想坚定，信念执着，不怕困难，勇于开拓，顽强拼搏，永不气馁。"人的一生只有一次青春，青春是用来奋斗的。只有进行了激情奋斗的青春，进行了顽强拼搏的青春，为人民作出了奉献的青春，才会留下充实、温暖、持久、无悔的青春回忆。

光阴不会辜负奋斗者，未来属于实干家。广大央企青年要以国家富强、人民幸福为己任，胸怀理想、志存高远，投身中国特色社会主义伟大实践，用青春奋斗汇聚起推动时代前行的磅礴力量。

青春风采

万物生长靠太阳。今天支撑人类社会运转的几乎一切能源在本质上都是太阳能，而太阳的能量就来自内部的核聚变反应。

就像儿歌中所唱的，“我有一个美丽的愿望，长大以后能播种太阳”，长久以来，人类一直希望通过受控核聚变反应来创造出“人造太阳”，从而获得源源不断的清洁能源。90 后的李波，就是核工业西南物理研究院“种太阳”团队中的一员。

我国新一代“人造太阳”中国环流器二号 M（HL−2M）于 2020 年 10 月底正式完成建设安装任务，李波是主要负责人和装置的“驾驶员”，李波所在的团队承担了极为重要的线圈通电调试实验和初始等离子体放电实验等核心任务，必须在 1 个月的时间内实现新一代“人造太阳”的首次放电，且等离子体电流要大于 100 千安，维持的时间要超过 100 毫秒，要在如此短的时间内完成上述目标，极具挑战性，难度极大。

HL−2M 是一个全新的装置，而且几乎所有系统都是新建的，团队既要让 10 余个大型系统协同运转，又要确保装置的运行绝对安全，还要想尽一切办法提高实验效率，同时要保证工作质量。为此，团队成员每天都在和实验数据以及各个子系统打交道，仅在 2020 年就组织实施了超过 2000 次联合调试实验，在装置正式投入运行前，保障了 10 余套大系统、上百项功能的安全、高效、协同运转。装置建成后，经过项目团队的共同努力，从主机线圈第一天通电到成功实现新一代“人造太阳”首次放电仅用 10 天时间，而且在线圈通电实验完成后，第一炮尝试送气就成功实现首次等离子体击穿，圆满完成了 HL−2M 初始放电各项任务指标。

中央实验控制系统是 HL−2M 托卡马克装置放电运行的“神经中枢”系统，它承担着装置运行状态监测、数据实时测量、实验参数调控、等离子体控制、故障联动保护、高精度触发和实时数据传输等关键任务。其技术方案、控制策略等完全不同于 HL−2A，且没有现成的测试平台，因此挑战和难度极大。作为主要负责人，李波带领年轻团队对新一代“人造太阳”的中枢控制系统进行全面升级改造。

通过近一年的努力，团队在新型控制系统、先进磁测量系统、高精度时钟时序系统、离线平衡反演等系统的开发、部署和升级改造工作中取得了显著的成果和进展，并在核工业西南物理研究院2021年度“青年突击队”评选中荣获“金牌突击队”荣誉称号。

作为“人造太阳”博士科普团的一名成员，李波积极承担社会责任，在科普宣传方面做了大量工作，为“核”发声传播聚变科学，取得了积极成效。通过科普进校园、创作科普图书、新媒体等多种渠道传播科学知识，接待社会公众、大中小学来访数十次，累计受众1000人次以上。

在中国核学会2021年学术年会上，一本献给中国共产党百年华诞的核科普力作——《托起明天的太阳》首次发布。作为该书的主创人员，李波与团队一起历时3年，凝聚新力量，联合新媒体，尝试新突破，精心创作了这部有文字、有图片、有声音、有故事的科普力作。

在接受中央电视台采访时，他深有感触地说：“我们一定要珍惜现在的大好机遇，不辱使命，助力‘开发清洁能源建设美丽中国’，让青春在‘用智慧点燃蓝色海洋’的追求中绽放！”

追梦需要激情和理想，圆梦需要奋斗和奉献。广大央企青年应该在奋斗中释放青春激情、追逐青春理想，以青春之我、奋斗之我，为民族复兴铺路架桥，为祖国建设添砖加瓦。

张衍朝，现任中钢集团邢台机械轧辊有限公司加工二分厂一车间精车五班班长，被评为“全国技术能手”、河北省“劳动模范”。从一名普通的数控车工成长为技能大师，14年来，张衍朝甘做扎根一线的生产者、开拓者、奋斗者，在平凡的岗位上留下了许多不平凡的足迹。

在高精度窄深槽和细长轴型工件数控精车加工方面，张衍朝具有高超技能和操作经验。这一点，很多同事都非常佩服。精车加工工序的操作属于独立作业，班组成员基本上“单兵作战”，同一工序间的相互协作和班组整体质量管控，一直以来是班组管理的弱项，相互之间在加工方法和质量控制上缺乏有效的统一管理。

2016 年 2 月，作为精车班班长的张衍朝开始有意识地结合经验，以标准化和过程管控为目标，制定出清晰的质量控制要求和管理标准，并采用“鱼骨图”分析法，将精车加工质量管控过程细分为 23 个加工质量控制节点，归类形成“一准备、二确认、三校核、四一致、五必须”的“五步工作法”，使加工者在操作过程中形成程序化、标准化的操作动作，避免了操作失误，强化了质量控制，取得了质量和效率的双提升。自 2010 年至 2022 年，班组连续 12 年保持精车一级品率 100%、质量事故为零的纪录，个人台时是精加工工序平均台时的 2.5 倍，成为公司青工质量标杆和技能学习的卓越典范。

幸福都是奋斗出来的，奋斗本身就是一种幸福。新时代央企青年要立足本职、埋头苦干，从自身做起，从点滴做起，用勤劳的双手、一流的业绩成就自己的精彩人生，在拼搏争先中展现出青春最闪亮的底色。

梁美玲，现任南光（集团）有限公司下属澳门公共汽车股份有限公司董事副总经理（代总经理）。她在澳门从事巴士营运工作 20 年，有丰富的管理经验，带领公司团队为澳门居民提供优质巴士服务，为澳门社会的平稳有序发展作出了贡献。在澳门回归 20 周年纪念活动保障等重点时期，在受台风影响的极端天气下，梁美玲勇于担当，冲在一线靠前指挥，确保了澳门公交巴士运行的总体稳定。

新冠肺炎疫情期间，梁美玲坚持人民至上的工作理念，带领公司团队配合澳门特别行政区政府有效做到科学防控。在从事巴士管理工作的同时，梁美玲还深度参与澳门社会活动。担任特区政府交通、旅游咨询委员会委员，积极为特区政府施政建言献策，并参与 2021 年澳门第七届立法会议员选举工作。同时，广泛参加澳门妇联总会等爱国爱澳社团，持续向社会发出声音，传递正能量，提出新思路。梁美玲凭着坚定的理想信念、过硬的专业素养和无私的奉献精神，赢得了澳门中联办、澳门特区政府相关部门和交通运输业界的广泛赞誉。

“自信人生二百年，会当水击三千里。”中华民族伟大复兴的使命要靠奋斗来实现，人生理想的风帆要靠奋斗来扬起。“永葆奋斗精神”不只是响亮的口号，更需要有担当作为的铁肩膀、真本事，要在履行好每一项职责、完成好每一项任务中见精神、见成效。“志不求易者成，事不避难者进。”前进的道路从来不会一帆风顺，新时代中国青年要把青春奋斗融入党和人民事业，脚踏实地，勇往直前。

国机集团中国一拖集团有限公司福莱格公司生产计划员王奕澄，在担任仓储管理员期间，提出“配送中心 + 物料超市”仓储物流管理模式，降低了人工成本，创效 231 万元。在担任生产计划管理员之后，他调整生产组织模式，实现前序“后补充生产”、后序“大小班组合生产”模式的成功切换，提高了车间生产效率。建立“驾驶室生产产能推演表”，明确各主机厂要货计划，使前序零件生产反应时间由 48 小时提升至 72 小时，降低了缺件对班组生产的影响。

除了在岗位中尽职尽责，王奕澄还牵头组建“驾驶室产能提升青年突击队”，积极发挥各队员专业特长，对生产流程、场地布局、线平衡等进行优化。他带领队员在两年时间里，将工部常规产品 100 马力和经济型驾驶室由日产 58 台提升至日产 150 台，生产效率提升了 158.62%。

现在的年轻人站在前人的肩膀上，起点更高、条件更好，但同时也意味着年轻人要承担更多的责任和压力。阔步新征程，广大央企青年要以青春之我、奋斗之我，在各行各业、各条战线上用奋斗刻画新时代的青春模样。

“吃劲”岗位炼真金

思想领航

2018 年 7 月 3 日，习近平总书记在全国组织工作会议上发表重要讲话强调：“对有潜力的优秀年轻干部，还要让他们经受吃劲岗位、重要岗位的磨炼，把重担压到他们身上，在难事急事乃至‘热锅上蚂蚁’一样的经历中经受摔打。”所谓“吃劲”岗位就是指那些时间紧、任务重、压力大，需要费大力气、下苦功夫的岗位，大多在基层一线和艰苦边远地区。青年应当强化实践磨炼，把火热的实践作为最好的课堂，在“吃劲”岗位上壮筋骨、长才干。

“人在事上练，刀在石上磨。”青年思想活跃、思维敏捷、思路开阔，具有一定理论水平，但吃苦很少，经受过的挫折也不多，总之就是不缺学历缺经历，缺乏在基层一线的摸爬滚打，缺乏急难险重任务的历练。在鞭策中前行，在磨砺中前进。广大央企青年要有时不我待的紧迫感、舍我其谁的责任感，坚定闯关夺隘的斗志，增强扬帆搏浪的本领，敢于走出舒适区、勇闯无人区，在基层一线磨砺成才，在“吃劲”岗位全面锻炼。应对重大挑战、克服重大阻力，赢得主动、赢得未来。

青春风采

张宁，2010 年加入中国华电集团有限公司甘肃公司，现任甘肃公司检修维护中心专责工程师。自参加工作以来，他参与了瓜州风电场从基建到全部 134 台风机并网发电及运行维护设备治理的整个过程，迄今为止已在风电场坚守了 11 年，荣获“全国五一劳动奖章”。

瓜州风电场受风资源不稳定及环境等因素的影响，对风机的要求非常严格。面对出质保期后繁重的检修任务，他丝毫没有动摇对本职工作的热爱。瓜州风电场正式投产运行后，他作为一名技术员不断严格要求自己，及时组织运维人员对风机机组进行检查，特殊天气过后，立即组织运维人员对风机、线路等进行专项巡视，保证风机可靠稳定运行。他严格要求运维人员执行操作票制度，按照安规要求，在检修维护前进行安全交底及督查，严格监督工作人员的行为，保证检修过程可控在控。

7 月的瓜州酷暑难耐，室外温度高达 40 多摄氏度，机舱内温度更是飙升至 50 摄氏度。机组在如此高温的情况下，故障频发，直接导致发电量大幅下滑。张宁看在眼里急在心里，机组降温工作成为瓜州风电场当下的首要难题。他作为场站技术负责人，立即身先士卒带头分析数据，登机检查问题，在风机上一待就是一天。通过一个多星期的精细排查，他终于发现了油温高的原因。在发现问题后，他立即带头处理故障，最终经过一个半月的工作周期，圆满完成了瓜州风电场 134 台机组降温工作，确保了每台机组设备利用率始终保持在最佳状态。

张宁工作认真积极，一直在瓜州风电场起到表率作用，并积极要求入党。在党支部的培养教育下，2018 年他成为一名光荣的共产党员。

青年要把火热的实践作为最好的课堂，在“吃劲”岗位上经风雨，在急难险重岗位上摔打摸爬，不断提高实践能力，加强实践锻炼，真正经受吃劲岗位、重要岗位的磨炼，这样才能成长成才。

陈奇，中远海运集运上海泛亚航运有限公司大客户服务中心经理助理，主要负责大客户开发服务板块相关工作。工作中，他积极带领团队做强做精大客户营销工作，持续聚焦海南省、北部湾、长江等战略区域，根据公司内贸航线布局，制定货源结构优化目标，通过持续优化与提升，重点加强直客营销、端到端营销和头部产业链客户营销，不断扩大内贸客户群体，形成内贸货源开发的可持续发展。

在各区域均设立航线长约优化目标的同时，他们分层进行客户开发和管理，逐步建立起了从开发指引、客户评估、签约审批、预报复盘、履约监控以及二次开发的大客户营销闭环管理长效机制，引导客户和一线营销人员在履约规范方面做出调整和配合，全面提升签约工作质量。同时，他们深入了解行业客户出运影响因素，结合客户淡旺季货量支持以及贡献值水平，做好内贸长约客户舱位分配管理工作。

截至 2022 年，陈奇及其团队负责的整体长约客户达 190 家，年箱量规模接近 200 万 TEU，运费收入超过 40 亿元。其中包括央企及核心客户 40 家，年箱量规模在 80 万 TEU，运费收入接近 20 亿元。他们的努力工作，很大程度上提升了公司内贸航线长约直客比例：从 2016 年整合之初的不到 15% 飞跃至 2022 年一季度的 43%，持续有效改善了货源结构，是公司内贸航线实现稳定运营和扭亏为盈的基石。

“熊熊烈火”炼真金，“惊涛骇浪”壮筋骨。在吃劲岗位上，央企青年会面对不少新情况、新问题、新困难，需要迎难而上，努力破解。央企青年要在工作中不断积累经验、丰富自己，才能练就过硬的本领。

唐浩杰，中国安能一局合肥分公司总经济师、金川水电站项目部经理。他是化解难题的能手、技术创新的先锋、带队育人的良师。2019 年 8 月，他作为首批进场人员，辗转来到海拔 2800 米的四川藏区投入金川水电站的建设。他面对进场初期移民征迁、新冠肺炎疫情、道路与施工预期交叉干扰大、施工用电匮乏等不利因素和导流洞开挖、高边坡等不良地质条件及保截流进度压力大等诸多不利条件交织的情形，克服项目建设条件差、履约难度大的困难，积极克难破局，强化沟通协调，狠抓一线施工，确保项目高标准履约。

为了抢进度保节点，唐浩杰主动放弃节假日休息，夏天斗酷暑、冬天战严寒，深入施工生产一线，抓进度、促质量、保安全，综合统筹施工进度、现场条件、资源配置等，及时调整优化施工方案，提高施工效率。尤其是在施工前期，因为洞内岩层地质差，影响开挖进尺，原定方案难以实施，他带领项目部技术人员与业主、设计师、监理沟通对接，制订新的施工方案，终于解决了支洞与大跨度主洞三岔口、变质千枚岩断层条带等复杂地质条件下的施工难题。导流洞洞身开挖、边坡支护等施工都有着错综复杂的工序，关键问题需要有人去协调解决，唐浩杰一马当先，勇挑重担。

在吃劲岗位上淬炼过硬本领。一个人本领和能力的提升，不可能轻轻松松地实现，往往要经历千锤百炼，才能淬炼成钢。

中国兵器装备集团华中长江光电的王艳林，从事激光器及相关技术研发工作 10 年，先后完成 20 余项激光器及项目设计任务。2021 年 7 月，他所在岗位被命名为“集团公司级党员先锋岗”。

为了提高公司特品项目研制竞争力，公司决定进行某目标指示器研究开发，目标指示器为该领域技术中的一个独立学科，理论性很强，且随着现代技术的进步，有了很大发展。进行该项目开发，需要攻克许多技术难关。他与其他项目组成员争分夺秒，不畏困难，潜心钻研，成功完成了该项目的研制，填补了公司在该项技术上的空白，为公司相关产品的研制打下了坚实的技术基础。通过辛苦的付出，他所在团队被评为湖北省“激光目标指示器研发”青年创新工作室，所研制的项目荣获公司年度特殊贡献特等奖。

某激光器项目技术难度大，王艳林带领项目组曾多次奔赴相关高校，进行技术考察与交流，短短两年时间就取得技术突破，成功研制出该激光器的样机。在项目的研制成功上他付出了极大的努力，在研发过程中他身先士卒，勇往直前。在攻关某个技术难题时，他几乎废寝忘食，通宵达旦。功夫不负有心人，通过不停的摸索、不断的改进和试验验证，项目组很快找到了真正原因，最终解决了技术难题。该项目于 2021 年已完成环境试验考核，各项指标满足设计要求且已达到国内领先水平。

广大央企青年要到基层一线去摸爬滚打，到“吃劲”岗位上去劳筋骨、苦心志，在急、难、险、重任务中去经风雨见世面，遇到挫折撑得住，关键时刻顶得住，打大仗硬仗，干苦活累活，磨炼坚强意志，锤炼良好品质，快速成长成才。

在真刀真枪的实干中成就事业

思想领航

2021 年 4 月 19 日，习近平总书记在清华大学考察时发表重要讲话强调：“要实学实干，脚踏实地、埋头苦干，孜孜不倦、如饥似渴，在攀登知识高峰中追求卓越，在肩负时代重任时行胜于言，在真刀真枪的实干中成就一番事业。”奋斗成就梦想，实干铸就伟业。与新时代同向同行、共同前进，广大青年如何才能成就人生梦想？生逢盛世、肩负重任，如何才能不辱使命、不负韶华？答案无外乎“实干”二字。

广大央企青年要牢固树立“一日无为，三日难安”的责任心，不驰于空想，不骛于虚声，不流于形式，敢想敢做，务实求变、务实求新、务实求进，用臂膀扛起如山的责任，展现出堪当大任的非凡担当，用实际行动诠释对党的忠诚、对人民的赤诚。

青春风采

“全国技术能手”“中央企业青年岗位能手”“全国粮食行业技能拔尖人才”……这些荣誉的获得者，正是湖北中储粮油脂有限公司的王金亚。她是如何一步步成长为青年榜样的呢？这还要从她入职那一刻说起。

2015 年研究生毕业的王金亚加入了湖北中储粮潜江直属库，在从事粮食检验的几年中，“高标准、严要求、不讲情面”是售粮人对她的评价。王金亚也曾犹豫，面对农民用三轮车拉过来超出收购标准水分近 3 个百分点的稻谷，望眼过去全是生芽病斑的稻谷或是高比例黄粒米的稻谷，她摇了摇头。但看着农民大叔眼中的期待和脸上的汗水，她心里也犹豫：“是否要通融一下？他们也不容易。”但转念一想：“这是为国家收购粮食，目的是让更多人吃上放心粮，尺子松一点，心头软一点，是对更多人的不负责。”挣扎过后，她用坚定的为国储粮信念、专业的技术能力和正直的职业操守捍卫了检测结果，用忠诚担负起“大国粮仓守卫者”的职责。

喜欢挑战、善于钻研的王金亚不满足于安逸的环境和目前取得的成果，她不断为自己设定一个个新的目标，脚踏实地、扎实努力，在实现目标的过程中提升能力，收获成长，工作业绩突出的她连续几年被评为优秀员工。用她自己的话说就是：“我必须不断地给自己立一个个小目标去实现它，多为公司做一些实实在在的事情，才会觉得自己不辜负公司的培养。”“立长志不如常立志，把每周、每月、每半年作为一个阶段，设立一个看得见摸得着的目标，一步一个脚印地实现它。”

检验是一项技术活，如何做得又快又准，王金亚一直孜孜不倦地探索。她认真学习理论知识，结合工作实践，汲取前辈经验，逐步提升专业能力，工作第二年就拿到粮油食品检验员高级证书。在追求专业的路上，她永不止步。为了更好地运用专业知识，2019 年她加入了湖北中储粮油脂有限公司，深入钻研检验技术。在油脂公司、集团公司以及全国粮食行业职业技能竞赛农产品食品检验员项目上，王金亚连续斩获 3 个一等奖，为中储粮争得了荣誉。她将自己的成功归结为 5 个词：坚持、细节、创新、自信和感恩。她说，这不仅是竞赛成功的秘诀，也是她今后工作和生活成功的钥匙。

面对成绩和荣誉，王金亚淡然处之、不骄不躁，一如既往地努力工作，用匠心诠释为国储粮的责任。2020 年初，面对突如其来的新冠肺炎疫情，她所在的湖北中储粮油脂有限公司中央储备油面临超架空期的风险。彼时，还在河南老家过春节的王金亚，一收到复工通知立刻整理行装，惜别咿呀学语的女儿，驾车 10 多个小时，第一时间赶回公司。顾不上长途奔波的疲惫，她一到湖北便投入工作。当时，受新冠肺炎疫情影响，单位人手严重不足，为了抢进度，天还未亮王金亚和几名同事就开始对车辆进行扦样试验。她从未抱怨，全身心投入，经过连续 30 天的日夜奋战，她带领的检验班组圆满完成任务，经检测入库的油脂，一次性通过质检中心验收。王金亚以服务大局的奉献精神、科学严谨的工作态度、忠诚担当的实际行动，为公司守住了质量关。

2021 年，为了增强员工综合素质，公司组织开展轮岗。王金亚勇于跳出舒适圈，自觉接受党务工作的考验。万事开头难，实干是第一。为了更好地完成党务工作，她积极收集、学习党务工作相关制度，吃透上级文件精神，按照“早、准、快、全”四字诀，根据“表单化”计划表，建立“全覆盖”台账群，落实“硬指标”季考核，确保领导各项部署落实到位。创新开展党史学习教育“3+N”学习活动，讲党史微党课、看党史微视频、做党史知识小测试、开展党史 N 活动，让员工从“听课人”变成“授课人”，用“红色故事”“红色记忆”“红色传统”促进学习方式多元化，切实提升了党史学习教育的吸引力、感染力和影响力，真正让党的光辉历史、革命精神在公司得到继承和发扬。

作为曾经的国赛一等奖获得者，王金亚始终用自己的方式传承竞赛精神，发光发热。几年来，她继续加强学习、发挥自身优势、传承竞赛精神、提升技能水平，指导技能竞赛选手，培养高技能检验人才。通过参与中粮技能竞赛裁判和国粮局技能竞赛教材编制通稿工作，王金亚更加懂得了技能比武对于服务国家粮食安全战略的意义和作用，从选手到裁判、从考生到老师，角色转变，责任不减，只要有需要，她时刻准备着。

不忘初心跟党走，牢记使命保粮安。王金亚坚持以习近平新时代中国特色社会主义思想为指导，严守党的政治纪律和政治规矩，以增强思想理论武装坚定自己做好业务工作的信心和决心。成为一个对国家和集体有用的人，是她一直努力拼搏的目标，她积极的心态和正确的业绩观深深影响着周围同事。永不服输是青春的底色，“作为一个中储粮的小我，在中储粮的大家庭中成长历练，愿用忠诚、敬业之心，无愧于青春时光”。

在业务工作、参赛经历中王金亚总结了自己的“4 个坚持”原则：难熬的时候坚持；痛苦的时候坚持；未知的时候坚持；更重要的是，当感觉自己要失败的时候，仍然要坚持。她表示，在今后的工作和生活中，会始终严于律己、奋勇前行，以实际行动践行“宁流千滴汗，不坏一粒粮”的中储粮精神，不负组织培养，心怀感恩，不断擦亮青春的底色，继续为中储粮事业作出新的更大的贡献。

“大道至简，实干为要。”事无论大小，都是靠脚踏实地、一点一滴干出来的。

张孟杰，中国兵器工业集团中国北方车辆研究所轮式车辆技术部工程师，2020 年博士毕业于北京理工大学动力机械及工程专业，成为研究所一名科研技术人员。

在工作中，张孟杰参与了某型号竞标项目的研制过程，负责装备的总装总调任务。新型装备的研发是一项系统工程，初出茅庐的张孟杰明显感觉到自身知识储备的不足。为了弥补不足和提升能力，每天晚上他都进行专业知识补习，主动请教工人师傅装配经验。面对分动箱无法安装导致装配返工等问题，他以问题为导向，提出解决方案，与分系统技术人员开会商讨，积极协调各单位力量，落实改进措施，从而提高总装效率。为了保障项目质量与进度，从早 8 点到晚 10 点，装备车间都有他和同事们忙碌的身影，全体人员用实际行动践行初心使命，有效地促进了各项工作的完成。

2021 年春节将至，为了抢抓竞标节点，他们克服天气恶劣、试验时间短等困难，咬牙拼命赶进度，最终按照节点要求顺利完成试验任务。自进入试验场第一天起，他们便开启了全天无休连轴转的“疯狂”模式。由于项目的特殊性，试验场选在了湖畔水泽地带，冰雨连绵夹杂寒风，湿冷袭人。为了保证流程各节点顺利推进，项目组成员毫不畏惧，提早做好有关设备、产品各项准备，只等条件允许立刻投入试验工作。脚踏实地的工程实践工作彰显了兵工人“特别能吃苦、特别能战斗、特别能攻坚、特别能胜利”的精神风貌，也让他们内心变得更加坚定，相信在这条战线上，只要真刀真枪地实干，就没有战胜不了的困难。

青春是用来奋斗的，青春是用来回忆的！作为新时代央企青年，就是要用实干、用担当、用奉献带动和影响身边的人，在新事业的广阔天地里奋勇向前！

近年来，网络安全攻击方式逐渐隐蔽，对各行各业的网络安全保障工作提出了更高的挑战。中国移动通信集团云南有限公司信息技术部员工丁于，作为中国移动网络安全高级专家，始终奋战在网络安全战线最前沿。他通过安全评估和安全漏洞挖掘为公司和政企客户的 IT 系统“看病”，降低系统脆弱性，降低漏洞被黑客利用的风险。他通过缜密的逻辑思维、细致的观察、专业的安全知识、丰富的工作经验，为公司、政企客户以及其他兄弟省移动公司和集团公司的多个系统找到了百余个安全漏洞。

2017 年一天傍晚，某营业厅电脑终端的频繁死机引起了丁于的警觉，他立即向领导报告并和整个安全战线的同事一起群策群力，对事件开展研讨分析。经过现场取证分析研究，最终确认了造成终端频繁死机的原因——计算机“病毒”感染。当晚，他与安全战线的同事分别赶到可能被感染的多个营业厅现场，根据研究确定的响应策略对现场的所有电脑终端进行病毒排查并加固，最终对“病毒”斩草除根，有效扼制了“病毒”扩散，将“病毒”对企业终端和网络安全造成的损失降到最低点。

实干笃行才能不负韶华。丁于自2012年入职以来，全身心投入企业网络安全保障工作中，积累了丰富的网络安全工作经验，在日常工作中潜心钻研网络安全技术，多次在省、部、集团公司网络安全专业技能竞赛中取得优异成绩。同时，作为公司高级专家、云岭工匠、“丁于创新工作室”牵头人，他在工作岗位上兢兢业业、恪尽职守，圆满完成了党的十九大、新中国成立70周年庆典、COP15等重大活动安全保障任务，带领网络安全专业的同事为公司技术改革创新贡献力量，推进网络安全创新技术落地，10余个网络安全创新项目和试点项目获得工信部、省通管局、中国移动公司奖励。2021年，他荣获“全国五一劳动奖章”。

“樱桃好吃树难栽。”好成绩是实干出来的。奋力走好新时代的长征路，新时代央企青年都需要一股真刀真枪的实干劲儿，到艰苦地区磨砺品性，在基层一线直面问题，不断筑牢信念、执着精进。

作为生态修复和风景园林行业专家，中国建设科技集团所属中国建筑设计研究院有限公司赵文斌技术硬、敢打事、愿做事、善干事。多年来，他带领一支平均年龄只有33岁的青年团队自觉践行生态使命，在全国70多个城市主持设计和负责完成生态景观项目近300项，获得“IFLA国际奖”、“全国优秀工程勘察设计奖”以及行业奖等共115项。

赵文斌始终以忘我的工作热情，全身心投入设计工作第一线。在重庆广阳岛生态修复中，作为项目总设计师和EPC总负责人，他带领项目团队以岛为家，连续驻岛超过800天，大大小小项目汇报不下1000次，组织协调会议2000余次，用脚步丈量全岛累计6000多公里……积极构建广阳岛人与自然和谐共生的最优价值生命共同体，致力于提供生态与发展共赢的解决方案。

从2018年4月登岛，到现在广阳岛生态修复二期即将完工，在这1000多个日夜里，赵文斌亲身经历了广阳岛从谋划定位、策划功能，到规划塑形，再到计划落地，全过程、全主体、全要素、全方位精心打造“长江风景眼，重庆生态岛”，生动表达“山水林田湖草”生命共同体的每一个细节。尽管上岛之前做好了充分的心理准备，但广阳岛的初始条件还是令他们猝不及防。当时的广阳岛已停止了大开发，什么配套设施都没有，上岛调研时不得不支起帐篷办公，以帐篷为“家”。每到饭点，他和同事们必须往返12公里到镇上就餐，来回折腾不已。生态修复开工后，有了工棚，他们便以工棚为“家”，吃住行都在岛上，与工人工作生活在一起，把办公室放在工地第一线。清晨开早会，统筹一天设计与施工计划，白天头顶烈日指导现场工程施工，解决现场问题，晚上加班奋战优化图纸，将现场进展情况及时调整到设计规划中，深夜学习思考开展专题研究，几乎天天如此。在岛上他们昼夜不分，也忘记了周末，“白+黑”“5+2”，全年无休，每天16小时以上的工作时长成了大家的工作常态。

实干是最好的语言。世间一切美好生活都要靠勤劳的双手来创造。广大央企青年要时刻牢记组织重托和群众期盼，把该扛的责任扛起来，把该担的担子挑起来，要做到敢担当、能担当、善担当，在真刀真枪的实干中奉献青春、成就自我、建功立业。

第七章

勇于自我革命，用党的优良作风塑造形象

建党百年来，我们党之所以能够从小到大、由弱到强，成功领导人民取得革命、建设、改革一个又一个伟大胜利，得益于我们党始终坚持自我革命，加强自身建设。2021年7月1日，习近平总书记在庆祝中国共产党成立100周年大会上发表重要讲话指出："勇于自我革命是中国共产党区别于其他政党的显著标志。我们党历经千锤百炼而朝气蓬勃，一个很重要的原因就是我们始终坚持党要管党、全面从严治党，不断应对好自身在各个历史时期面临的风险考验，确保我们党在世界形势深刻变化的历史进程中始终走在时代前列，在应对国内外各种风险挑战的历史进程中始终成为全国人民的主心骨！"

回顾党的历史，我们党始终在自我革命中前行，有刀刃向内、刮骨疗毒的决心，注重党的优良作风建设，践行全心全意为人民服务的宗旨，以不变的初心为人民谋福祉，在新征程上，奋力前行。新时代青年尤其要如此，用奋斗诠释青春，为我们国家的发展献力献策，为党和人民作出贡献。

常怀敬畏之心

思想领航

心有所畏，方能行有所止；严以修身，方能严于律己。习近平总书记在2021年秋季学期中央党校（国家行政学院）中青年干部培训班开班式上发表重要讲话强调："讲规矩、守底线，首先要有敬畏心。"古人讲："畏则不敢肆而德以成，无畏则从其所欲而及于祸。"只有知敬畏、守底线，才能心有所畏、言有所戒、行有所止，才能老老实实做人，踏踏实实干事。

敬畏是自律的开始，常怀敬畏之心，要坚持对党绝对忠诚的政治品格，要把牢政治方向、严守政治纪律，增强政治意识，任何时候任何情况下都要做到政治立场不移、政治方向不偏，在落实中央决策部署上坚定坚决。广大央企青年一定要知敬畏、存戒惧、守底线，敬畏党、敬畏组织、敬畏人民、敬畏法纪。带着敬畏之心、负责之情投身工作，增强群众工作的能力，练就实干担当的铁肩膀、攻坚克难的硬脊梁、敢拼会赢的真本领。

青春风采

党的十八大以来，习近平总书记多次强调"绿水青山就是金山银山"，"两山理论"已成为引领我国走向绿色发展之路的基本国策。中牧实业股份有限公司中牧连锁饲料技术与新品发展部经理吴强三，研究生毕业后毅然放弃了收入丰厚的外企工作，加入畜牧央企——中国农发集团下属中牧实业股份有限公司，立志为畜牧业奉献满腔热血和青春。他知道，畜牧业是与大自然紧密相连同时又与老百姓生活息息相关的民生行业，意义重大，进行畜牧绿色研发则是作为职员必须承担的责任。

为了摸索产品的配方，他需要不断开展实验室研究和动物试验。在做肉鸡的动物试验中，为了保证育雏的温度，在寒冬里每天晚上起来看温度，烧锅炉也是亲自做。在精确试验设计和兢兢业业工作下，华罗酶维宝产品顺利上市，该产品提升了动物的健康状况，减少了抗生素的使用，同时提升了原料的利用率，减少了氮、磷及粪便的排放，有效地减少了对环境的污染。酶维宝解决了酶制剂使用的成本关键因素，将酶的使用成本降低了 60%，为中国饲料市场每年带来 6~10 亿元的效益潜能。

常怀敬畏之心，就必须在贯彻落实党中央的重大决策部署上做到忠诚和笃定，始终保持对党的敬畏，做到忠诚于组织，任何时候都与党同心同德。

中国煤炭科工集团上海煤科西北煤机副总经理兼总工程师冯宝忠，是从设计岗位成长起来的科研骨干，工作兢兢业业，尽职尽责。

2017 年，冯宝忠担任穿越塌陷区曲线带式输送机的项目负责人。当时，公司正处于从煤矿井下向地面转型的关键时期，公司的大型钢结构设计还是空白，更别说 50 米跨距桁架与 38 米高支腿设计，难度可想而知。作为项目负责人，他从地形勘测、工艺设计、方案制订到生产加工，事事亲力亲为，加班加点是家常便饭。由于是首次调试长距离曲线带式输送机，缺乏经验，在设备安装调试环节出现了问题，皮带跑偏严重。连着 7 天各种调试都未成功，用户建议调整方案，重新生产 3 条带式输送机依次搭接来实现，重点是绝不能耽误工期。面对巨大的压力和困难，冯宝忠没有气馁，每天 6 点就赶往现场，晚上 9 点才下班，在长达 4.5 千米的输送线路上又奋战了 15 天，终于有了转机。输送机运行 30 分钟后，只出现了轻微的跑偏。“那是新的输送带，胶带接头应力还没完全释放，再运行 2 小时后，情况肯定会好一点。”冯宝忠自信地说。果不其然，

2小时后输送机基本趋于正常，次日便实现了带载正常运行。该项目是国内首条穿越塌陷区的曲线带式输送机，填补了国内3项技术空白，攻克了企业7项技术难题，共获得国家专利7项，是企业从煤矿井下向地面转型升级的典型代表项目。

常怀敬畏之心，就要在职责使命面前做到担当和实干。干工作，要有敬畏之心，专心、守职、尽责。以敬畏之心对待事业、职责，以平常心对待名利、得失，青年人才能真正无愧于心、有所作为。央企青年要在想干事、能干事、会干事上较真较劲，心无旁骛努力工作，勇于担当作为，为党和人民作出新贡献。

中铁八局集团有限公司城市轨道交通分公司设备管理中心、维保车间负责人倮伍克的子，专注机修维保10余年，至今已参与地铁建设20余公里。他被授予“全国五一劳动奖章”，获得中国中铁“劳动模范”等诸多荣誉称号，是四川省第十二次党代会正式代表。

2020年5月，中国中铁“抗疫情、保增长，大干一百天”专项劳动竞赛正式拉开序幕，倮伍克的子带领维保团队主动承担起中铁八局大连地铁5号线项目部盾构机穿海的设备调试及维保工作。由于该区间地层含水量大、水压高，且区间右线下穿老虎滩海湾区域，同时隧道下部土层松软易沉降，上部地层为石英含量高达90%以上的强风化石英岩，就像“磨刀石”。盾构机在掘进时上部相当于刀盘和“钻石”地层硬碰硬，下部相当于刀盘在“海绵”内化功，姿态极难控制。为避免盾构机在特殊地层中长时间停留，造成地面沉降，保证盾构机一次性穿海成功，倮伍克的子提出建议并多次与专家反复论证，最终通过更换使用耐磨性好的刀具，掘进参数大胆尝试等创新手段，使盾构机连续掘进距离达到120米以上，是原有工法掘进距离的2~3倍长，每掘进千米缩短工期30余天，大幅度节约了时间和成本。2020年7月14日，大连地铁5号线虎虎区间右线盾构成功穿越国家AAAAA级景区，地表最大沉降值精准控制在1.5毫米，海底最大沉降值精准控制在 0.43 毫米，实现了高精度穿海施工。

在抗疫复工和百日大干期间，倮伍克的子南北奔波，郑州机许项目盾构下穿既有城郊线、广州地铁 7 号线盾构始发穿越孤石地层、大连地铁 5 号线盾构穿海……在每一个施工现场，都能看到他忙碌的身影。正如领导和工友们眼中的他，是一位不知疲倦、对工作严格要求，无惧风雨的担当者。

担当敬业，必须有发自内心的敬畏之情，做到接受工作不讲条件，执行任务不打折扣，面对困难不会退缩，不能拈轻怕重，碰到问题就躲、见到困难就推、遇到矛盾就绕。广大央企青年要常怀敬畏之心，强化自我约束，不断改造提高自己，注重自我修炼、自我塑造，始终保持蓬勃朝气、昂扬锐气和浩然正气，树立新时代中国青年的良好形象。

永远保持谦虚谨慎的优良作风

思想领航

2013 年 7 月 11 日至 12 日，习近平总书记在河北省调研指导党的群众路线教育实践活动时指出，全党同志要不断学习领会“两个务必”的深邃思想，始终做到谦虚谨慎、艰苦奋斗、实事求是、一心为民。谦虚谨慎、戒骄戒躁，不仅是品德高尚的标志，更是我们的事业取得成功的保证。

当前，世界正经历百年未有之大变局，我国正处于实现中华民族伟大复兴的关键时期，我们要清醒认识错综复杂的国际环境带来的新矛盾新挑战，深刻认识我国社会主要矛盾变化带来的新特征、新要求。面对全面建成社会主义现代化强国的艰巨任务、实现中华民族伟大复兴的历史使命，我们必须戒骄戒躁、艰苦奋斗，永远保持谦虚谨慎的优良作风，为实现中华民族伟大复兴不懈奋斗，继续创造新的历史辉煌。

青春风采

谦虚谨慎是充满智慧的人的自然选择。

中国船舶重工集团公司第七〇二研究所副所长叶聪，作为“蛟龙”号载人作业潜水器最年轻的主任设计师，也是我国载人深潜领域潜航员专业的开拓者和创始人。他同时担任“寰岛蛟龙”号观光型载人潜水器总设计师和“深海勇士”号载人潜水器副总设计师、总质量师，出色完成了研制任务。2020 年 11 月 10 日，叶聪担任总设计师的“奋斗者”号载人潜水器在马里亚纳海沟成功坐底 10909 米，创造了中国载人深潜的新纪录。习近平总书记给研制单位发来贺信称赞“为科技创新树立了典范”。经历 20 年磨砺，叶聪始终奋战在深潜领域第一线，为祖国的深海装备事业作出了积极的贡献。

叶聪在成绩面前不骄傲。出生于改革开放初期的他，时常感叹赶上了好时代，因为国家对海洋事业的重视，自己有幸成为载人深潜团队中的一员。叶聪经常说：“我们虽然深潜万米，但对海洋的了解还太少。‘奋斗者’号推开了深海一条门缝，新的深海探测和科考计划，等待我们有更多、更大的发现和贡献。”

无论面对顺境还是逆境，广大青年都应始终保持谦虚谨慎、戒骄戒躁、艰苦奋斗等光荣传统和优良作风。正是靠着这些传统和作风，我们党成为人民群众信赖的党，团结带领人民取得了革命、建设、改革的伟大胜利。

党的十九大代表及“大国工匠”“全国技术能手”称号获得者——中核二三“国和一号”示范工程项目部焊接队队长未晓朋，多年来潜心钻研业务技能，熟练掌握专业技能和理论知识，优质高效地完成岗位各项考核指标，并在专业领域取得了骄人成绩，逐步成长为一名德才兼备的青年技术能手。

在福清核电工程中，未晓朋先后参与承担了福清核电 1、2、3 号机组核岛穹顶管道焊接任务，每天他总是早早地来到施工现场，一干就是十几个小时。为了焊好每一个焊口，在不同的位置，他要变换各种姿势，遇到焊接管道的位置较低时，他就躺在地上焊，焊接时的火花溅在脸上，掉进袖口里、领口里，他没有一丝怨言，正是他的这种勇挑重担、迎难而上的不屈精神使他完成了高质量的焊接工程，他在穹顶施工中所焊接的每一道焊口一次合格率达到 100%。其中，1、2 号穹顶焊口一次合格率 100% 更是创造了核电焊接领域新的纪录。

在生产一线的工作中，未晓朋并没有因为取得的成绩有丝毫的自满和懈怠，在工作中仍任劳任怨，以身作则。虽然是一名年轻的技术能手，但未晓朋在带徒弟的时候却丝毫没有放松要求，不仅毫无保留地把师傅们传授给自己的技术和经验倾囊相授，而且更是严格要求徒弟，使其能够学到真本领，快速成长。2019 年技能竞赛期间，他为福清项目部培训 8 名选手参加公司 2019 年技能竞赛，培训期间根据竞赛标准，他认真分析并分别制定集训内容，模拟竞赛过程，分享自己丰富的竞赛经验和竞赛中调整心态的方法，帮助竞赛选手成长，提升能力，克服比赛中的困难，通过激烈角逐，带领竞赛选手获奖共计 13 项，取得了项目部自成立以来的最好成绩。

在成绩和荣誉的光环下，未晓朋没有骄傲和自满，依旧执着地追求着理想，醉心于自己所热爱的焊工专业，抓紧学习，提高技能，力争取得更大的成就。正是因为他的谦虚坦诚、谨慎认真、勇于担当，他成为身边新一代焊工的楷模。

谦逊谨慎，就是要低调随和，真诚待人，认真细致，工作踏实。作为央企的青年，我们要耐心听取同事和群众的意见，深入钻研业务，认真解决问题，更好地助推企业发展。

陈彬是中国航发南方工业有限公司精密加工中心钳工、高级技师，曾荣获“全国五一劳动奖章”。他的同事都说：“陈彬太低调了！”当上技师后，陈彬有过短暂的兴奋，但很快就警醒起来：“技师只是一个名头，拿不出真本领，就会被说名不副实。”一想到还有图号没有吃透，还有问题没有解决，他便抛开了技师的架子，老老实实向师傅请教，扎扎实实琢磨研究，这一干就是 10 年。10 年里，中心每一条生产线的钳工岗位他干了个遍，岗位换到哪里，他就在哪里从零开始。

陈彬的低调并非庸碌。恰恰相反，他是以技师的标准、党员的身份要求自己，选择了润物无声的方式，真正把自己融入了航空发动机事业。一次，他看到身边的同事正在打毛刺，由于零件操作空间小，刮刀伸不进去，同事费了半天劲也很难完成。陈彬便趁着中午休息时间，找了几样新工具一个个尝试，最后选定了一把气动风枪，三两下便解决了问题。同事回来，他立刻把自己的研究成果教给对方，然后又投入自己的工作中。在 2021 年备战国赛的紧张时刻，陈彬欣然受邀，给备考的同事培训竞赛技巧，他用丰富的经验和生动细致的讲解，使大家收获满满。如今，陈彬已是中心“铸心”新长征党员突击队中的骨干，哪里有问题，哪里就有他们协同攻关的身影。身处被誉为全公司“技师最多、专家最多”的“铸心”新长征党员突击队里，他自认是最普通的一员：“航空发动机要实现智能化制造，我们就要不断更新观念，找到更先进的技术、更适合的方法。个人的能力总是有限的，但只要大家齐心协力，祖国一定能赶上时代的脚步！”

唐朝魏徵在《谏太宗十思疏》中说：“念高危，则思谦冲而自牧；惧满溢，则思江海下百川。”害怕骄傲自满招来损失，就应该有江海一样能够容纳百川的度量。广大青年要虚心用心，必须有求知态度、务实作风、谦虚精神，甘当“小学生”，不懂就问，切忌主观臆断、不懂装懂。

际华集团股份有限公司职业装研究院（际华三五零二职业装有限公司）首席设计师李慧峰，工作谨慎踏实，勤勤恳恳，先后协助完成“9 · 3 阅兵老兵方队服装设计研发”项目、住建部“城市管理执法制式服装和标志标识”任务、应急管理部“消防救援局系列服装设计”任务，为公司防护服的设计研发作出了贡献。同时，他还主持中国大唐电力、中国电信、中国石油等各大央企工装的设计研发。在研发中，他以严谨的工作作风为工装设计注入了高效原动力。

2015 年，他接到军需装备研究所“9 · 3 阅兵老兵方队服装设计研发”项目。为了能更好地在 9 · 3 阅兵仪式上展现当年老兵英姿飒爽的形象，为了更真实地还原历史人物原貌，他长途跋涉多个省市，曾到达四川成都建川博物馆聚落、云南腾冲滇西远征军纪念馆、东江纵队纪念馆等多个博物馆进行调研，采访多位老兵，取得了大量珍贵的历史资料。他日夜加班加点研发设计，经过近百张设计稿件的绘制，最终完成了英烈子女方队、支前模范方队、抗战老兵方队三大系列服装的设计方案，为 9 · 3 阅兵仪式的成功举办贡献了自己的力量。

“水满则溢，月满则亏；自满则败，自矜则愚。”面对全面建成社会主义现代化强国的艰巨任务、实现中华民族伟大复兴的历史使命，我们必须戒骄戒躁、艰苦奋斗，永远保持谦虚谨慎的优良作风，不懈奋斗，再创辉煌。

青春有为，人生无悔。广大央企青年要正确对待荣辱得失，平和对待进退流转，谦虚谨慎，淡泊名利，不懈奋斗，在平凡的岗位上干出不平凡的业绩。

弘扬真善美，传递正能量

思想领航

青春的能量是正能量的模样，青春的风采是真善美的风采。2014 年 5 月 4 日，习近平总书记在北京大学师生座谈会上发表重要讲话指出：“人类社会发展的历史表明，对一个民族、一个国家来说，最持久、最深层的力量是全社会共同认可的核心价值观。”青少年的价值取向决定了未来整个社会的价值取向，而青少年又处在价值观形成和确立的时期。为此，广大青少年一定要端端正正“扣好人生第一粒扣子”，弘扬真善美，传递正能量。

人无德不立，品德是为人之本。真善美之于个人、之于社会，都具有基础性意义。做人做事第一位的是崇德向善。广大央企青年要带头明大德、守公德、严私德，带头践行社会主义核心价值观，带头倡导良好的社会风气，涵养道德操守、明礼诚信、怀德自重。严格遵纪守法，严格履行团员义务，把正确的道德认知、自觉的道德养成、积极的道德实践紧密结合起来，不断修身立德，打牢道德根基，在人生道路上走得更正、走得更远。

青春风采

张帆是东航上海飞行部的一名经验丰富的 80 后机长，累计安全飞行 10900 小时。2022 年 1 月 10 日，张帆作为责任机长执飞 MU5613 航班，飞机于 08:36 从上海浦东机场起飞，按计划准备在经停哈尔滨后飞往黑河。起飞 20 分钟后飞机进入巡航阶段，突然服务呼唤灯亮起，乘务员前往客舱后发现一名旅客身体健康状况不佳，经询问后旅客自述为心颤，胃不舒服但已用过早餐。乘务长观察后发现该旅客喘不上气，便立即取下氧气瓶给旅客吸氧，并指挥其他乘务员取出应急医疗箱中的血压计测量该旅客的血压。采取一系列急救措施后，该旅客的身体不适并未得到有效缓解。在急救过程中乘务组将这一紧急情况报告机组。

当班责任机长张帆接报后，果断开展处置流程，根据机组能力、现场情况等因素综合考虑，对机组操作飞机和通信决策的职责进行明确分工，在紧急救援处置的同时确保飞行安全。张帆考虑到继续往前方飞行可能会延长返航时间，在评估了油量后，报告空中交通管制员，根据管制员指挥先往回飞。同时，机组使用卫星电话与签派人员联系，报告旅客年龄、性别及当前症状等情况，最后张帆与签派人员共同决策，决定返航上海浦东机场。

在返航过程中，张帆不仅与上海区调、上海进近和浦东塔台密切联系，还通过甚高频电台与公司浦东现场地面保障团队对接，落实航班落地后包括地面救护车、升降车方面的一系列保障。最终，航班于 09：51 安全落地浦东机场，舱门打开后旅客被立即送上救护车。在东航地面特服人员的陪同下，旅客被及时送往医院抢救并转危为安。此时，远在千里之外的哈尔滨太平机场正飘着小雪，却因为一群人的善意与大爱而变得暖意融融。

立业先立人，立人先立德。新时代青年要锤炼品德修为，青年要把正确的道德认知、自觉的道德养成、积极的道德实践紧密结合起来，不断提高自己的思想觉悟、道德水平和文明素养。

中国能建葛洲坝集团勘测设计公司试验检测公司检测员虞博涵，在服务“一带一路”建设中彰显青年之责。2020 年 7 月，出于工作需要，虞博涵放弃了国内安逸的工作环境，主动请缨踏出国门，远赴巴基斯坦卡洛特水电站从事桥梁监控的工作。

2020 年 8 月 24 日，因连续降雨，复建项目 S7 索桥施工现场发生边坡垮塌，业主方请求葛洲坝集团勘测设计公司到现场帮忙评估灾害影响，为后期治理方案提供基础数据，于是虞博涵和另一参建中方企业的李师傅一起赶往现场。

当天下午 3 点多，他们赶到垮塌断面顶部的测量点时，李师傅突然双膝跪地，耷拉着头朝面前三四十米高的断面往下栽。虞博涵见势不对，一个大踏步冲上去，伸手一下把他拉了回来。此时，李师傅已经瞳孔放大、心跳骤停。

事情发生得太突然，在远离营地、交通不便的紧急时刻，虞博涵的脑海里顿时浮现出公司安全培训讲授的心肺复苏术。一刻也不容迟缓，他立即将李师傅平放在地上，解开上衣，开始按压他的心脏部位，做人工呼吸。一下、两下、三下……两分钟后，李师傅终于恢复了呼吸。

李师傅苏醒过来后，在大家的协助下被抬上面包车，送到项目部的医务室，此时虞博涵悬着的心才终于放下。“在紧急情况下冷静果断，及时采取有效措施，挽救了同胞的生命。”卡洛特水电站项目经理部负责人给予了虞博涵高度的评价，并授予他“见义勇为先进个人”称号。

作为新时代青年和“一带一路”建设者，虞博涵将继承和发扬好中国优秀的传统文化，分享好中国技术和中国智慧，为共建“一带一路”贡献青年之智、展现青年之为、彰显青年之志。

爱岗敬业是中华民族的传统美德，敬业是一个人职业道德的灵魂。敬业、奉献是一种态度。一个人，一旦爱上了自己的工作，他的身心就会融合在工作中，不论在什么岗位，都能作出不平凡的事业。

胡中辉，中国电气装备集团所属平高集团有限公司首席工匠，国家级“胡中辉技能大师”工作室负责人，平高集团电气机械制造事业部党委副书记、副总经理。他25岁获得“全国技术能手”称号，26岁成为高级技师，29岁享受国务院政府特殊津贴，获评河南省首批“中原大工匠”，30岁当选第十三届全国人大代表，荣获“全国五一劳动奖章”，31岁当选共青团第十八届中央委员会常委、中国工会十七大代表，33岁荣获“全国劳动模范”。自参加工作以来，累计完成公司科技项目63项。

2007年，我国首个自主研发的百万伏特高压交流实验示范工程——晋东南变电站中使用的百万伏支架焊装，在实际加工进程中发生进度、质量无法保证的棘手难题。而作为首次加工的核心零部件，国内外也无相关技术可借鉴。胡中辉主动请缨，历时一个月几乎昼夜不停地钻研，最终他研制出动平衡配重工装、内外螺纹装夹工装和专用精密深孔加工刀具，使加工精度保持在0.01毫米内，不到一根头发丝直径的1/6，解决了上述难题，一次创造经济价值 120 多万元，该项目也获得了国家发明专利和实用新型专利各 1 项，获得中国机械工业科技进步奖二等奖、国家电网公司科技进步奖三等奖。

一个国家的强盛，离不开精神的支撑；一个社会的发展，有赖于文明的推动。新时代央企青年要加强思想道德修养，自觉弘扬爱国主义、集体主义、社会主义思想，积极倡导社会公德、职业道德、家庭美德。

邹瑜，2011 年 7 月加入东方航空技术有限公司，现任虹桥维修基地波音航线维修一分部三组技术经理、副主任，曾获 2016 年度“中国技能大赛”（民用航空器机械维护员）团体第一、2016 年度上海市“职工先进操作法创新奖”、2019 年度“上海市青年五四奖章”，被评为 2017 年度“中央企业技术能手”、2019 年度东航集团“先进个人”。

身为共产党员，邹瑜注重品质，追求卓越，常常把工匠精神作为激励自己的一种态度，其成熟稳重的性格便是在不断学习追求和发扬工匠精神的过程中养成的。令员工印象很深的是，邹瑜在做任何事时，都认真仔细，如若别人做事浮躁急切，他便会说“别急，我们想想有没有忘的”“我们把原理搞清楚，不要瞎做”等。邹瑜将精益求精的工匠精神和严谨专注的工作态度，真正地落到一线生产工作中。

作为“爱在东航”公益活动的积极响应者，邹瑜定期组织开展走进上海市精神卫生中心、徐汇区博爱康健园等“爱在东航”公益活动，以 PPT 演讲、游戏、魔术等方式，向患病儿童讲述机务、飞机、蓝天与梦，让他们能够感受到机务行业的魅力，并希冀他们能够怀揣蓝天梦健康成长。邹瑜带领着员工们与小朋友互动交流，让员工们能够以志愿者的身份传递自己的爱心，同时提升员工的职业荣誉感和责任感。除此之外，邹瑜通过邀请飞行、乘务等多部门共同参与，增进彼此感情，扩大志愿者队伍，进而扩大“爱在东航”的社会影响力，向社会传播“爱在东航”的公益品牌。

青年一代要始终保持积极的人生态度、良好的道德品质、健康的生活情趣，带头践行社会主义核心价值观，倡导社会文明新风，积极参加志愿服务，主动承担社会责任，热诚关爱他人，以实际行动促进社会进步。

接过艰苦奋斗的接力棒

思想领航

2019 年 3 月 5 日，习近平总书记在参加十三届全国人大二次会议内蒙古代表团审议时指出："不论我们国家发展到什么水平，不论人民生活改善到什么地步，艰苦奋斗、勤俭节约的思想永远不能丢。"历览前贤国与家，成由勤俭败由奢。一个没有艰苦奋斗、勤俭节约精神作支撑的民族，难以自立自强；一个没有艰苦奋斗、勤俭节约精神作支撑的政党，难以兴旺发达。

"忧劳可以兴国，逸豫可以亡身。"青年知晓艰苦，才懂得奋斗；耐得艰苦，才能够努力拼搏。如今的条件与过去相比已不可同日而语，但面对发展中遇到的问题，同样需要一以贯之的艰苦奋斗，充分发挥主观能动性，攻坚克难、砥砺奋进。

艰苦奋斗的精神永不过时。过去的辉煌成就是靠艰苦奋斗取得的，更加美好的明天仍需发扬艰苦奋斗精神来创造。青春需要在艰苦奋斗中不断磨砺，青年需要在艰苦奋斗中历练本领。新时代央企青年要接过艰苦奋斗的接力棒，立足本职、真抓实干、埋头苦干、实学实干，勇于到条件艰苦的基层、国家建设的一线、项目攻关的前沿去建功立业。

青春风采

柴瑞峰，中国电信集团有限公司内蒙古呼伦贝尔分公司莫尔道嘎支局支局长，他先后获得“中国电信杰出青年”“全国劳动模范”等荣誉称号以及“全国五一劳动奖章”。莫尔道嘎支局覆盖 1.2 万多平方公里区域，区域内现有电信用户 4700 余户，基站 54 个，光缆线路 600 多公里。基站距离镇区最近的 10 公里，最远的 400 多公里。这里冬长夏短，结冰期 8 个月以上，最冷时气温零下 54 摄氏度。一年四季，柴瑞峰一个人克服蚊虫叮咬、猛兽环伺和高寒作业等环境困难，在原始密林中从乡镇到林场，再到边防驻地，既要攀登千米高山峰顶的铁塔，又要跋涉几十公里林间的巡检线路，还要翻越冬天前行路上冰雪覆盖的山坡，他心中的目标始终只有一个，就是让电信信号畅达千家万户。

辖区内共有 6 个边防连队，最远的是 400 多公里外的恩和哈达边防六连，都在原始森林最深处，每年部队的通信设备和网络通信设备都会被雷击坏好几次。每次去维修时，开车需要八九个小时才能到达。辖区道路都是边防公路，山路崎岖，一到雨季车子经常陷进淤泥里，冬天路滑更是难以通行。莫尔道嘎支局刚成立时，10 多个人蜗居在一个二楼的 20 平方米的小房间中办公。20 岁的柴瑞峰刚入职时，为了能留下来，烧锅炉、淘厕所、搬器材、钻山林等各种脏活累活抢着干，也因此培养了他吃苦耐劳的工作精神。后来，支局电信业务不断增加，可是人却越来越少。“必须有人坚守阵地，即使只剩下我一个人了，我也会责无旁贷地留下来。”这是柴瑞峰的心声。他经历了中国电信业务在内蒙古北部原始林区的边陲之地从无到有、从小到大、从弱到强的发展历程，无论环境怎样变化，他艰苦奋斗的初心不改。

今天，我们的生活条件好了，但奋斗精神一点都不能少，永久奋斗的好传统一点都不能丢。无论处于什么样的环境，无论处于什么样的人生起点，都要依靠自己的辛勤努力和付出，拼出青春出彩的高光时刻。

在毛乌素沙漠，矗立着一座现代化的全国智能制造煤化工示范工厂，这就是中煤陕西公司的所在地。中煤陕西公司已建成年产 205 万吨甲醇、60 万吨煤制烯烃项目，该项目是中煤产业结构调整、转型升级的国家级煤化工示范项目。在中煤煤化工的发展历程中，有这样一群人，他们始终坚守着心中的信念在这片沃土上默默耕耘，在点滴中积累历练，实现了自我价值，马军鹏就是其中最具代表性的人物之一。

2009 年，在北京职场中已崭露头角的马军鹏，为响应“中煤集团青年人下基层干事创业”的号召，抛家舍业，毅然来到荒凉的毛乌素沙漠，与 50 余名第一批项目建设者一道，投身中煤煤化工的建设浪潮中。从此，这个化工专业出身的青年人与他所热爱的煤化工事业结下了不解之缘。

中煤陕西煤化工项目建设初期，原始大漠极度荒凉，条件极其艰苦，作为青年技术人员，他德才兼备、勤学肯干，与广大项目建设者打成一片。泥泞的排水管道，他能毫不顾忌地钻进去检查焊缝质量；几十斤重的塔内件阀门，他和施工人员一起，扛起来就走；原本只负责技术管理，他却主动到设备安装现场多学多看；只要是干过的工作，他总能温故知新、举一反三；与外商进行技术交流时，他总是打破砂锅问到底……2014 年项目建成投产，不仅填补了中煤集团在煤制烯烃领域的空白，还对煤炭资源深度转化、推动能化产业结构调整升级、带动地方经济发展起到了促进作用。2015 年该项目获得了“全国化学工业优质工程奖”。马军鹏这位具有开阔视野和前瞻管理思维的青年技术人才也伴随着项目的建成脱颖而出，从项目质量技术负责人到烯烃中心主任、公司副总工程师，一步步走向了施展才华的广阔平台。

青年人亲历筚路蓝缕、胼手胝足的艰苦奋斗，就会养成“吃苦在前，享受在后”的意志品质。为此，青年人要选择扎根条件艰苦的基层、国家建设的一线、项目攻关的前沿，在担苦、担难、担重、担险中经受锻炼，有助于增长才干。

杨志明，现任中国化学工程股份有限公司总经理助理，中化学南方建设投资有限公司党委书记、董事长。2018 年 2 月，他南下广州，着手筹建如今的中化学南方建设投资有限公司。刚到广州，他便马不停蹄地寻找临时办公场所，四处“招兵买马”，办理工商注册……很快，临时办公地选定，他租用了一栋位于海珠区黄埔村的 5 层居民楼，标准的城中村建筑，与海珠区琶洲保利商务区相隔不足 2 公里。作为一家投资公司，为什么将办公地址选在城中村的民房而不是商务区的写字楼？即便是企业正常运转后，依然入驻当时还略显萧条的工美港工业园区。这是很多新入职员工和一些新合作伙伴的疑惑。

“一是为了节约企业开支，二是降低员工生活成本。与琶洲商务区相比，现在的办公楼租金便宜近一半，员工生活成本低 1/3。”杨志明对此早有考虑，并进一步补充道，“企业要留住人主要靠归属感和成就感，取得合作方的认可主要靠诚信和实力。我们将有限的资金用于提高薪酬待遇，吸引更多优秀人才，这是企业核心竞争力。”

为了进一步增强员工的归属感，营造企业“家”的氛围，杨志明与企业注册地广州白云区沟通，推动解决了 161 项员工属地落户、子女就学、异地就医、社保转移等一批职工切身利益相关的急难愁盼问题。杨志明说：“职工引进来了，免除了后顾之忧，心就安定下来了，就会全心全意为南投公司这个‘大家庭’贡献聪明才智。”

就在目前还略显简陋的办公楼里，杨志明通过 9 次社会招聘和 2 次校园招聘，择优录用了来自企业、政府部门和知名院校的各类人才 400 余人，人员规模从成立初的 23 人增加到目前的 486 人，平均年龄 35 岁，研究生及以上学历占比 15%，中级及以上职称占比 65%，构建了一支经验丰富、专业匹配、来之即战的成熟人才队伍。4 年来，南投公司从无到有、从小到大，年新签合同额超过 100 亿元，年营业收入近 30 亿元。回想创业之初的情景，杨志明欣慰地说："南投公司的这批创业者，都有这种过'紧日子'的理念，艰苦奋斗是我们的传家宝，现在已经成为企业文化的一部分。"

青春需要奋斗，成就事业需要从无到有，青年要脚踏实地，一步步走出属于青年独有的风采。

中国电建水电五局第一工程公司温岭项目常务副经理陈小锐，在公路、市政及水电工程施工技术管理、项目经营管理、施工生产管理等方面经验丰富。前期踏勘和进场开拓工作是一个项目起步最为艰难的时段，特别是大山里的水电站前期进场施工，翻山越岭、风餐露宿是常事，前期常常是居无定所。他从未向困难妥协过，他不仅是农民的儿子，也是水电五局铁军团队的儿子。

一路走来，在甘肃三道湾水电站、西昌永宁河四级水电站和仙居抽水蓄能电站等工程，陈小锐在工地现场没白天没黑夜地干。为了获取最真实的聚能水压爆破参数，他自己动手装炸药、装爆破水袋，在地下洞室蹲点采集爆破数据，优化水压爆破方案，每次从地下洞室出来鼻孔都是黑的。仙居抽水蓄能电站的调压洞室内，两座100余米深的调压深井开挖支护施工，需要设计和自制出既满足钻爆人员上下，又满足锚杆、喷锚料等材料垂直运输的设施，他和一线工人吃住在一起，讨论设计罐笼提升系统和大盘货物提升系统，论证方案和监督设计方案的实施，检查每一道焊缝、盯控每一批加工材料的质量，确保提升系统满足设计指标要求。进行荷载实验，他第一个登上提升系统检验设备，让工人放心使用。

在江习高速公路、四面山抢险工程、526国道改建工程、温岭联络线高速公路工程，陈小锐刻苦钻研高速公路和市政道路的相关知识。从前期策划到进场施工，从方案的编制到比选、优化，最终形成了最佳的实施性施工组织设计。高速公路有短、平、快的施工特点，工作节奏非常快。他白天跑工地，晚上挑灯夜战定方案、排计划是常态。为及时纠偏现场施工进度和技术方案指导，他在隧道里、高边坡上一待就是一整天。虽然工作又苦又累，皮肤也晒得很黑，但他一直发扬着敢于吃苦、乐于奉献精神。他所参建的江习高速公路工程获得 2018—2019 年度“中国建设工程鲁班奖（国家优质工程）”。

青春需要在艰苦奋斗中不断磨砺，青年需要在艰苦奋斗中历练本领。无论处于什么样的环境，无论处于什么样的人生起点，每个青年人都要依靠辛勤努力，创造属于自己的精彩人生。

“天下行业有三苦：撑船、打铁、磨豆腐。”船上劳作向来是社会公认的三大苦差事之一。中国农发集团舟山分公司机务部经理助理江焦阳，2011 年毕业入职舟山分公司，便下海前往一线参与公海鱿鱼钓实地生产作业。面对长期枯燥而单调的海上作业以及每日高强度的生产工作，他没有退缩，凭借当代年轻人的一腔热血，艰苦奋斗。

“明旺”轮是一条长期在公海从事鱿鱼钓作业的远洋渔船，利用鱿鱼的趋光性夜晚灯光诱鱼作业，当船长开启诱鱼灯，江焦阳就会到达指定机位开始一天的工作，时刻关注各钓机线轮钓钩有规律的上下循环，避免其受海流、风等因素影响而相互“纠缠”。若是在手钓季节，他还会额外投入炮弹钩进行手钓作业，将鱿鱼从 50~70 米深的水下，甚至是百米以下的深海一条条牵引至海面上，然后再下钩，周而复始，没有停歇，直至第二天天亮。他还要协同其他船员一并将当晚的“收获”分级称重装盘，并在第一时间送进冷冻间冷冻，从而结束当晚“收获”流程。但此时往往也意味着第二天工作的开始。每日如此循环往返，其间睡眠时间一般只有 5~6 个小时，而一个生产周期往往就是几个月，随后长途航行转渔场继续生产。他不怕苦、不怕累，时刻都在追求进步，获得船队一致好评。

青春需要在艰苦奋斗中不断磨砺，青年需要在艰苦奋斗中历练本领。奋斗新时代，开启新征程。永远保持艰苦奋斗的精神，我们就能不断为党和人民争取更大光荣。

第三篇

谱写青春乐章，凝聚投身民族复兴的奋进伟力

第八章

守正创新、踔厉奋发，在科技攻关岗位奋力攀登

在全面建设社会主义现代化国家的新征程中，企业是创新的主体，科技创新是国民经济发展的战略支撑。2022年6月28日，习近平总书记在湖北省武汉市考察时强调，随着我国发展壮大，突破“卡脖子”关键核心技术刻不容缓，必须坚持问题导向，发挥新型举国体制优势，踔厉奋发、奋起直追，加快实现科技自立自强。

新时代央企青年，尤其是青年科技工作者，要坚持面向世界科技前沿、面向经济主战场、面向国家重大需求、面向人民生命健康，把科学梦想与青年梦想紧密结合，大力弘扬科学家精神，坚定创新自信，勇攀科技高峰，致力于攻克“卡脖子”问题，为加快实现高水平科技自立自强、建设社会主义现代化强国作出新的更大贡献。

勇攀科技高峰

思想领航

2021 年 5 月 28 日，习近平总书记在中国科学院第二十次院士大会、中国工程院第十五次院士大会、中国科协第十次全国代表大会上发表重要讲话指出：“必须深入实施科教兴国战略、人才强国战略、创新驱动发展战略，完善国家创新体系，加快建设科技强国，实现高水平科技自立自强。”勇攀科技高峰，推动科技自立自强是建设科技强国的必由之路。在新时代的舞台上，新时代央企青年砥砺自强、顽强拼搏，展示出锐不可当的中国力量，在一处处“中国标识”、一个个“中国制造”、一份份“中国答卷”上，印下了新时代央企青年的奋斗足迹。

科技立则民族立，科技强则国家强。开启新征程，我们要坚定不移走中国特色自主创新道路，勇于创新、顽强拼搏，努力在关键核心技术、颠覆性技术上闯关夺隘，不断向科学技术广度和深度进军，为建成世界科技强国、实现中华民族伟大复兴不断作出新的更大贡献！

青春风采

科技是国家强盛之基，关键核心技术是国之重器，要不来、买不来、讨不来，新时代央企青年要坚持创新驱动发展，勇攀科技高峰，为服务国家发展大局和增进人类福祉作出更大贡献。

第七〇八研究所辅助舰船研发事业部主任、无人装备研发中心主任任毅，长期从事军用舰艇总体研发设计工作，先后担任多型海监船、三体搜救艇、海警巡逻舰以及C28A型护卫舰总设计师。C28A型护卫舰是我国目前为止出口舰船单项合同最高金额项目，是在总结国内外护卫舰研制成功经验的基础上，以英国劳氏船级社军船入级规范为设计建造标准自主研制的一型3000吨级出口型导弹护卫舰。作为该舰总设计师，面对紧张的设计周期、超高的技术要求，任毅带领团队迎难而上，创新攻坚，在完成该舰研发设计确保舰船的先进性的基础上，又合理有效地控制和化解了技术风险，得到舰船使用方的极高好评。该舰的成功研制，为我国国防工业和军事装备走出去、提升我国军贸舰船的国际口碑，作出了巨大贡献。作为青年科研骨干，任毅锐意进取，善于创新，以优良的品德、过硬的技术和严谨的作风取得了优秀业绩，得到业界一致认可。在他的带领下，目前第七〇八研究所已建立了多支创新能力卓著、持续研发能力强的作战支援保障舰船团队，成员专业，年龄、技术职务结构合理，管理机制完善，为祖国舰船事业的跨越式发展培养和储备了一流的研发人才队伍。

新时代央企青年，特别是青年科技工作者，要志存高远，瞄准世界科技前沿，敢于“异想天开”，勇闯科技“禁区”，力求达到前人不能达到的高度，作出超越前人的原创性成果。

王晓东，2013年博士毕业于中科院上海技术物理研究所，同年加入以微波通信和探测技术为主业的中国电科集团第五十所，开始了太赫兹探测技术的创新研究。王晓东作为项目负责人主持了国家“863计划”、国家自然科学基金等科研项目10余项，获批纵向科研总经费超1亿元；作为第一作者或通讯作者共发表SCI论文22篇，EI论文16篇，获授权国家发明专利22项；作为特邀专家，在国际和国内太赫兹大会上作特邀报告共12次。

“十三五”时期，王晓东带领团队攻克了国内太赫兹探测芯片由阵列规模提升带来的像元非均匀、盲元和串扰等系列问题，解决了美国技术封锁下国内深低温读出电路缺失的重点问题，突破了国内太赫兹互连芯片在深低温下出现失效和碎裂的难点问题，成功研制出高灵敏宽光谱太赫兹阵列探测芯片，综合技术水平达到国内领先水平。同时，团队面向国家重大需求、世界科技前沿及人民生命健康，联合总体单位在深空探测、大气监测及生物检测等领域，开展了高灵敏宽光谱太赫兹阵列探测芯片的应用研究，成功研制出高分辨阵列探测太赫兹演示验证系统。

王晓东带领团队始终冲锋在科研一线，坚韧不拔、攻坚克难，竭尽全力做好科技创新及成果转化，进一步在国家层面扩大影响力，从应用生态链上与多家用户单位、总体单位及配套单位形成了广泛的合作局面。

作为科技创新的生力军，新时代央企青年矢志创新突破，引领时代潮流，把青春挥洒在祖国大地上、奋进进程中。

中国长江三峡集团科学技术研究院副院长雷肖，是在三峡集团“坚持新发展理念，勇攀科技新高峰”、厚植青年科技人才沃土中成长起来的优秀科技工作者之一。他带领团队实现亚洲海上柔性直流输电工程“零的突破”，将核心技术牢牢握在手中。作为攻关团队责任人，他长期扎根江苏省如东项目建设一线，组织三峡集团内部科技力量，联合设计院所、制造企业、安装调试等专业团队聚力攻关，采用专题论证、权威诊断和技术会战等方式，同步推动重点科技项目攻关和示范工程建设，协调统一科技创新与工程保障，用 3 年时间使“海洋友好型”“电网友好型”海上风电柔性直流输电技术成功落地。

2021 年 11 月 8 日，技术攻关成果的落地工程——三峡集团如东海上风电柔性直流输电工程首批海上风电机组成功并网发电，标志着我国已掌握海上风电柔性直流输电工程领域核心关键技术。雷肖表示，在项目实施过程中，技术团队群策群力，不仅攻克了柔性直流系统主接线设计、设备参数选型、海上换流站结构布置等关键技术难题，同时也带动产业链快速发展。未来，攻关团队将继续努力，知重负重，苦干实干，勇攀高峰，将更多的关键核心技术牢牢掌握在自己手中，不断为推动三峡集团科技创新作出新的贡献。

青年如初春，如朝日，如百卉之萌动，如利刃之新发于硎。新时代央企青年要以“面壁十年图破壁”的坚韧和“功成不必在我，功成必定有我”的担当，积极踊跃投身科技创新的滚滚洪流，展现新时代青年的力量。

鞍钢集团钢铁研究院副研究员胡奉雅，国际焊接工程师兼工企电工程师，硕士以专业第一名的成绩毕业于英国南安普顿大学机电一体化专业。2018 年受邀公派至英国剑桥大学访问学习，成为剑桥大学材料冶金系最年轻的访问学者。自 2015 年工作以来，她主要从事钢铁材料的应用研究、高效焊接新技术和新材料开发等工作。

钛钢复合板产品作为鞍攀两地联合重点攻关项目，也是集团战略研究项目，焊接技术是限制发展应用的最关键技术难点。胡奉雅主动负责钛钢复合板焊接技术研究，通过团队的集体努力，将传统焊接技术升级，成功将这项技术应用在池州长江大桥，并创新完成外置钛钢板大弯曲度的焊接，两项技术均属国内首例，实现国内引领。该项目被评为“鞍钢集团创新登高金牌项目”，并在创新登高大会上发布。但是，这项技术仍未从根本上突破钛和钢无法直接熔焊这一世界性难题。坚持是战胜困难的有力武器，胡奉雅没有放弃，经过漫长的艰苦试验，终于成功在中间层材料的设计与新工艺研发环节实现重大突破，先后被鞍山电视台、鞍山市委组织部宣传表彰。

为扩展鞍钢产品种类，胡奉雅负责多个重点研发计划新钢种焊接性研究，填补了行业技术空白；参与“卡脖子”项目焊接难题的攻关工作，提前完成了全部技术工作；参与基于优良焊接性产品研发，成功研制全国最高焊接线能量船板，完成了五国船级社认证并批量供货，实现国内首发，填补了海洋领域空白；成功开发大线能量焊接桥隧用钢，并应用在深中通道等大型工程中，经专家组认定整体技术达到国际先进水平，部分指标达到国际领先水平；打通模具钢复合板、钛钢复合板等复合材料的工艺路线，实现稳定生产。

新时代央企青年拥有报国情怀、最具创造潜力，他们在科技创新的时代大潮中，勇争先、走在前，叩关重大项目，勇攀科技高峰。

李解，现任中铁建工集团建筑安装有限公司“李解创新工作室”主任兼中铁建工集团装饰设计研究院直属分院 BIM 深化部部长。他长期奋斗在施工生产一线，进行 BIM 技术、智能建造技术研究与应用。他成功创建了企业预制加工数据库，形成了以“数据驱动智慧建造”为核心的 DDIC 数字化建造技术和 DMBP 装配式施工技术，提高了施工质量和生产效率。该技术在多个项目实现落地应用，其中深圳汇德大厦装配式机房，由 15 名工人 60 小时完成现场快速装配，比原计划现场施工工期缩短 57 天，实现了“工厂化预制，现场快速装配”新模式。

在李解的多方协调下，2016 年 8 月 25 日，安装公司数字化加工基地挂牌成立。2017 年 7 月 26 日，基地通过中国安装协会专家考察，被评为“全国机电工程数字化建造研究示范基地”，实现了技术研究、设备研究落地应用，打造了“数字化传递，预制化装配”新型施工管理模式，在智能建造领域作出了突出贡献。该技术项目应用被评为欧特克成功案例，项目成果被收录到《BIM 技术在大型铁路综合交通枢纽建设中的应用》一书。

科技创新呼唤核心技术的突围。勇攀科技高峰，要加强原创性、引领性科技攻关，要在重要科技领域实现跨越发展，推动关键核心技术自主可控。站在时代最前沿的新时代央企青年，要不断提升创新意识，聚焦国家需求，对标国际一流，秉持科学精神，瞄准科技前沿，勇攀科技高峰，敢于走前人没有走过的路，敢于抢占国际创新制高点。

中国电子工程设计院有限公司振动技术研究中心高级工程师邢云林，以工程实际为导向，勇攀科技高峰，利用理论知识和科学素养解决工程中的疑难问题。

“十三五”时期，我国要在北京怀柔建设一台高性能的高能同步辐射光源，称为“北京光源”。这个项目建成后将成为世界最亮光源，将为科学家探索微观世界提供关键的研究手段，能够让我国在生物医药、电子器件、航空工业材料等产业领域具备先进的技术优势。电子工程院凭借近 70 年的历史沉淀和综合技术优势负责这个项目的前期咨询、园区规划、建筑外观设计和施工图设计等从无到有的全过程。为确保科学家实验过程中光源的稳定，就要攻克防微振技术难题。这是目前为止国际上对微振动要求最高的项目，哪怕是美国等发达国家都解决不了这个技术难题。

为确保项目顺利运行，邢云林和他的团队长期驻扎在现场、时刻关注进展情况，专门解决防微振技术难题。

国外对我国大科学领域是封锁的，电子工程院能否攻克这个技术难题为光源项目保驾护航，牵动了每个电子工程院人的心弦，邢云林和他的团队压力非常大。为了突破这项技术封锁，邢云林作为光源项目防微振动技术负责人，平日里凌晨从家出发，早早赶赴光源工地现场跟踪。到了冬天，现场气温很低，矿泉水拿出来半个小时就冻得结结实实的，但邢云林从不说苦。

为精准测量大地脉动，邢云林和科研人员每次要在野外连续测试一星期，白天因为人和车的振动较多会导致数据不准确，只有深更半夜才能更好地监测大地的振动。所以，每到深夜两三点，正是千家万户深度睡眠的时候，邢云林这帮 80 后“夜猫子”开始在技术现场布点、采样、监测，等到监测工作处理完了，东方也微微亮了，他们收拾好设备简单休整一下，又要投入新的一天监测工作中。

在项目现场，邢云林和他的团队经历过酷暑，也经历过滴水成冰的寒冬。项目动工前期，赶上北京冬天最寒冷的日子，现场一片荒芜，方圆几公里没有餐厅和洗手间，外卖超出配送范围，矿泉水是结冰的，自带的午饭也是冰凉的，但他们中没有一个退缩的。

邢云林说："我目前和以后长期要做的事儿，就是踏踏实实地工作、严谨认真搞科研，希望能够为国家贡献自己的一点星星之火。"像邢云林这样的央企青年在电子工程院里还有很多，正是他们坚定地在自己平凡的岗位上做好每一项平凡的工作，才成就了电子工程院一个又一个经典项目，铸就了电子工程院多年的辉煌。

勇攀科技高峰，推进科技攻关，新时代央企青年要坚持问题导向，坚持实事求是、求真务实的科学态度，奔着最紧急、最紧迫的问题去，从国家急迫需要和长远需求出发，让科技创新成果源源不断涌现。

争做"卡脖子"技术破题者

思想领航

2018 年 5 月 28 日，习近平总书记在中国科学院第十九次院士大会、中国工程院第十四次院士大会上发表重要讲话强调："实践反复告诉我们，关键核心技术是要不来、买不来、讨不来的。只有把关键核心技术掌握在自己手中，才能从根本上保障国家经济安全、国防安全和其他安全。"

近年来，我国在不少重大战略领域实现"后发先至"和"弯道超车"，关键核心技术攻关的全面实施得益于国家在战略高技术领域集全国资源、举全国之力组织重大科技创新活动，也与广大科技工作者与时间赛跑、只争朝夕的奋斗精神密不可分。

不让别人"卡脖子"，自己先要"挺腰板"。广大央企青年要清醒地意识到，想在核心技术上不受掣肘，就要以时不我待的精神，加大科技攻关力度，把“卡脖子”清单变成科研任务清单，下大力气，创新地掌握关键领域核心技术。

青春风采

随着我国城市化进程不断加快，城市之间的高压架空线渐渐消失，被纵横交错的地下电缆网络取而代之。地下电缆在为经济社会高质量发展传输稳定能源动力的同时，也改善了城市人居环境。如今，我国高压电缆年均增长率超过10%，每年110千伏及以上高压电缆需求高达15000公里长。然而，高压电缆生产所需的关键原材料——可交联聚乙烯绝缘料却长期依赖进口，每年进口量高达10万吨。

南方电网科学研究院有限责任公司青年拔尖专家侯帅，扎根技术攻关第一线，深耕电力电缆核心技术研发，设计研制的首台（套）重大技术装备“国产高压电缆绝缘料”，助力我国从电缆大国迈向电缆强国。面对国外技术封锁，侯帅和他的团队下定决心从零摸索，一定要把关键核心技术牢牢掌握在自己手里。她和团队成员在实验室进行了大量国产绝缘料与进口料的材料特性试验，同时频繁奔波于国内多家电缆企业，共同探讨国产绝缘料的加工性能与进口产品的参数差异，在多条生产线上反复试验国产绝缘料的挤出加工性能，以确保团队研制的产品能够在不同的产线上投产。历经多年艰苦攻关，南方电网高压电缆绝缘料攻关团队攻克了国产220千伏高压电缆绝缘料复配改性和规模化生产等一系列关键核心技术，解决了国产高压电缆绝缘料从实验室到规模化工程应用“最后一公里”所面临的技术难题。2021年底，国内首批总长达17.3公里的国产220千伏绝缘料电缆示范工程先后在深圳、贵阳、东莞成功投运，标志着我国掌握了高压电缆可交联聚乙烯绝缘料自主可控技术，实现了国产220千伏高压电缆绝缘料规模化生产及首台（套）重大技术装备示范应用，打开了国产高压电缆绝缘料高质量、自主发展的突围之路。

破解“卡脖子”难题，关键在于核心技术攻坚。新时代央企青年要勇敢承担起时代赋予的重任，迎难而上、开拓创新，一步一个脚印地创造属于奋斗者的精彩，实现更多从0到1的创新突破。

重型燃气轮机技术含量和设计、制造难度居所有机械设备之首，是机械制造行业的金字塔顶端，在国民经济和能源电力工业中有重要的战略地位。重型燃气轮机的研发是一项复杂的系统工程，它的技术难度很高，所需研发投资巨大，实施周期很长，尤其是在热端部件选材、制造与维修方面，迄今为止国际上完全掌握这一尖端技术的只有PCC、Howmet、Downcast等少数几家公司，而我国还未完全掌握热端部件的核心技术。

2015年，中国联合重型燃气轮机技术有限公司材料与试制室材料组组长段方苗，加入了中国重型燃气轮机型号研发团队，开始参与重型燃气轮机自主创新攻坚。她负责的项目是某型号燃机透平第一级静叶试制。透平第一级静叶是重型燃气轮机热端部件“心脏”的守护者，在整机启停的过程中，室温状态启动，快速升温至稳定工作状态，稳定温度高达1000摄氏度以上，要经得住上千次的高温热疲劳循环、上万小时的使用周期。段方苗和团队成员凭着攻坚克难的拼劲和闯劲，大胆开始了试制工作。

一个难关又一个难关，研发团队在小小的叶片周身设计了几百个冷却孔，而每一个孔的加工精度都精细到毫米，任何一个孔的失败都可能造成整个叶片的报废。段方苗率领研发团队以义无反顾、勇毅前行的态度反复试验，以对最终结果极端负责的态度，终于完成了该叶片的制造。这是研发团队在没有任何经验可以借鉴的情况下，坐得住冷板凳，历时

336天，协同人数超过500人次，协调15条产业链，形成了多份技术报告和研制记录，才完成该部件设计、制造、加工、试验的全部流程，走完了国外要走两年的研发之路，为重型燃气轮机热端部件的设计定型奠定了基础并积累了工程经验。2019年6月7日，中央电视台《朝闻天下》推出端午特别策划节目《我的中国“心”》。段方苗作为中国重型燃气轮机骨干代表，在节目中向全国观众介绍了中国重燃的事业、项目和团队，诠释了小小叶片情、拳拳中国心。

以科技报国，是科技人员的立身之本。段方苗的举动，为广大央企青年树立了楷模。为了国家的富强，为了打破外国的技术封锁，我们要瞄准科技前沿，以关键性、前沿性、颠覆性技术创新为突破口，敢于走前人没走过的路，努力实现关键核心技术自主可控，把创新主动权、发展主动权牢牢掌握在自己手中。

1970年2月8日，周恩来作出“要靠原子能发电”的重要指示，上海核工院正式成立，由此拉开了中国核电发展的大幕，创造了“国之光荣”的辉煌。如今，在中国核电梦开始的地方，有着一群充满活力的年轻人，他们虚心学习、创新创造、攻坚克难，为中国核电事业发展作出了积极贡献。而现为总经理助理的刘鑫，这位80后的生产一线管理者和核能行业青年专家，正是其中的优秀代表。

2004年，入职不久的刘鑫凭借扎实的理论基础和出色的技术能力，入选秦山三期核电站重水堆生产^{60}钴同位素设计研究项目组。他深知肩上所背负的责任之大、使命之重。那时，全世界80%~90%的钴源都由加拿大的8座CANDU机组提供，我国不得不以高昂的价格，每年耗费大量外汇从西方某国进口大量^{60}钴工业源和医用源，而CANDU型重水堆生产^{60}钴放射源为该国一公司的独有技术。该国对我国在该领域的设计分析进行了严格的技术封锁。

刘鑫有着一股初生牛犊不怕虎的劲儿，面对关键核心技术“卡脖子”，他满脑子想的就一件事：加快技术攻关，中国人一定行。项目组经过前期可行性研究，确立了将重水反应堆原有不锈钢调节棒组件替换为钴调节棒组件，从而使重水堆生产 ^{60} 钴放射源的技术路线。其中涉及大量堆芯设计及热工安全分析论证技术，研究工作落在刘鑫和同事身上。通过大量模型探讨和分析计算，刘鑫创造性地提出了反应堆稳态运行时钴调节棒组件温度的分析方法，独立自主地解决了 ^{60} 钴国产化过程中的关键难题。

最终，由项目组自主设计的钴调节棒组件于 2008 年 5 月成功通过国家核安全局的评审，并被证实能够在确保反应堆安全运行的同时，通过堆内辐照生产出完全满足预期目标的 ^{60} 钴放射源。当前，该项目成果已在秦山三期核电站重水反应堆实现工程化应用，平均年产 ^{60} 钴工业放射源 600 万 ~700 万 Ci，年均经济效益约 1.2 亿元。作为项目的主要完成人，刘鑫因此获得了“国家能源科技进步奖”一等奖。刘鑫说：“本项目的成功不仅是我国核技术应用领域取得的重大突破，更是打破了国外对我们的技术封锁。这也更坚定了我希望用自己的青春和热血去奋斗、去创造、去实现核电强国梦的信念。”

面对“卡脖子”问题，我们不能心浮气躁、急功近利，既要有澎湃的激情和只争朝夕的紧迫感，也要有“积跬步以至千里”和水滴石穿、超乎寻常的耐心，为建成科技强国而不懈奋斗。

段浩杰，太钢集团山西太钢不锈钢精密带钢有限公司研发中心主任，太钢集团不锈钢“手撕钢”创新研发团队核心轧制工序的负责人。“手撕钢”创新研发团队在 2016 年成立时有 15 个人，团队成员平均年龄只有 30 岁。造出“手撕钢”难度很大，钢质纯净度、产线工艺、控制水平、高等级表面精度、产品性能五大核心工艺技术，就像一座座万仞高山挡在他们面前。

箔材轧制是“手撕钢”生产的重大难题，一台 20 辊轧机的辊系配置达到上万种，如何找到最完美的配置，段浩杰带领团队经历 700 多次失败，攻克了 175 个设备难题、452 个工艺难题，最终攻克了宽幅箔材一系列核心技术难题，于 2018 年开发出世界上最薄最宽的 0.02mm × 640mm “手撕钢”，成功打破国外技术垄断，将中国不锈钢箔材的制作工艺提高到世界领先水平。“手撕钢”被应用于航空航天、核电军工、高端电子、5G 通信、新能源、汽车等高端制造业领域，被用于生产航天压力传感器膜片、安全防爆片、柔性显示屏、折叠屏手机衬底、太阳能光伏等，部分材料实现替代进口。2020 年他和团队发挥“首创”精神，继续攻坚克难，成功开发出全球极限规格 0.015mm × 640mm “手撕钢”。

对新时代央企青年来说，努力攻克“卡脖子”关键技术并不容易，但只要有探索真知、求真务实的科学态度，有不到长城非好汉的雄心壮志，持之以恒在关键岗位和重大项目攻关中经风雨、见世面，在重大工程、重要任务中壮筋骨、长本领，就一定能够感悟科技、创造辉煌。

东方电气风电股份有限公司，风电研究设计院党总支书记兼副院长赵伟，扎根技术研发一线，长期从事风电机组设计工作，坚持加班加点推进新机型、新技术研发，切实发挥党员先锋模范作用，成功推出六大系列主打机型，其中 10MW 机组是目前亚洲已投运单机容量最大的海上风电机组，历史性地将中国风电引进“两位数时代”，实现了我国海上风电的“弯道超车”，突破了包括两项“卡脖子”技术攻关在内的 10 项风电关键技术，解决了海上风电机组整机及核心部件关键共性问题，大幅度提升了我国海上风电自主创新能力，实现我国由风电大国向风电强国的转变。

新时代央企青年要把聚焦攻克“卡脖子”技术作为实施创新驱动发展战略的重要方向，发扬叩石垦壤的开拓精神，当先锋、挑大梁，攻克一道道技术难关，变“卡脖子”为“撒手锏”，由“跟跑者”变“领跑者”。

青年当有“钻劲”

2022 年 4 月 27 日，习近平总书记在致信祝贺首届大国工匠创新交流大会举办时强调：“我国工人阶级和广大劳动群众要大力弘扬劳模精神、劳动精神、工匠精神，适应当今世界科技革命和产业变革的需要，勤学苦练、深入钻研，勇于创新、敢为人先，不断提高技术技能水平，为推动高质量发展、实施制造强国战略、全面建设社会主义现代化国家贡献智慧和力量。”广大新时代央企青年要刻苦钻研，努力提升个人综合素质，努力成为“业务通”“多面手”，这样才能为作出更大贡献打下坚实基础。

“青春须早为，岂能长少年。”唯有发扬“挤”和“钻”的精神，如饥似渴地向书本学习，在实践中锻炼，向前辈请教，拜人民为师，以刻苦学习本领、大胆创新创造的奋进之姿，才能不断提升履职能力和工作本领，肩负起推动国家发展进步的历史责任。

青春风采

钉子有两个长处：一个是挤劲，一个是钻劲。说到底，干事就要善于钻研。

中国石化机械四机公司主任技师孙野，在数控加工岗位上，勤学苦练，技能精湛，曾荣获“全国劳动模范”称号和“全国五一劳动奖章”。他从 2012 年 7 月入厂开始，就保持着锤炼技能的“钻劲”，刻苦学习数控加工理论，虚心向师傅们请教，很快练就了一身本领，成为单位的技能骨干，从一名普通大专毕业生，成长为一名数控操作领域的年轻技术“达人”，先后在各类技能大赛中崭露头角，接连夺得湖北省“华中数控杯数控技能大赛”银奖、湖北省“职业技能大赛”冠军。爱钻研的 90 后小伙孙野被称为“精密零件加工魔术师”，一台数控机床，近百种刀具，在他手里就像玩魔术一样，各种各样的零件都能被巧妙地加工出来。

孙野所在的班组主要承担旋塞阀、活动弯头等高压流体管汇产品的精加工工作。高压流体管汇被誉为油气工程超高压压裂作业的“血管”，在页岩气等非常规油气开采领域，特殊工况下承受的压力等级高达 140MPa 以上，相当于每平方厘米 1400 公斤以上的压力，比万米水深的压力还要高，对产品精密程度提出了极高要求。在精密零件的计量中，一个丝是 0.01 毫米，相当于头发丝直径的 1/6。按照设计标准，一件合格的产品，误差范围控制在两个丝以内。但孙野对自己要求更严，总爱挑战极限，微调时让模具逐“丝”移动，硬是把误差控制在一个丝以内。在孙野眼里，质量就是生命，一点都不能马虎，特别是高压管汇产品，都用在石油设备互联的最脆弱部位，一旦出现缝隙，后果不堪设想。微调看似手上功夫，但同时要求心里有耐性，脑里有悟性，是心、手、脑的极致配合。

为了适应智能制造的快速发展和蝶变，加快企业实现数字化转型，孙野专门开设“周末讲堂”，带领一批青年跟进学习数控模拟仿真软件、计算机辅助编程、先进数控工艺流程、智能化数控机床操作等理论和实操知识，一对一指导提升技能操作水平，培育出一大批技能领军人才。

现实中，一些青年在学习和工作中，遇到困难绕道走，缺乏勇于担当的“钻”的劲头，以致学习无成果、工作无成效。新时代央企青年要有志气、骨气、底气，迎难而上，倾注精力、深学细研、全力破解。

中海油研究总院有限责任公司钻采工程研究院副院长谢仁军，2009 年加入中国海洋石油集团有限公司下属中海油研究总院有限责任公司时，立志在祖国的蓝色疆土实现自己的人生价值。为此，他一直踏踏实实，兢兢业业，尽心尽力做好每一件事，从一个个小项目中不断积累经验，后来在海上首个高温高压气田开发、首个超浅层大位移井、首个海外“三高”项目中，他带领团队成功挑战海油钻完井领域一个又一个“首次”，快速成长为专业骨干精英，成为中海油最年轻的“孙越崎能源科学技术奖”、青年科技奖及国家科技进步奖一等奖获得者。

2014 年 10 月，31 岁的谢仁军接了一个“烫手山芋”——担当我国首个深水自营大气田“深海 1 号”开发方案钻采项目经理。他深知前行有“拦路虎”，仍向领导立下军令状：“保证完成任务！”此前，谢仁军接触的都是 300 米以内的浅水项目，对深水项目只知道“水很深”、技术难度大、挑战多，但究竟难在哪里，挑战是什么，一开始完全理不出头绪。面对庞大而又陌生的工程，如何识别风险点、研究设计出有针对性的专题技术方案，支撑整个项目方案可行性是摆在他面前的首要任务。彼时正值国际油价断崖式下跌，常规项目都很难开发，更别说开发成本巨大的深水项目。谢仁军带领团队逐一梳理问题：深水气田在千米水深之下，浅部地层压实强度远低于陆地和浅水，强度低引起的井漏失返是国际级钻井难题。谢仁军思路清晰，面对海底温度仅 2~3 摄氏度，井底温度达 90 摄氏度，如此巨大的温差对钻井液性能的稳定性形成了极大挑战，他抓紧组织研发适用于深水环境的恒流变钻井液体系，像做高考试卷一样一一给出“答题思路”，从而制订方案，攻克了难题。

新时代央企青年有强烈的干事创业的积极性和创造性。只要心无旁骛，潜心钻研，有针对性地对自己的短板弱项、经验盲区、薄弱环节下大力“充电”，下苦功历练，就一定能够成为单位和部门的“行家里手”、业务中的“精英骨干”。

张杨，华电电力科学研究院有限公司锅炉及环化技术部副主任，浙江大学、西安交通大学硕士生导师，多年来深耕于火电厂污染物控制技术研究与技术服务领域。

面对火电厂环保改造带来的诸多新问题、新技术，他和团队想了很多实招。从全面细致论证改造工程技术路线，到为发电企业把好技术关，每一步都努力做到极致。作为项目负责人，张扬承担了火电厂环保设施性能试验、可行性研究、运行诊断优化等各类技术服务近百项，技术能力受到业主的广泛好评；作为专业技术负责人，他建立并完善了各类技术报告、试验方案模板及工艺计算软件，为所在部门专业技术工作标准化打下了坚实基础；作为技术管理人员，他先后多次带队完成技术考察与交流，并多次组织技术培训，对团队技术能力提升起到了良好的促进作用。他还带领技术团队确定了 400 余项火电厂环保改造工程的技术路线，总投资额逾 500 亿元，为环保改造工程“高质量、高效率、低成本、低能耗”目标的实现，提供了有效的技术支撑与技术保障。

张杨带领团队深入开展专业技术研究工作，开发了火电厂脱硝催化剂提质降耗链式技术体系，经中国电机工程学会鉴定总体达到了国际领先水平，项目成果被成功应用于 200 余台燃煤机组，累计产生直接经济效益约 5 亿元、间接经济效益约 12 亿元。作为主要负责人，他带领团队在行业内首创了燃煤电厂烟气超低排放全过程评价技术体系，经中国电力企业联合会鉴定达到国际先进水平，项目成果成功应用于 150 余项超低排放工程，挽回直接经济损失逾 5000 万元，避免间接经济损失近 5亿元。

青年是国家和民族的未来，也是科技的未来。青年科技工作者创新活力足、创新能力强、创新潜力大。心怀理想、富有创新精神的新时代央企青年科技工作者们更是国资央企奋进新征程、建功新时代的青春力量。

王淼辉，中国机械总院轻量化院副总经理、国家轻量化材料成形技术及装备创新中心副主任、先进成形技术与装备国家重点实验室副主任，主要从事高性能金属粉末材料制备及其在增材制造领域的应用研究，先后参与主持“973计划”、“863计划”、支撑计划、国家重点研发计划、04重大专项、工信部智能制造专项、国家自然科学基金等多个重大项目。

在科研工作中，王淼辉紧紧围绕应用基础研究和关键核心技术全面发力，不断增强源头创新能力和技术引领能力，带领团队取得一系列科学技术成就。

王淼辉坚持问题导向，着力科技攻关，积极开展增材制造用高性能金属材料粉末制备成套工艺及装备开发。针对专用粉末材料发展滞后、关键装备和核心器件依赖进口及行业标准体系不健全等问题，他带领团队经过多年技术攻关，创新了粉末材料控形控性设计原则，开发出Co基、Ni基、Fe基三大系列10余种增材制造专用粉末材料，替代了进口，并出口欧盟、东南亚等国家；构建耦合导流系统的气流道设计方程，设计出系列化气雾化系统，满足不同增材制造工艺的金属粉末材料制备需求，所制备的SLM用粉成粉率达70%，LMD用粉成粉率达85%，达到国际领先水平，极大地降低了增材制造专用粉末材料的生产成本。他还自主设计研制出具有完全自主知识产权的全球最大的500千克真空气雾化制粉设备，为国内首台（套）重大技术装备。

项目成果在河北石家庄、河南郑州等地成功转化，年产高性能金属粉末1000余吨，实现销售收入超两亿元，建成了全国首家增材制造全流程智能制造示范工厂，对增材制造行业起到示范引领作用。

培养“钻劲”，要勤学善思。新时代央企青年要把学习当作一种习惯、一种责任，不断更新知识结构和储备。注重学用结合，切实把学到的新理论、新知识、新技能充分地运用到实践中去，着力改进工作方法，提升科技创新质量。

牛菲菲，沈阳铁路信号有限责任公司电器中心调整三班的一名继电器调整工。她所在的继电器组装车间是全球最大的铁路信号继电器生产基地，以每年60万台的产量保障了中国铁路70%的市场需求。继电器调整是继电器生产线中最重要、最繁重的工序之一，牛菲菲担负着 AX 型继电器、JYJXC−160/260 型继电器、S 系列继电器以及继电器类新产品的调整工作。她深知做精做好这项工作要有一定的悟性和技巧，在师傅柯晓宾的鼓励和指导下，她利用业余时间苦练基本功，不断揣摩调试手法，练就了扎实的功底，短时间内便成了调整工序青年工作者中的佼佼者，成为生产线上的主力军，为其他青年员工作出了表率。同时，她凭借自己熟练的调整技能，成为客运专线产品以及重大项目的专项生产人员，多次参与完成国家多个重点项目及海外工程的生产任务。

牛菲菲曾获“中央企业技术能手”“中央企业青年岗位能手”“全国青年岗位能手”等荣誉称号，并代领班组参加“质量信得过班组”评选，多次获得“全国优秀质量信得过班组”荣誉称号。2018 年，牛菲菲光荣当选中国共产主义青年团第十八次全国代表大会代表。

培养“钻劲”，要主动作为。“人生万事须自为，跬步江山即寥廓。”新时代央企青年要肩负历史使命，立大志、明大德、成大才、担大任，在奋斗中释放激情、在攻坚中追逐理想，自觉抛弃“不可为”“不作为”消极情绪，成为实现中华民族伟大复兴的尖端力量。

向科技创新要答案

思想领航

2020 年 10 月 16 日，习近平总书记在中央政治局第二十四次集体学习时发表重要讲话强调：“当今世界正经历百年未有之大变局，科技创新是其中一个关键变量。我们要于危机中育先机、于变局中开新局，必须向科技创新要答案。”放眼世界，新一轮科技革命和产业变革方兴未艾，给人类发展带来了深刻变化，为解决和应对全球性发展难题和挑战提供了新路径。可以说，科学技术深刻影响着国家前途命运，深刻影响着人民幸福安康。

科技创新是经济社会发展的重要引擎，是增强国有经济竞争力的第一要素。国资央企要坚持把科技创新摆在更加突出的位置，着力打造国家战略科技力量。深入实施创新驱动发展战略，强化企业创新主体地位，把科技创新作为“头号任务”，加快推进关键核心技术攻关，着力打造原创技术策源地，在促进高水平科技自立自强中充分发挥国家队作用。

青春风采

当今世界，自主创新是支撑一个国家崛起的筋骨。中国特色社会主义进入了新时代，我们不但要深刻认识自主创新的紧迫性及重大意义，而且要积极投入科技创新中去，让创新显示出强大的生命力。

众所周知，无人系统智能化已成为我国乃至世界科技发展的重要趋势之一，如何提升无人系统人机交互的便捷性、无人系统自主的环境适应性以及智能化技术的可靠性，一直是业内研究的热点。面对上述难题，中国兵器工业计算机应用技术研究所赵小川博士，带领科研团队进行了深入研究，并取得了一些创新成果，主要有：针对采用遥杆、触屏、键盘、地面站等交互设备对无人系统进行操控时，过程复杂、效率不高的问题，创新性地提出并研究了多模态人机自然交互操控方法，实现了可用手势、脑电、眼动、语音等人类熟悉的交互方法对无人系统进行操控，就像人与人之间交流那样方便，极大地提升了无人系统操控的便捷性、高效性、宜人化和智能化水平。基于该项创新技术，获得了 3 项国家发明专利、1 项实用新型专利。针对无人系统高度依赖卫星信号导航定位、容易受到电磁干扰的瓶颈问题，在深入研究哺乳动物空间记忆神经环路仿生机理的基础上，构建了新型感知、导航与记忆一体化深度类脑网络，基于双目立体视觉传感器的信息，通过自主学习、推理和记忆功能来进行信息融合、空间表示、航迹规划，实现了无人系统不依赖于卫星信号的导航。基于该项创新技术获得 6 项国家发明专利、2 项软件著作权。针对传统的目标检测技术存在的海量数据训练、抗干扰能力弱的问题，提出并研究了融合视觉感知与认知注意的类脑深度网络，实现少量数据、注意机制、认知经验驱动下的精准、高效、高抗扰的目标检测，获得了 8 项软件著作权，并在无人驾驶车辆上进行了应用。以上创造性的发明技术极大地提升了无人系统的智能化水平。

当今世界正经历百年未有之大变局，科技创新是其中一个关键变量。在危机中育先机、于变局中开新局，必须向科技创新要答案。

李想，现任重庆长安民生物流股份有限公司智慧物流中心（企业技术中心）智能装备实施及运维科经理。他是汽车物流智能驱动者，两江新区劳模创新工作室带头人，曾获中国兵器装备集团第三届“最美兵器人”、中国兵器装备集团“青年岗位能手”等荣誉称号。

2018 年，长安民生物流首个无人仓“横空出世”，实现了从“人找货”到“货找人”的历史性跨越，随着零件种类和出入库流量的增加，原系统需要升级。系统升级需要暂停使用无人仓，但客户的生产并未停歇，源源不断的产品不允许无人仓长时间停用，原本升级需要 7 天，最终客户只给了 2 天。李想团队打响了一场与时间赛跑的攻坚战，原本以天为单位的工作计划调整精确到以小时为单位，每个计划都分解到最小工作项并明确责任人。极速换“码”、全速调校、火速抢运……李想团队如期完成了升级无人仓任务，再一次刷新了“智慧物流”的速度！

中国坚持创新在现代化建设全局中的核心地位，把科技自立自强作为国家发展的战略支撑，必将在科技创新的新征程上不断取得新成就。青年常为新，青年也最能为新。新时代青年要始终坚持创新意识，创新解决问题的思维和方式、方法，才能助力企业实现高质量发展目标。

致力于材料与摩擦学科学的前沿探索与应用技术研究的段海涛，2011 年 6 月博士毕业于中国机械科学研究总院，毕业后留在中国机械科学研究总院武汉材料保护研究所工作。他几乎把全部精力和热情都奉献给了机械科学研究事业，为加快打造表面保护原创技术策源地，攻克了一个又一个关键难题。

他带领团队长期奋战在一线工作岗位，和实验室成员一起攻坚克难，先后承担并完成了国家 973 课题、国家重点研发计划、国家自然科学基金和国家科技重大专项等课题的研究。面向国防军工需要，积极开展特种军用涂层关键材料技术研发，研究极端环境用高可靠多功能涂层材料及其制备技术，列装于我国重点型号武器装备；面向经济主战场，在世界范围内首次开展高铁材料腐蚀控制关键技术研究，实现了产品全生命周期优化与环保节能减排，攻克了海底隧道高铁接触网防护和维护的技术难题，高速列车与接触网腕臂涂层防护技术居国际领先水平，应用于国内多项高铁重大工程和“一带一路”雅万高铁工程，为我国高铁装备“完全自主化”和“走出去”、破解“卡脖子”难题作出了贡献。

目前，科技创新越来越关键。科学把握新发展阶段、深入贯彻新发展理念、加快构建新发展格局，对加快科技创新提出了更为迫切的要求。可以说，我们比过去任何时候都更加需要科学技术解决方案。努力破除一切制约科技创新的思想障碍和体制藩篱，让创新活力竞相迸发，让创新源泉充分涌流。

神东煤炭集团上湾煤矿机电副矿长王旭峰，在采煤战线上一干就是 16 年。他注重科技创新，圆满完成世界首个 8.8 米超大采高智能综采工作面安装、调试、运行生产工作，创造出装机功率、综采一次采全高、设备总重量、回采工效、智能化程度 5 个“世界第一”新纪录，成功填补了国内外特厚煤层开采的技术空白。

智能开采是煤炭工业高质量发展的核心技术支撑。自担任上湾煤矿机电副矿长以来，王旭峰坚持向科技要动力、向创新求发展，聚焦建成世界一流智能化示范矿井宏伟蓝图，构建起“5110”智能化发展总体思路，即以 5G 为引领、一体化数字智能管控平台为抓手、10 个 100% 智能化重大项目稳步推进为目标，坚持实施业务数据化、数据能力化、能力平台化、平台资产化。截至 2021 年 9 月，实现了 5G+UWB 网络全覆盖，建成了行业首个煤炭生产大数据湖，打造出 5G+ 高级智能采掘工作面，推广应用智能巡检机器人、掏槽机器人、巷道清扫机器人等 16 类智能装备，全面应用“矿鸿操作系统”，将传统的人与设备之间的作业模式变革为机器与设备之间的协同作业、数据分析和智能决策之间的深度关联，2021 年以 93.35 分第一名的成绩通过内蒙古自治区智能矿山验收。为实现生产、安全、环保等智慧化蜕变提供了坚实保障，助力“煤海蛟龙”长“眼”、用“脑”、有“感知”，有效带动了煤炭行业智能化转型发展。

经过不懈努力，王旭峰被授予“全国煤炭工业协会五四奖章”，荣获中央企业团工委“中央企业青年岗位能手”、“中央企业抗击新冠肺炎疫情先进个人”、“国家能源集团十大杰出青年”等称号。

当前，我国面临发展阶段、环境、条件的变化，迫切需要强化科技创新驱动引领能力。要积极探索创新驱动发展有效途径，以科技创新为驱动，推动国资央企高质量发展，不断增强国有经济竞争力、创新力、控制力、影响力、抗风险能力，充分发挥中国特色社会主义经济顶梁柱作用。

争当自主创新的“排头兵”

思想领航

2018 年 6 月 13 日，习近平总书记在中集来福士海洋工程有限公司烟台基地考察时指出：“国有企业特别是中央所属国有企业，一定要加强自主创新能力，研发和掌握更多的国之重器。”中国经济由高速增长阶段转向高质量发展阶段，今后我们的发展如果走不出一条创新之路，就闯不出一条制胜之道，关键核心技术受制于人的局面就难以得到根本转变，就不得不长期忍受“卡脖子”之痛。自主创新是推动高质量发展的需要，也是提高人民生活水平的需要，更是开启全面建设社会主义现代化国家新征程的需要。

新时代央企青年要积极投身创新实践，提高自主创新能力，争当自主创新的“排头兵”，充分激发自身蕴藏的创新热情和创造潜力，以敢为人先的勇气、革故鼎新的锐气，大胆创新，勇于实践，在各自岗位上不断有所发现、有所创造、有所前进，真正把创新主动权、发展主动权牢牢掌握在自己手中。

青春风采

一个新领域的发展，创新是必经之路，但自主创新之难，犹如攀登绝顶高山，不是常人所能想象的。

崔岩，是国家某重点型号副总师及体系总体技术负责人，她带领陆战装甲突击领域最年轻、最具活力的一个团队，创新性地开展由平台向体系、由有人向有人/无人协同转变的研发工作，取得了丰硕成果，被誉为“陆战之王”。

崔岩与坦克的缘分源于学生时代，作为北京理工大学车辆工程专业博士，投身军工事业始终是她心中的梦想。毕业后，由于具有机械、电气、控制等领域的丰富科研经历，她有幸成为中国兵器工业集团中国北方车辆研究所总体技术部的一员。这是一个荣誉等身的团队，天安门前的恢宏方阵、多项国家科技进步奖昭示着他们丰厚的底蕴和强大的研发能力；这也是一个积极突破的团队，从总师到研究人员都在思考着装甲装备未来的发展、顶层的破局点。这里也成为崔岩青春奋斗、激情燃烧的起点。

在祝榆生、王哲荣等军工前辈的带领下，装甲车辆从筚路蓝缕一路走来，经历了仿研、跟研和自主研制，正逐步走向创新发展。下一代的坦克到底是什么？该如何发展？每一个人都有自己的答案。在前辈李春明总师的指导下，崔岩决定做装甲车辆领域体系研究的探索者。要知道，在 10 年前，装甲车辆体系总体上就是一张白纸，所有人都没有经验，所有工作都是“摸着石头过河”，但她坚信体系是装备发展的必由之路，将极大地推动装甲车辆行业的跨代发展。

最让崔岩坚定信心将体系总体这个大梁挑起来的，是总师李春明沉甸甸的嘱托，“过去 20 年，我们这代人扛起了装甲车辆发展的大旗，而装甲车辆的未来是体系，我希望你能够把大旗接下去”。崔岩知道这不仅仅是她一个人的事情，更是一个行业的未来。她必须把大旗扛在肩，把这件事做起来、做下去、做成功，这是一个兵工人对党的事业、国防事业的担当和责任。青春的火焰，从这一刻起在她心中熊熊燃烧。

对于一个全新的技术领域，等想明白了再做是不可能的。如何由浅入深、由外围至中心找准攻关的方向、确定核心技术成为摆在崔岩面前的第一个难题。她是一个迎难而上的行动派，立即收集相关资料，在各种网站、杂志上查阅国内外文献，分析装备发展现状、趋势和关键技术攻关要点，不断完善自身在火力、防护、信息、机动等各方面的知识体系。虚心拜访航天、航空、船舶等各行业专家，梳理问题清单，抽丝剥茧，边做边研究，边改边进步。这种一丝不苟的钻研方式让她快速找准方向、着手开展技术攻关。

一个人的力量是有限的，只有成立一个志同道合的团队才能走得更远、走得更快。崔岩思考再三后，决定：一方面，从研究所平台、信息、火力、防护、人机环等相关总体团队中甄选出一起奋斗的伙伴；另一方面，与清华、浙大、国防科大等顶级高校，以及中科院、航天三院、中航 611 等研究机构深度合作，联合研发。就这样，一群志同道合的年轻人聚拢在一起，凝心聚力，不舍昼夜，在创新的道路上相互鼓励、共同前行。

发展方向有了，团队有了，如何扎实地开展技术攻关，并保持持续的技术优势，成为摆在崔岩面前的第三个难题。她首先带领团队根据装备发展需求和当前技术基础，合理构建关键技术体系。以体系结构设计与仿真为基础，以有人 / 无人协同攻防决策为核心，以某重点型号研制项目为依托，开展核心关键技术攻关。在每个研究阶段完成后，崔岩都会带领团队进行闭关复盘，讨论成果和预期的差异，以及造成差异的原因和下一步工作的方向。在完成目标的过程中她发现问题、修正思路、调整方向，持续向最终目标前行。

青春正逢盛世，奋斗恰如其时。科研工作大部分时候是单调和枯燥的，但崔岩和这支年轻团队在追逐梦想的过程中，始终怀揣赤诚与坚强，不畏艰难险阻，策马扬帆，日夜兼程，直至到达胜利的彼岸。

中国第一汽车股份有限公司研发总院试制所加工中心高级技师、高级工程师杨永修，从普通铣工干起，勤于钻研，下苦功夫突破核心工艺，一路成长为技术能手。

发动机的缸体和缸盖决定着发动机的性能。一个发动机缸体上有 100 多个孔，为保证缸体和缸盖紧密结合，必须保证缸孔的精度在 0.015 毫米以内，相当于头发丝直径的 1/4 左右，此前用数控铣床进行精细化加工的核心参数一直是国外的机密。为突破这一核心技术，杨永修和他的团队每天埋头对着图纸琢磨，在一堆代码中反复修改尝试，最终总结出了精密参数，在数控铣加工上实现了科技创新、自立自主。

2018 年，红旗发布新品牌战略，大刀阔斧地改革，杨永修作为青年高技能人才的带头人，领衔红旗自主研发的高端发动机、变速箱、底盘等核心精密零部件的数控加工工作，各类重大试制任务应接不暇，他带领团队平均一年要试制 500 个新车型的核心零部件，压力不言而喻。但最终，他们顶住压力，完成了任务。

2020 年以来，杨永修参与并完成了发动机、变速箱等 30 多项国家级重点项目的加工任务，攻克了 130 多项技术难题，成为拥有 18 项国家专利的“发明大王”，节约和创造价值超过 1200 万元。

自主开发是我国汽车工业开拓创新的必经之路，也是一汽创新发展的必经之路。作为汽车产业的一股青年力量，杨永修带领他的团队，在提升自主产业核心竞争力和创新力的蓝海中，乘风破浪，勇往直前。

新时代央企青年思维敏捷，思想解放，富有想象力和创造力，更有家国情怀和报国之志，他们在科技创新、攻坚克难的道路上，放飞梦想，屡创佳绩，成为创新创业的有生力量。

第 26 届“中国青年五四奖章”获得者牛俊坡，是我国首次火星探测任务“天问一号”火星环绕器总体主任设计师，主要承担火星环绕器总体设计、技术攻关和产品研制任务，并负责火星环绕器在地火转移、火星制动捕获、预选着陆区探测、着陆巡视器投送与中继通信以及环火科学探测等全任务周期内的飞行控制工作。他长期奋斗在型号一线，为“天问一号”成功环绕火星、着陆火星作出突出贡献。10 年求索，10 年攻关，牛俊坡用执着与坚守，在地火之间书写着属于新一代航天人自主创新的优美诗篇。

作为 80 后，牛俊坡生逢中国航天加速发展的大好时期，从载人航天到探月探火，伴随中国经济的发展，中国航天深空探测领域被形容为“航天新技术的实验田”，里面有很多未知的东西需要攻克和掌握。比如在做“天问一号”的总体设计时，团队要先做大量调研，然后做很多备份方案，去应对不确定性。从“天问一号”发射到在轨交付长期管理，在长达 480 天的在轨飞行控制中，八院团队成员平均出差时长超过 260 天。牛俊坡说，选了这份工作，再苦再累也要把它干好，“航天是有传承精神的，‘两弹一星’精神、载人航天精神，航天青年要把自己的理想融入国家航天科技事业的发展中，历尽千难万险，也要勇攀高峰”。

“自信人生二百年，会当水击三千里。”新时代央企青年，特别是青年科技工作者，要不断增强创新自信，在科技无人区大胆探索、勇敢前行，一定要创造出无愧于前人、无愧于时代的累累硕果。

在中国高铁从追赶到领跑的过程中，有一个矢志自主创新的轨道研发团队，他们突破多项轨道核心技术，为设计建成全国约 40% 的高铁保驾护航。这个团队的核心成员是中铁第四勘察设计院集团的林超。他参与攻克了复杂环境下高铁无缝线路技术这一世界级难题，主持研发了高铁无砟轨道设计施工一体化智能管控技术，实现了高铁轨道毫米级的建造精度，一举打破国外技术垄断。为实现高铁轨道服役状态的全天候监控及安全预警，他发明了“光纤传感 + 视觉测量”长期监测技术，率先实现高铁轨道毫米级变形识别、数据智能采集分析以及实时预警预报，成果达到国际先进水平。他拥有授权专利 40 项，出版论著 1 部，荣获省部级奖项 8 项，入选“中国科协青年人才托举工程”。

轨道技术是高铁三大核心技术之一。轨道平顺性是高铁列车安全平稳运行的必要前提。

我国地域广阔，气候条件差异大，地形地质条件复杂。高铁技术起步阶段，轨道设计面临“恶劣气候环境适应性”和“复杂线下基础协调性”两大世界难题，没有成熟的经验可以借鉴。

林超秉持技术强国的信念，作为“复杂环境下高铁无缝线路设计技术”攻关组成员，他坚持用实践检验理论，先后参与了现场试验 200 余项、技术讨论会议 100 余场，总结整理技术材料千余份。通过理论研究和反复试验，一些关键技术参数相继确定，多项研究成果被纳入轨道设计规范，应用到国内几乎所有的高铁设计中。

解决了无缝线路的设计难题，林超又马不卸鞍开始冲刺施工精度这一道难关。

得益于上一个项目的技术积累和经验沉淀，林超未到而立之年，却是久经沙场的“老师傅”了。他带领团队一头扎进轨道智能建造的技术研究中，历时 4 年寒来暑往，终不负汗水与期望。自主研发出的高铁无砟轨道设计施工一体化智能管控技术，实现了无砟轨道施工全过程动态质量信息采集与评估反馈，一举将无砟轨道建造精度从厘米提升到毫米，实现质的飞跃！目前，该成果在高铁应用总里程已突破 3000 公里，每年可创造经济效益约 1.5 亿元。

科技创新，引领发展，自主自强，凯歌高奏。新时代央企青年用青春和智慧，奋斗在企业承担的重大攻关项目最前沿，发挥了生力军和突击队作用。

飞腾信息技术有限公司研发部总监马卓，1998 年考入国防科技大学计算机科学与技术专业，2013 年取得电子科学与技术专业博士学位。他继承母校“胸怀祖国、团结协作、志在高峰、奋勇拼搏”的 16 字精神，奋战在国产自主 CPU 研发一线，默默地为研发国产自主核心芯片而奋斗。

芯片是信息产业的“心脏”，其技术水平和发展规模已成为衡量一个国家产业竞争力和综合国力的重要标志之一。马卓所在的这个团队组建于 20 世纪末，历史的重任压在了这支队伍的第一代年轻人身上。当时没有任何技术资料，也没有计算机辅助软件支持，上百名工程技术人员以“蚂蚁啃骨头”的精神，从一个个的晶体管开始，历时数百个昼夜，终于圆满完成了任务，保证了相关设备的顺利交付。

作为新一代的团队负责人之一，马卓带领飞腾嵌入式 CPU 研发团队陆续成功研制了 FT-1500A 系列、FT-2000/4、D2000、X100 套片等近 10 款芯片产品，产品曾多次获得国家级科技进步奖一等奖、部委级科技进步奖一等奖、中国芯“年度重大创新突破产品”等奖项。马卓带领的飞腾嵌入式 CPU 研发团队，2020 年还被授予“中国青年五四奖章集体”荣誉称号，这是共青团中央、中华全国青年联合会授予中国优秀青年的最高荣誉。

青春，是一本奋斗的书。企业的兴旺强盛，要靠青年一代的奋斗和拼搏。新时代央企青年必须激扬雄心壮志，挑起这副千钧重担。这不仅是为了更快掌握关键领域的核心技术，解决“卡脖子”的问题，更是为了企业和祖国的未来。为此，要大力弘扬科学精神，坚定创新自信，紧抓创新机遇，以百折不挠、愈挫愈勇的拼搏精神，不断攀登世界前沿科技的新高峰，为增强我国的自主创新能力、实现科技高水平自立自强创新突破，再立新功！

弘扬精益求精的工匠精神

思想领航

2016 年 4 月 26 日，习近平总书记在知识分子、劳动模范、青年代表座谈会上发表重要讲话指出：“无论从事什么劳动，都要干一行、爱一行、钻一行。在工厂车间，就要弘扬‘工匠精神’，精心打磨每一个零部件，生产优质的产品。”新时代要大力弘扬工匠精神，营造劳动光荣、创造光荣的社会风尚和精益求精的敬业风气，激励新时代央企青年走技能成才、技能报国之路，加快建设知识型、技能型、创新型劳动者大军，为全面建设社会主义现代化国家提供有力人才支撑！

工匠精神是职业道德、职业能力、职业品质的体现，是科技创新、中国制造奋勇前进的精神源泉。古语云："玉不琢，不成器。"工匠精神落在个人层面，就是一种认真精神、敬业精神、雕琢精神，也是一种企业家、实干家精神。折射着各行各业一线劳动者的精神风貌。新时代央企青年要大力弘扬工匠精神，在本职岗位上执着专注、精益求精、一丝不苟、追求卓越，才能永葆奋斗本色，把握时代潮流。

青春风采

第 26 届"中国青年五四奖章"获得者、中国石油天然气集团有限公司辽河油田分公司电焊工张亮，用 7 年时间从初级工成长为高级技师，考取了国际焊接技能护照、国家高级考评员。

2009 年，张亮刚走出校门，虽然具有一定的焊接基础，但对管道焊接技术还是一无所知，为了快速掌握焊接技能，他反复琢磨，一遍遍尝试，平焊、立焊、横焊，一项一项练，站、仰、蹲、趴，一招一招学。他常常在手腕上吊着一块砖头给自己加重，练得手臂红肿，吃饭时手拿筷子都夹不住菜。正是付出比常人更多的努力，让他的焊接水平和能力直线上升，相继掌握了钨极氩弧焊、二氧化碳气体保护焊、全自动焊等 30 余种焊接技能，由"菜鸟"变"雄鹰"，先后在省级和国际各项大赛中取得电焊工第一名的好成绩。

5 年间，沿着中俄东线天然气管道，张亮的手机地图中被焊花"点亮"的城市已经增加到 43 个。他带领的施工机组创造单机组日焊接 41 道、月焊接 641 道焊口的全国纪录。他总结出的"锯齿布管，流水线焊接”“小坡口大电流快速焊”等施工妙招，有效解决了“漠大2座5万立方米储罐制安工程施工技术”等现场施工难题220余项。张亮先后在国家级刊物发表论文10余篇，申请国家专利21项，20余项成果累计创效近6000万元。

匠心聚，百业兴。当今世界，综合国力的竞争归根结底是人才的竞争、劳动者综合素质的竞争。面对日趋激烈的国际竞争，一个国家的发展与强盛，越来越取决于国民素质特别是广大劳动者素质的高低。

任永辉是上海外高桥造船有限公司的一名船舶管系工，集团公司特级技师。他2005年进入公司以来，先后参与了30万吨级海上浮式储油装置“海洋石油117”、荣获“国家科技进步奖”特等奖的世界第六代3000米半潜式钻井平台“海洋石油981”以及18000TEU超大型集装箱船等产品一系列高难度管子的加工制作，研发了“靠模弯头数据参照表”“切割定型弯头角度划线板”等新工艺标准技术，培养了一大批管制技能人才，为公司转型升级和高质量发展作出了卓越贡献。2016年被授予“上海市五一劳动奖章”，获得2018年“船舶工匠”、2021年“上海工匠”等荣誉称号。

任永辉主要负责难度较大的合拢管和一级管的校管工作。由于合拢管在船上受到复杂结构空间和材料的局限，不能精确放样，在制作过程中必须采用“拼接弯头补偿”。靠模尺寸现场计量困难，一个弯头90度，切割后只能一分为二，严重影响效率。任永辉认真研究管子制作的改进办法，经过反复琢磨与实操，编绘出一套作业“参照表”，提出了一套全新的合拢管制作流程，使作业者只需拼接即可精确制作，达到“四省”，即省工、省力、省时、省材料。制作工期由原来的3~4个小时缩短至1个小时左右，大大提高了合拢管的制作效率。

随着船装部管制产品产量的提升，出现了定型弯头数量不够用和弯头角度种类不齐全的问题，需要部门内部进行切割制造“自制弯头”来补缺。由于传统划线切割弯头费时费力且精度不高，为提高生产质量和效率，任永辉通过细心观察及工作经验的积累，制定出了“切割定型弯头角度划线板”方法，不仅一个人即可操作，每个弯头节约了近 20 分钟的时间，且定型弯头角度划线更加准确，焊缝均匀，避免了产生焊接质量问题，有效降低了生产成本。

任永辉在平凡的工作岗位上创造了不平凡的业绩，用实际行动践行和彰显了新时代的工匠精神。

精益求精是工匠精神的灵魂所在，需要执着专注的专业素质，需要持之以恒的职业素养。

张美玲是吉林中储粮粮油质监中心有限公司检验科的一名检验员。多年来，她凭借脚踏实地、苦干实干的敬业态度和刻苦钻研、勇于创新的进取精神，练就了一身扎实过硬的检验本领，从一名普通检验员成长为“全国粮食行业技能拔尖人才”，并先后荣获“中央企业技术能手”“中央企业青年岗位能手”等称号。她担任负责人的工作室，被国家粮食和物资储备局授予“全国粮食行业技能拔尖人才工作室”。之所以能取得这些成绩，与她学习传承工匠精神、争做合格的粮食人密切相关。

张美玲参加工作以来，一直扎根粮油检验第一线，从事粮油质量检测工作。在临储玉米收购的关键时期，她所在的检验科负责吉林辖区内粮油质量检测，每年需检验粮食样品 10000 余份，工作量大，时常要加班加点。在 2020 年粮食数量质量“大清查”工作中，正在孕期的她，凭着对工作的热爱和执着，充分发挥党员模范带头作用，干在前头，任劳任怨，圆满完成了各项工作任务。每年春秋两季粮食样品检验，张美玲均担任检验组组长，在时间紧、任务重的情况下，带领小组人员，出色完成了历次检验任务，确保出具的每一份检验数据真实有效。用她自己的话说，这是对自己负责，更是对国家负责。正是这种扎实的作风、严谨的态度、敬业的精神，使张美玲迅速成长为质监中心的业务骨干。

多年来，张美玲坚持学习，对技术精益求精，多次参加集团公司举办的业务骨干比对实验，知识和专业技术能力不断提高，于2012年考取粮油质量检验技师资格证。2016年，张美玲先后荣获集团公司第五届“职工技能竞赛”粮油质量检验员项目一等奖、第四届“全国粮食行业职业技能竞赛”粮油质量检验员优秀个人二等奖。

张美玲作为粮油检验业务骨干，因地制宜、带徒施教，较好地发挥了“传帮带”作用。从2012年起，她承担起粮油质量检验员实操培训，累计参与集团公司系统20余期培训班，开展教学300余课时，培训学员超过1000人次。在参加吉林分公司春、秋检工作中，她常常利用工作间隙开展培训，累计培训500余学时，大大地提高了直属企业粮油检验员的技术水平。张美玲还多次参与集团公司、分公司的技能大赛选手的培训，全程陪同选手练习操作，耐心讲授、精心指导、答疑解惑，所培训的选手在第五届“全国粮食行业职业技能竞赛”中取得了优异成绩，她本人也获得了“第五届全国粮食行业职业技能竞赛优秀教练员”称号。

工匠精神像一盏明灯，引导着张美玲始终以优秀共产党员的标准严格要求自己，工作上一丝不苟、精益求精，以实际行动践行着新时代中储粮工作“四个坚持”新要求，展现了中储粮人的崭新风貌。

时光不尽，匠心不止。展望新时代的未来征途，没有工匠精神，就不可能打造金字招牌的中国制造。工匠精神历久弥新，为企业建设与发展提供了强劲的精神动力。

王建是中国石油抚顺石化公司工建公司维修一车间的钳工，在2018年第十届“全国石油和化工行业职业技能竞赛”中，和队友以精湛的技术赢得了裁判的一致赞扬。在多段泵拆检现场，王建用20分钟便完成了对中找正调整，比训练时长整整提前10分钟。比赛时要求提前5分钟实现机泵一次开车成功，流量、压力、振值全在标准范围内，对中偏差在0.04毫米以内，远小于0.1毫米的要求。这场比赛，王建以95分的成绩夺取全场最高分，赢得了金牌和“全国技术能手”的殊荣。

2021 年，抚顺石化公司迎来 4 年一度的装置大检修，提出了率先进入“五年大修”的目标。王建作为主修，承担了主力装置——80 万吨乙烯装置裂解气压缩机的检修工作。这台压缩机从日本三菱重工进口，一直由国外专家指导检修，由于新冠肺炎疫情等原因这次检修国外专家不能参加。王建凭借扎实的技能基础自己琢磨着干，对乙烯裂解气压缩机隔板拆装等复杂工序做了专题预案，预制了十几套专业工装。他制作的打压体旋转安装工具和隔板抽提专用工具大大减轻了劳动强度，提高了拆卸安装效率。在低压缸联轴器安装过程中，打压体接连出现中途漏油问题，王建潜心研究分析问题根源，仔细挑选 O 环重新安装，并对轴向、径向油压多次变换调整，最终将联轴器安装到位。在机组对中过程中，原厂的找正表架为单表单打，体积大且笨重，还需要掉向，操作起来费时费力。而激光对中仪在现场不具备使用条件，王建就自己制作单表双打表架，采用单表双打找正工法节省机组轴系对中时间 3 天。机组配件检测精度控制在 0.01 毫米内，吊装总重量 300 吨，一次开车成功，制作的 80 万吨 / 年乙烯装置裂解气压缩机组检修成套专用工具荣获“抚顺市职工优秀技术创新成果奖”。王建成为国内同类进口压缩机组自主检修的标杆。

大国崛起，匠心筑梦。新时代央企青年要树雄心、立壮志，坚持走科技创新、技能报国之路，立志成为高技能人才和大国工匠。

邹彬，中国建筑五局总承包公司项目质量总监，“邹彬劳模和工匠人才创新工作室”组长，凭借精益求精的“工匠精神”，为企业提质增效贡献了青春力量。

“艺痴者技必良”，“痴”，是指一种做事做工用情至深、用心至专、乐此不疲、物我两忘的真境界、真性情。邹彬就是这种“眼里容不得沙子”、对工作十分痴迷的人。在日常工作中，即便是小瑕疵，他也要返工，绝不放过。正是凭着“不满意就推倒重来”的韧劲，邹彬从“搬砖小工”成长为“砌墙师傅”，只要是邹彬出品的墙面，纵横两向的灰缝都能控制在 1 厘米以内，砖面上见不到多余的水泥或污点。参加第 43 届世界技能大赛集训期间，邹彬坚持“什么不会就学什么，必须迎难而上”，将集训日程安排得满满的。从理论知识学习到技能操作训练，从体能训练到脑力训练，每项都有严格的时间安排，节假日也不例外。邹彬每天的训练内容就是对照图纸，将一堵墙砌了拆、拆了砌，在尺寸、水平度、垂直度、对齐等几个方面严格要求，精益求精。这段经历让邹彬对工匠精神有了新的认识。面对诸多荣誉，邹彬说：“国家大力倡导工匠精神，中建集团也搭建了很多青年建功平台，我是赶上了好时代。”正是凭着不服输、不放弃的拼劲，凭着对技术精雕细刻的工匠精神，邹彬最终获得第 43 届“世界技能大赛”唯一一个中国参赛名额，并获得优胜奖，实现中国在世界砌筑项目奖项上“零”的突破。

新时代央企青年践行工匠精神，要立足于本职岗位，不断创新创造，真正以高品质、高质量和高服务开创工作新局面、事业新境界。

中国航天科工三院 159 厂 90 后高级技师贺潇强，以精湛的技艺和过人的胆识，用奋斗书写青春，用初心诠释匠心，用技艺筑梦航天。

2012 年，不到 21 岁的贺潇强从技校毕业到了一线机加岗位工作。一进厂师傅让他干的是最基础的“打方”，就是把加工用的毛坯料的 6 个面全部铣平，邻面垂直，对面平行。当他把 10 件活干完进行测量时，竟没有一件是合格的。由于材料不同，用刀转速、刀头大小也不同，要刀刀精准没误差，没有捷径可走，全靠耐心苦练。当时贺潇强就认准了一件事：好好练基本功！

自那以后，贺潇强好像变了样：上工时认真向师傅学习，不懂就问，一丝不苟；空闲时，他苦心琢磨，不断总结经验教训，硬是一步步成为岗位骨干。工艺要求的 4 道（0.04 毫米）以内的误差，他控制到了 2 道（0.02 毫米），不到一张纸的厚度。

扎实的功底来自勤奋的积累，高超的技艺让他对本职工作更加热爱。他平时痴迷于特种难加工材料、复杂高精结构件的高效加工。早在 2014 年，他大胆尝试了五轴高速切削，使刀具线速度达到 800 米 / 分，使某型号零件的加工效率提升了近 9 倍；他自主优化了框架零件加工程序，设计出“旋风铣”的加工路径代替传统“深度分层”加工方法，使框架的加工效率提升了两倍。

我国要建成制造强国、推进高质量发展，需要有一大批卓越的工程师和技术人员以工匠精神研发国家急需的技术、工艺，不畏艰难，追求卓越、破解难题，为我国现代产业体系建设和产业链供应链安全贡献智慧和力量。

第九章

勇当先锋、倾情奉献，在基层工作前线冲锋陷阵

习近平总书记在庆祝中国共产主义青年团成立100周年大会上发表重要讲话指出，“广大团员青年自觉担当重任，深入基层一线，让青春在实现中华民族伟大复兴的中国梦中绽放异彩”。今天，正处于中华民族发展的大好时期，新时代央企青年要肩负时代重任，提振信心，勇毅前行，以真才实学服务人民，以创新创造贡献国家。

用青春扛起责任，在广阔天地中放飞梦想，广大央企青年要扎根基层，立足实践，勇于变革，勇于创新，发扬“舍我其谁”的担当精神，把全部心思用在真干事上，把全部本领用在多干事上，努力创造经得起实践、人民、历史检验的实绩。

让创新为青春续航

思想领航

创新从哲学上说，是一种人的创造性实践行为，也是人自我发展的基本路径。2016 年 4 月 26 日，习近平总书记在同知识分子、劳动模范、青年代表座谈时发表重要讲话强调："要敢于做先锋，而不做过客、当看客，让创新成为青春远航的动力，让创业成为青春搏击的能量，让青春年华在为国家、为人民的奉献中焕发出绚丽光彩。"青年是标志时代最灵敏的晴雨表，最具有蓬勃的生气、创新的潜力、创造的优势，始终站在科技创新和技术创新的前沿。勇于创新，才能有所发明，有所创造。

央企青年是经济社会发展和创新、创造的生力军。要矢志不渝创新突破，在创新、创造的时代大潮中，勇争先、走在前，叩关重大项目，勇攀科技高峰，引领时代潮流，迸发出豪迈的青春激情。

青春风采

航天科技四院四十一所研发中心副主任褚佑彪，某型固体发动机技术负责人，长期奋战在固体火箭发动机研发创新一线。他先后参加了多项重大预先研究与型号研制工作，突破了多项核心关键技术，实现了固体发动机复杂燃面计算、内弹道高精度分析、点火匹配性能优化提升等多项技术创新。

作为发动机技术团队核心成员，褚佑彪参与我国某新型高性能发动机的攻关研制。这不是一般的型号研制，而是航天科技四院的第一个大型竞标型号。为保持核心竞争力，发动机设计方案采用了新一代推进剂和全新的药型结构形式，是固体动力创新发展道路上的一个重要里程碑。研制过程中涉及多个关键技术攻关，如新型推进剂的应用、新型药柱结构设计、新型点火装置设计、内弹道精确预示与控制等。在4个月的日日夜夜里，争分夺秒，攻坚克难。他天天泡在厂房里，方案迭代几十轮，算例验证上百个，风险分析不间断，就这样一步一步陪着这种型号发动机的研制、组装、成长起来。褚佑彪常说："作为一名处于科技创新前沿的航天人，我必将带着大国重器的这份自豪与荣耀，不忘初心，在自主创新发展的道路上砥砺奋进。"

创新不会一想就有，一蹴而就，没有一股子气、一股子劲，就走不出一条好路，干不出一番事业。新时代央企青年要敢闯敢试，敢于以新方法解决新问题、以新思路开拓新领域，以新突破干出新业绩。

陈伟博，中国航发沈阳发动机研究所工程师、总体四部总体性能三级设计师。他将"成功树"分析方法充分融入航空发动机整机试验历程，创新创建的正向试验保障方法，补齐了正向研发流程短板，该方法应用后，年均试验成功率提高10%以上，确保了型号考核试验一次成功，并成功推广应用到其他型号，打通了航空发动机正向研发全过程。他在型号总体性能设计过程中，平衡了发动机先进性与可行性，授理、授权专利10余项，发表论文多篇。

"成功树"分析方法是一种先进的工程管理手段和技术保障手段，是将事后处理变为事前预防的正向管控方法，能有效缩短研制周期、提升工作效率。为了"成功树"能够更好地推广应用，陈伟博带着高度的敬业精神和献身精神，走进装配车间、走进试验台架、走进试飞现场，积累了丰富的航空发动机设计经验，不断夯实自己的理论基础。在发动机持久试车工作中，根据型号研制阶段的情况，陈伟博提出了一种基于外场试飞科目的持久试车程序设计方法，平衡了先进性和可行性，得到了用户方的高度认可并通过了专家评审，为研制进入下一阶段创造了条件。在发动机技术攻关过程中，陈伟博和团队其他成员不断攻坚克难，主导完成了总体技术方案可行性分析及研制风险分析等内容，识别了薄弱环节，加速推进科研任务高质量开展。在试飞保障工作进入冲刺阶段时，陈伟博将未满一岁的女儿托付给父母，与团队成员一道，夜以继日，全力拼搏。他谨记“专业设计是基础”，尽心把每项准备工作做到细致入微，精确设计和预测发动机状态和参数，逐一确认发动机控制规律并反复推敲细节，精细化开展“成功树”分析，对发动机性能状态、控制规律、试验风险管控等做到了然于胸，有力地保障了配装“中国心”的中国战鹰展翅翱翔。

创新，是一个民族进步的灵魂，是一个国家强盛的发动机，人类的发展史和国家的进步史早就证明了这一点。青年是国家的希望，青年有远大理想，倾情奉献，顽强拼搏，国家才能兴旺发达。所以，创新的希望在青年，青年创新为国家。新时代央企青年尤其要有创新意识，奋力攻关，为国家强盛添砖加瓦。

尚啸，毕业于北京邮电大学，现任中电信数智科技有限公司智能云网业务部运营商产品部经理，兼任中国电信集团直属团委组织委员，中电信数智科技有限公司团委副书记。先后参与电信浙江行业云管理平台、电信集团云资源管理平台、云数据中心平台等多个项目的研发工作。

尚啸带领团队完全自主研发了业内首创的 CloudStack 与 OpenStack 的双适配层融合架构，充分发挥多种开源技术架构的开放和定制特性，建立了分权分域的层级化多租户管控体系，制定了标准化的接口规范，满足了复杂的差异化运行运维要求；通过积极研发云承载技术，具备了能够自主规划和建设资源池的能力；率先支持了 DPDK 、SR-IOV 、PCI 直通等用于 NFV 承载的关键优化技术，助云成为统一网络基础设施。他还协同多个团队（云管平台、NFV 、SDN）相继攻克产品难点，收获了多个成果，云管产品及衍生技术获得了10余项软件著作权，2018年获集团“科技进步奖”一等奖。

2022年初，尚啸持续落实集团“云改数转”战略，带领团队从IaaS向SaaS进行业务扩张、转型升级，承接了数字零售产研中心工作，聚焦商业流通领域，打造了供货、物流、营销、运营、售后全流程的云化系统，拟承载电信个人侧、家庭侧业务处理，在实际运营中探索组织管理模式与技术创新机制，实现研发效能显著提升、专业能力沉淀输出、科技创新水平再上新台阶，逐步形成线上线下一体化、数字化、生态化运营的新型营销服务。

火热的青春绽放，创新的激情飞扬。青春因梦想而美丽，创新因丰盈而精彩。有创新的青年，才有创新的中国，中华民族伟大复兴的历史使命才能完成。

黎明化工研究设计院有限责任公司主任助理、高级工程师苏丽丽，研究生毕业后便进入黎明院弹性体公司工作。自2009年入职并从事聚氨酯材料的研发工作以来，从职场新人成长为团队负责人，先后负责院规划课题7项，协助申请和完成纵向课题10多项，累计获得国拨经费支持5000多万元，2020年被评为“全国青年岗位能手”，她所带领的团队2019年被评为“中央企业优秀科技创新团队”。

苏丽丽一直工作在高性能聚氨酯弹性体材料研发和工程化应用推广一线，近年来更是着力于聚氨酯材料的基础创新应用和进口替代研究，旨在突破我国在轨道交通、新能源、高端装备及国家重点工程建设等领域用聚氨酯材料的技术瓶颈，解决“卡脖子”问题。她主持或主要参加了10多个纵向科研项目的开发，其中国家科技支撑项目1项，国家重点工程配套项目7项，国家科研院所技术开发研究专项资金3项。她带领团队开发的多项产品和技术填补国内甚至国际技术空白，达到了国际先进水平。她常说，“年轻人多付出一点儿，为公司的发展争取更多的优势是我们的责任”。

技术发展是推动现代企业经济增长的主导力量，要敢于打破常规，突破思维定式，打破固有观念，从与推进新时代发展不相适应的思想观念中解放出来，以敢为人先的胆识和气魄、善为人先的智慧和勇气，抢抓机遇，锐意进取。

华润怡宝总部质量环境安全部高级研究员罗慧琳，精耕细作于饮料及包装水食品安全技术研究领域，所开发的铜绿假单胞菌快速检测技术有效地解决了包装水仓储难题，荣获“华润集团 2019 年度卓越工匠”、“华润集团 2021 年度驻深控股企业党委优秀共产党员”和“华润集团 2021 年度创新新青年”称号。

围绕饮料和包装水安全，罗慧琳做了不少技术研究项目，其中影响较大的是铜绿假单胞菌快速检测方法的开发和推广。

关于铜绿假单胞菌的检测，行业内采用的是国家现行标准方法，但此现行标准方法最大的不足就是耗时过长。市面上也有不少快速检测试剂盒或仪器售卖，这些方法虽名为快速检测，但其优势体现在菌株鉴定的准确性和便捷性上，本质上未能缩短铜绿假单胞菌的检测时长，且其检测成本比使用传统方法检测的成本高出 10~200 倍。罗慧琳认识到，缩短包装饮用水微生物检测时间的最大难点，就是在有限的培养时间内如何能让微生物繁殖到可辨别的状态。国际标准方法是通过固体培养基上形成的肉眼可识别的菌落进行辨别，但因消毒处理后的包装饮用水中的潜在微生物一般处于受损状态，需要较长时间的培养才能使其恢复生长。所以要想缩短检测时间，首先是优化培养条件，使得微生物繁殖得更快；其次是要改进检测结果辨别方法，替代肉眼更客观及时地捕获结果。罗慧琳融合各个学科的基本原理，创新了技术，将光学仪器运用到对微生物检测结果的判定上，把检测样品和对照样品之间的光学浊度差异值作为是否存在微生物繁殖的判断标准，不仅能客观、快速、准确地筛查出符合要求的样品，还克服了在有限培养时间内微生物生长不够迅速的情况下，浊度表现无法被肉眼识别、结果判定不够准确的困扰。

勇攀高峰挑重担，矢志创新走在前。新时代央企青年要有昂扬向上的精神风貌，放眼世界的自信从容，敢于涉险滩、闯难关，以青春之姿迎接波澜壮阔的历史机遇和层出不穷的各种挑战，为企业创新发展注入强劲的青春动能。

同人民一起奋斗

思想领航

2015 年 7 月 24 日，习近平总书记在致全国青联十二届全委会和全国学联二十六大的贺信中指出："当代中国青年要有所作为，就必须投身人民的伟大奋斗。同人民一起奋斗，青春才能亮丽；同人民一起前进，青春才能昂扬；同人民一起梦想，青春才能无悔。"同人民在一起，同人民一起奋斗，是青年一代成长成才的必由之路。

新时代央企青年怎样才能赢得人民群众信赖，从而以开风气之先的主动带动群众和我们一起奋斗呢？要不断增强宗旨意识和责任意识，始终心中装着人民，一切为了人民，真诚倾听人民呼声，真心拜人民为师，真实反映人民愿望，真诚关心人民疾苦，就一定能够激发和凝聚起人民群众中蕴藏的强大力量。

青春风采

国网浙江省电力有限公司杭州供电公司青年员工徐川子，自浙江大学毕业后一直从事装表接电工作，全心服务群众。装表接电工作枯燥辛苦，对体力要求非常高，是传统意义上妥妥的“男人活”。但年轻不服输的徐川子拒绝转岗做后勤的建议。从此，一顶安全帽、一身汗渍斑斑的工作服、一台不间歇运作的电脑，陪着徐川子走遍了杭州的大街小巷，一次次为百姓解决计量难题。

“老百姓看我做事认真，就会增加对我们的信任。”面对 7000 多名专用变压器客户和近百万名居民客户，她对自己要求非常严格，每次安装电表时，徐川子都会把所有的线路排布整齐，并保持横平竖直，转角则要基本达到 90 度，细节和力量得到完美的结合，仿佛是在做一件艺术品。

徐川子的服务不仅在看得见的电表前，还在看不见的电表后。在滨江长河社区，住着 12 位独居老人，他们的日常安全始终让社区工作人员放心不下。为此，徐川子想到了手中的电表，她研发了“智电护人”，通过用电变化来预警老年人的突发状况。如显示老人平时不开灯的时间段忽然开灯，或是家里长时间没有用电，智能电表就会将信息推送到老人亲属或居委会工作人员的手机上，可有效避免意外发生。如今，杭州 1040 户独居老人的家庭电表的一个个读数，汇成电力大数据，接入杭州“城市大脑”，每隔 15 分钟自动刷新，监测预警老年人的异常用电变化，以便让社区工作人员更及时地关注老年人，同时也让老年人生活得更安心、更舒心。

近年来，她被授予“全国五一劳动奖章”，荣获“全国劳动模范”“全国五一巾帼建功标兵”“全国青年岗位能手标兵”“2019 全球契约中国网络联合国可持续发展目标先锋”等称号。

任何豪言壮语都不及做实事有分量。我们做的工作，归根结底是为人民服务，要从群众关心的小事做起，做好平常事，多做雪中送炭的暖心事，努力让人民群众提高幸福指数，生活得更舒适、更美好。

中粮营养健康研究院消费者与市场研究中心主任郭斐，2020 年 6 月到福建省建宁县挂职，任建宁县委副书记、政府副县长。初到建宁县，在组织的关心帮助下，郭斐很快适应了建宁的生活环境，但如何厘清工作思路、找准工作方向成了摆在她面前的第一个难题。于是，郭斐用“脚底板工作法”，经常到田间地头、农户家中，接触全县各行各业人员，对县情、舆情、机制和当地人文等加强了解和认识。

很快，她发现建宁作为农业大县，产业有特色，但缺乏过硬品牌、附加值低、产业向纵深延伸不够等问题。例如，建宁的莲子很出名，它具体好在哪儿，没有科学的依据，也没有形成良好的品牌效应。郭斐以“品牌科技赋能优势产业，平台资源拉动潜力产业”的工作思路，推动中粮集团出台《对口支援建宁县促进三明革命老区高质量发展示范区建设实施方案（2021—2025年）》。她积极协调中粮营养健康研究院与建宁县莲科所成立“建莲差异化特性研究”课题组，挖掘出建莲在质量、营养、感官、风味4个方面的特性、优势，指导制定并发布《建宁莲子团体标准》，构建建莲从种植到销售的全程可追溯体系，推动建莲走进中欧地标互认第一批名录以及在进博会上展销，最终建宁县坪上梯田莲海被认证为“世界最大的梯田莲海”。

在杂交水稻制种产业方面，郭斐发挥中粮集团产业链的优势，帮助建宁县明确了未来与先正达集团中国及中粮粮谷公司的“优质杂交水稻制种—优质稻种植—优质大米加工”产业链合作路径，并拉动先正达集团中国在建宁落地总投资额2.15亿元的杂交水稻种子供应链创新中心，2023年投产后将实现年加工成品水稻种子约1000万公斤，年仓储水稻种子约500万公斤，大大提升了建宁制种的产能和技术水平。此外，她还推动了福建省粮储局在建宁规划落地8.09万吨粮库，总投资1.6亿元。

为加强品牌建设，郭斐结合建宁县农业特色产业，拉动国内一流资源，从品牌定位、LOGO设计等方面打造并培育“建宁五子”区域公用品牌，通过央媒传播、直播带货、线上线下开店等形式加大宣传销售力度。2021年，“建宁五子”产品销售额达5000万元，产品终端价格提升15%，实现量价齐升。相比“建宁五子”，建宁的茶产业基础薄弱，郭斐协调中粮集团旗下中茶公司相关专家着力挖掘当地潜力，通过开展斗茶赛、签约种植基地、设立“大师工作站”等方式帮助当地打造“建宁红”超级单品，并以“中粮”“中茶”品牌背书，有效传播“建宁红茶高山好茶”理念，提振当地茶农信心。2021年生产的“建宁红”茶叶在4个月内全部售罄，带动全县红茶品类累计销售收入首次突破500万元，茶农每斤茶叶增收12元左右，2022年“建宁红”实现产品系列和产能的双向拓展。

踏踏实实帮助百姓办好关心的每件事，要有心贴百姓、无私奉献的公仆精神。为百姓办实事，当代青年应有新作为。

冀北承德供电公司丰宁分公司副经理、河北省承德市丰宁满族自治县官梁村驻村第一书记徐景升与人民同甘共苦，啃最硬的“骨头”，攻贫困堡垒，赢得了人民群众的称赞。

“九寨十八沟，晴天一身土，雨天一脚泥”，这是官梁村过去最真实的写照。官梁村曾是国家级贫困村，所辖11个自然村，共298户、803人，2016年，有建档立卡户141户，贫困人口364人。由于村民文化水平不高，种植和养殖经验不足，认为风险太大，许多村户不愿意自主创业。徐景升明白村民的顾虑，特意请来县林业局、农牧局和蔬菜办的专家到村里出谋划策，并全程进行养殖和种植相关产业的指导，通过电力、水利设施配套项目的实施，帮助村民创业脱贫致富。

“现在可以网上订材料，也可以网上找销路，只要大家肯吃苦，干啥都赔不了。”徐景升驻村扶贫期间一直在帮助村民开拓思维，积极寻找创业致富之路。为了带动乡村产业发展，徐景升带领驻村工作队挨家挨户上门做工作，鼓励外出务工人员回乡创业。讲政策，讲前景，一次不行两次，一天不行两天，村民们从一开始的不信任、犹豫不决，到主动找到工作队商讨创业计划，不再是等政府给钱花，而是努力靠劳动致富。

陈广志夫妻是在徐景升带动下的返乡创业人员，以前他们在外地一家汽车配件工厂打工。“我们在外面就是惦记家里老人和孩子，父母生病回不来，孩子眼看要上学，也顾不上。”陈广志妻子说话时，满眼泪水。2017 年，徐景升通过一次走访得知了陈广志的情况，便多次劝说他回乡创业：一是创业人员都能有政府补贴，二是供电部门还提供了用电方面的诸多便利条件。“我们是相信徐景升书记的，他做的事情我们都看在眼里，他是真心实意为我们好。”陈广志夫妻在徐景升的劝说下，带着新技术回村开起了汽车零部件代料加工厂。这期间，徐景升帮忙申请扶贫创业政策补贴，并安排凤山镇供电所简化报装手续，及时通电。

陈广志算了一笔账，因为厂房建在自家地上，成本降低了，雇的工人又是同村的，节省了部分人工费用，一年下来，能有 30 多万元的收益，既赚钱又能兼顾家里，陈广志夫妻对徐景升和驻村工作队充满了感激之情。

截至 2021 年 2 月，官梁村已顺利通过国家考核验收，贫困户 141 户、364 人全部脱贫，综合贫困发生率从 45.27% 下降到 0，人均纯收入由 1700 多元提高到 8500 多元。2021 年，徐景升荣获“全国脱贫攻坚先进个人”。

国家的前途、民族的命运、人民的幸福，是当代青年必须承担的重任。新时代央企青年，要把人民群众视为衣食父母，怀有深厚感情，自觉站在人民群众的立场上想问题、作决策，永远与人民群众同呼吸，共命运。

2018 年 3 月，28 岁的中国绿发新能源青海分公司多能互补基地风电场副场长郭守文，受组织选派到青海省海西州都兰县察汗乌苏镇上滩西村任驻村第一书记。他与村“两委”坚持访民问计、访贫问需，紧紧围绕村民“急、难、愁、盼”问题，走遍了全村的每一个角落，走访了全村的每一户人家。3 年来，郭守文带领全体村民将“省级重点贫困村”“海拔 3200 米，不利于农作物生产”“干旱、冰雹等自然灾害频发”等固有难题逐一击破，帮助建档立卡贫困人员实现稳定增收不返贫，成为受人尊敬爱戴的“娃娃书记”。2021 年，纪录片《“娃娃书记”的硬核青春》被评为中央企业庆祝建党百年百部微电影优秀作品。

新时代央企青年要紧紧抓住人民最关心、最直接、最现实的利益问题，一件事情接着一件事情办，一年接着一年干，把为人民造福的事情真正办好办实，让群众生活一年更比一年好。

2019 年 8 月，时任中国移动海南公司白沙分公司副总经理邢亮，奔赴海南省白沙黎族自治县元门乡红旗村驻村扶贫。当时，距离白沙县完成贫困县“摘帽”任务仅剩不到 4 个月的时间，邢亮愁眉紧锁，一连几晚都彻夜难眠。

红旗村党支部副书记一职空缺半年之久，党支部委员迟迟没有配齐，班子不完整。在邢亮的精心组织下，村民们积极推荐和选举，一个月内配齐了村“两委”领导班子。针对乡里反馈的“脱贫攻坚工作部署不力”等问题，邢亮列清单、明举措、排时限、盯落实，使红旗村的脱贫攻坚工作很快走上正轨。

为了在最短的时间内使红旗村摘帽脱贫，每天太阳还没出来，邢亮就带着驻村工作队队员，挨家挨户询问村民的基本情况，了解村民的生活需求。村民普遍反映豪猪养殖滞销、村里未通自来水等问题，他一一记在本子上，件件放在心里。他积极奔走，多次向县里和派出单位汇报情况，充分利用扶贫政策，依托中国移动强大的后盾，顺利申请到中国移动扶贫资金 280 万元，在红旗村实施乡村道路硬化、路灯亮化和平安乡村项目，解决了村民一直以来最迫切的安全出行和饮用水问题，赢得了群众称赞。邢亮再接再厉，又推动改革发展了村里的橡胶产业等，使红旗村集体经济活起来，到 2019 年底脱贫攻坚各项任务圆满完成。

民生无小事，责任大于天。“身入”基层，“心入”百姓，真心实意与人民群众一起奋斗，切实做好和人民群众切身利益息息相关的每一项工作，努力为人民群众排难题、谋福祉，必将得到人民群众的拥护与点赞。

敢为人先，放飞青春梦

思想领航

2021 年 4 月 19 日，习近平总书记在清华大学考察时发表重要讲话强调：“要勇于创新，深刻理解把握时代潮流和国家需要，敢为人先、敢于突破，以聪明才智贡献国家，以开拓进取服务社会。”

时代是青年发展的最宝贵沃土。时间之河川流不息，每一代青年都有自己的际遇和机缘，都要在自己所处的时代条件下谋划人生、创造历史。新时代央企青年要在事业发展中敢为人先、敢拼敢闯，站排头、当先锋、打头阵，不怕困难、直面风险，埋头苦干、勇往直前，才能肩负起新的历史使命，为事业发展作出新贡献。

作为国资央企系统的青年，要勇挑重担、勇克难关、勇斗风险，以“敢为人先”的创造力和“敢为天下先”的创新魄力，在劈波斩浪中开拓前进，在披荆斩棘中开辟天地，在攻坚克难中创造业绩，在实践中不断锤炼本领，为实现国有经济高质量发展贡献力量。

青春风采

罗潇，中国航发湖南动力机械研究所工程师、未来动力部共用技术室主任。他进入中国航发动研所时，被安排在结构强度研究部。2017 年，一篇关于前沿动力技术的新闻报道引起了罗潇的注意。报道称陶瓷基复合材料被成功应用到航空发动机涡轮叶片上，并通过了试验考核，为发动机的性能提高带来了革命性的飞跃。于是，罗潇打起了涡轮叶片材料的“主意”，他心里想的是我们的航空发动机也得赶紧用上陶瓷基复合材料。于是，罗潇带领团队反复打磨，做起了实验，并大胆地提出了蛛网式纤维预制体结构方案，显著提升陶瓷盘承载能力。

一年后，经过全新优化后的陶瓷基复合材料涡轮叶盘再次装上了旋转试验台，最终破裂转速突破了预期目标，与最初的方案相比，试验转速提升了整整一倍。在随后的整机试验中，成功突破了发动机巡航转速要求。这不仅是我国陶瓷基复合材料转子件研制过程中的一个显著突破，更为陶瓷盘早日飞上蓝天奠定了重要的技术基础。

2020 年，罗潇团队带着陶瓷基复合材料涡轮叶盘参加了中国航空发动机集团有限公司第三届青年创新大赛“百团大战”，从 700 多支参赛队伍中脱颖而出获得总决赛金奖。同年，罗潇和他的团队获评“中央企业青年文明号”。

新时代央企青年要鼓起创造奇迹的风帆，敢想敢干，不畏劳苦，不怕试错，勇于面对失败，坚定不移地追逐梦想，永不停止，不断前进，创造一个又一个青春传奇。

谢光有，东方电气（成都）氢燃料电池科技有限公司副总经理，氢燃料电池发动机的“领头雁”。作为一个意气风发的 80 后，他敢为人先，带领燃料电池研发团队在短短几年时间内，突破重重技术难关，将国产化燃料电池核心部件研发成功，实现了自主知识产权燃料电池系列产品开发的目标。

我国的氢燃料电池起步晚、技术储备弱，与国外相比差距大，核心产品依赖进口，国产化进程困难重重，坚持走自主研发的路更是无比艰辛，但是研发路上的一道道难题没有把谢光有吓倒，反而激起他的万丈雄心。

面对巨大的挑战，谢光有勇挑重担，带领东方电气氢燃料电池技术创新团队全面攻坚。任务重，那就勇敢地把担子扛在肩上，身先士卒，扎根于实验室工作台，废寝忘食，潜心钻研；周期短，那就和时间赛跑，放弃一切休息时间，全身心地投入研发中去。不论研发团队在任何时间有任何的问题与需求，他都能第一时间亲赴现场全力支持。

10 余年间，谢光有凭借着对燃料电池自主技术研发的一腔热血以及对科研工作强烈的责任心和使命感，一直奋斗在燃料电池自主技术研发第一线，啃下一块又一块“硬骨头”，取得一个又一个关键技术突破，实现氢燃料电池系列产品自主产品的成功开发。作为第一发明人或主要发明人，谢光有申报国内外专利 54 项，其中授权 44 项，发表论文 20 余篇，SCI 收录 16 篇。

作为党组织培养的新时代央企青年，不能有畏首畏尾、按部就班、甘居平庸的守成心态，要争做刻苦学习、锐意创新的模范，永葆敢想敢干、创新创造的胆略气魄，永葆毫不退缩、勇往直前的拼劲闯劲，敢走别人没走过的路、做别人没做过的事。

第 20 届“全国青年岗位能手”、中国煤炭地质总局地下空间科技发展有限公司副总经理张弓，入职煤航 10 年间，带领团队在城市管网地理信息技术方面不断取得突破。

张弓担任部门副主任时，主要从事软件产品的推广和软件系统的运行工作。他积极调研客户需求和竞争对手技术发展情况，很快了解到煤航管网软件在同行业的水平，并总结出问题：“产品化服务不够全面，市场化竞争不够成熟，软件销售额不够分量。”“三不够”让张弓和他的团队睡不安、吃不香。

技术创新、产品更新迫在眉睫。张弓立项主导了地下管网软件体系构建的科研项目，对原有软件产品进行了大规模整合和改造。经过两年多时间，他带领团队成员自主研发出管网数据全生命周期管理模式的煤航地下管网软件产品体系，并构建了独具特色的“139”产品体系。

张弓说：“对于客户来说，以前产品是一个整体，购买后所有功能都有，但有些功能自己不需要；而如今的产品，客户可以根据自身需求，对功能进行选择，真正满足所需。”该产品体系扭转了公司多年来在管网信息化产品方面的落后局面，并大范围推向市场。

随着国家不断推进智慧城市建设，张弓及其所在团队也不断加大智慧产品研发力度。除原有管网探测外，他们还通过技术创新开展了智慧管网、物联监测、三维行业应用等新业务，获得了客户好评。

青年是党和国家事业发展的生力军，新时代央企青年责无旁贷，使命重大，应当充满朝气与活力，以“初生牛犊不怕虎”的“闯劲”，逢山开路、遇水架桥，自觉擦亮奋斗底色，敢干事、能干事、干成事。

让青春在奉献中焕发绚丽光彩

思想领航

2014 年 5 月 4 日，习近平总书记在北京大学师生座谈会上发表重要讲话强调：“有信念、有梦想、有奋斗、有奉献的人生，才是有意义的人生。当代青年建功立业的舞台空前广阔、梦想成真的前景空前光明，希望大家努力在实现中国梦的伟大实践中创造自己的精彩人生。”奉献是一种价值取向，也是一种社会责任。人生的价值在于奉献，有奉献的人生，才是有意义、有价值的人生。回顾党的百年奋斗历程，一代代中国青年把青春奋斗融入党和人民事业，为人民战斗、为祖国献身、为幸福生活奋斗，谱写了一曲又一曲壮丽的青春之歌。

心有大我、心有大爱，方能赤诚奉献、许党报国。新时代央企青年是有理想、敢担当、能吃苦、乐奉献的好青年，要树立科学的世界观、人生观、价值观，正确对待义与利的关系、公与私的关系、个人与国家和社会的关系，秉持“奉献祖国、奉献人民”的美好愿望，坚定为民族复兴而奋斗的决心，努力在平凡岗位上奋斗奉献、在急难险重任务中冲锋在前、在创新创业中走在前列、在社会主义精神文明建设中引风气之先，让青春无悔，成就辉煌。

青春风采

中国共产党的历史，是为民族解放、国家富强、人民幸福而英勇牺牲、无私奉献的历史。中国之所以取得今天的辉煌成就，正是因为有一代又一代、一批又一批乐于奉献、勇于担当的青年，把自己的青春、智慧和力量献给了国家，献给了人民。

党睿娜是中国兵器工业集团有限公司与清华大学联合培养的第一批清华兵器定向生。2004 年到 2014 年，她在清华大学获得本科与博士学位，师从智能网联与自动驾驶领域著名专家李克强院士。其间，她赴美国斯坦福大学访学。在地面无人领域规划论证、地面无人平台智能化技术、足式仿生机器人技术等领域，作为项目负责人和主要研究人员参加 20 余个国家级重点项目的论证、竞标、研究与管理工作。参与撰写专著 3 部，发表 SCI/EI 论文 20 余篇，授权专利 10 余项，入选中国科协“青年人才托举工程”，获得“中央企业青年岗位能手”称号。

2004 年高考，得益于中国兵器工业集团有限公司清华定向生人才培养政策，她有幸成为第一批清华兵器定向生。在兵器工业集团人才专用资金支持下，求学阶段的学费，基本上来自兵器工业集团对定向生的培养经费和学校奖学金。党睿娜在读博期间的专业方向是智能辅助驾驶，2014 年博士毕业刚参加工作，月收入是 6000 元，而当时去民营企业的年薪是 60 万元。因此，不断有同学邀请她加入自动驾驶的创业大潮。然而，她坚定地认为，没有兵器工业集团当年的资助，就没有她进入清华大学的机会，而清华人自强不息、厚德载物、科技报国的精神始终鼓舞着她，她决心在兵器这片沃土扎根发芽，为强军报国贡献自己的一分力量。

刚开始，她的研究方向是足式仿生机器人，那时候国内仿生机器人还处于起步阶段，在运动控制算法方面积累尚浅，和国外差距比较明显。党睿娜和团队其他成员经常泡在实验室，不分昼夜，没有休息日，共同研究足式机器人运动步态规划方法和运动稳定控制方法。终于在 2016 年，团队研制的“奔跑号”四足仿生机器人获得国家级比赛第一名，并蝉联 2018 年至 2021 年的同类比赛冠军。

青春因奋斗而出彩。奋发有为的新时代央企青年，肩负起历史的重担，凝心聚力、接续奋斗，在创新创业伟大实践中，贡献自己的青春智慧和力量！

张军，工学博士、高级工程师，现为攀钢研究院特钢技术研究所特种材料热处理应用技术项目团队经理。入职以来，他始终刻苦钻研，勇于创新，乐于奉献，突破了多项关键核心技术，年创效益逾千万元。

为什么要工作？不同的人，有不同的答案。他的答案是为了圆产业报国梦。

2018 年 4 月，张军入职攀钢研究院。作为高端研发人员，他主动申请到生产一线去锻炼，并把办公室“搬”到了生产现场。

张军干的事情，就是开展先进特殊钢产品开发与工艺技术创新研究。他连续 3 个月坚守在生产现场，与一线职工同吃同住同劳动，融入现场环境，熟悉特殊钢产品的产线装备与工艺技术流程。在攀钢和攀钢研究院的支持下，他组建攻关团队，把任务落实到人、把进度细化到小时，历经无数次模拟试验、优化验证，终于顺利完成了任务，攻克了新一代材料关键核心技术。

“奉献，是科技工作者必备的职业素养！”张军说。

2020 年 5 月，为解决国家重大工程用材料自主保障的安全难题，他带领团队聚力攻关新一代航空先进结构“卡脖子”材料，研究关键材料一体化生产应用核心技术。一年多来，他坚守在生产一线，深入用户加工基地，遵循创新研究方法，不断模拟试验、优化验证。终于在 2021 年上半年顺利完成科研任务，开发出三代航空高温轴承钢并形成成套关键核心技术。

他还带领团队通过对口学习、因材施教、以点带面、协同攻关等形式，实现团队整体科研素质与个人能力大幅提升。同时，他甘做人梯，无私奉献，传授技术，使每一位成员掌握一门专业技术或一项实验操作技能。现如今，他带领的 8 名徒弟均可独立自主开展科研项目。

幸福源自奋斗，成功在于奉献，平凡造就伟大。在奋进新征程的伟大时代，无论你身处何地，无论从事什么工作，只要胸怀理想，埋头苦干，每个人都有发光发热的机会，都有成才、出彩的舞台。

“冬天一身汗，夏日衣难干”，这是在环境温度高达 50 多摄氏度的阳极焙烧炉面作业时的真实写照。中铝股份有限公司广西分公司碳素厂的 90 后青年员工黄秋霜扎根阳极焙烧岗位，潜心钻研技术，一步一步成长为公司“青年创新创效能手”、“优秀共产党员”和“全国技术能手”，2021 年荣获“全国五一劳动奖章”。

2019 年，黄秋霜经过层层选拔获得代表公司参加“中国铝业杯”第十三届全国有色金属行业职业技能竞赛决赛的资格，原本可以脱产备战，但他心里放不下车间的生产，坚持一边工作一边备战，有时工作太忙，只能利用晚上的时间“加餐”练习。教练廖雄说：“黄秋霜获得冠军既证明了他的‘含金量’，也是对他敬业精神的最好回报。”

近年来，黄秋霜牵头负责或主导的项目多次获得公司青年创新创效、

“两带两创”项目优秀奖，他提出的“优化炉面密封和动态调整 1P 升温曲线，降低预焙阳极天然气单耗”获评公司合理化建议一等奖；与同事一起探索攻克了 7 室预热焙烧技术等多个难关，预焙阳极理化指标达到行业一流水平。

2020 年 11 月 27 日，“黄秋霜劳模（金牌工人）创新工作室”正式揭牌。作为工作室领衔人，他带领团队成员参与“降低预焙阳极天然气单耗”“提高火道墙清理和维护效果”“‘一炉一策’选择性装出炉精益操作法”等多个项目，累计创效超过 500 万元，为碳素厂降本增效作出了积极贡献。

新时代央企青年开拓进取，无私奉献，不计个人得失，舍小家为大家，必将战胜前进道路上的一切风险挑战，创造出无愧于党、无愧于人民、无愧于时代的业绩。

雅砻江流域水电开发有限公司两河口建设管理局工程技术一部副主任岳攀，扎根一线开展科研创新，为世界高坝建设顺利推进保驾护航。2016 年，岳攀博士毕业就来到国家重点工程两河口水电站，在两河口建设管理局工程技术一部大坝项目组工作。

两河口水电站位于祖国西南的雅砻江上，自然条件恶劣，施工环境复杂，多项关键技术指标超出规范规程和已有经验范畴，是在建综合难度最大的项目之一。岳攀受命参与建设。

两河口水电站坝址平均海拔接近 3000 米，冬季气候寒冷干燥，年平均气温 10.9 摄氏度，极端最低气温零下 15.9 摄氏度，工程建设条件异常艰苦。在现场有一句形容建设条件的流行语：夏天像烤箱，冬天像冰箱。为破解高寒地区心墙土料冬季施工难题，晚上气温一到零下的时候，岳攀就组织科研、设计、施工单位到大坝心墙取土做试验，有时候晚上只睡 4 个小时，到了白天继续分析数据。功夫不负苦心人，经过 4 个冬季的连续探索与研究，岳攀和他的团队掌握了土体冻融规律，建立了土体冻融预测模型；确定了“冻土不上坝、冻土不碾压、碾后土不受冻”的施工原则；提出了主动、被动措施相结合的冻融综合防控体系；研制了保温材料快速收放车等新型设备，大规模采用“三布两膜”保温材料对心墙进行覆盖防冻，逐步固化了分阶段、精细化的施工工艺。

新冠肺炎疫情暴发后，岳攀是第一批返岗复工的员工。在项目组其他同事暂时不能返岗的情况下，他主动承担起大坝工程、过鱼工程防疫复工的任务。为加快项目进度，他发挥两河口“智能大坝”科技引领的优势，率先投入 5 台无人驾驶碾压机开展作业。岳攀说：“非常时期，更要发挥科技创新引领作用，及时协调解决问题，为工程推进保驾护航。”

光阴如梭，青春易逝。新时代央企青年要坚定为国奉献的信念，珍惜年华，抓住一切机会，绽放最美丽的自己。

郭兴宝，钳工技师，现任中钢山东矿业提选动力车间磨选工段段长。他始终专注于铁精矿生产和技术优化，通过球磨“一拖二”技改，极大地提高了设备台效。郭兴宝的父亲身患脑梗，行动不便，母亲年迈，家中还有两个年幼的孩子。2016 年受市场行情的影响，公司停产放假，经过公司工会积极申请，兰陵县总工会针对公司特别困难的职工给予共计 13 万元的专款救助，郭兴宝主动将被救助的机会让给工友。

郭兴宝的家距公司只有 30 公里的路程，参加工作后，他一心扑在工作上，却很少有时间回家。只要工作需要，他随叫随到，经常是下班路上被召回，端起饭碗又放下，脱衣上床又起身，工作成了他生活的主体和精神的依靠。2016 年 7 月 22 日，公司全面停产检修，在磨选工段 6# 液下泵更换期间，他始终坚守在一线，一直忙碌到次日清晨。为了争取时间，他顾不上休息，又投入渣浆泵站液下泵检修，直至下午 6 点多检修任务结束，他已连续工作了 40 多个小时。2017 年 4 月中旬，二号球磨机进口处中空轴磨损严重，设备无法正常运转，维修工轮番检修。郭兴宝一直在现场研究方案，指挥作业，一干又是几个昼夜。

劳动最光荣，奉献的人生最美丽。无数不平凡的人生生动表明，青年时代，选择吃苦就选择了收获，选择奉献就选择了高尚。在奔向中华民族伟大复兴的征程上，需要更多的青年人无私奉献，放飞梦想。

尹继伟，现任河南中原黄金冶炼厂有限责任公司熔炼分厂底吹炉工段炉长，一直从事铜冶炼底吹熔炼工作。初到中原冶炼厂，他被推荐负责熔炼分厂底吹炉熔工段的试生产工作，凭借自身经验，他一边积极筹划系统开炉技术方案，一边组织对车间操作人员进行培训。2015 年 6 月 19 日，底吹炉顺利投产，仅用数日就理顺了生产流程。

可以说，顺利投产的背后离不开他不分昼夜的默默付出。项目试生产初期，底吹炉时常由于各种原因造成系统停车，桥架上、放渣口、皮带旁，总有他忙碌的身影；累了随便找个地方歇一下，办公桌就是床，冬装就是被，为了电话响起能第一时间出现在现场，厂里安排的宿舍距离现场仅 300 多米，他也没有去睡过几个安稳觉。

2017 年 9 月，中原冶炼厂迎来投产以来第一次年度大修。这时的他已经成长为“技术大拿”，每天扎根现场，组织协调检修，落实检修项目责任人，下班后还要及时总结记录，筹划第二天的工作，以确保检修质量与工期。在最艰苦的烟道清理任务中，他身穿杜邦服，头戴防毒面罩，一钻进去就是四五个小时，出来时已“面目全非”。

新时代央企青年，为了祖国的富强，为了人民的幸福，坚守在生产第一线，努力工作，无私奉献，奏响了一曲曲火热激昂的青春之歌。

第十章

吃苦在前、享受在后，
在疫情防控一线披坚执锐

2020年初，新冠肺炎疫情暴发，以习近平同志为核心的党中央坚持人民至上、生命至上，坚持外防输入、内防反弹，坚持动态清零，因时因势不断调整防控措施，疫情防控取得重大战略成果。特别是在抗击新冠肺炎疫情斗争中，新时代央企青年不怕吃苦、不畏艰难、不惧牺牲，用臂膀扛起如山的责任，展现出青春激昂的风采，展现出中华民族的希望。

必须清醒看到，全球新冠肺炎疫情形势仍然严峻，病毒还在不断变异。疫情的最终走向还存在很大不确定性，远没有到可以松口气、歇歇脚的时候。要深入学习贯彻习近平总书记关于高效统筹疫情防控和经济社会发展的重大要求，始终坚持人民至上、生命至上，坚持科学精准、动态清零，坚持外防输入、内防反弹并举，坚决落实党中央决策部署，充分发扬斗争精神，坚决筑牢疫情防控屏障，坚决巩固来之不易的疫情防控成果，以最小的代价实现最大的防控效果，为经济社会发展提供坚强有力保障。

青春闪耀抗疫路

思想领航

2020 年 9 月 8 日，习近平总书记在全国抗击新冠肺炎疫情表彰大会上发表重要讲话指出："青年一代不怕苦、不畏难、不惧牺牲，用臂膀扛起如山的责任，展现出青春激昂的风采，展现出中华民族的希望！让我们一起为他们点赞！"在惊心动魄的抗击新冠肺炎疫情阻击战中，新时代央企青年积极响应党的号召，临危不惧，逆行而上，踊跃投身疫情防控，成为勇敢的"大白"，不畏艰险、冲锋在前，播撒大爱，温暖他人。

在参加抗疫的医务人员中，有近一半是 90 后、00 后，充分彰显了新时代青年青春昂扬的风采。他们用自己的实际行动，践行着"战疫有我，不负青春"的誓言，展现了当代中国青年的担当精神，在抗击新冠肺炎疫情一线交出了一份闪光的"青春答卷"。

青春风采

武汉生物制品研究所有限责任公司总经理助理、科研开发部经理兼生物安全管理办公室主任王泽鋆博士，率领科研团队成功研制出全球首个新冠肺炎病毒灭活疫苗，为全球抗击新冠肺炎疫情贡献了中国力量。

2020 年初新冠肺炎疫情暴发后，王泽鋆博士临危受命，担任新冠肺炎病毒灭活疫苗技术负责人，领导团队研制新冠肺炎病毒灭活疫苗。他和团队先后攻克一系列疫苗研发和质控关键技术，确定工艺技术路线和产品质量属性，迅速开展并完成动物体内有效性及安全性评价等工作，于 2020 年 4 月 12 日在全球率先获得首个新冠肺炎病毒灭活疫苗临床批件，并最终获国家药监局批准附条件上市，为我们打赢新冠肺炎疫情阻击战送来了“及时雨”和“定心丸”。

在新冠肺炎病毒灭活疫苗研发过程中，王泽鋆常常用“短道速滑”运动项目形象地比喻团队战斗接力的生动场景。

“我们的新冠肺炎病毒灭活疫苗研发攻关 24 小时无缝接力。不同于田径赛场上的接力赛跑，交棒后可以停下来休息，更像是滑冰场上的短道速滑接力，队友交棒后不能休息，时刻关注同伴的滑行结果，一方面给予同伴精神鼓励，另一方面思考接棒后自己下一步安排。正是这种合作精神和彼此信任，我们才能如期完成研发攻关；正是这种不懈努力与极致追求，我们所有试验才如期完成、所有结果都如期而至。”

这样的场景几乎已成常态：半夜 12 点，一位成员负责的结合抗体检测试验正式开始，另一位同事将中和抗体检测样品送达病毒所 P4 试验室；凌晨 3 点，所有样品完成结合抗体检测，下一个人则要马不停蹄完成所有数据整理和统计分析；凌晨 4 点，团队成员忙完检测，从实验室离开。这只是研发过程中日夜兼程的一个缩影，还有不计其数的奋斗故事。

践行初心使命，投身疫情防控，风华正茂的央企青年，以对人民群众极端负责的满腔热情，用青春的速度跟病毒赛跑，展现了青春激昂的风采，成为抗疫一线一道亮丽的风景。

华电西藏公司大古分公司乡村振兴办公室专责格列旺久，现为华电西藏公司驻西藏自治区昌都市江达县波罗乡外冲村第一书记。2020 年初新冠肺炎疫情暴发时，他主动放弃春节和藏历新年假期，夜以继日值班坚守，保护外冲村 98 户 609 名群众的健康平安。疫情暴发期间，村里有多名村民有区外学习生活经历，疫情防控不能有丝毫松懈。在地方党委、政府和华电西藏公司党委的安排部署下，格列旺久身先士卒，带领“党员突击队”挺身而出，广泛发动党员群众，全力投入疫情防控，及时排查 2 名从湖北返乡的大学生，并安排他们居家隔离。他坚持与村“两委”班子成员一起早出晚归、全力以赴，认真开展发放口罩、体温检测、设点宣传等工作。

为了让村民转变思想认识，由被动防疫到主动防疫，他带领党员把防控措施以藏汉双语的形式简单明了地印在小纸片上，利用上门排查、卡点管理、日常谈心交流等机会向群众发放。通过扎实有效的宣传引导，村民防疫意识越来越强，逐渐从不理解变为积极配合，发生了从“出门不习惯戴口罩”到“不戴口罩出门不习惯”的转变，全村群众卫生观念、村（居）文明水平随之同步提升。

披甲战“疫”，绽放青春力量。新时代央企青年和志愿者用赤诚诠释青春担当，他们迎难而上，逆行出征，把激情变为实现自我价值的行动，将热血化作贡献社会的青春力量。

中海油销售湖北有限公司阳光加油站站长白登文，为抗疫推迟婚礼，坚守武汉 76 天，畅通武汉抗疫物资运输生命线。

白登文所在的阳光加油站地处湖北省武汉市吴家山地区，是武汉市物流集散地，所有进出武汉的物资运输车辆都要在这附近加油，车水马龙，一片繁忙。2020 年 1 月 23 日，武汉实行交通管制，所有车辆停运，只有运输医疗物资和生活用品的车辆可以通行。此时，当天在站的 12 名员工因交通管制被困在加油站，无法倒班回家。马上就要过年，大家的情绪出现了波动。白登文立即意识到必须引领大家克服紧张和慌乱情绪，变被动的困为主动的守。他当即表示：“武汉现在是一座孤城，所有的物资都要从外面往里运，我们站的位置特殊，必须保证往来车辆的油品供应！”当天傍晚，当班员工纷纷表示不回家过年，愿意留在加油站和他一起打赢这场没有硝烟的战争。

从2020年1月23日到4月8日，这一守，就是76天。这期间，每天24小时，白登文和站里的其他员工都要为往来的大型物资运输车辆加油。因为坚守岗位，大家没有办法照顾家人，内心都很愧疚也很担心，但是看着一辆辆满载防疫物资和生活用品的车辆加满油顺利开进武汉市区，白登文他们的信心越来越足，也多了一份沉甸甸的责任感。因在抗击新冠肺炎疫情期间，白登文身先士卒，表现突出，荣获“全国抗击新冠肺炎疫情先进个人”和“全国优秀共产党员”称号。

白登文说：“这份荣誉既是褒奖又是一份沉甸甸的责任，这份荣誉不仅仅是授予我个人的，更是授予所有海油人的！接下来，我将把抗疫精神带到以后的工作中，不忘初心、牢记使命，恪守岗位职责，为中国海油更加美好的未来作出自己的贡献。”

在全国各地防疫一线，千千万万新时代央企青年将激情变为实现自我价值的行动，把热血化作贡献社会的力量。他们肩扛责任，以积极向上的心态，展现了青春年华的激昂风采，刻画了新时代央企青年群体的优良形象。

崔唯，现任南航飞行总队B777机队四分部副经理、波音777机型飞行教员，同时担任B777机队团支部书记、“全国青年文明号”B777机队“远翔号”号长。

2020年初，新冠肺炎疫情暴发，他执飞曼彻斯特包机，并在境外疫情较严重期间去美国执行777货机接机任务。他全力支持广州、浦东双基地运行模式，动态隔离、连续飞行，保障疫情防控“空中动脉”畅通。由于疫情复杂，人手紧缺，他第一时间组织成立B777机队青年战疫突击队，在他的号召下，70余名队员迅速填写报名表，请求参与一线抗疫。突击队员参与执行南航首趟海外直飞武汉的全货机包机航班、广东省第一批支援湖北医疗队员返穗航班、接返纽约留学生回到祖国怀抱等客货机重要包机航班80余班，接回乘客5400余名，其中执行赴武汉医疗救援包机 5 班，接送医护人员千余人次，运送物资百余吨，展现了新时代央企青年飞行员队伍的使命担当。

追梦路上，每一代青年都在努力奔跑。

从长江大保护项目到世界首台 135 万千瓦机组，再到世界上首个特高压多端混合直流工程，2020 年，一批批国家重点重大工程项目按下“快进键”，复工复产驶入快车道，助推中国经济命脉动起来、活起来、强起来。一支支新时代央企青年生力军，在重大工程复工复产、抗击疫情的战场上挺身而出，为国家重大工程建设凝聚起澎湃的青春动能。

乌东德水电站特高压多端直流示范工程，是国家电力发展“十三五”规划要求的重点工程和国家重大创新示范工程，是实施“西电东送”的骨干电源和促进国家能源结构调整的大国重器。中国西电集团承担着该电站重大输配电装备的生产制造和安装调试任务，魏宗逊就是中国电气装备所属中国西电集团复工复产先锋队的成员之一。2020 年 2 月，国内新冠肺炎疫情形势严峻，乌东德水电站现场的工程进度受到影响，距离工程的阶段性节点却越来越近，对用户而言尽早恢复现场作业迫在眉睫。“咱们只有开车走，才能保证人员在疫情防控安全的前提下最短时间内到达工程现场。”负责乌东德水电站现场安装任务的魏宗逊和队员们商量好解决之策。

从西安到乌东德施工现场有 1800 公里的路程，2020 年 2 月 19 日，10 名西电青年背上行囊，踏上一段不平凡的复工之路。经过 38 个小时的长途跋涉，他们成为到达项目现场的第一批复工人员，得到了三峡用户的高度认可。

隔离结束后，魏宗逊和同事们立即承担起 550 kV GIS 、550 kV 竖井 GIL，发电机断路器和电气制动开关的安装工作。

550 kV GIS 设备安装与水轮机组安装同步进行，现场不可避免会产生灰尘，必须尽全力保障安装现场环境达到产品安装所要求的清洁度，才能进行作业。为有效避开同时作业对 GIS 安装的影响，中国西电集团安装团队变身“夜行者”，每天傍晚或者午夜，现场其他人员下班，他们上班。正是这样昼夜颠倒的坚持，有效保证了现场的安装质量与进度，为水电站的如期运行打下了坚实基础。

高落差竖井结构 GIL 由于高难度的技术水平和安装要求，设备长期依赖进口。为了突破技术壁垒，实现重大装备的国产化，中国西电集团履行央企责任，成立研发团队通过不懈努力完成技术攻关。乌东德水电站左、右岸两回线路为国产设备国内首次现场安装。GIL 高落差垂直竖井深达 300 米，从地面下到作业平面单趟有 640 余级台阶，魏宗逊和小组成员每天至少上下 4 趟，相当于爬 100 多层楼。“经常爬台阶爬到腿软，可我们手上的安装‘功夫’稳得很，马虎不得。”魏宗逊说，“脚下的台阶和每个人的成长之路一样，每一步都要走得坚实，才能让生命和国家的重点工程相遇，才能让工程在自己手中搭建起来，才能用奋斗、努力来定义年华”。

经过现场连续 11 个月的精心安装，终于取得了全部现场安装设备整体耐压试验、投运一次通过的优秀成绩，保证了水电机组按时顺利发电。魏宗逊荣获“2019 年度金沙江水电工程优秀建设者”称号，现场安装团队荣获“金沙江水电工程优秀班组”称号。返回企业后，魏宗逊总结安装经验，梳理班组管理办法，在中国西电集团 QC 成果暨质量信得过班组建设发表会上荣获一等奖，在全国机械工业质量管理成果交流活动中，获“2020 年度全国机械工业优秀质量管理小组”称号。

面对国内新冠肺炎疫情复杂等因素影响，魏宗逊凭着一颗对事业执着的心，一种勇于担当乐于奉献的精神，细化需求明细和时间，主动前往外协厂家，了解成套难点，积极协助解决制造过程中的问题，并安排人员到厂监造。待工程成套后，他带领制造部员工全力以赴，迎难而上，各生产班组则根据急要履约项目生产计划，倒排工期，确保工作整体有序推进，加班加点完成了 19 个特急工程 76 个间隔的按时出厂，保证了按时履约率 100%。

“天行健，君子以自强不息。”一个民族之所以伟大，根本在于面对任何困难和风险从不放弃、勇于担当，百折不挠为自己的前途命运而奋斗。从 5000 多年文明发展的苦难辉煌中走来的中国人民和中华民族，必将在新时代的伟大征程上一路向前，任何人、任何势力都不能阻挡中国人民实现更加美好生活的前进步伐！

始终坚持人民至上、生命至上

思想领航

2022 年 3 月 17 日，习近平总书记在中共中央政治局常务委员会上发表重要讲话强调：“要始终坚持人民至上、生命至上，坚持科学精准、动态清零，尽快遏制疫情扩散蔓延势头。”新冠肺炎疫情暴发后，党中央始终坚持人民至上、生命至上，坚持“外防输入，内防反弹”总策略和“动态清零”总方针，因时因势不断调整防控措施，疫情防控取得重大战略成果。

人民至上、生命至上，是党对人民的郑重承诺，也是三年来中国抗疫的真实写照。我国坚持统筹推进疫情防控和经济社会发展，不放弃每一个生命，切实维护人民的生命安全和身体健康，并竭力稳物价、保物流，大力推动经济快速恢复和发展。

“慎终如始，则无败事。”面对反复肆虐的新冠肺炎疫情，新时代央企青年勇敢战斗在抗疫前线，坚决落实疫情防控各项措施，筑牢疫情防控屏障，带领群众夺取疫情防控和经济社会发展的双胜利。

青春风采

翟晨飞，现任中国南方航空股份有限公司湖北分公司飞行员、团支部副书记。他是保持“零差错”记录的飞行员，始终将安全重任牢记在心，做到思想、作风、技术全面过硬，多次参与执行保障专机等重要航班任务；他是“贴地飞行”的志愿者，武汉“战疫”期间，他积极组建飞行志愿者团队，与团队一起筹集并自驾配送各类医疗救援物资百万余份，被评为“全国疫情防控最美志愿者”。

面对来势凶猛的新冠肺炎疫情，翟晨飞用实际行动践行“随时准备为党和人民牺牲一切”的入党誓言，以“战时”状态在抗疫前线锤炼自我。“打赢疫情防控的人民战争、总体战、阻击战，需要千千万万的志愿者。我有一分热，就要发一分光。”没有了飞行任务，翟晨飞决定投身武汉“战疫”的志愿者团体。刚开始，翟晨飞负责在线上核实求助信息，2020 年 1 月 28 日，翟晨飞戴上口罩，主动要求加入了朋友组建的线下志愿者队伍。工作量最大的时候，他和伙伴们一天要搬运 50 吨消毒水、20 吨蔬菜和 10 万个馒头。

2020 年 2 月 14 日下午，武汉气象台发布了大风黄色预警。晚上 8 点，翟晨飞接到通知，武汉市江夏区一个临时仓库有一车自热火锅需要紧急卸货。由于武汉交通运输管控，这辆货车必须在 24 时前离开武汉。翟晨飞和伙伴们紧急前往仓库所在地，一起搬运这批物资。晚上 9 点，寒潮来袭，风雨交加。翟晨飞说：“这确实是难度系数最高的任务之一，下着大雨，刮着大风，要把整车东西都搬到仓库去。”这批自热火锅是外地驰援火神山和雷神山医院医护人员的物资。他搬四箱站不稳就搬两箱，搬运两箱站不稳就搬一箱。经过两个多小时的奋战，在零点钟声敲响前，18000 个自热火锅全部装卸完毕。

疫情防控是一场没有硝烟的战争，非顽强坚守、齐心协力不能胜利。

目前，疫情防控还远没到松口气、歇歇脚的时候，央企青年尤其党员干部要继续保持旺盛斗志，带领人民群众迎难而上，坚决打赢疫情防控阻击战，共同守卫我们的家园。

国药控股国大药房上海连锁有限公司南京西路店店长刘佳美，在企业改革发展的大潮中自信自强、敬业奉献、锐意创新，在平凡的岗位上取得了不平凡的业绩，像初升的朝阳，释放着国药青年的光与热。

2022 年 3 月，上海新冠肺炎疫情反弹，刘佳美毅然决然加入保证市民用药的队伍之中。她日夜守候在店内，与店内员工轮流值岗，从不打烊，24 小时营业，保障市民用药需求。疫情封控，许多重症患者无法从医院配到“救命药”。国大药房上海公司为患者提供便利，开通了“药品需求登记平台”，患者可以通过这个渠道购买所需药品。自“药品需求登记平台”开通后，刘佳美所在的门店每天订单量激增，来购买稀缺药品和紧急药品的顾客每日达 150 人次左右，并且每天都有所增加。在接单过程中，很多顾客面临着“无法进行邮寄”“外卖跑腿接单人员少、价格高”的困境，时常打电话来求助。刘佳美急群众之所急，带领两名员工从早到晚几乎一刻不停忙着接电话、配药、发药，全力以赴满足顾客需求，保障民生用药。

新冠肺炎疫情严峻期间，南京西路店承担着全市 DTP 援助药品的慈善赠药任务，有些外地重大疾病患者无法来到门店领取自己的援助药品，一旦断药，原本已经控制住的恶性肿瘤就有可能再次增长。这些患者恐慌、害怕、不知所措，刘佳美心急如焚。经过多次与援助项目方沟通协商，她决定给符合领取援助药品条件的外地患者邮寄药品，保证这些患者在疫情期间依然可以正常用药。其间，许多患病家属通过电话、微信咨询刘佳美，她都耐心回复，细心解答，并将需要准备的资料、信息一一告诉患者或家属，并耐心细致地安抚患者急躁的情绪。刘佳美将邮寄来的患者资料整理归档，核对发放条件后按患者需求以最快速度发放相应的援助药品，保证患者及时用药。她说：“每当患者发来收到药品的照片及感谢的话语时，我们心里都是满满的幸福。”

疫情防控是一场“人民战争”，必须紧紧依靠人民群众才能取得最终胜利。最大限度激发和凝聚人民的力量，广大央企青年重任在肩。一定要遵循疫情防控的要求，积极协助单位和社区，落实防控举措。想群众之所想，帮群众之所需，干好每一样“防控活”，处理好每一件“棘手事”。

郑州华润燃气股份有限公司客户服务部工商业中心运维工马超，入职 3 年勇夺行业技能第一。2015 年，他在全省、全国“燃气杯”燃气行业职业技能竞赛中，均荣获燃气具维修第一名，助力郑州华润燃气荣获“全国燃气具安装维修工”团体金奖。

2020 年初，新冠肺炎疫情暴发，马超和他的爱人“逆行而上”。响应郑州市政府号召，他们以志愿者身份下沉到防控一线，配合社区开展防疫工作。夫妻俩利用晚上时间在小区门口对进出人员做登记及体温测量等，疫情期间共登记及测量人员 2400 余人次，并自费购买 400 个口罩、4 桶 20 升 75% 医用酒精捐赠给社区，还向郑州市红十字会捐献了 1000 元，为疫情防控尽自己的一份绵薄之力。2020 年 2 月初，信心药业等河南首批医药保障单位启动复工复产，马超主动请缨，按照复工企业燃气设施安检流程，主动联系信心药业后勤保障部门，组织安排对企业燃气设施进行保供巡查，确保“战疫”阵地用药生产线的正常运转。据统计，2020 年 2 月，马超累计为郑州市 6 家抗疫医药、食品企业复工复产进行燃气保供工作，保养维护表具近 40 块，确保战疫重点单位的安全平稳用气。2017 年马超荣获“全国五一劳动奖章”，2019 年荣获“全国技术能手”“全国模范退役军人”称号。

疫情防控中，新时代央企青年自觉遵守防疫规定，打疫苗，戴口罩，勤消毒，同时积极参与社区疫情防控，为人民群众排忧解难，有的还捐款捐物，汇聚起群防群治的强大力量，展现出无私奉献、大爱无疆的青春风采。

中国旅游集团中旅会展总经理助理任晶晶负责分管中旅会展最大支柱业务板块——会议服务。她发扬拼搏奉献、勇于创新的优良传统，积极应对疫情防控常态化给业务带来的新挑战。

2020 年初暴发的新冠肺炎疫情打破了会展行业的平静，行业类会议持续受到疫情影响，行业城市会议召开模式也发生了巨大变化。疫情期间国际会议全部停滞，单体国内会议受与会人数限制规模缩小，会议举办量在疫情平稳期激增，会议举办模式也由单一城市举办转向多地联动，线下线上相结合。

任晶晶作为会议服务事业部及医药业务部的分管领导，为更好地服务外部客户，除了做好传统的接待服务，还要做好各地防疫政策的应对。面对各地疫情变化情况，她提前研究会议地疫情防控要求，做好应急处理预案，努力协调医药客户服务部门间的协同合作，北京、上海、成都三地联动，积极应对会议高峰。对于突发疫情，根据预案做出快速反应，协调各方资源，将因疫情取消会议造成的损失降到最低。同时，她注重业务标准化服务培训，统一服务标准，提升了服务质量和客户满意度。任晶晶和她带领的会议服务团队得到客户的普遍好评。

面对新冠肺炎疫情，广大党员干部和新时代央企青年尽锐出战，积极发挥作用，深入防控一线，深入群众，全力以赴为群众排忧解难。

梅定是通用技术航天医科所属湖北航天医院普外科护士，荣获“中央企业抗疫先进个人”称号。在 2020 年初疫情暴发之际，已回到江苏老家过年的她得知科室人手不够时，毅然踏上了从江苏昆山转到河南再到孝感的返院之路。由于各地已采取交通管控，这段曲折的路程经历了长达 27 个小时的奔波。她的逆行之旅感动了城管部门及铁路工作人员。

身边很多年轻的同事问梅定：“危急时刻，你一个小姑娘怎么会有那么大的勇气和执着？”梅定在她的抗疫日记里这样写道：“我只是基层一线的一名普通医务工作者。哪里需要我，我就在哪里和同志们协同战斗。我要将这份感恩、责任和关怀传递下去。”她是这样说的，更是这样做的。她用这份坚定、这份执着、这份责任感带动身边年轻同事积极投入抗击新冠肺炎疫情战斗之中。

新冠肺炎疫情防控，必须众志成城。新时代央企青年，要心往一处想，劲往一处使，坚持人民至上、生命至上，以“时时放心不下”的责任感，不惜力，齐上阵，为实现疫情要防住、人民要健康、经济要稳住、发展要安全，贡献出自己的青春力量。

共同筑牢疫情防控的坚强防线

思想领航

2020 年 9 月 8 日，习近平总书记在全国抗击新冠肺炎疫情表彰大会上发表重要讲话指出：“面对突如其来的严重疫情，中国人民风雨同舟、众志成城，构筑起疫情防控的坚固防线。”新冠肺炎疫情严重威胁人民群众的生命安全和身体健康，以 80 后、90 后、00 后为代表的新时代央企青年挺身向前、担当奉献，他们同英勇奋战在一线的广大疫情防控人员一道，披甲出征、同心协力唱响了一曲曲动人的青春战歌。

新时代央企青年要认真落实各项疫情防控措施，主动作为、身体力行，积极配合社区疫情防控工作，筑牢疫情防控坚固防线，坚决打赢新冠疫情防控阻击战。

青春风采

“愿得此身长报国”，爱国，是一种切切实实为祖国繁荣发展贡献个人力量的实际行动。

自 2020 年以来，全球新冠肺炎疫情反复。中国电科党组号召全系统充分发挥电子信息领域完整产业链优势，投身科技抗疫，努力为疫情防控作出贡献。杨靖牵头的项目团队闻令而动。他们联合国内优质资源，发挥技术优势、开拓创新思路，将中国电科传感器和芯片等核心优势与疫情防控应用需求有效结合，经过艰苦的技术攻关和反复验证，创新性地突破了动态平衡高效控水、高效电离拓扑结构设计等核心关键技术，研制出基于活性复合粒子发生技术的空气消毒机系列产品，对包括新冠病毒在内的 12 类病毒、细菌、真菌的杀灭率达到 99.99%。

2022 年 2 月，该产品顺利通过国家卫健系统消毒和院感领域的专家评估。专家一致认为，活性复合粒子技术具有良好的消毒效果和绿色环保等特点，AOE 牌空气消毒机通过权威机构检测，产品符合卫生行业标准，消毒性能优异，值得推广应用。

在万家灯火辞旧岁，阖家团圆迎新春的时刻，以杨靖为代表的空气消毒机研发与生产团队为保障重点任务完成，坚守北京岗位一线，利用高效消毒技术有效阻断致病微生物的传播路径，助力重大赛事疫情防控。2022 年北京冬奥会、冬残奥会期间，空气消毒机成功保障冰雪运动员的健康安全、向全世界展示中国防疫领域的领先科技；2022 年全国“两会”期间，空气消毒机成功应用在酒店等重要场所，随时随地保障人民群众的生命安全，支撑国家生物安全防御体系建设。

新冠肺炎疫情防控，是新时代央企青年敢于担当、勇于担当的试金石。在疫情复杂多变的形势面前，亿万央企青年逆行而上，迎难而上，不推诿、不逃避，不畏缩、不躲闪，把党和国家人民至上、生命至上的理念落到了实处。广大央企青年积极参与疫情防控，有效阻击住了新冠肺炎疫情的传播。

杨天路，高级工程师，中国电信股份有限公司云计算分公司云维护操作中心总监。2010 年参加工作以来，他扎根网络安全维护与云维护生产一线，在网络操作维护、网络安全防护、云业务维护等领域破解一系列技术难题。特别是在新冠肺炎疫情防控阻击战中，杨天路以信息技术为武器，筑起阻击病毒的“信息科技”钢铁长城，充分展现了新时代央企青年科技工作者的责任与担当。

2020 年 1 月 20 日晚，接到武汉卫健委官网迁移上云任务后，他和团队成员紧急制订实施方案，21 日深夜 1 点 30 分成功完成网站数据迁云，深度优化云数据库，满足了网站最高并发 1000 万人次访问量的需求，比原来能力提高 10 倍。1 月 24 日除夕，他带领团队成员连续作战 48 小时，为火神山医院 HIS、PACS 等全量信息系统部署提供计算与存储能力，并扎实做好内网区、互联网区及运维区安全防护，分级分类隔离攻击面和安全域；发挥云网融合和天翼云快速镜像复制的技术优势，在 24 小时内完成雷神山医院 HIS、PACS 等全量信息系统在天翼云的资源交付，为 2 月 2 日医院整体交付赢取了宝贵时间，也为打赢疫情防控阻击战赢得“黄金时间”。

杨天路带领团队保障超过 3 亿人次观看的“云监工”项目直播稳定流畅，助力数十万家中小企业有序复工复产，服务 8000 多所学校复学。先后获得“全国抗击新冠肺炎疫情先进个人”、“全国优秀共产党员”、中国电信集团公司“优秀共产党员”、“劳动模范”、“技术能手”等荣誉称号。

筑牢疫情防控屏障，助力疫情防控，他们在行动。

杨金鹏，现任中国机械总院北自所（北京）科技发展股份有限公司研发部机械工程师，曾获“全国优秀共青团员”、中央企业“优秀共青团员”等称号，获得中国机械总院科技成果一等奖等荣誉。在2020年新冠肺炎疫情期间助力武汉复工复产工作中表现突出，在武汉解封后积极响应党和国家号召投身于复工复产的行列中，不畏疫情可能反复的风险，说服家人，只身一人第一时间奔赴武汉项目现场。

2020年初新冠肺炎疫情暴发，恰逢武汉裕大华项目实施的关键节点。武汉裕大华项目是国家智能制造项目，该项目采用多种先进的技术和理念，建设了国内首个国产化全流程智能纺纱车间，开创了全流程智能纺纱生产模式示范应用新局面，尤其在“从自动化向智能化方向转变”“从数字化向智能化方向转变”等方面具有示范性的重大带动作用；同时对北自科技智能纺纱输送系统的推广有重大意义。然而，项目地处疫情的核心区域，遭受疫情正面冲击。

武汉刚解封时厂里还未完全复工，厂区内限制人员数量，每个人都要承担更繁重的工作。为了尽快恢复生产，提升与新的施工人员的配合度，许多精确的调试杨金鹏都是亲自动手。现场的项目沟通、机械安装调试、控制及信息调试等也都是他一个人在现场处理，每天连续工作12小时以上。最终，杨金鹏仅用5天时间就实现了精梳环线打通和自动运行。完成了前期最具挑战性的任务后，紧接着他又投入后续条筒输送轨道实施工作中去，继续攻克下一个具有挑战性的项目。

上下同欲者胜，同舟共济者兴。筑牢疫情防控的坚强防线是一项系统工程，涉及方方面面，关系人民群众的生命安全和身体健康。同心“战疫”，没有人是旁观者，每一个人在抗疫防线上的位置都无可替代。

严天祥是宝武碳业炭材料研究院的一名员工，他工作踏踏实实，兢兢业业，一干就是16年。新冠肺炎疫情来临，当上海宝山区提出组建“党员志愿者突击队”时，他第一时间报名参加。入选后，他立即准备好随身行李就驱车出发了。面对严峻的疫情形势，宝山区疫情防控指挥部部署开展“拔钉子”攻坚行动，要求志愿者突击队深入疫情严重的村镇开展工作。严天祥和中国宝武的其他突击队队员一起，立即入驻杨行镇开展攻坚行动。驻点的条件非常艰苦，严天祥和队友们毫不退缩，就地安顿后迅速投入战斗。他每天负责开展物资分拣、搬运，维持核酸检测秩序，组织核酸扫码，配合医护人员对核酸试管进行封盖等工作，日均 500 至 600 人次，工作又苦又累，而且面临着被新冠肺炎病毒感染的风险。严天祥无怨无悔，多次主动提出增加工作量，心里想着的只有快快战胜疫情。随着天气转热，严天祥和队友们每天都在接受着“烤”验，晚上脱下防护服时都能倒出水来，头发就像刚刚洗过的一样，能看到热气在冒。其间，严天祥中耳炎发作，但他轻伤不下火线，全力确保了突击队攻坚行动任务顺利完成。正是“钢铁报国”的宝武精神，激励着他从前线到防线、从白天到黑夜，展现着共产党员“疫”无反顾的担当。

面对突如其来的新冠肺炎疫情，央企青年积极响应党的号召、主动投身抗疫前线，成为抗疫队伍中的重要力量，保障了人民群众生命安全和身体健康，充分彰显了新时代央企青年敢于担当、勇于担当的责任感。

蒋雷，现为中国有色矿业集团有限公司所属中国十五冶金建设集团有限公司党委委员、副总经理，扎根海外基层 7 年，投身采矿项目。

2020 年初，随着新冠肺炎疫情在全球范围持续蔓延，赞比亚及周边国家、地区疫情防控形势严峻。他带领项目部成员全面落实“大封闭、小隔离，同规则、同防控，分类实施、关注细节”的海外防疫要求，严防死守，坚决把疫情挡在门外，做到了人员零感染，现场零输入，切实保障了项目部职工群众生命健康安全。随着赞比亚疫情形势越发严峻，他准确研判，将稳产保产和防疫工作结合起来，牵头制订项目“大封闭、小隔离”防疫保生产实施方案，采取“整体封闭，区域隔离”的管理措施，在确保项目部自有成员健康安全的同时，妥善处理属地化员工疫情防控。在最短的时间内完成了集装箱、交接班房、食品仓库、新建车间建设，满足了赞比亚员工日常住宿、餐饮、卫生、防疫、安全等要求，确保了赞方员工的生命健康安全和项目整体安全稳定。

在这场突如其来的疫情防控阻击战中，新时代央企青年满怀对党和人民的忠诚之心，主动担当作为，勇敢奔赴抗击新冠肺炎疫情一线，生动彰显了大爱无疆、无私奉献的青春风采。

温瑞是中国铁建中铁十五局集团武汉长江主轴桥梁彩化、亮化、美化项目的一名员工。新冠肺炎疫情暴发后，他作为武汉长江二桥灯光的维保人员一直坚守岗位，为全国人民传递了抗疫必胜的信心和希望。

2020 年 1 月 22 日，温瑞接到上级通知，为防止疫情蔓延进入战时状态，大桥照明启闭时间从原来的晚上 6 点到 12 点改为 7 点到 9 点。那天，从上午 11 点到下午 3 点，整整 4 个小时，他穿着厚厚的防护服、戴着双层口罩爬上爬下，重新设置位于桥面不同位置的 20 多个时间控制器。

从 2020 年 1 月 27 日起，二桥的灯光效果变成了“武汉加油”“中国必胜”“感谢全国人民”“致敬抗疫英雄”等字样，矗立在 2 公里长、100 米高的斜拉桥绳索上，火红的灯光把江面打红了，也照亮着江城的夜空。

一个雨夜，温瑞巡查时，发现部分斜拉桥绳索上的灯光不亮。他初步判断是雨水导致的几处控制器短路和跳闸。通常碰到这种情况，在确保安全下值班员会将故障情况记录下来，等到白天再上桥检修。但特殊时期，他决定立刻检修。有一处出问题的控制器位于大桥护栏外侧，需要翻过护栏，护栏外可供站立的地方宽度不足一米，身下就是滚滚江水。下过雨的路面湿滑，沾了雨水的栏杆使得攀爬变得异常危险和艰难，雨夜的大桥上除了来往行驶的急救车，空无一人。温瑞做好防护措施，冒着风险，在大桥里里外外翻越了好几趟，终于找到故障点，那里的雨水漫延导致了一处短路。等处理好一切，已是夜里 11 点。江城的夜晚很冷，可温瑞却因为持续工作浑身冒汗。随后，他掏出手机，在工作群里发出了“恢复正常”4 个字。

70 多天的独自守护，最多的感受就是孤独。白天无人交流，晚上做好防护巡查灯光，与之相伴的只有身边呼啸而过的救护车警报声。但温瑞从未懈怠。正如一位网友的评论：“一束光，照亮迷茫与惊悚，带来的是希望与信任，一个人，不惧危险与孤单，守护的是责任与使命。”

当前，全球新冠肺炎疫情形势仍然严峻，面对不断变异的病毒，疫情防控丝毫不能放松。新时代央企青年要发扬不畏劳苦的革命精神，坚决克服麻痹思想、厌战情绪、侥幸心理、松劲心态，要以更大力度查问题、补短板、强弱项、堵漏洞，从紧从严、从细从实落实各项防控措施，切实巩固好来之不易的疫情防控成果。

坚持就是胜利

思想领航

2020 年 9 月 8 日，习近平总书记在全国抗击新冠肺炎表彰大会上发表重要讲话指出：“我们要毫不放松抓好常态化疫情防控，奋力夺取抗疫斗争全面胜利。”当前，新冠肺炎疫情防控正处于“逆水行舟，不进则退”的关键时期和吃劲阶段。我们要深刻认识抗疫斗争的复杂性和艰巨性，树立常备不懈、常抓不懈的坚定信念，把思想和行动统一到党中央的决策部署上来，自觉克服麻痹、厌战、侥幸、松劲情绪，以强烈的责任感、分秒必争的精神抓实抓细疫情防控各项工作，坚决打赢新冠疫情防控阻击战。

坚持就是境界，坚持就是胜利。国资央企各级党组织包括央企广大党员干部，要保持顽强的作战态势，继续勇于担当、冲锋在前，充分发挥战斗堡垒和先锋模范作用，同舟共济、团结一心，打赢常态化疫情防控这场持久战。

青春风采

邵瑞喆，中国建筑工程（香港）有限公司助理总经理，在大力发展智慧工地、BIM 等建筑科技方面取得丰硕成果，在以数字化技术助推中央援建香港紧急防疫项目建设方面作出贡献。2022 年，香港第五波新冠肺炎疫情暴发，中国建筑国际不忘驻港央企初心，牢记护港稳港使命，落实中建集团党组要求，争分夺秒，攻坚克难，在一个月内完成了中央援建香港的 6 座临时方舱医院建设任务，全速推进 2 座永久性检疫中心（MiC）建设，为助力香港打赢第五波疫情防控保卫战、维护香港社会稳定，贡献国资央企力量。

在项目建设过程中，邵瑞喆带领团队打造的 C-SMART 智慧工地平台等数字化技术，整合了生产、运输、安装等各项信息，极大地提升了管理层决策的准确性和有效性，将 MiC 快速建造技术发挥到极致，全面推进建筑工业化，助力 2 万多张床位顺利交付，增强了香港居民对特区政府抗疫决策的信心，有效保障了社会的稳定。

方舱医院快速建成并交付后，邵瑞喆身先士卒，主动深入疫区负责方舱维保工作，白天组织会议协调，晚上现场带班巡查，保障了方舱运营的顺利进行。同时，邵瑞喆还带领 BIM 团队，即时部署 FM 运营平台的开发，在传统的工单管理基础上，增加了 BIM 可视化追踪、维保人员定位管理、IoT 设备状态参数实时反馈等功能，极大地提升了运营管理的效率，实现了全部维保工单 48 小时清零的优秀成绩。

同困难作斗争，是物质的角力，也是精神的对垒。在同疫魔的殊死较量中，中国人民和中华民族以敢于斗争、敢于胜利的大无畏气概，铸就了生命至上、举国同心、舍生忘死、尊重科学、命运与共的伟大抗疫精神。

国网武汉市蔡甸区供电公司五级职员王波，面对突如其来的疫情，尽管恰逢春节、母亲刚做完手术，接到火神山医院供电工程建设任务后，他毅然挺身而出，奔赴建设现场。

在火神山医院建设初期，每天都是阴雨天气，2020 年 1 月 26 日晚，施工人员连夜吊装 4 台 10 千伏环网柜，现场都是泥地，看不清楚地底下的情况，为了加快进度，王波跳进冰冷刺骨的深水泥坑中敷设电缆，泥浆灌满裤腿，双脚冻得麻木，双手一度失去知觉。这天夜里，王波穿着湿透的泥衣，在火神山施工现场战斗到深夜 3 点。

随着火神山医院全部通电，王波又以“前哨尖兵”的身份出现在方舱医院电力工程建设等各个施工现场。最紧张的时候，3 个方舱医院同步开工，每个现场都是急难险重，每个工程都耽误不得。只要有任务，王波总是第一个站出来，家人担心他的安全，对他有所埋怨，但他坚定地说：“我是党员，非常时期，不谈困难！”

在“战疫”中，无数新时代央企青年身着“白色战甲”，深入防疫最前沿，勇往直前，坚决遏制疫情扩散，为人民群众的生命安全保驾护航。

新兴际华集团三五四三针织服饰有限公司技术员阚晓兰，曾先后负责中国联通、中国移动、中国邮政等行业服装的技术工作，参与撰写相关行业服装规范。

2020 年初新冠肺炎疫情暴发后，她全程参与了防护服推线及生产。首次接触防护服产品，她对材料标准工艺要求不了解，只能在试制和生产当中边干边学，不断探索，不懂就向技术员、质检员请教，较快地掌握了防护服生产工艺要求。从试制到生产推线，她和同事们仅用一天就让防护服在成衣事业部顺利投产。为了让这一新产品的生产尽快提升效率，她深入生产线进行摸索实验，大胆优化、改进提升工艺。在此期间她共参与主导工艺改进 4 项，其中将包缝、合上下衣、合帽子、平缝、绱松紧带 5 个工序合并为两序，提高劳动效率 7.3%；热封工序由五序调整为一序，提高劳动效率 34.83%；取消帽口松紧带和腰部松紧带画印工序，提高劳动效率 96%；平缝绱袖口和脚口松紧带工序由原来扎两道改为一道，提高劳动效率 12.81%。

阚晓兰是一个很爱钻研的人，在这次防护服生产中，她的优势得到了充分发挥。在生产防护服过程中，她积极探索，优化工艺对快速提升产能发挥了重要作用。在她的带动下，生产线上的职工自觉提出改善提案及小改小革建议。机修工张勇的“粘门襟双面胶改善提案”实施后，工序生产效率提高近一倍；王清查的“压脚改进小革新”，大幅提升了上腰松紧带效率，改进后提升效率 22%。

抗疫工作锻炼新时代央企青年吃苦耐劳精神，抗疫工作“白 + 黑”“5+2”，是对身体的考验，更是对意志的磨炼。

中盐集团下属子公司中盐京津冀公司新渠道业务部副经理白一冰，负责新渠道业务部线上运营管理工作。新渠道业务部的客户大多以线上为主，包括 B 端和 C 端用户，这与原本的流通渠道有着极大的区别。白一冰与这个年轻的团队一起，从刚接触时的迷茫、找不到方向，通过转变思维，努力适应，不断创新、寻求发展，直至现在日益成熟。特别是在抗击新冠肺炎疫情期间，线上客户需求增多导致订单量增大，不但涉及的品种多，随着疫情的变化，送货的要求也非常复杂，为了满足客户抗疫期间多方面的需求，白一冰与新渠道业务部年轻的同事们积极备战，常常处理订单和协调送货到深夜。2022 年 4 月，疫情保供期间，累计完成食盐订单 200 余吨，均第一时间送到客户手中，确保了首都食盐市场供应稳定。

在疫情防控的战场上，新时代央企青年的奋斗身影成为一道亮丽的风景线。面对疫情，广大央企青年担起职责，在不同的防控岗位上发光发热。

2022 年 3 月，在香港抗疫形势异常严峻的关键时刻，应特区政府请求，中央批准在香港落马洲河套地区援建应急医院和方舱设施。项目总建筑面积 27.08 万平方米，包含应急医院、落马洲方舱设施、生活配套区，由中建科工以 EPC 总承包模式承建。

“中央援港，使命必达。”带着组织上简短而坚定的指示，2022 年 3 月 6 日凌晨，被任命为 B2 工区负责人的中国建筑旗下中建科工集团（天津）有限公司总工程师赵云龙，又一次冲锋在一线，打响了落马洲荒岛上的 B2 战区阻击战。

初到落马洲，他 3 天没有洗漱，没有合眼，但前所未有的困难没有击垮他，2 万平方米的底板提前完成浇筑，为后续各专业大部队的进场提供了保障。施工期间连续 7 天大雨，让本就紧张的工期压力倍增，他和同伴顾不上帐篷里行军床下流动的积水，管不了早已淋湿的衣衫，他们内心只有一个念头，那就是：箱体结构的闭水和作业面上的排水是他们必须攻下的山头。随着 647 个箱体在雨中完成安装，一盏盏灯随之点亮，室内工序得以有序开展。3 月 13 日晚 10 点，随着 156 个房间的负压调试顺利通过，他心头最大的石头终于落下，登岛后的他脸上第一次出现了笑容。

“逆水行舟用力撑，一篙松劲退千寻。”新时代央企青年不负人民重托，要把思想和行动统一到习近平总书记重要指示精神和党中央、国务院关于疫情防控的决策部署上来，勠力同心、坚持不懈，落实好常态化疫情防控各项举措，保持慎终如始、久久为功的态度，不懈怠、不麻痹、不松劲，以“咬定青山不放松”的韧劲、“越是艰险越向前”的拼劲，攻坚克难、顽强奋战，拿出巩固成果、扩大战果的硬招，发扬苦干实干、连续作战的精神，以更严作风、更实举措筑牢疫情防控屏障，助力打赢这场疫情防控攻坚战。

第四篇

彰显青春担当，争做面向世界未来的时代先锋

第十一章

清澈的爱，只为中国，
不断增强做中国人的志气、骨气、底气

习近平总书记在庆祝中国共产党成立100周年大会上发表重要讲话指出，“新时代的中国青年要以实现中华民族伟大复兴为己任，增强做中国人的志气、骨气、底气”。青年的志气、骨气、底气源于中华文明，源于党的领导，源于国家富强。广大青年要以高远志气立心、浩然骨气立命、深厚底气立业，真正担当起实现中华民族伟大复兴的历史使命。

人无精神不立。青年一代有理想、有担当，国家就有前途，民族就有希望，实现我们的发展目标就有源源不断的强大力量。新时代中国青年要在思想洗礼、在实践锻造中不断增强做中国人的志气、骨气、底气，在新时代新征程上留下奋进身影和坚实足迹。

在矢志报国中彰显人生价值

思想领航

爱国是最高的道德，报国是最大的成功。2017 年 5 月 25 日，习近平总书记在对黄大年先进事迹作出的重要指示中强调，“把爱国之情、报国之志融入祖国改革发展的伟大事业之中、融入人民创造历史的伟大奋斗之中”。新时代中国青年要胸怀忧国忧民之心、爱国爱民之情，把祖国的利益放在最高位置，为民族振兴而不懈奋斗，创造真正有价值的人生，成就真正亮丽的青春。

在大有可为的新时代，广大央企青年要勇于担当这个时代所赋予的历史责任，把矢志报国热情转化为立足岗位、刻苦学习、发奋工作的实际行动，在激情奋斗中绽放青春光芒、健康成长进步，迎接更加灿烂的美好明天。

青春风采

2022 年，对于航天青年来说极不平凡。5 月 2 日，在五四青年节前夕和中国共青团成立 100 周年之际，习近平总书记给中国航天科技集团空间站建造青年团队回信，向航天战线全体青年致以节日的祝贺，并提出殷切期望。中国航天科技集团空间站建造青年团队认真学习了习近平总书记的回信，深受鼓舞，极其振奋。当前，中国航天科技集团空间站建造青年团队，正在发射场、飞控支持中心、后续型号研制现场，奋战在建造中国空间站的第一线，全体研制人员为能够投身党和国家的重大工程并作出自己应有的贡献而感到无上光荣。

2013 年 5 月 4 日，党的十八大召开后的第一个五四青年节，习近平总书记来到航天科技集团五院参加“实现中国梦、青春勇担当”主题团日活动，参观空间技术成就展览，与包括航天青年在内的各界优秀青年代表共度节日。当时，载人航天团队成员也是现任空间站系统总指挥的王翔，向习近平总书记报告了我国载人航天器和神舟研制团队的情况。9 年前，习近平总书记亲临航天城时，空间站还是一张蓝图，9 年来，载人航天团队以 100% 的成功率开启了中国空间站全面建造的新征程，不断刷新进军太空的中国高度和中国速度。

为向习近平总书记汇报 9 年来中国航天科技集团空间站建造青年团队牢记殷殷嘱托而不懈奋斗的青春故事，在 2022 年的“中国航天日”（4 月 24 日）来临之际，中国航天科技集团空间站建造青年团队代表航天科技集团 8 万名青年给习近平总书记写了一封信，并非常幸运地在五四青年节来临时收到了习近平总书记的回信。习近平总书记的回信，不仅给予中国航天科技集团空间站建造青年团队极大鼓舞与鞭策，更激励着航天科技集团全体干部职工和航天战线全体青年，牢记习近平总书记对发展航天事业的亲切关怀与谆谆教诲，在新征程中奋发图强，以实际行动为早日实现建成世界航天强国的宏伟目标矢志不渝，英勇奋斗。

牢记习近平总书记的殷殷嘱托，就要坚定不移听党话、跟党走，心怀梦想勇担使命。习近平总书记的回信，深情回忆了 9 年前同青年科研人员亲切交流的情景，充分肯定近年来中国航天取得的可喜成绩，再次对广大航天青年寄予殷殷嘱托。从回信中，青年团队读出了习近平总书记对航天青年的关心厚爱，领会了习近平总书记对航天强国建设和世界一流军队建设的关心重视，感受到了习近平总书记对航天科技高水平自立自强的关心期待。作为航天青年，他们深感使命光荣，责任重大，要把思想和行动统一到习近平总书记重要回信精神上来，进一步全面深刻领悟“两个确立”的决定性意义，增强“四个意识”、坚定“四个自信”、做到“两个维护”，始终同以习近平同志为核心的党中央在思想上、政治上、行动上保持高度一致，把习近平总书记对航天事业、航天青年的高度肯定和亲切关怀转化为推动工作的强大动力。

青年团队在发射场通过“站·火”课堂、塔架下的道德讲堂、全员亮出“感悟卡”等形式多样的活动，向全体航天青年发出“学回信精神、悟思想内涵、汇磅礴伟力、行逐梦征途、做时代新人”的倡议。青年团队坚持用习近平新时代中国特色社会主义思想武装头脑，持续学习掌握最新知识和技能，在实践中经风雨、见世面、长才干、壮筋骨，自觉把青春奋斗融入党和人民的事业，以青春智慧报效党和国家，以青春实干回报习近平总书记的关心厚爱。

牢记习近平总书记的殷殷嘱托，就要坚持面向未来自主创新，勇攀航天科技高峰。习近平总书记指出，“创新的制高点在科技，科技创新的希望在青年”。关键核心技术是要不来、买不来、讨不来的。中国航天事业的发展，始终走的是一条自力更生、自主创新的道路。中国空间站从建造之初就没有照搬国外的经验，而是坚持“一张蓝图绘到底”，在持续的创新攻关中，先后攻克了可爬行机械臂、双自由度柔性高效太阳电池翼等一系列只掌握在极少数国家手中的关键技术，使空间站能力比肩国际空间站，在发供电、物资循环利用效能和运行经济性等关键性能指标上实现超越。在没有类似于美国航天飞机的大型运输工具的情况下，航天科技集团以特有的建造方案完成积木加桁架混合构型的大型空间站组装建造，从宇航级耐辐射的大规模集成电路、大功率器件、高可靠 CPU 等器件，到太阳电池翼的基板材料和镀膜等专项技术，实现核心元器件全部国产化，走出了独立自主的创新之路。2022 年 5 月 10 日 8 时 54 分，天舟四号成功对接空间站天和核心舱后向端口，中国空间站全面建造阶段首战告捷。此时距离收到习近平总书记的回信刚刚 8 天。青年团队以实际行动贯彻落实了习近平总书记重要回信精神，用成功向祖国献礼。

习近平总书记在回信中强调，要“勇于创新突破，在逐梦太空的征途上发出青春的夺目光彩，为我国航天科技实现高水平自立自强再立新功”。他在庆祝中国共产主义青年团成立 100 周年的重要讲话中，要求广大青年做刻苦学习、锐意创新的模范。习近平总书记的殷殷嘱托，再一次坚定了青年团队科技自立自强的信心和决心。2022 年，中国航天科技集团空间站建造青年团队还将执行 5 次发射任务，把两艘载人飞船、两个空间站实验舱、一艘货运飞船送入太空，中国空间站将完成在轨建造并转入运营阶段。中国航天科技集团空间站建造青年团队将全力以赴，让创新成为青春飞扬的标配，让突破成为青春进取的常态，用全胜战绩继续践行习近平总书记重要回信精神，奋力跑出新时代航天青年、中国青年的更好成绩！

牢记习近平总书记的殷殷嘱托，就要赓续弘扬航天精神，接续奋斗，不负韶华。习近平总书记在回信中指出，“建设航天强国要靠一代代人接续奋斗”。中华人民共和国刚成立时一穷二白的艰苦岁月里，老一辈航天人响应党和祖国号召，以青春年华投身祖国航天事业，艰苦奋斗、披荆斩棘，为中国航天奠定坚实基础，铸就了航天精神。时代各有不同，青春一脉相承。面对航天这一世界公认的高难度巨复杂的系统工程，航天人经常会遇到前所未有的问题和难以想象的挑战。但在航天精神的激励下，青年团队形成了老一辈专家言传身教、新一代青年人才接续奋斗的优良传统。在老一辈专家“传帮带”、不遗余力地对青年团队进行精神传承和技术传授的指导下，航天青年不断创造了天宫、北斗、嫦娥、天和、天问、羲和等中国航天新的历史。2021 年，在建党百年的重要时间节点，青年团队圆满完成了 5 次发射，以连战连捷的优异成绩为空间站全面建成奠定了坚实基础，用“天和献百年，一站定苍穹”“天舟献百年，一帆济星海”“神舟献百年，一骑掌天宫”的铿锵誓言，彰显了新时代航天青年奋发有为的精神风貌。

如今，承载精神力量的“接力棒”传到了我们手中。我们要在读懂中国航天事业奋斗史的过程中领悟航天精神的本质内涵和时代价值，从中汲取前进的动力；要在读懂老一辈航天人的故事中感悟航天人的高尚品格，树立人生的榜样，传承红色基因，赓续精神血脉。我们要努力回答好三个问题：同先辈比，我们身上少了什么？同先辈比，我们身上多了什么？同习近平总书记对新时代中国青年的期望和时代与企业发展要求比，我们还需要充实什么？通过回答这些问题，我们要在航天强国中发挥生力军和突击队作用！

新时代，是奋斗者的时代。生逢其时，何其幸运。作为新时代的航天青年，我们将始终牢记习近平总书记的嘱托，争当伟大理想的追梦人，争做伟大事业的主力军，仰望星空、脚踏实地，让青春在建设航天强国的不懈奋斗中绽放绚丽之花！

2013 年，具有完全自主知识产权的高性能 DS6-80 型安全计算机平台的研制成功，实现了高铁列控技术从欧洲引进消化吸收再创新，到反向再将技术输出至欧洲的飞跃。这背后，离不开众多列车运行控制系统研发人员的坚守与创新，而这个研发团队的领头人是中国通号研究设计院集团基础装备技术研究院院长刘贞，一位怀着一颗爱国心、立志做“中国芯”的逐梦青年。

在中国高铁建设初期，铁路信号系统中使用的安全计算机平台均为国外引进，主要技术被西门子、庞巴迪、阿尔斯通等国外信号公司垄断，导致中国无法对系统进行独立自主升级演进，外方也将该技术的使用权限定在中国境内。高铁系统整体向海外出口时，该核心技术也面临知识产权风险。通过自主创新，研制一套完全自主的安全平台迫在眉睫、刻不容缓。

刘贞 2009 年博士毕业后，毫不犹豫地选择投身中国高铁的科研事业。加入中国通号研究设计院不久，刘贞作为技术骨干带领团队研发具有完全自主知识产权的高性能 DS6-80 型安全计算机平台。刘贞深知，自主研发意味着走出的每一步都在超越自我。

DS6-80 项目组成立时，员工普遍年轻，业务经验不足，刘贞发扬“领头雁”精神，对技术工作全盘指导。大到方案设计，小到每一张图纸，都全过程把控，对每一个结构、原理进行详细讲解，将经验毫无保留地传授给大家，帮助员工迅速积累起工作所需的知识技能。

工作中，他来得最早、走得最晚，经常加班到深夜。通过项目组员工齐心协力，克服重重困难，终于完成具有完全自主知识产权的高性能 DS6-80 型安全计算机平台的底层硬件、软件的全部开发，满足了高铁列控系统对安全平台的多样化苛刻要求，有力支撑了 CTCS-3 全系统自主化进程，为中国高铁全系统出口奠定了技术基础。

青年最富有朝气，最富有梦想。广大央企青年要胸怀大局、心有大我，对党忠诚、为国尽责、为民奉献，尽情放飞矢志报国的青春梦想。

段梦琦，现任中国煤炭地质总局煤航集团航测遥感研究院有限公司副总经理，2013 年参加工作以来，一直从事测绘技术研究和相关处理软件研发工作，在激光点云数据处理和实景三维建模上实现了技术突破。

长期以来，航空 LiDAR 数据处理技术一直被国外垄断，不仅软件价格高，而且技术服务跟不上，成了我国“卡脖子”的技术难题。作为煤航集团的青年研发负责人，段梦琦带领平均年龄 30 岁的 8 人团队，不畏艰难，日夜攻关，历时两年设计开发，终于取得重大突破，研发出“航空 LiDAR 点云数据处理系统”，处理效率比国外同类软件提高了 50% 以上，打破了国外同类软件在我国数据处理系统市场的垄断地位，填补了我国激光点云数据处理技术领域的空白。

2021 年，公司承揽了宁夏回族自治区的乡村框架模型生产项目。在时间紧、任务重的情况下，段梦琦带领团队攻坚克难，突破了基于 LiDAR 点云和数字线画图的快速建模方法，采用多节点分布式并发处理数据中台引擎，以自动化的方式快速完成了项目的生产任务，创新性地完成了全域5万余平方公里的三维模型建设，为实现高水平科技自立自强作出重要贡献。

青年的前途与国家、民族的命运密不可分。新时代央企青年肩负着中华民族伟大复兴的历史使命，应当思考如何投身时代洪流，多想想“我能为国家做什么”，把浓烈的爱国情怀和报国之志转化为刻苦学习、发奋工作的实际行动。

中国航空油料集团有限责任公司青海分公司西宁航空加油站副经理张广忠，扎根高原，钻研技能，快速成长为一名“航油工匠”。2019年7月，中国航油集团在全国范围内选拔第二届航空加油国际技能竞赛参赛选手，初选30名优秀技能人才，再从中选择6名精英参赛，张广忠最终不负众望拿到了参赛资格。

集训期间正值酷暑，张广忠每天既要和同伴一起学习理论知识，进行高强度实操训练，还要复习早就生疏的英语，非常辛苦，每天换下来的衣服上都是白花花的汗渍。但他毫无怨言，仍然全力以赴。

这次比赛由俄罗斯天然气航油公司主办，塞尔维亚石油天然气公司承办，来自中国、俄罗斯、塞尔维亚、法国等国的代表队参赛，竞争异常激烈。比赛前一天，张广忠发高烧，头昏脑涨。他耳边不断响起启程前集团领导对团队的鼓励：“一定要有自信，因为我们已经准备充分！走出国门，代表中国，就一定要有拼搏精神和顽强意志，要展现中国航油铁军团结进取、敢为人先的风采！”

在团队的照料和帮助下，张广忠硬是扛了过来。他一心想为国争光，心中默念“不忘初心、牢记使命”这8个字，并以此定住心神，稳稳发挥，最终以扎实的理论知识和娴熟的技艺战胜对手，成为单项分量最重的加油技能冠军，这也是中国选手首次在此项赛事中夺冠。旁边的法国加油员队长，看着张广忠进行加油操作时使用中国航油首创的“三到四确认”等实操规程（“三到”，是指口到、眼到、心到；“四确认”，是指确认加油单、加油车设备、加油设备与飞机脱离、加油车前方通道畅通等），在旁边竖起大拇指，说这个很好，能杜绝隐患。张广忠说：“我只是一名普通员工，从未想过自己会有机会代表中国、代表中国航油，站上国际竞技台。而公司把这个机会给了我，我想，无论在哪个岗位，年轻人只要始终努力，朝着目标一步步前行，就能被世界看见。”

“我站立的地方，就是我的中国。”这就是新时代青年的心声！广大央企青年要坚守初心使命，矢志爱国报国，勇做走在时代前列的奋进者、开拓者、奉献者，展现亮丽的青春风采，迸发豪迈的青春激情，为中华民族伟大复兴铺路架桥，为祖国建设添砖加瓦。

王婷，中广核研究院反应堆工程软件研究所副所长、“华龙一号”英国通用设计审查（GDA）项目堆芯设计与安全分析领域负责人。王婷和她所在的团队是国内率先开展反应堆设计与安全分析软件研发的团队，支持了“华龙一号”型号研发和“华龙一号”海外“走出去”项目实施，其研发的反应堆工程设计与安全分析软件包解决了核电关键技术领域“卡脖子”问题，为我国核电发展甩掉“洋拐棍”作出了突出贡献。

2007 年，国家核电发展政策由“适度发展”调整为“积极推进”。此时，法国、美国等核电强国已经研发出了具有更高安全性的第三代核电技术，而中国在三代堆的研发上还未突破。为了提升自主研发能力以及核电国产化水平，中广核启动中国自主三代核电技术研发。彼时，王婷所在团队承担的安全分析工作是“华龙一号”最核心的工作之一，要为“华龙一号”装上中国“芯”和中国“盾”，确保在安全特性上，全面实现第三代核电指标。

王婷和她的团队开展广泛调研，在吃透国际先进堆型的设计理念、特征与设计方法的基础上，反复深入地研究核电厂事故案例、机理和计算理论模型，梳理出反应堆安全系统配置和功能需求、事故处理策略等

10余个关键领域，应用最先进的设计理念，创新性地提出了多个解决方案。每个方案提出后，都要经历反复多轮的迭代论证；每一个参数的确定，都要经过成百上千次的计算分析，以保证核电站在发生事故后仍能保持充足的安全裕量，最大限度地缓解事故的不良后果。

有耕耘，就有收获。王婷带领团队创造的科技成果——“自主三代百万千瓦核电型号‘华龙一号’堆芯设计与安全分析”成功获评“航天科工杯”第三届中央企业青年创新奖金奖，为核电领域青年创新成果在该奖项上获得的最高荣誉。

青年如旭日初升，朝气蓬勃，是国之栋梁，是国之希望。广大央企青年要树立与时代主题同心同向的理想信念，将“小我”融入祖国和人民的“大我”之中，毫无保留地释放出才华与智慧，用热血和力量诠释当代青年的初心使命，矢志拼搏奉献，为全面推进企业高质量发展放飞青春梦想。

增强做中国人的志气、骨气、底气

思想领航

2021年7月1日，习近平总书记在庆祝中国共产党成立100周年大会上发表重要讲话指出：“新时代的中国青年要以实现中华民族伟大复兴为己任，增强做中国人的志气、骨气、底气，不负时代，不负韶华，不负党和人民的殷切期望！”志气、骨气、底气，是新时代中国青年顶天立地、干事创业之根、之魂、之源。中国青年是国家建设的主力军，要树立坚定的理想信念，立鸿鹄之志，敢于追梦，勤于圆梦，做新时代的奋斗者、建设者，让志气更高、骨气更硬、底气更足。

100年来，中国共产党带领中国人民从苦难中铸就辉煌、在困苦中创造奇迹、在奋斗中收获成就，绘就了当代中国人志气、骨气、底气最浓的底色。面对中华民族伟大复兴战略全局和世界百年未有之大变局，广大央企青年要用党的光荣传统、优良作风和历史经验坚定信念、砥砺品格、凝聚力量，在强国兴企伟业中发挥生力军和突击队作用，战胜前进路上的“拦路虎”“绊脚石”，不断跨越新的“雪山”“草地”，攻克新的“娄山关”“腊子口”，在全面建设社会主义现代化国家新征程中奋勇争先、建功立业！

青春风采

李科，1986 年 7 月生，毕业于上海交通大学岩土工程专业，工学博士，研究员，现任招商局重庆交通科研设计院有限公司隧道与地下工程研究院院长助理。从岩体工程安全到悬浮隧道实验，他把个人所学与时代所需紧密结合，深耕隧道工程 10 余载，挑战世界级隧道难题，只为做强中国隧道。

作为公路隧道国家工程研究中心水下隧道实验室主任，他主持了水下隧道实验室的设计和建设工作，建成了我国交通行业首个水下隧道实验室，可全面服务于悬浮隧道、沉管隧道、水下钻爆法隧道以及水下盾构法隧道等所有类型的水下隧道。依托国家重点研发计划项目和交通部科技项目等，实验室开展了港珠澳大桥沉管隧道运营期服役实验、世界上最大比例尺和水域条件的悬浮隧道试验研究，组织召开了悬浮隧道学术会议，使中国在悬浮隧道研究领域处于世界前列。相关成果获中国公路学会科学技术奖一等奖、中国科技咨询协会咨询项目创新奖等奖项。

李科提出的非线性岩体断裂位移不连续法（DDM）数值方法，突破 DDM 线弹性局限，解决了断裂带隧道精确计算问题。他还提出隧道围岩极限应变预警方法和标准，率先研发施工与运营隧道智能检测系列装备，保障了世界最高海拔及东北、广西最长公路隧道等经典工程安全。通过各类标准的编制、各个重大工程的建设，李科将个人所学和最新科技成果书写在了祖国的大地上。

伟大的事业始于梦想、基于创新、成于实干。广大央企青年要大力弘扬自主创新、苦干实干精神，奋力拼搏勇争先，为新时代的美好未来凝聚起强大的民族志气。

港珠澳大桥海底隧道沉管成功安装后，这些埋在海底最深达 40 米的庞然大物如同“毛坯房”，由大桥建设者进行精心装修。在这支精装修的队伍里，中交集团二航局 30 岁出头的刘经国担任管内附属工程项目副经理，被誉为“海底隧道精装的大管家”。

港珠澳大桥海底隧道需要安装 1.6 万块预制构件和 8000 块预制盖板，所有的产品都在珠海桂山岛的小构件预制厂生产制造。从小构件预制厂到海底隧道需要经过 10 多公里的海上运输，如何保障预制构件在多次转运及安装过程中不受任何的碰撞和污染，成为刘经国和他的团队需要充分考虑和解决的问题。

刘经国跟同事们始终强调要从细节入手，就拿起重吊装来说，除了需要保持夹具重心与成品重心在一条直线上缓慢起吊，还要求操作人员双手洁净，以防污染构件。针对小构件的支垫方式、吊具防护、堆放要求以及安装方法，刘经国和他的团队都制定了严格细致的规范和操作手册。“我们给每一个检修道构件穿上洁白的新衣——贴膜保护。”负责小构件转运的老张笑着说。

2014 年底，刘经国带着他的团队从桂山沉管预制厂到西人工岛，开始筹备管内施工作业，包括管节接头混凝土剪力键施工、检修道及排水管沟安装、结构防火施工、装饰施工以及综合管廊结构施工等。

刘经国的 QQ 签名上写着“零瑕疵、零容忍、零缺陷”，这不仅是对产品质量和安装精度的要求，更是对团队的严苛要求。为了将安装精度控制在 1 毫米的误差范围内，他们采用安装底部植入可调节螺栓后注浆工艺，成功克服了因采用混凝土垫层而引起的线性徐变质量通病。

刘经国在沉管内部装饰过程中，每一道缝隙、每一条沟沟坎坎，每一块防火板、装饰板和小构件光面、背面，他都要求工人做到标准一致，一尘不染，这名“海底隧道精装的大管家”真的让港珠澳大桥沉管隧道既坚固又美丽。

如今，港珠澳大桥如长虹卧波，又似蛟龙跃海，气势恢宏地伸向远方，向世人展示着自己巍峨的身姿，刘经国和他的团队也将带着初心，坚持扎根施工一线，继续砥砺前行。

站在960多万平方公里的广袤土地上，吸吮着5000多年中华民族漫长奋斗积累的文化养分，有14亿多中国人民凝聚起来的磅礴之力，新时代央企青年定将具有无比强大的信心与定力，无惧一切困难和挑战，开天辟地，创造奇迹。

2013年，作为当时中国科学院半导体研究所最年轻的副研究员，肖希放弃了北京稳定的工作、优厚的待遇和先进的科研条件，毅然加入光纤通信技术和网络国家重点实验室，从零开始组建硅基光器件研究室和硅光芯片研发平台。

肖希做好了从零开始、重新出发的准备，但现实比预想更加艰难。当时，中国信科集团和光纤国重实验室已在光通信系统、光纤光缆和光电器件等方向具备了一定的研究基础，取得了核心技术突破并大量转化为产业化应用，但在硅光领域还是“一张白纸”，全球尚处于基础技术研发阶段，只有少数掌握核心技术的国外垄断集团拥有小批量商用能力，国内市场调研尚未开始，更缺少能理解硅光技术的人员，也没有形成相应研究环境和产业生态。要想实现从基础技术向产品应用的跨越，其难度可见一斑，迫切需要央企“亮剑”。眼前的局面没有让肖希退缩，反而鼓舞了他大干一番事业的斗志。

肖希很快厘清思路，明确了“建队伍、传技术、抓项目”三大步工作思路。为尽快打开局面，作出成效，硅光平台建设伊始，万事开头难，什么事都要靠自己。肖希笑道："我 30 周岁生日那天晚上被门卫关在大楼里出不去，就在实验室睡了一宿，是一次难以忘怀的体验。"其实在当时，肖希及其团队每天最少工作 15 个小时，累了就在办公室的折叠床上休息一下，第二天接着工作是他们的常态。由于硅光是一项新兴技术，仅被国外少数几家机构垄断，国内缺乏可参考的产品化案例，芯片从研发到量产的不确定因素非常多，肖希只能"摸着石头过河"，通过多次的流片测试迭代来攻克难题。面对繁重的工作压力，他白天做芯片设计、绘制版图及性能测试，晚上阅读文献、与团队研讨完善方案，保证整体推进效率。

紧盯光通信领域科技前沿，围绕国家重大战略和产业需求开展攻关，开展前瞻性、关键性科学研究，实现核心技术的自主可控——这是团队成员一直坚守的初心与使命。突破的"奇点"出现在 2018 年。通过肖希团队的不懈攻关和联合研发，我国首次实现了"100G 硅光收发芯片"的正式投产使用，并率先通过了国内运营商客户的现网工程测试，在性能上完全达到商用水平。该芯片不仅填补了我国商用硅光芯片和相干光收发器的空白，而且打通了从芯片设计到整机集成的研发和生产链条，成为国内高端光芯片国产化的范例，入选 2020 年度"十大国有企业数字技术成果"和《中央企业科技创新成果推荐目录（2020 年版）》。

100G 硅光相干芯片取得的成果令肖希非常振奋，如同黑暗中的探索者终于迎来了第一束曙光。肖希和团队备受鼓舞，面向光纤通信、数据中心、5G、工业互联网、网络安全等重大应用，奋力攻关，随后在"卡脖子"产品、标准和专利等方面又取得了全面突破。近年来，相继实现 25Gb/s 和 50Gb/s EML 激光器芯片、25Gb/s APD 芯片、50Gb/s PAM4 DSP 芯片、100~400Gb/s 系列硅光芯片等高端光电子芯片的国内首产，相关产品已在国内三大运营商、数据中心、电力网通信系统、超级计算机系统、国盾量子通信设备中实现国产化替代或规模商用，为我国网络通信设备提供了可靠的光芯片解决方案。

如今，已是肖希回到武汉深耕硅光技术领域的第10个年头。10年来，中国信科集团的硅光事业取得了日新月异的发展，中国信科集团已实现从“门外汉”到“执牛耳者”的转变。肖希也以实验室副主任的身份兼任国家信息光电子创新中心总经理，从一名科研人员逐步成长为技术创新策源的领军者和产业转化衔接的主导者，肩负起更多的使命担当。多年的科研及管理工作积淀，使他具备更广阔的眼界、更完备的技术前瞻性及更强烈的使命感。

自信强则力量强，底气足则脚步稳。经过百年的奋勇拼搏，国家在众多领域所取得的辉煌成就成为我们的自信之源。有坚强的领导保障、有坚实的国力支持、有健全的制度托举、有崇高的精神支撑，这就是中国人的底气所在、信心所在、力量所在。

有研科技集团有限公司（原北京有色金属研究总院）科技发展部总经理、有色金属材料制备加工国家重点实验室副主任李志辉，一直与“铝”同行，致力于高性能航空航天铝合金材料的应用基础研究和关键技术创新，有力助推了我国航空航天、高铁、汽车等领域用高端铝材产业向价值链中高端迈进。

“十五”期间，我国只能小批量生产供应国际上第一、第二代7000系航空铝合金，当时发展国产先进战机所需的第三、第四代7000系航空铝合金完全依赖进口，且经常遭到欧美国家断供，长期面临受制于人的被动局面。为破解这一窘境，李志辉以“十年磨一剑”的精神扎根这一科研领域。20年来，他深耕“7000系铝合金跨尺度微纳结构协同调控理论与关键技术”这一主要研究方向，坚持“强度级别由低到高、技术引领产品升级”的系列化研发思路，推动创新、谋求突破。在攻读博士期间，通过深入研究掌握了国际上第三代7000系航空铝合金（强度500~550MPa级）热处理强韧化理论与时效关键技术，创新开发了系列新技术新工艺原型，以第一作者身份发表相关文章10余篇，获得多项发明专利授权，研究成果在行业龙头生产企业中实现工业化应用，所生产的高强高韧 7000 系预拉伸厚板、超厚板产品被广泛应用于先进战机型号，打破了受制于人的局面，创造了显著的社会经济效益。

2007 年末毕业留院工作后，恰逢国产大型飞机重大专项启动，李志辉带领团队承担了多项为国产大飞机配套的主干材料技术攻关任务，研发出了一系列制备加工关键技术原型，获得一批核心发明专利授权，成果在行业龙头企业实现产业化应用，采用该技术生产大规格高性能铝合金材料并大批量用于国产大飞机机身、机翼等核心部件制造，打破了国外垄断，为国产大飞机插上国产“银色翅膀”翱翔蓝天提供了强有力的技术支撑。

中国发展前进的脚步是不可阻挡的。站在新的历史起点上，新时代央企青年要增志气、强骨气、蓄底气，自觉扛起全面建设社会主义现代化国家的使命责任，胸怀祖国、面向世界，迎难而上、勇攀高峰，脚踏实地、拼搏进取，在实现中华民族伟大复兴的中国梦的新征程上留下无悔青春的奋斗足迹。

发扬斗争精神

思想领航

2022 年 3 月 1 日，习近平总书记在中央党校（国家行政学院）中青年干部培训班开班式上发表重要讲话强调：“只有全党继续发扬担当和斗争精神，才能实现中华民族伟大复兴的宏伟目标。”面对重大风险挑战、重大困难考验、重大矛盾问题，新时代央企青年要心怀“国之大者”，站在全局和战略的高度想问题、办事情，必须大力发扬斗争精神，讲究斗争策略，敢于担当，敢于攻坚，敢于胜利。

担当和斗争是一种责任，敢于负责才叫真担当、真斗争。新时代央企青年要发扬历史主动精神，在机遇面前主动出击，不犹豫、不观望；在困难面前迎难而上，不推诿、不逃避；在风险面前积极应对，不畏缩、不躲闪。坚持局部服从全局、自觉为大局担当，做到责任在心、担当在肩，敢于斗争、善于斗争，在新时代新征程上为党和人民拼搏奉献，为实现中华民族伟大复兴而顽强奋斗。

青春风采

中国物流股份有限公司法律合规部高级经理马宇凡，敢于斗争和担当，成功化解了多起重大风险。2014 年初夏，贵阳诚通公司动产质押业务风险爆发，员工纷纷揣测企业可能面临金融机构追责，存在倒闭风险，一时间公司内部人心浮动。马宇凡作为总部法律专员自觉请缨，只身前往贵州诚通开展排险解困工作。针对各个风险项目，他带领大家搜寻留存证据、逐一整理材料、还原事实情况，并制订解决预案。他一连工作几个通宵，当一摞摞文档和 20 余个风险项目应对方案放在企业员工面前时，大家悬着的心才慢慢放下。

马宇凡用心化解每一道风险，保障国有资产不受损失。但是，风险化解并不是一帆风顺的。有一次，身处遵义的基层监管员一大早打来电话，报告说“昨天晚上上锁封存的仓库被人撬开了，存放在里面的 2892 箱茅台醇酒全部被盗抢了”。2892 箱酒代表着银行 1000 多万元贷款！而贵阳与遵义相距几百公里，现在赶过去也来不及了。这时马宇凡一边报警，一边镇定地梳理如何启动应急预案，同时与公司法律顾问沟通寻找当地法律力量协助。一番布置后，他立刻带队开车火速前往遵义现场。通过公安机关调取道路监控，到傍晚时分，逐步摸清被盗货物藏匿地点，警方最终在距城区 50 公里的山沟中找到了被盗货物。经清点，2892 箱茅台醇酒一箱不少，此时已是深夜 1 点多。为防止货物再有损失，马宇凡带领大家坚守在原地，等待清晨货车到位后将被盗货物全部运送回去。那一夜山风呼呼地吹，大家一起紧缩在车里等待到天明。就是这样，通过一项一项风险排除，贵阳诚通涉及 7 亿多元金额的 20 余笔动产质押项目全部得到处理，没有造成一笔损失。

改革进入深水区，国资央企各种风险挑战不断显现，面临的斗争和矛盾不会少，越来越复杂。广大央企青年要牢记党和人民的殷殷嘱托，有“直挂云帆济沧海”的拼搏精神，提起迎难而上的精气神，要在重大斗争中经受磨砺、接受锻炼，在攻坚克难中增长胆识和才干。

中国煤炭科工集团开采研究院科创中心副主任姜鹏飞，是煤矿巷道围岩控制领域青年科学家，长期坚守科研一线从事巷道围岩控制理论与技术研究，研发了煤炭巷道抗冲击预应力支护关键技术、千米深井巷道支护 - 改性 - 卸压“三主动”协同控制技术等，并广泛应用于我国 10 个省、18 个矿区，取得显著的经济社会效益。

为解决巷道和工作面强矿压、围岩变形量大的难题，姜鹏飞与水力压裂研发小组一起开展井下区域水力压裂技术攻关，包括区域水力压裂卸压理论、井下远程集控系统、压裂液制备系统、大流量压裂泵组、压裂裂缝监测系统等，经过长时间努力和井下实践，煤矿井下水平孔区域水力压裂技术与装备于 2019 年 9 月 28 日在大梁湾煤矿试验成功，为中华人民共和国成立 70 周年献上一份厚礼。开发的区域水力压裂技术与装备压裂钻孔最大深度大于 800 米，水平孔深度 400~650 米，单泵流量达到 1.5 立方米 / 秒，裂缝半径大于 50 米。目前，这项技术已在国内多个典型煤矿推广应用，成为解决煤层开采中的动压问题、冲击地压远距离解危和保障工作面安全开采的有效技术手段。

2021 年 4 月，姜鹏飞荣获第 9 届“全国煤炭青年五四奖章”。如今，姜鹏飞和团队成员认准了“煤矿井下围岩控制及智能采掘”这个科研项目不懈探索，立志让煤矿产业朝着安全、绿色、智能的发展方向稳步迈进，在多学科交叉创新的道路上勇往直前。

当前，抗击新冠肺炎疫情形势变化之快、改革发展稳定任务之重、矛盾风险挑战之多、对我们考验之大前所未有。这是前进道路上很正常、不容逃避的问题。广大央企青年要认清形势，满怀信心，发扬敢斗争、能斗争、善斗争的革命精神，不负韶华，提高解决实际问题的能力，不辱使命。

新兴际华集团三五四二纺织有限公司布机车间教练员刘沙，有着一股不怕难、不服输、敢于斗争的冲劲。2011 年夏季，布机车间生产一种功能性的布，这种布纱线纤细易断，常常导致布机停机，不少挡车工要求换车位。刘沙当时正在其他区域挡车，偶尔路过开水房时，听到有挡车工找轮班长要求调个好车位，班长正犯难，刘沙立刻说，“班长，我上”。

轮班长把刘沙调换到了“老虎机台”，身边的同事都笑她傻，可刘沙却一笑而过。她一边小步快跑增加巡回次数，一边正面看布，反面摸布，同时做好影响布面疵点的预防，加强经纱的卡疵把关。在工作中她摸索总结出“一停二看三查”的巡回方法，即一停，看到机台信号灯亮就立即停下脚步处理；二看，停台后查看机台的正面和反面；三查，机台出现故障必查车头、车尾、车底。就这样，月底车间一清算：同机型，同品种，刘沙看的机台生产效率提高了 8%~10%，她总结出的操作方法开始在全车间推广。

2012 年，布机车间生产的品种翻改较快，为了提高开台效率，刘沙又大胆提出在班组中招募“青年突击队员”的建议，得到了车间领导的大力支持，并率先组建起一支 20 余人的“青年突击队”。在她的带动下，队员们个个一马当先，任劳任怨，无私奉献，高标准、严要求，保质保量圆满完成车间的生产任务。班中人员抢开台积极性大增，综合开台效率稳步提升，对人员的稳定起到了积极的建设性作用。同时，减少了其他挡车工的加班时间，受到了广大挡车工的欢迎。这一好的管理模式随即在各轮班中推广，极大地缓解了生产压力，提高了生产效率。

倾心帮教结硕果。刘沙先后带出50多名徒弟，其中39人成为质量标兵、操作能手。如今，刘沙不骄不躁，冲锋在前，干在一线，以实干、巧干的勤奋状态谱写着青春的赞歌。

直面问题，发扬斗争精神，广大央企青年要立足本职岗位，铆足锐意进取之劲，苦练工作本领，用“积小胜为大胜”的心态，冲锋在前，经风雨、见世面、有作为。

中国南水北调集团中线有限公司总调度中心主任陈晓楠，铭记“南水北调事关战略全局、事关长远发展、事关人民福祉”的伟大使命，把初心融入血脉，把重担扛在肩上，始终聚焦输水调度主责主业，攻坚克难，担当作为，忠诚服务于南水北调中线工程后续高质量发展大局。

2021年7月16日至21日，中线工程沿线普降暴雨，特别是郑州等地下了特大暴雨，渠道水位普遍快速增长，个别建筑物闸前水位短时间超过加大水位0.4米以上，多个渡槽有漫槽风险，中线工程受到严重威胁。

7月21日0时24分，中线工程后方防汛指挥部接到紧急通知：金水河上游郭家咀水库发生漫坝并随时有溃坝风险，严重威胁中线总干渠安全。情况万分紧急！陈晓楠此时已有两天两夜没有合眼。针对郭家咀水库漫坝险情，陈晓楠迅速采取调度措施：立即启动Ⅰ级应急调度响应，将陶岔渠首入总干渠流量分4次减至每秒50立方米，逐步开启金水河节制闸上游部分退水闸应急退水，金水河节制闸下游穿黄退水闸保持每秒110立方米应急退水；实施全线闸门联调，大幅下调金水河上下游节制闸开度，随时做好在极端情况下能够快速关闭闸门以最大限度保护工程安全的准备。

7月21日1时30分，郭家咀水库通过应急通道紧急泄洪。此时，位于北京市玉渊潭南路的南水北调中线工程总调度中心大厅灯火通明，但却安静极了，每一个人都紧盯监控屏幕上的河道水势。陈晓楠安排人员计算、分析、上报数据，不时发出调度指令。

洪峰最终安全通过金水河倒虹吸进口节制闸，陈晓楠也松了一口气。

后续他马不停蹄，组织大家根据水情、雨情进行深入分析和优化调度，充分利用渠道蓄水保持正常供水。而这一惊心动魄的时刻也仅仅是河南郑州“7・20”特大暴雨灾害应急处置过程中的一个缩影。每年的汛期、冰期输水都是对中线工程输水调度的一次次考验。在他的带领下，总调度中心全体人员发扬越是艰险越向前的斗争精神，不惧风险挑战，赢得主动。

斗争精神彰显觉悟、境界、品格，体现在日常工作和岗位上。越是朝朝暮暮，越是平凡岗位，越是关键时刻，越能体现个人责任和担当。

何宗健是淄柴机器有限公司技术中心柴油机研究所一名二级主任项目工程师，主要负责公司新产品开发、质量提升、车间及市场技术服务等工作。参加工作以来，他先后在装配车间、加工车间、技术中心等部门工作。每到一个岗位，他都兢兢业业，刻苦钻研，以实际行动在关键时刻彰显责任担当。

2020 年 9 月，国内新冠肺炎疫情逐渐平稳而国外疫情却日益严重，某公司海外办事处向公司发来求助，应用公司某型号柴油机作为主推进动力的远洋拖网渔船在运行中突然出现故障，需技术人员前往当地进行处理，否则将严重影响作业生产。关键时刻，何宗健主动请缨，带领 3 人小团队，突破种种困难，前往海外。谁知，刚到当地码头开展工作，码头就突然暴发了大规模疫情。为了保障用户权益，他们坚持不停工，除了做好必要的防护之外，能自己动手的就自己动手，尽量减少与国外相关人员的接触。历时 3 月之久，3 人顺利完成维修任务，保证船舶及时复产，减少了用户的损失。近年来，何宗健先后获得“山东省企业技术创新奖”一等奖、第四届全国质量创新大赛“QIC－Ⅳ级技术成果奖”等多项大奖。

青年是引领风气之先的力量，锐意进取、勇当先锋、敢于斗争，应成为当代青年宝贵的精神品质。广大央企青年拥有优越的发展环境、广阔的成长空间，要珍惜机遇，必须始终满怀理想、追求先进、充满锐气，敢于斗争、敢于胜利。

第十二章

把握时代、关注世界，
推动中华民族勇毅前行、屹立于世界民族之林

2022 年 6 月 24 日，国家主席习近平在全球发展高层对话会上发表重要讲话指出，“这是一个充满挑战的时代，也是一个充满希望的时代。我们要认清世界发展大势，坚定信心，起而行之”。当今世界，面临百年未有之大变局，我们要洞察时代问题，把握时代脉搏，顺应时代潮流，始终走在时代前列，在历史前进的逻辑中前进，在时代发展的潮流中发展，不断开创中国特色社会主义事业新局面。

在世界大发展大变革大调整时期，我们要深入把握世界多极化、经济全球化、文化多样化、社会信息化深入发展的大趋势，顺应历史潮流，积极应变，主动求变，始终与时代同向同行，争做堪当中华民族伟大复兴重任的时代新人，在实现中华民族伟大复兴的时代洪流中踔厉奋发、勇毅前行。

谋全局务实策，观大势做大事

思想领航

2014 年 5 月 8 日，习近平总书记在同中央办公厅各单位班子成员和干部职工代表座谈时发表重要讲话指出：“必须牢固树立高度自觉的大局意识，自觉从大局看问题，把工作放到大局中去思考、定位、摆布，做到正确认识大局、自觉服从大局、坚决维护大局。”“善于观大势、谋大局、抓大事”是习近平总书记一贯倡导的重要思想方法和工作方法，体现的是一种战略思维和战略眼光。

不谋全局者，不足谋一域。毛泽东在《中国革命战争的战略问题》中指出：“没有全局在胸，是不会真的投下一着好棋子的。”善于谋全局、务实策，就是要抓住时代变局、世界格局和国家大局，始终把工作放到全局、大局中去思考、定位、部署。大境界才能有大胸怀，大格局才会有大作为。站得高，才能看得远、想得全、谋得深。广大央企青年要把眼界扩展到更大范围、更高层次，自觉从大局上看问题，把工作放到大局中去思考、定位，脑子里多装一些全局性的问题，经常想一想全局性的要求，这样才能拿出大主意、好主意，才能有大担当、大作为。

青春风采

中国联通软件研究院牛龙飞，聚焦世界前沿信息技术，先后围绕大数据、云计算两个专业领域，从事 IT 系统底层平台设计、技术攻关、研发建设和项目管理工作。

牛龙飞 2013 年入职中国联通之初，正赶上我国第四代移动通信技术（4G）的发展普及和中国联通全国集中 IT 支撑系统（以下简称“CBSS 系统”）的启动建设。CBSS 系统建设初期，为保障业务的连续稳定，架构整体沿用传统的“IOE”架构，尤其是业务受理、计费账务等核心板块。与此同时在非核心业务场景，积极探索尝试新技术、新架构的应用。牛龙飞所在的项目研发团队以问题为导向，以技术创新为驱动，不断探索实践大数据、分布式、容器化等前沿技术架构在超大规模系统中的应用。2014 年 4 月，团队率先研发上线了中国联通第一个采用分布式大数据技术构建的集中系统，至 2017 年，建成拥有近千个节点的综合大数据处理平台。在这个过程中，瞄准世界信息前沿技术，聚焦科技创新，不断探索通过技术创新驱动中国联通集中 IT 系统架构优化升级，降本增效成果显著，累计为企业节省软硬件等各类投资超 5000 万元，高效支撑拥有 4 亿多用户的 CBSS 系统业务快速发展。

随后，牛龙飞带着多年积累的知识、技能和经验，转向云计算领域的技术研究和工程建设，从事联通云的规划建设和项目管理。项目团队承接集团公司大力推进云计算服务能力建设的光荣使命，五年磨一剑，打造了行业领先的超大规模全栈企业级私有云平台，构筑起中国联通坚实的数字化转型基座底座，支撑内、外部 1100 多套系统上云、用云，赋能企业转型发展，平台入选国资委数字化转型典型案例和中央企业信息化优秀成果。

牛龙飞团队践行网络强国战略，落实科技自立自强和数字化转型要求，探索打造了全栈信创云计算解决方案，协同相关研发团队实现中国联通 13 套核心系统端到端自主可控，有序推进关键技术“卡脖子”问题的解决。2020 年 7 月，牛龙飞作为技术专家，参与了中国联通集团目标云架构方案设计专项工作，同内、外 27 个单位进行为期 31 天的技术研讨交流，充分借鉴业内头部公司的最佳实践，编制形成“一朵云”目标架构方案，为中国联通中长期云计算服务能力建设提供了根本遵循。

当今世界国际形势日趋复杂，不稳定性和不确定性明显增强，但是，从总体上看，和平与发展仍是时代主题。我们要善于明晰世界发展形势，了解百年大变局下中国的机遇与对策，做到战略判断准确、战略谋划科学，赢得战略主动，引领世界大势。

孙滔，中国移动研究院首席专家，从事网络技术研发和标准工作 14 年，是中国移动培养起来的国际标准化工作的领军人物之一。他先后担任国际标准化组织 3GPP“下一代网络架构”“5G 系统架构”标准项目报告人。实现了中国公司首次主导新一代移动通信网络架构设计的突破。他和团队提出的服务化架构被 3GPP 确立为 5G 核心网基础架构，是 5G 国际标准中我国公司主导的标志性创新技术之一。2019 年，他当选 3GPP 系统架构组副主席，是时隔 8 年后中国代表再次担任该工作组领导职位，有力提升了中国公司在国际标准中的话语权。

2015 年 10 月，5G 标准研究蓄势待发。9 家北美、欧洲的大型运营商、设备商、芯片商都提交了 5G 立项提案。中国移动的提案虽然是最具系统性的，但只有少量国内公司支持，国外公司都在观望。北美某运营商代表说：“如果是往常，我肯定支持你，但 5G 太重要，我们实在不好表态。”欧洲某运营商代表说：“我们要优先支持欧洲公司。”面对重重困难，孙滔发起成立运营商网络架构设计小组，通过每周电话会的形式，确定方向、寻找共识。慢慢地，从他找别人到别人遇到问题来找他，全球 20 多家大型运营商都参与进来。当研究项目完成，5G 架构标准正式立项时，孙滔获得了 67 家公司的支持！这是第一次由中国公司牵头设计新一代移动通信系统的架构。

2017 年 11 月，孙滔担任报告人的 5G 架构标准完成了，工作组举行小型庆祝活动，英国沃达丰的专家举着酒杯对他说：“祝贺你！但你们还不能松懈，标准确定之后就要对产品进行测试。4G 我们是先行者，5G 我们要搭你们的便车。”孙滔和他的团队全程参与国际 5G 网络标准的起草和制定，看到自己命名的技术、提出的方案成为国际标准，设计的流程图被产品最终实现，他们感到无比快乐。

青年是科技创新的生力军，也是实现突破发展的希望所在。我们要用心培养、大力支持、大胆使用青年科技人才。当下推动高水平自主创新，要尊重科研活动规律，不断构建包容性更强、容错率更高的青年人才培育和成长机制，为青年一代科技自主创新、紧跟世界科技前沿搭建了更广阔的舞台。

薛瑞娟是通用技术机床公司所属机床研究院标准研究中心副主任，兼任全国工业机械电气系统标准化技术委员会副秘书长，主要从事数控系统、智能制造、数字孪生等关键技术与标准研究，获得“全国青年杰出工程师”“北京市科技新星”荣誉称号。

废寝忘食，攻坚克难。2012 年底，薛瑞娟为了提交高质量、高水平的国家科研项目年度工作报告，花了 3 周时间，加班加点、废寝忘食地学习研究、提炼整理 13 家参与单位的技术研究内容和财务数据资料，总结出一份 100 多页逻辑清晰的技术资料，涵盖了大量知识点和科研亮点，为课题顺利通过验收打下坚实基础。

深耕钻研，实现突破。2018 年 2 月，她作为主要成员参与的国际标准提案 ISO23218《工业自动化系统与集成机床数控系统一般要求》，经国际标准化组织 ISO/TC184/SC1 投票，以无反对票的投票结果获批正式立项，这不仅是机床研究院在国际标准化方面取得的又一重大突破，还实现了我国数控机床“大脑”国际标准从 0 到 1 的突破。

引领发展，走向国际。2019 年，在机床研究院检测中心牵头的国家科技重要项目“数控系统与基础制造装备关键技术国际标准制定及应用验证”中，她任项目组组长，以标准为载体促进专项成果的推广与应用，进一步提升了国产数控机床与机床制造的国际竞争力。她多次受邀参与国际标准化会议并作主题报告，展现了新时代我国青年科技工作者的风采。

世界格局在变，发展格局在变。变局既有挑战，也有机遇。我们要善于谋全局、观大势，要不断强化大局观念和提升战略思维能力。从世界发展的形势出发，既服务于中华民族伟大复兴，也服务于构建人类命运共同体，使中国成为推动世界经济全球化、促进世界和平与发展的重要力量。

从 3G 到 4G 再到 5G，我国移动通信产业排除万难，坚持自主创新，不断为推动移动通信系统国际标准化进程作出重要贡献。关键在于中信科移动通信技术股份有限公司有着这样一位标准高级技术专家，她担任 ITU-R5D 工作组技术评估组主席，使我国在国际标准化的影响力上再度得到提升，她就是中信科移动创新中心的彭莹博士。

自 2008 年起，彭莹就持续参加国际电信联盟（ITU）以及第三代合作伙伴计划（3GPP）国际标准会议，并深度参与 4G 技术的标准化工作。她潜心钻研，全程参与 ITU4G 技术评估、提交、正式技术文件制定的全部工作，以及 3GPP 和 ITU 会议流程与组织间标准接口工作，对 TD-LTE-A 作为 4G 技术通过起到至关重要的作用。

2016 年，经过中国政府提名、ITU 严格选拔，年仅 36 岁的彭莹正式成为 ITU5G 评估组主席，主持 5G 候选技术评估。她的当选，不仅证明了国际上对我国在国际标准工作上的贡献以及能力的认可，而且提升了我国移动通信领域的国际话语权。

2018 年 7 月到 2020 年 2 月，包括中国评估组在内的 14 个独立评估组对 7 个 5G 候选技术方案进行了全面的技术性评估以及技术细节讨论，并于 2020 年 2 月提交了最终版本。2020 年 6 月，作为评估组主席的彭莹全程主持会议，对所提交的 5G 候选方案能否全面满足 IMT-2020 的愿景需求和技术指标要求进行评估与判定，经过 3 周的会议讨论，彭莹圆满完成了会议工作，受到与会多国代表、独立评估组以及 ITU 组织的高度认可，为中国提交的 5G 候选技术正式成为 5G 国际标准作出了重要贡献。

随着 5G 国际标准正式发布以及移动通信行业的快速发展，通信学术界、产业界以及标准化组织均开启了面向 6G 的研究工作。彭莹以其多年的技术积累、国际标准的工作经验和宏观视角，一马当先，主导了公司 6G 愿景、需求与前沿技术的研究工作。彭莹着眼全局，脚踏实地，在前沿技术研究工作中，总结分析现有技术所存在的问题，并把“解决问题”作为创新动力，不断用创新思维来思考问题。2020 年 12 月，彭莹带领团队完成了 6G 愿景与技术趋势白皮书——《全域覆盖 · 场景智联》。在主笔过程中，彭莹从总体框架结构，到 6G 典型场景展望、6G 应具备的核心能力以及 6G 技术发展趋势下每个核心观点的敲定，再到每个核心观点的具体内容，逐一把控，以确保文中的定义以及需求参数等均有有效的理论支撑。在排版校订和发布过程中，更是对文字内容、插图细节甚至标点符号等进行反复审查与修改，一丝不苟，精益求精，群策群力，不遗余力地推动通信产业健康发展。

风物长宜放眼量。以广阔的胸怀，自觉地把本地区、本部门的工作放到全国和当地的改革和发展的大局中来考虑，用宽广的眼界和思维审时度势，对全局、对大势了然于胸，找准工作切入点和着力点，做到因势而谋、应势而动、顺势而为，就能用青春和汗水创造出让世界刮目相看的优异成绩。

胸怀“国之大者”，展现青春担当

2022 年 3 月 1 日，习近平总书记在中央党校（国家行政学院）中青年干部培训班开班式上发表重要讲话强调：“要心怀‘国之大者’，站

在全局和战略的高度想问题、办事情，一切工作都要以贯彻落实党中央决策部署为前提，不能为了局部利益损害全局利益、为了暂时利益损害根本利益和长远利益。”“国之大者”是事关人民幸福安康、事关中华民族伟大复兴、事关党和国家前途命运的大事要事，关乎全局、关乎长远、关乎根本。

中华民族伟大复兴战略全局，是“国之大者”；党中央关心什么、强调什么，是“国之大者”；让人民过上更加美好的幸福生活，是“国之大者”；保护好生态环境，是“国之大者”……新时代央企青年必须对“国之大者”了然于胸，聚焦三大攻坚战，促进高水平科技自立自强，服务构建新发展格局，统筹疫情防控和经济社会发展等党中央重大部署，主动担当、积极作为。从党和国家事业全局找定位、抓落实、谋发展。只要国家有需求、人民有需要，就不计代价、勇挑重担、冲锋在前，让青春在奋斗新时代、实现中国梦的生动实践中焕发绚丽光彩。

青春风采

罗恒军，中国第二重型机械集团德阳万航模锻有限责任公司技术开发部副部长，高级工程师。他主要负责万航模锻承担的大飞机等国家重点型号飞机关键承力航空高端模锻件国产化及自主可控保障研制工作。

2011 年，国产大飞机起落架系统总集成的德国某航空制造公司派质量技术专家到公司现场考察。德国专家认为现场管理水平和产品质量难以全面满足要求，暂不具备生产大飞机起落架产品资格。

德国专家的这一盆冷水泼得让人难受，但罗恒军和他的团队还是顶着这盆冷水继续走下去。公司开启了脱胎换骨的调整和变革，从质量意识、厂房建设、民航体系建设等方面进行了大量投入与改造。直到 2014 年，德国专家第三次来公司考察，看到现场环境、工艺流程的变化，他们竖起了大拇指，公司成功取得生产大飞机起落架模锻件的资格。由于我国在大型客机起落架模锻件研制方面基本上没有什么经验，要想把核心技术牢牢地掌握在自己手里，只有靠自己。于是，他和团队又开始走上了一条长达 4 年之久的研制攻关之路。

国产大飞机主起落架上有 5 个超高强度钢关键锻件，每一个锻件制造标准要求非常高。比如，一个加热温度高达 1000 多摄氏度的锻件，开锻温度不能低于工艺要求的 1 摄氏度。他们前后经历了 30 多轮次的产品“报废”和“重制”。

“这条路很难，但我们一定要蹚出。”罗恒军团队开始对产品开展一轮又一轮的模拟、一次又一次的优化、一遍又一遍的试制。2015 年 10 月，他们突破了 10 余项大飞机起落架模锻件关键技术，填补多项国内空白，成功研制出了大飞机起落架上第一个模锻件产品。趁热打铁，一鼓作气，2018 年 7 月又实现了最后一个产品的成功研制。至此，大飞机主起落架上 5 项关键模锻件全部实现国产化，终于拥有了一双中国人自己打造的矫健“双腿”。

罗恒军七年磨一剑，以全世界最大吨位的 8 万吨大型模锻压力机“国之重器”为平台，攻克全流程数值模拟控制等 10 余项关键技术，实现大飞机起落架关键构件全部国产化，助力大飞机翱翔于祖国蓝天。

国之大者，大国之重。广大央企青年要有心系国家和民族的高尚情操与责任担当，对“国之大者”情有独钟，将本职工作与党和国家的事业同心同向、同频共振。

电线、电缆与国民经济绝大多数行业都相关，广泛地应用到电网建设、新能源、核电设施、轨道交通、航空航天、海洋平台、建筑电气等建设工程领域，是量大面广的基础配套产品，因此电线、电缆也被喻为国民经济的“血管”与“神经”。

谢志国是中国中检中国质量认证中心产品认证四部电线部长、高级工程师，作为中国质量认证中心在线缆领域的技术带头人，积极发挥主观能动性，带领团队密切跟踪线缆行业最新专业热点和服务需求，开展专业研究并提出解决方案，在线缆领域的标准化、技术研究和成果推广等方面取得优异成绩。

在标准《电器设备内部连接线缆》（GB/T 38296-2019）制定工作中，他积极推动立项，并担任起草组组长，高质量完成了标准的制定工作。标准发布后，又积极向上下游产业推广，促进标准落地实施，打破了美国标准在国内该类产品领域的垄断，提升了国内电子线材产业标准的话语权，有效降低了国内电子线材生产企业每年缴纳数亿元美标标签费的沉重负担，提升了电子线材企业的活力和竞争力。

牢记“国之大者”，立大志、成大才，拓宽眼界，提升格局。既要有大局意识，又要有务实作风，埋头苦干、增强本领，在务实功、求实效上下功夫。

杨抒是中国中检中国质量认证中心广州分中心部长，是碳达峰、碳中和领域的青年研究者。从碳排放报告核查到温室气体清单编制，从碳排放权交易机制到碳普惠自愿减排行动，她已从事应对气候变化工作12年。

杨抒在美国得克萨斯大学跟随导师开展应对气候变化的相关政策研究，在她的心中埋下了低碳研究的种子。怀着为我国低碳发展出一份力的梦想，毕业后她回到国内在国际智库从事碳排放报告研究。2011年11月，为更好地参与到地方应对气候变化工作中，杨抒加入中国中检中国质量认证中心广州分中心，成为华南绿色设计研发基地的一名低碳工程师。正值“十二五”国家启动全国低碳试点省市行动之际，杨抒牵头和参与了广东省应对气候变化政策研究、规划编制和多项重要文件制定，参与多项低碳发展体制机制创新改革工作。“十三五”时期，杨抒牵头开展广东省碳普惠制试点研究，针对地处粤北山区的韶关市生态特点，以林业碳汇支撑区域协调发展，为贫困山区、革命老区、民族地区发展和“金山银山就是绿水青山”的生态价值实现探索出有效路径。

杨抒及其团队的研究成果不仅转化为广东省碳普惠制林业碳汇的技术规范，还将碳普惠制从一个理念真正落到了实处，使广东省在全国开了碳普惠制的先河，填补了在减排领域鼓励居民个人、家庭生活和消费的低碳行为的空白，推动全社会低碳行动。她积极与国内外专家学者交流学习，在联合国气候变化大会“中国角”上介绍广东低碳发展工作，并多次陪同主管部门参与与欧盟、美国加州、澳洲等地政府部门和技术机构的交流活动。

胸怀“国之大者”，要做到观察问题有高度、分析问题有深度、解决问题有力度，把准方向、保持定力，抓住主要矛盾、解决“卡脖子”难题，集中精力办好自己的事。

中国绿发投资集团有限公司北京商业旅游管理分公司总经理鲍成成，立足为人民创造美好生活的愿景目标，推动产业向多元化和高品质转型发展。

面对“健康中国”国家战略，中国绿发集团提出了加快推动健康养老产业发展的公司战略。鲍成成积极承担起重大课题研究的重任，组织团队第一时间开展课题研究及产业实践。作为研究团队负责人，他组织力量开展调研和访谈，经过连续几个月的实地考察，终于完成集团公司大健康产业规划，形成了活力康养公寓、旅居康养度假、社区健康养老三位一体业务结构，系统制定养老健康产业规划，积极开展国际养老运营体系合作导入，与日本美邸养老服务公司等国际一流健康养老产业集团建立战略合作关系，共同推进健康养老示范项目建设，推动健康养老产业向高水平方向发展。

2016 年以来，他还积极组织开展创新品牌活动，牵头组织集团“4·22”地球日、“9·22”绿色发展、“双碳”行动等主题品牌活动，带领青年团队顺利完成多次集团绿色品牌发声，形成良好的社会效应。

胸怀“国之大者”，新时代央企青年满怀对祖国和人民的赤子之心，积极投入“国之大者”的科研攻关，立足本职，脚踏实地，自觉担当，倾情奉献。

南水北调工程是优化水利资源配置、保障群众饮水安全、复苏河湖生态环境、畅通南北经济循环的生命线，工程事关战略全局、事关长远发展、事关人民福祉。中国南水北调集团东线有限公司水质管理中心主任叶茂盛，心怀“国之大者”，彰显责任担当。在担任科技工作负责人期间，东线公司参与申报并获批 3 项国家重点研发计划项目，分别为“十三五”规划项目“南水北调工程运行安全检测技术研究与示范”“大直径长引水隧洞水下检测机器人系统研发及示范应用”和“十四五”规划项目“长距离调水工程水质安全保障关键技术研发与应用”，项目研究成果在东线一期工程中得到示范应用。在相应国家战略政策引导示范项目中，他积极组织开展关键信息基础设施安全可控应用示范项目申报工作，最终，东线公司入选国家发展改革委水利行业信息化创新第一批试点单位。

使命召唤，责任在肩。站在新的历史起点上，新时代央企青年要牢记“国之大者”，咬定青山不放松，脚踏实地加油干，奋发有为做好各项工作，朝着实现中华民族伟大复兴的目标奋勇前进。

为共建“一带一路”贡献青春力量

2018 年 8 月 28 日，国家主席习近平给参加“一带一路”青年创意与

遗产论坛的青年代表回信，强调青年是国家的未来，勉励他们为构建人类命运共同体作出自己的努力。“一带一路”建设得到了越来越多国家的热烈响应，逐渐从理念转化为行动，从愿景转变为现实，建设成果丰硕。青年发挥他们的智慧和活力，已成为共建“一带一路”的参与者、建设者。在许多共建“一带一路”项目中，一大批中资机构青年员工在异国他乡辛勤工作，将个人发展的“小目标”融入促进人类共同发展的“大事业”，向世界展现了自信自强、勇于担当的中国青年一代的风采。

当前，世界百年未有之大变局正加速演变，新一轮科技革命和产业变革带来的激烈竞争前所未有，气候变化、新冠肺炎疫情等全球性问题给人类社会带来的影响前所未有。共建“一带一路”面临重要机遇，也面临日趋复杂的国际环境。站在新的起点上，我们要更加紧密地团结在以习近平同志为核心的党中央周围，坚定不移地推动共建“一带一路”高质量发展，把“一带一路”建设成为和平之路、繁荣之路、开放之路、绿色之路、创新之路、文明之路，为推动世界共同发展、构建人类命运共同体贡献更大力量。

青春风采

忠诚履行强军首责、积极服务“一带一路”建设，是中国兵器工业集团中国北方工业有限公司某海外代表处总代表张亮的坚定信念。同许许多多奋战在海外一线的兵工人一样，他始终牢记习近平总书记“为推动共建‘一带一路’、推动构建人类命运共同体而努力”的殷切嘱托，为服务国家政治外交大局奉献着青春、智慧与力量。

2010 年，张亮从清华大学完成硕士学业，怀抱着强军报国的远大志向，毅然投身中国兵器工业集团北方公司的国际化经营工作。作为一名兵工人，张亮不但要与防务装备科研做伴，还要常常带队奔赴海外市场，与用户所在国或其他国家的一流产品进行试验较量。每次接到用户的试验，他都极为严肃地对待每项意见要求，带领海外工作团队迅速反应、精心组织，确保试验顺利进行。

深耕市场，不懈努力，北方公司于2018年收到某型防务装备系统的海外试验邀约。面对其他国际一流防务公司的激烈竞争，张亮和试验团队紧紧抓住机遇，立即携装备开赴环境条件最为严酷的沙漠靶场，开展了长达3个月的现场试验。靶场所在地晴天时高温酷热，有时还有沙尘暴和雷阵雨袭扰。试验评估日程安排得很紧张，每天试验从清晨5点半开始，到晚上11点钟才能结束并转至下一试验地点。面临工作、防暑、安全的三重挑战，张亮与工作团队没有退缩。他们怀着“只能成功，不允许失败”的决心，白天在烈日下连续进行高强度试验，晚上在驻地里继续讨论解决问题，最终圆满地完成了各项试验科目，用超越同类竞品的良好表现成功打动了用户方，实现项目当年评估完成、当年签约生效的目标，创造了该国防务产品单一项目签约金额最大和数量最多的双纪录。

共建“一带一路”是当今世界深受欢迎的国际公共产品和国际合作平台，为青年一代放飞青春梦想开辟了广阔天地。“一带一路”未来系于青年一代，充满生机与活力。广大央企青年要为共建“一带一路”高质量发展、构建人类命运共同体，贡献出我们的青春力量。

中冶建筑研究总院有限公司中冶检测核电风电事业部总经理荣华，面向国家能源优化的重大需求，专心致力于攻克核电构筑物服役性能评价领域尚未解决的技术难题，取得了系列突破性创新成就。

中冶建筑研究总院从20世纪90年代初开始从事出口到巴基斯坦核电项目的技术服务工作。荣华是多年来中冶建筑研究总院唯一一名赴巴基斯坦核电站开展项目服务的女工程师。2018年，她先后两次前往巴基斯坦进行恰希玛核电站C1安全壳自动化监测系统改造项目的洽谈和技术交流，经过反复技术方案论证和洽谈，中冶建筑研究总院在巴基斯坦签下千万级技术服务合同，建立了总院在巴基斯坦的第一个改造技术项目，并与巴基斯坦恰希玛核电厂厂长建立深厚的友谊，积极推动集团和总院“一带一路”建设上的合作与中国核电“走出去”。

青春就要奋斗，泼辣干练、雷厉风行的荣华带领团队首次建成世界上最大比例三代核电技术安全壳 1：4 模型试验平台，这是非常不容易的。在模型建造过程中遇到许多难题，如模型建造用地的审批问题、如何确保大比例模型设计能够准确反衍原型力学性能、小骨料等强混凝土材料的配方研发、1.5 毫米超薄钢板的高质量焊接和质量检测方法等。荣华带领团队历时 4 年，逐一攻克难题，开发了“华龙一号”屏蔽厂房结构智能监测和分析系统，成功建成三代核电技术安全壳 1：4 模型试验平台。该研究成果被成功应用于“华龙一号”全球首堆示范工程福清核电厂 5 号机组中，同时已推广至其他正在建设的“华龙一号”核电项目。

近年来，共建“一带一路”内涵不断丰富，国际合作成绩斐然，彰显出强大的生命力和创造力。中国将继续同各国一道，坚持共商共建共享，高质量、高标准、高水平建设“一带一路”，为沿线各国创造更大发展机遇。

王靖焘是通用技术国际公司所属中机公司副总经理、欧洲片区总经理，先后荣获中央企业“五四青年奖章”，全国“最美青工”和“青年岗位能手”称号。

王靖焘肩负工程服务领域改革转型发展的历史重任。在新能源发展较早的欧美等高端市场，并购 +“投、融、建、管、营”的商业模式早已是主流，但随着国家“一带一路”建设与新型全球化战略内涵的愈加丰富，绿色发展逐步成为全球共识，欧美投资者在被新冠肺炎疫情冲击后更将眼光瞄向了新能源市场，中资电力企业也纷纷加速布局欧洲。面对如此形势，他压力陡增，同时也深刻认识到，差异化竞争才是局部发展的出路。他带领团队重新审视自己的优劣势，苦修内功、顺势而动，寻求构建长期利益共享的合作方式和伙伴，创新探索适合自己的商业盈利模式。

功夫不负有心人。2022 年上半年，欧洲片区在他的带领下，实现可观营收及利润，同时已初步完成公司在欧洲新能源市场的绿地开发、投资并购、工程承包和运维、贸易分销、产能合作的多维度战略布局，打通了欧洲新能源业务上下游发展通道，夯实了中机公司新能源业态产业化和多样化发展基础。未来，他将带领更多有志青年，在通用技术的广阔舞台上建功立业、踔厉前行，不断为建设“具有全球竞争力的一流企业”贡献力量!

青年是最富活力和创造性的群体。广大央企青年面对挑战要积极作为、勇担责任，挖掘创新潜能，发挥引领作用，大力促进“一带一路”沿线国家的文化交流，助力民心相通。

南方电网国际有限责任公司张明瀚，于 2019 年 8 月外派菲律宾，担任 MVIP 直流项目工程部副经理。2020 年，在菲律宾疫情日益严峻的情况下，他于 3 月中转第三国，“逆行”前往菲律宾。项目驻地周边不断有确诊病例，现场防疫难度大，张明瀚积极组织现场疫情防护工作，以最快的速度开展复工复产，把疫情造成的影响降到最低程度。他这一去，就驻扎了 300 多天。

作为南方电网第一个海外直流 EPC 工程，面对疫情防控、业主资金投入不足、中方人员出入境难等前所未有的难题和挑战，张明瀚与联合体各方冷静分析、积极协调沟通，使各项工作得到及时推进。目前，项目现场未发生新冠群体性感染，未发生安全和质量事故，工程累计完成 98.59%，已全面进入直流调试阶段，南方电网的直流技术也得到了业主方的高度认可。在南方电网先进的直流技术的帮助下，棉兰老岛的电能很快将源源不断输送至维萨亚斯群岛，实现菲律宾三大岛屿之间电力互联互通，促进当地经济发展。

高举开放合作大旗，共建“一带一路”，使我们同沿线各国不断深化基础设施建设以及产业、经贸、科技创新等领域务实合作，构建了广泛的朋友圈，提高了各区域开放水平，拓展了对外开放领域。

中国港湾工程有限责任公司副总经理张晓强，是一位深耕斯里兰卡市场20年的“一带一路”筑梦人。2000年，大学毕业刚满两年的张晓强被中国港湾派往海外项目。2003年，张晓强担任斯里兰卡A5公路项目副经理。这个项目全线海拔差超过1500米，在当地被认为是最难修建的山区道路，许多外国承包商都望而却步。张晓强和团队不信邪，他说：“啃下这块‘硬骨头’，我们在斯里兰卡就能打开一片天地。”他和团队细化施工方案、创新改造工艺和设备，圆满完成了A5公路的建设。要问这条公路的影响力怎么样，张晓强自豪地说：“我们修建的这条公路隧道，如今就印在斯里兰卡1000元的纸币上。”

2011年，张晓强担任了中国港湾斯里兰卡办事处总经理。那时候，斯里兰卡内战刚刚结束，百废待兴。他深刻感受到，斯里兰卡的基础设施必将迎来大发展。他说：“我们中国企业‘走出去’，还得‘走上去’，要占领价值链顶端，这是中国国际工程企业必须攻克的课题。”

付出必有回报。在张晓强和团队的不懈努力下，汉班托塔港、汉班托塔国际机场、汉班托塔国际板球场等中斯政府间大型框架项目一一落地，中国港湾在斯里兰卡市场上承接项目80余个，累计合同额60多亿美元。

“你和你的团队勇闯海外20年，让古老的‘东方十字路口’绽放异彩，让世界感受到‘一带一路’倡议的巨大魅力。你是‘一带一路’筑梦人！”在国务院国资委举行的第五届“央企楷模”发布会上，张晓强站在台上默默听着主持人宣读颁奖词，心潮澎湃。

党和国家把希望寄托在青年一代。新时代央企青年要听从党和人民的召唤，自觉增强中国特色社会主义道路自信、理论自信、制度自信、文化自信，不断扩展国际视野，讲好中国故事，展示中国形象，传递中国精神。

孔涛毕业于北京交通大学机械制造及自动化专业。2010 年硕士毕业后，入职中国土木工程集团有限公司（以下简称“中国土木”），并被派往中国土木尼日利亚有限公司，在尼日利亚铁路现代化项目阿布贾至卡杜纳段（以下简称“阿卡铁路”）工作。

2019 年 4 月 21 日，尼日利亚当地时间下午 4 时，吉瓦地区传统领袖埃米尔授予中国铁建中国土木尼日利亚有限公司运营事业部总经理孔涛“WAKILIN AYYUKA”酋长封号，意为“工程领袖”，以表彰他作为“一带一路”建设者在促进中尼双赢务实合作及当地社区发展中所作的贡献。

在阿卡铁路项目周边村庄中有一所派佩村小学，孔涛是那所学校的“孔校长”。2012 年，孔涛和同事修葺了早已成为危房的三间校舍，确保村里的孩子能继续上学。该小学也成了项目对当地小学生铁路进行安全教育的定点学校。为了教育下一代树立交通安全意识，孔涛经常到附近的学校给孩子们授课，阿卡铁路项目也成了该小学接触现代化铁路设施和管理的定点项目。

阿卡铁路作为尼日利亚铁路现代化项目的第一标段，中国严格执行土木施工标准，将阿卡铁路打造成中国在海外的精品铁路工程。中国土木高质量的施工建设也为阿卡铁路获得了诸多荣誉，2017 年获得“全球最优轨道项目奖”和中国建筑协会“鲁班奖”（境外工程），2018 年成为首个获得国家优质工程金质奖评审的国外铁路工程。阿布贾城铁项目 2019 年荣获中国建筑协会“鲁班奖”（境外工程）和中国可持续发展项目奖。

“一带一路”是中国同世界共享机遇、共谋发展的阳光大道。在新的伟大征程上，央企青年要以高度的政治责任感和历史使命感，以时不我待、只争朝夕的精神投入工作，落实落细各项举措，坚定不移推动共建“一带一路”高质量发展，为建设一个持久和平、普遍安全、共同繁荣、开放包容、清洁美丽的世界，贡献智慧力量，展现青春担当。

直面矛盾困难，敢于担当作为

思想领航

2019 年 12 月 26 日至 27 日，习近平总书记在中共中央政治局专题民主生活会上发表重要讲话指出：“遇到重大风险挑战、重大工作困难、重大矛盾斗争，要第一时间进行研究、拿出预案、推动工作，决不能回避、绕着道走，更不能胆怯、惧怕。”直面矛盾困难、敢于担当作为，是一种敢抓敢管、较真碰硬、攻坚克难的品格和作风。俄国诗人普希金说过：“大石拦路，弱者视为前进的障碍，勇者视为前进的阶梯。”广大青年青春似火，激情澎湃，应有“明知山有虎，偏向虎山行”的勇气，哪里有困难，就出现在哪里，哪里矛盾最突出，就挺身而出，迎难而上，化解矛盾，破解难题，不达目的不罢休。

新时代央企青年是青年一代的主力军，是国家经济建设的有生力量。要有青年人应有的志气与风貌，敢于担当负责，主动沉入基层，啃最硬的骨头，挑最重的担子，在“真枪实弹”中练就一身真功夫，要在解难题、破难关中不断磨炼自己，找准弱项补短板，增长才干和能力。

青春风采

世界上的事情都是干出来的。问题是时代的声音，面对不断出现的问题，新时代央企青年应该直面问题、识别问题，最终要解决问题。

科技成果转化向来被称为“死亡之谷”，难就难在科技资源资产价值评估难、市场孵化难、利益平衡难、监管把控难。一段时间以来，军队科技成果转化渠道一直未能打通，一大批科技成果长期积压，随时间推移将错过最佳转化期无法实现价值最大化。中国融通科学研究院集团有限公司研究中心筹备组组长助理、认知计算研究室负责人毕文平，来到科研院时接到的第一项重大任务，就是要打通科技成果转化链路、构建军队科技成果转化新模式。面对这一开创性工作，他充分展现出一名专业博士面对新课题所具备的钻研精神。毕文平与科技服务团队一起，广泛调研现有科技成果转化较为成熟的企事业单位，结合成熟案例反复推演琢磨其转化流程、成功的关键因素。同时，深入科研团队一线，了解在成果转化中遇到的难点堵点问题。在充分调研、摸清底数的基础上，多次邀请专家研讨座谈，将地方科技成果转化的成熟经验与军队科技成果转化实际相结合，参与制定了科技成果转化流程和操作手册，有力地推动了科技成果转化的实施。2021 年 7 月，首批 7 项科技成果成功通过融通科研院转化，实现历史性突破。

为充分发挥院士专家团队的技术优势，构建融通集团战略科技力量，融通集团于 2021 年 9 月开始筹建研究中心。作为院企联合共建的新型研发机构，受到集团上下的高度关注和支持。研究中心从零起步，面对时间紧、头绪多、任务重等种种困难，毕文平克服跨专业、跨学科的困难，主动作为，全力投入科研项目的申报和研究工作。作为项目负责人，他申请集团公司科研课题一项；作为骨干，他参与科技部科技创新 2030 重大项目研究；作为项目副总师，他参与到科研院重点业务协同创新工程中，用扎实的专业功底和满腔热忱使研究中心科技研发顺利开展。

直面矛盾要体现在勇于担当、切实解决矛盾并有效创造业绩上。直面矛盾绝不是口头功夫，关键是看行动能力。要瞄着问题去，追着矛盾走，号准脉、找对路、开好方、解难题。

李楷，现任中国石油天然气集团有限公司长庆油田分公司油气工艺研究院页岩油产能建设项目组副经理、油气田开发高级工程师。他常说：“没有什么不可能的。有，我们就创造条件，把不可能变为可能。”他善于从源头思考解决问题。为提高致密油和页岩油开发水平，他从根本出发，以致密储层渗流机理为突破口，查资料、翻文献，干起来就是不眠不休，最终设计了适合长庆储层特征的实验方案，提出了高压渗吸研究新思路。可是没有配套装备怎么办？那就自己干！他又自主设计实验研究装置，配合岩性、润湿性等基础分析，结合核磁共振、原子力扫描等实验，验证了长庆致密储层油水置换的技术可行性。为了最快时间将书本和实践理论转换为实际的技术手段，李楷一有时间就把自己“丢”在实验室里，一边追在师傅后面全面了解实验室的整体运行保障流程，学习如何因需改造修理仪器，一边将油田常用的三四十种添加剂原理挨个摸个透，自己尝试着一遍遍合成、评价、研发。“他有着比一般年轻人更强的好学劲儿，喜欢研究，更执着深钻。从他身上，你看不到失败 100 次的沮丧，却看到重新爬起来 101 次的倔强。”面对师傅的评价，李楷说：“只想把自己的基本功练扎实。”

2017 年，长庆油田以“建设国家级页岩油开发示范基地、探索黄土塬地貌工厂化作业新模式、构建信息化智能化劳动组织管理新架构”为目标，拉开了页岩油开发的新序幕，页岩油项目组应运而生。

“领导信任、责任重大，我就觉得自己一定要好好干。这可是长庆油田开发史上的一件大事，亲身参与，何其有幸！”从接到参战页岩油项目的第一时间，到拎着行李出发，李楷深知：这是一场硬仗，更是一场苦战！

为了快速打开生产局面，李楷带着项目组成员漫山遍野地踏勘水源、规划路线、设计平台、推演进度。零下 20 摄氏度的山里，他们一跑就是一天。李楷所在的试油办公室一共 4 个人，正是处在“激情燃烧的岁月”，针对陇东沟壑纵横干旱缺水，李楷他们探索形成了黄土塬地貌工厂化作业新途径，作业效率提升了一倍以上。

丰富的一线工作历练使李楷更加坚信：只有深刻践行技术与管理、科研和生产的深度融合，才能真正实现效益开发。作为多个课题负责人，李楷先后参加了国土资源部、科学技术部等部委重大科技专项，不仅让世人看到了长庆科技新青年进取向上的风采，更看到了长庆科技发展之路的璀璨星光。

李楷爱岗敬业、实干苦干、作风扎实，发挥了敢拼敢干、敢想敢闯的示范带动作用。先后获得厅局级及以上科技成果 16 项，其中省部级 6 项（一等奖 3 项），申报专利 62 件，目前已授权 28 件，获美国专利 1 件，发表科技论文 26 篇（SCI 收录 1 篇，EI 收录 7 篇），获“甘肃省劳动模范”等各类荣誉 14 项。

“天下大事，必作于细。”天下的大事都是从细小处开始积累的，而细节又往往决定成败。这就要求央企青年在研究和处理问题时，首先要脚踏实地，从一件一件小事上做起，其次要关注细节，在处理一些事关人民群众切身利益的矛盾和问题时，更要心细如丝、细致入微。

山西大唐国际云冈热电有限责任公司设备部副部长赵树勋，2008 年参加工作以来，一直扎根生产第一线，14 年间先后完成公司 2 台 220MW 和 2 台 300MW 发电机组共计 26 项技术升级改造，为公司完成能源保供任务奠定了坚实基础。

2013 年初，赵树勋因工作需要转岗到了电气专业，他迎来事业上的转折点。虽然同属电气专业，但点检员作为生产管理者，除了技术管理，还涉及安全、组织等多方面的工作，尤其是检修、技改项目的策划，必须不断钻研，精心安排，用匠心打磨青春。

2015 年，云冈热电公司 1 号高炉变运行中瓦斯呈现预警状态，赵树勋不畏艰险，主动请缨：“我去现场进行排查！”在他的带动下，电气人员纷纷站出来，对可能出现的风险点现场分工，逐一排查，准确判断出变压器分解开关接触不良导致了过热异常，迅速地把隐患排除。

2017 年，3 号发电机保护运行中出现 3 次谐波比率报警，随后报警自行消失。这个细小的问题，赵树勋并未放过。他说：“小隐患的背后可能存在大问题。”针对这一现象，他认真查找资料，分析研究，列出排查项目，最终在检修时发现了3号发电机励端绝缘引水管有漏点这一重大隐患，避免了发电机运行中出现严重的漏水事故。

加倍的细心与努力的付出，让赵树勋积累了大量宝贵经验，他先后负责和参与实施的励磁系统升级改造、ECS系统低压保护装置改造、尖峰冷却系统电气部分改造等多项技改项目均获得圆满成功。

勇于直面矛盾，敢于担当负责，要摒弃“鸵鸟心态”，对问题不掩盖、不回避、不敷衍、不推脱，本着诚实坦率的态度，一切从实际出发，有针对性地研究制定具体措施，雷厉风行地抓好落实。

中国长江三峡集团公司上海勘测设计研究院有限公司新能源研究院土建所所长黄俊，作为项目技术负责人主持开展了一批海上风电项目勘测设计、技术咨询和科学研究工作，在行业内具有一定影响力。

2019年，他作为项目经理全面推进“三峡新能源阳江沙扒海上风电勘察设计”项目勘测设计及建设。该项目为我国首个百万千瓦级海上风电项目，也是我国海上风电设计建设里程中技术难度最大的项目，被称为“全球最大的海上风电机组基础型式竞技场”。黄俊作为项目经理，面对新冠肺炎疫情，积极响应国家复工复产的号召，带领团队驻扎在工地，以“5+2”和“白＋黑”的精神，攻坚克难，创造了多项第一，在业内备受好评。

我国漂浮式海上风电起步较晚，缺乏相关经验，且与国际上已投产的浮式风机项目相比，存在诸多不足。针对“疑难杂症”，在没有任何成熟经验可供借鉴的情况下，黄俊带领项目团队开展调研，与国内外相关设计、施工、软件开发单位进行大量沟通，有针对性地对漂浮式海上风电平台关键技术展开科研攻关。历经3年奋战，终于克服研发设计及施工条件限制的诸多难题，在国内首次应用漂浮式风电机组－基础平台－系泊系统及动态电缆一体化分析技术，突破浅水效应下的漂浮式风机机组平台及系泊系统设计研究关键技术，开发出符合我国南海海洋环境条件的新型抗台风型浮式基础设计。2021 年 10 月，在国家“十三五”科技创新成就展中，“三峡引领号”位列高新技术展项，以图片和实物展品的形式展示了三峡智慧在清洁能源科技创新方面取得的科技亮点，使我国漂浮式海上风电技术成熟度从 4 级跃升至 7 级，实现了漂浮式海上风电建设零的突破。

毛泽东在《反对党八股》一文中指出：“问题就是事物的矛盾。哪里有没有解决的矛盾，哪里就有问题。”开启新征程，进入新发展阶段，需要解决的问题会越来越多样、越来越复杂。越是在这个“叫劲”的节骨眼上，越是考验央企青年的胆略与才华。我们要以敢于直面矛盾、敢于较真碰硬、敢于尽责尽力、敢于善作善成的精神状态，坚持扑下身子，沉到一线，把情况真正摸实吃透，在深入分析思考上下功夫，去粗取精、去伪存真，由此及彼、由表及里，善于抽丝剥茧，“解剖麻雀”，切实看清事物的本质，找到解决问题的办法。

提高解决实际问题能力

思想领航

2020 年 10 月 10 日，习近平总书记在 2020 年秋季学期中央党校（国家行政学院）中青年干部培训班开班式上发表重要讲话强调：“提高解决实际问题能力是应对当前复杂形势、完成艰巨任务的迫切需要，也是年轻干部成长的必然要求。”俗话说：“没有金刚钻，别揽瓷器活。”这里的“金刚钻”，指的就是专业技术和实操能力。随着世情国情党情不断发展，各种风险、挑战层出不穷，具备解决实际问题能力至关重要。

新时代央企青年要有只争朝夕的紧迫感，针对自己的短板和不足，抓紧“充电”，深入钻研，在实践中克服“能力恐慌症”，不断提高解决各种复杂问题、应对各种风险挑战的能力，切实担负起党和人民赋予的时代重任。

青春风采

祁征，2008 年毕业于西南交通大学，同年 8 月在中讯邮电咨询设计院有限公司从事电磁兼容及雷电防护工作。现在他已从一个普通技术员工成长为能够解决复杂问题的技术专家。

高压输电系统对通信系统的危险影响非常严重，高压输电系统发生接地短路时，故障电流可达数 10kA，地电位升高会造成通信系统设备损毁及人员伤亡事故发生。在城市规划中，以弱电为主的通信系统和数百千伏的高压系统能否共存、如何共存成为影响通信发展的一个重要课题。为了攻克这一难关，祁征从了解高压输电系统电磁环境及辐射情况入手，辗转多个城市对变电站及数据中心进行测试，详细测试了变电站、高压输电线等点位的电磁环境变化数据，为后续研究打下了坚实基础。在高压防护研究期间，他申请了数据中心高压防护两个核心专利，并将研究成果主要技术内容写入行业标准——《高压变电站与数据中心共址电磁影响与防护技术要求》和《高压输电系统对通信设施危险影响防护技术要求》，使数据中心与高压变电站共站建设有了标准依据。祁征与团队共同的研究项目《高压变电站与云数据中心共址危险影响及电磁防护关键技术与应用》，突破约束研究的技术瓶颈，从局站的接地方式、入局电缆的连接方式着手，分析推导了强电综合危险影响对通信局站影响的途径、对象及影响程度，确定了强电综合危险影响允许值，并提出了高压输电系统对通信局站的综合危险影响防护措施，解决了高压变电站与大型数据中心共址建设的问题，属于有重大创新和发明的科研成果，领先于国内外研究水平。

干事创业，必须胸有壮志，脚踏实地，解决实际问题。要真抓实干，抓铁有痕、踏石留印，稳扎稳打向前进。

哈电集团哈尔滨锅炉厂有限责任公司重容分厂电焊组组长、高级技师白岩，是黑龙江省劳模和“工匠人才创新工作室”的领衔人。他勇于创新，善于用新的方式方法解决工作中的难点问题，自主完成以“盛虹炼化气化炉筒体组件接管大马鞍焊接项目”为代表的技术革新 30 余项，提出的气化炉变径段斜交接管焊接技术改进方法，荣获 2020 年黑龙江省百万职工“五小”创新竞赛一等奖，曾获“黑龙江省龙江技术能手”“哈尔滨市劳动模范”“中央企业青年岗位能手”等荣誉称号。

随着科技的进步，焊接工艺也在不断升级和创新，对焊接操作提出了更高要求。在生产一线工作中，白岩勤勤恳恳、勇于创新，注重解决实际问题。蒲城气化炉是国内自主制造的直径和壁厚最大的 Texaco 式气化炉，白岩组织团队进行埋弧焊技术攻关。通过修改产品坡口、改进焊机焊枪，全程跟踪调节设备行走曲线等措施，实现了筒身非向心斜接管超声波探伤、磁粉探伤一次合格的傲人成绩。为了解决气化炉内锥与变径段原设备周期紧张的矛盾，白岩提出加长大马鞍焊机延伸臂，实现了代替 8×6 焊机完成自动焊的改进，并一次探伤合格。在蒲城气化炉制造质量攻关活动中，白岩带领的团队获得“全国机械工业优秀质量管理小组活动成果”二等奖。

“华龙一号”是我国拥有自主知识产权的三代核电技术，是国家核电“走出去”的主推机型。白岩所在分厂承担的福清“华龙一号”核电主蒸汽联箱是连接核岛与常规岛的重要纽带，项目进展受到中核集团、哈电集团的高度关注。质量是进度的最好保障，该联箱 9 根接管焊接质量高低是决定产品能否按期兑现合同的关键。白岩带领 17 人小分队，开启了

“白＋黑”、“5+2”、24 小时“面对面”不间断焊接模式。最终不负众望，9 根接管焊缝 MT、UT、RT 全部一次合格，取得关键战役的胜利，得到了用户高度赞扬。

用行动诠释人生价值，靠技能创造累累硕果，白岩通过自身的不断努力，继承了老一辈哈锅人奋发图强的精神品格，浓缩了新生代哈锅人拼搏进取的昂扬斗志，在实现“中国制造 2025”的征途中跃然前行。

解决实际问题的能力也不是与生俱来的，更不可能一蹴而就，需要通过日积月累持续不断的学习和实践来获得。央企青年面对日新月异的新时代，要不断更新知识储备、拓宽视野，勤学苦练，着力在实践中提高解决实际问题的能力，克服“本领恐慌”，赢得主动、赢得优势、赢得未来。

王舰，湖南有色郴州氟化学有限公司副总经理。他自毕业到郴氟公司以来，倾尽专业所学，进行号称为世界级选矿难题的“尾矿低品位萤石再选矿”研究。当时选矿回收率仅为 30% 多一点，精矿品位也只有 73%。柿竹园钨钼铋多金属选矿被业界称为“世界级难题”。要想在矿石成分本身复杂又有选矿药剂掺和其中的尾矿中二次选出萤石，难度可想而知。曾有多个科研院校进行过联合攻关，多是知难而退。20 岁出头的王舰凭借初生牛犊不怕虎的闯劲儿，走上了萤石选矿试验的道路。

2009 年，湖南有色金属投资有限公司与柿竹园公司共同出资组建湖南有色郴州氟化学有限公司，郴氟公司的组建就是为了把柿竹园公司的大量尾矿萤石进行再加工再利用。如果没有萤石，就成了无米之炊。为了加快公司组建进度，郴氟公司年 10 万吨萤石综合回收项目建设和柿竹园尾矿低品位萤石回收技术研究双管齐下，同步进行。

王舰作为柿竹园尾矿低品位萤石回收技术研究技术组组长，深知肩上担子的沉重。他每天在机声隆隆、药味浓烈的选矿厂，指导工人调整选矿工艺和技术参数，可调来调去，选矿回收率和选矿品位还是不理想。

随着郴氟公司的年 10 万吨萤石综合回收项目建设竣工日期的逼近，王舰压力如山大，心情久久不能平静。

摆在桌上的试验数据都没有问题，那问题到底出在哪儿呢？王舰绝不承认过去的攻关试验是失败的，只是效果不理想，成果转化为工业化生产有距离。他夜不能寐，食不甘味，像一个陀螺被鞭打得旋转不停。经过将数据反复比较，仔细把关流程，他大胆提出了增加脱药流程、柱机联合粗选、更换选矿药剂、优化精选开路的构想，终于一举成功，为郴氟年 10 万吨萤石综合回收项目按期完工取得效益开辟了道路。

成绩属于过去，在王舰心里，青年人就该志存高远、永不自满、奋发有为，他把组织对自己的器重变为不断进取的精神动力，用行动续写新的华彩篇章。

“牵牛要牵牛鼻子。”抓住要害、扭住关键，集中力量、破题攻坚，问题才能迎刃而解，工作才能实现突破。新时代央企青年要有这种精气神，在实际工作中，要认真分析问题成因，弄清问题症结，坚持对症下药、靶向治疗，精准发力、持续发力，推动实际问题有效破解。

郭兴根，现任中国冶金地质总局正元地理信息集团股份有限公司团委书记、河北天元公司党委副书记。2009 年底，他担任项目经理，首次独立负责燕郊开发区热力管网铺设工程竣工测量项目。项目施工方案、技术规程等，他都第一时间熟悉把握。为了与施工方抢进度，他白天克服冬季大风大雾的恶劣天气抓紧测量，晚上一边研究图纸，一边熟悉项目情况。他拿出已往资料仔细查阅思考，向前辈请教，讨论有关技术难题。不到一周的时间，他就梳理清楚了项目情况，继而全面掌握了项目有关的技术要领和需要把控的关键环节，最终高质量提交了项目成果资料。

2010 年 2 月，郭兴根在滦县（今滦州市）大县城范围内 1：500 比例尺数字地形测绘项目承担技术工作兼作业组长，工期 3 个月。虽然有老领导牵头掌舵，但具体技术工作都落在了郭兴根身上，面对要在这么短的时间内组织完成约30平方公里大县城范围的测绘技术施工，头一次接手技术工作的他刚开始有点犹豫，毕竟这对专业水平和管理能力要求较高，容不得半点差错，一旦搞不好耽误工期不说，还会给单位带来不小的损失。思索再三，在老领导的鼓励下，他扛起了责任。因为是第一次使用RTK技术，郭兴根与控制组成员多方收集资料、开会研讨，查阅书籍，到现场勘测，最终确定了技术路线、方案。他坚持学中干、干中学，用心钻研，对症下药，不断解决实际问题。面对工期紧张、内业人员不足、内外业不同步等实际问题，郭兴根多方比较施工组织计划和管理要求，优化设计作业流程，创造性地在项目推行班组内外业一体化作业并取得积极成效，大大提高了工作效率。

随着我国经济社会快速发展，一些问题呈现专业性、关联性强等特征，解决起来难度加大。央企青年必须紧跟时代步伐，立足工作实际，把理论知识与具体实践结合起来，围绕最紧迫和最需要解决的问题进行全面系统学习，深入研究思考，认真加以解决。要把深入一线解决实际问题抓在经常、融入日常，为加快推进企业高质量发展作出新贡献。

中车戚墅堰机车有限公司机车制造中心部件班班长陈士恩，是中车首席技能专家。他坚守一线，默默奉献，多次攻克让工艺技术人员都费神的质量瓶颈，使生产效率有效提升。

在工作实践和摸索中，陈士恩的冷作工技术不断提高，短短的几年时间里，攻克HXN5新造机车油底壳焊接反变形工装制作，其效果一次就达到图纸设计要求，降低了劳动强度，缩短了作业时间，提高了生产效率，确保了该产品质量；他的“GE机车油底壳焊接变形项目攻关”“国铁车油底壳调修改进”等创新项目，在生产中发挥了积极作用。他总结归纳出了“油底壳调修法”“箱形件结构预防变形与矫正”等有实用价值的操作法，并撰写了《机车总风缸、空心轴总组装》等操作要领书，通俗易懂，具有很强的技术性和指导性，在生产一线发挥了很大作用。

我们知道，如果只有坐而论道的“认识论”，没有解决问题的“方法论”，那就始终与实际隔了一层，也无法增长才干、磨炼心志、锻造品格。

反应风险研究作为一个新兴领域，有许多问题亟待解决。中化安全在这个领域开拓发展，开始时遇到了无数困难，但每一次难题的攻破，都会给团队成员增强自信和由衷的喜悦感。

中化安全科学研究（沈阳）有限公司副总经理、正高级工程师魏振云，主要进行化工反应风险研究技术开发与应用和基础物料数据库建设，成效显著。他于 2011 年加入中化安全团队。在刚接触反应风险研究这个领域时，面对陌生的技术体系、复杂的公式、拗口的专业术语和定义，他感到无从下手。但是，魏振云是一个不服输的人，困难激起了他的攻关热情，他拿出了当年高考前攻克知识难点的方法，把这一技术体系作为一个高难度的知识点，列出学习计划，查阅各种相关资料，学习已有案例，不懂的就请教。经过半年的不懈努力，魏振云终于充分理解并掌握了这一知识体系的精髓。

魏振云的领路人是程春生教授，他说：“我们从事的反应风险研究工作，就是积德行善。我们发现了化工过程潜在的风险，让人知道风险，并去控制风险，从根本上避免了事故的发生，避免了人员的伤亡，也相当于间接保障了无数个家庭的安定与幸福！”

长期以来，魏振云把程春生教授的话记在脑子里，落实在行动上。他带领中化安全团队把“反应风险研究数据不造假”作为从业准则，一丝不苟，坚决遵循，在行业内树立了好口碑。他带领团队坚持开展反应风险研究技术方法的开发与应用，面对许多高难度、具有挑战性的研究，项目部都冲锋在前，勇于担当。

多年来，他负责完成近千项医药和染颜料产品反应风险研究与评估，促进了风险研究技术的全面推广应用，有力提升了行业技术水平。

实践出真知，勤奋育才干。国资央企各级党组织要充分了解新时代中国青年的个性特点、专业特长和成长需求，结合组织培养目标，有计划、有针对性地加强对青年的思想淬炼、政治历练、实践锻炼、专业训练，帮助他们提高解决实际问题的综合能力。广大央企青年要不负时代、珍惜机遇，坚持深入基层磨炼自己，勇于直面矛盾，锻炼解决问题的能力，不负时代，珍惜机遇，坚持努力使自己成为行家里手，成为专业化高素质员工。

第十三章

胸怀天下、立己达人，成为改造客观世界、推动社会进步的无穷力量

2022 年 7 月 21 日，国家主席习近平向世界青年发展论坛致贺信指出，“中国始终把青年看作推动社会发展的有生力量”。青年是国家的未来，也是世界的未来。新时代的中国青年，用行动向世界各国人民表明，我们可以在手拉手的并肩前行中绘就美好未来。2022 年 4 月 21 日，国务院新闻办公室发表的《新时代的中国青年》白皮书指出，中国青年向全世界青年倡议——坚持向美向上向善的价值追求，展现朝气蓬勃的精神风貌，为国家发展进步奋斗担当，为世界和平发展贡献智慧力量。

处于大变革时代和肩负历史责任的新时代青年，应胸怀天下，秉持世界眼光，紧跟时代步伐，善于思考中国问题和世界问题，更好地传播中国智慧、讲好中国故事、展示中国形象。要深入学习借鉴全人类的文明成果，与世界各国人民共同推动构建人类命运共同体，共同弘扬和平、发展、公平、正义、民主、自由的全人类共同价值，携手创造人类更加美好的未来。

勇当改革先锋

思想领航

2018 年 12 月 18 日，习近平总书记在庆祝改革开放 40 周年大会上发表重要讲话指出："只有顺应历史潮流，积极应变，主动求变，才能与时代同行。"当前，我国改革发展形势正处于深刻变化之中，改革发展面临许多新情况新问题。形势在变、任务在变、工作要求也在变，走出一条质量更高、效益更好、结构更优、优势充分释放的发展新路，必须以改革突破开创发展新局面，勇于在时代洪流中角逐，不惧失败挫折始终向前，敢于担当坚持积极作为。

邓小平强调："没有一点闯的精神，没有一点'冒'的精神，没有一股气呀、劲呀，就走不出一条好路，走不出一条新路，就干不出新的事业。"广大央企青年要保持思想的敏锐性和开放度，打破思维定式，解开思想扣子，迈出改革步子。要有"明知山有虎，偏向虎山行"的勇气，以不达目的不罢休的劲头来拔钢钉、啃"硬骨头"，破除瓶颈和阻碍，确保改一件见效一件、干一件成一件，为推动企业发展注入源源不断的动力、活力。

青春风采

薄满辉，中国民航信息集团有限公司所属中航信移动科技有限公司总经理、全国民航青联副主席，他从零开始组建一支平均年龄 28 岁的研发团队，在大数据、人工智能、区块链等领域接连取得突破，建立起拥有自主知识产权的完备技术体系并在行业广泛实施应用。在薄满辉的带领下，团队成功探索出传统企业数字化转型发展的路径，为旅客智能化、个性化、场景化地提供从出行准备到抵达目的地全流程的完整信息服务，充分释放了民航业整体服务潜能。

2017 年 4 月，中航信移动科技有限公司入选国家发展改革委第二批混合所有制改革试点企业，积极稳妥推进混改，推动行业资源整合。2020 年开展首轮增资，2021 年进行了第二轮增资，进一步拓展核心业务边界、提升整体服务能力，初步建立起了一个以民航业为基础、积极履行社会责任且有能力参与充分市场竞争的国有科技型企业和行业信息平台，有效提升了民航服务信息化整体水平。作为一名具有强烈使命感和创新意识的 80 后创业者，薄满辉跟团队坐在大开间一起办公，始终坚持在一线，攻坚克难。尽管团队规模和投入远远小于同类企业，但秉持独立思考、做到极致、拥抱变化的优良传统，逐渐成长为技术过硬、责任意识强烈的造梦团队，先后斩获苹果官方全球精选推荐、App Store 全五星满分评价、工信部大数据优秀产品、国家旅游年度臻选商旅服务品牌等 20 多个行业重量级奖项。作为在京央企中鲜有的科技型公司创业者和负责人，薄满辉不仅通过技术创新引领了行业发展的新方向，同时也以自己的创业经历为示范，为探索国有企业在信息技术浪潮下的改革发展之路提供了新思路、新方法。

今天，新时代央企青年正处在中华民族发展的最好时期，担负着时代赋予的崇高使命，面临着建功立业的难得机遇，只有把自己的青春梦想融入企业改革发展之中，勇当改革先锋，才能使青春在创新创业创造中熠熠闪光。

巩峰，现任中国化学工业桂林工程有限公司党委书记、董事长。作为一名 80 后青年党员干部，他坚决贯彻落实党中央、国务院决策部署，认真落实国资委和集团公司工作安排，自觉担当改革创新主力军，将奋斗和忠诚镌刻在岗位上。在他的带领下，公司规模不断扩大，员工收入稳步提高，国有资产保值增值率稳中有升，2021 年公司经营主要指标大幅增长，再创新高，首次进入全球橡机企业排名 11 强。

2021 年是“国企改革三年行动”的攻坚之年、关键之年，巩峰带领班子握好改革“方向盘”，开启公司高质量发展加速度，落实深化“国企改革三年行动”实施方案等各项安排，现已完成九成预定目标任务，形成了全面发力、多点突破的良好局面。

认真部署落实科技创新这一“头号任务”，公司承担了集团发展高端装备制造、统筹集团装备制造资源的重任，成为中国化学智能装备研究院（上海研究院）的依托单位。巩峰注重产学研用一体化，不断增强制造业技术创新，公司研发实力始终处于国内领先地位，达到国际先进水平。2020 年公司获得国家级高新技术企业认定，2021 年公司首次获得“国家技术创新示范企业”以及“广西第一批制造业单项冠军示范企业”认定；公司产品首次被认定为国家第六批“国家制造业单项冠军”以及列入《中央企业科技创新成果推荐目录（2020 年版）》。近两年来，公司荣获国家及省级荣誉 16 项，2022 年 4 月，公司产品专利首次进入国家专利金奖预获奖名单。

改革创新添活力，乘风破浪再扬帆。央企青年处于改革发展的第一线，承担着具体落实改革举措的重任，必须狠抓工作落实，进一步增强改革举措的实施效果，努力为全面深化改革多作贡献。

李俊江，现任诚通基金管理有限公司投资二部副总经理。他带领投资小组以创新方式完成支持重点中央企业改革脱困任务，投资助力绿色低碳领域中央企业转型升级。

作为基金投资团队小组负责人，李俊江主动担当，承担金属、能源等领域的重点央企脱困任务，设计创新方式给予企业关键性支持，助力企业走出困境，并努力确保基金资金安全。面对富有挑战的改革脱困投资任务，他发扬“勇挑千斤担，敢啃‘硬骨头’”的诚通精神，在某重要中央企业子公司改革脱困项目上开动脑筋，探讨出以产业基金＋结构化方式改善企业资本结构，在企业陷入财务困境时给予关键性资金支持，助力公司赢得进一步深化体制机制和内部改革的时间。

李俊江从 2007 年开始主动承担起国调基金在电力、新能源等领域的投研工作，持续学习，不断对接与优化投资布局。在绿色低碳领域开展前瞻性投资，助力电力、电网中央企业转型升级，对新能源汽车产业链实现投资全链条覆盖，创造了可观的投资回报，获评第 17 届“诚通之星”。他牵头参与某电网二次装备龙头企业的重大资产重组项目，认真分析趋势，共同推动公司完成研发人员持股方案，在资本市场总体形势不佳的情况下坚持投资 12 亿元。截至目前，该项目完成 12 亿元本金回收，累计创造了约 15 亿元的投资收益（含浮盈），实现了国调基金支持央企结构调整与创造投资价值的双重目标。

新时代千帆竞发、百舸争流。央企青年应只争朝夕、奋勇搏击，坚持用前瞻的眼光、创新的举措，研究新情况，解决新问题，创造性地开展工作，让各种发展活力充分迸发出来。

水电水利规划设计总院有限公司国际业务部主任姜昊，主要从事栖息地保护与修复方面的研究，他工作认真负责，在从事的各个领域均取得了一定的研究成果。

2020 年，姜昊兼任乐山公司总经理。他只身远赴四川乐山，从零开始，积极统筹各方资源，成立了乐山中电建生态环保科技有限公司。如何在搞好科技创新的同时确保公司盈利？如何吸引优秀人才加入团队？他广泛调研，虚心请教，因地制宜，积极探索公司经营模式，在总院、四川公司、地方政府等领导的支持下，摸索出了一条适合初创期科研公司的新路，当年就实现了投资回报超过 10% 的预期。两年来，在因新冠肺炎疫情影响导致现场工作时间有限的大背景下，仍实现了公司利润连续增长。同时不断吸引科研人才，打造了一支高学历、强凝聚力、能打硬仗、善打胜仗的青年科研工作队伍。公司还成功挂牌了 2 个国家级重点实验室，1 个生态环境部重点实验室，获得国家级奖项 2 项，省部级奖项 4 项，并与国内著名研究机构开展联合研究，为将乐山公司建设成为集团乃至全行业的科研实践基地进行了有益探索。

央企青年勇当改革先锋，要着力强化敢于担当、攻坚克难的用人导向，把那些想改革、敢改革、善改革的青年大胆起用起来，激励青年勇挑重担，砥砺奋进。

中水集团远洋股份有限公司（以下简称“中水渔业”）董事会秘书杨丽丹，在负责改革工作的过程中，处理了大连南成修船有限公司员工遣散等复杂难题。面对复杂的公司治理结构，杨丽丹善于平衡与中小股东的利益诉求，多次化解治理困境。在负责投资工作中，成功并购内外部远洋渔业船队，壮大了公司规模，被称为“勇于攻坚的改革者”。中水渔业上市 24 年来首次再融资，她带领团队克服募投项目、同业竞争、小股东分歧等多重困难，终以最短时间获得中国证监会批复。

作为董事会秘书，杨丽丹严格遵循信息披露真实、准确、完整、及时、公平的五原则。2020 年 2 月 2 日，大年初九清晨，空旷的长安街上留下了她赶赴公司坚守岗位的背影。年后开盘第一天，此时新冠肺炎疫情肆虐，困难重重，她及时发布年度业绩预告公告，接待并解答投资者的疑问，职责让她一往无前。

杨丽丹熟悉资本市场运作规则，具备投资者关系管理的专业能力。中水渔业公司自上市以来一直处于控股股东过于集中、其他股东过于分散的状态。然而，公司的业务结构又决定了关联交易多、大股东常常回避表决的现状。每每遇到重大关联交易事项，杨丽丹都尽可能与中小股东联系，在会前充分沟通，取得他们的认可，确保重要议案的顺利通过。

“十三五”时期，公司制定了“捕捞为基，构筑平台”的战略方针，杨丽丹不舍昼夜、辛勤忙碌，于 2017 年完成了 17 艘金枪鱼钓船重组，2019 年完成丰汇远洋船队收购，2020 年制定再融资募投项目等，为公司战略目标的实现夯实了基础。

“改革关头勇者胜，奋楫扬帆启新程。”广大央企青年是促进深化改革的排头兵，要牢记初心和使命，自觉知责，主动担责，切实履责，不畏艰难，开拓进取，在攻城拔寨、闯关夺隘的改革征途上大显身手，干在实处，走在前列。

心齐移山，合力断金

思想领航

2022 年 1 月 30 日，习近平总书记在 2022 年春节团拜会上发表重要讲话指出：“百年奋斗历史告诉我们，团结就是力量，奋斗开创未来；能团结奋斗的民族才有前途，能团结奋斗的政党才能立于不败之地。”

团结出凝聚力，团结出战斗力，团结是推动工作顺利开展和事业取得成功的重要前提。奋进在新征程上的央企青年，要珍视团结友爱，发扬团队精神，自觉做到荣誉面前不争功、利益面前不计较、困难面前不躲闪、责任面前不推卸，像石榴籽一样紧密团结起来，齐心协力，相互协作，合力攻坚。

青春风采

荣誉的背后，有努力，有艰辛，也有动人心弦的故事。凡和团队成员抱成团，拼命干，为了党和人民的事业，挥洒青春汗水、谱写奋斗诗篇的带头人，必是青年中的佼佼者。

中核集团核工业理化工程研究院八所党委委员、所长助理、研究员姜磊，扎根核技术研究一线，开展了一系列创造性工作。初入职场，姜磊所在的团队成员对事业的热爱与执着，让他深受鼓舞。走上领导岗位后，姜磊深知团结协作的重要性，特别注重加强团队建设，把从前辈身上学到的无私奉献、大力协同的精神不断传承发扬。

姜磊辛勤指导多名青年科技人员申报中核集团青年创新团队项目和英才计划项目，带领总体设计团队、机电试验团队奋战在最前线，鼓励团队成员在专用设备设计、验证试验系统建设、前沿技术探索等方面刻苦攻关，培养了一批年轻技术骨干。他还积极参加核科技志愿服务工作，走进中学课堂，为中学生普及核科学知识。

在荣誉和鲜花面前，姜磊说："我只是千千万万青年科技工作者中的普通一员，我所在的岗位很平凡，我的经历也很普通，但我肩上的使命却神圣而又光荣。"姜磊作为新时代中核青年的一员，他"仰望星空"——做最前沿的技术探索，更"脚踏实地"——解决好眼前具体工程问题，在平凡的岗位上，书写着不平凡的青春故事。

心齐移山，合力断金。弘扬团队精神，形成青春力量，团队全体成员要有为实现共同目标团结奋斗的意志与决心，真正心贴心，肩并肩，成为一个坚强有力的战斗集体。

中国华能集团有限公司煤业公司扎煤公司灵东煤矿运输队卢一鸣，2012 年大学毕业便来到煤矿当起了井下电钳工。在华能集团的 10 年间，他在煤海深处钻研技术、苦练本领，从技术"小白"成长为国务院国资委"中央企业技术能手"，从青涩的职场新人成长为"全国五一劳动奖章"获得者。这些年，新入职的大学生越来越多，看着他们，卢一鸣就像看到了当年懵懵懂懂的自己。他琢磨着，技术人员如此紧缺，应该把这些年积累的经验分享给大家，带出一支团结友爱、技术优秀的专业队伍。

2020 年，“卢一鸣创新工作室”挂牌成立。一批学习劲头足、创新能力强的年轻人纷纷报名加入，在成长的路上结伴前行。卢一鸣既要承担科技攻关任务，又要担负起人才培养的责任。他不仅指导专业技术，还为徒弟“量身定制”职业生涯成长规划，卢一鸣和他们促膝谈心，仔细讲解工作要领、技术规范，让他们尽快熟悉工作中的每一项流程，确保导师带徒工作有的放矢。

“干到极致，才能万无一失。”卢一鸣送给自己的座右铭已经深深刻在了创新工作室每位成员心里。创新工作室成员们逐渐成为矿井运输系统的行家里手，多次在各级职业技能大赛中取得佳绩。在卢一鸣的带领下，一股不畏困难、敢于创新的青年骨干力量正迸发着勃勃生机。

大家彼此信任、密切合作，才能将团队力量发挥到最大值。为了同一个目标，大家心往一处想、劲儿往一处使，才能在团队合作中干出队伍的精气神。

汪俊君于清华大学动力工程及工程热物理专业硕士毕业后，加入东风汽车集团有限公司，现任技术中心副主任，带领东风自主乘用车和动力总成开发团队，完成奕炫 MAX、AX7PLUS 等车型以及 A、B、C、D 4 个平台共 10 余型发动机开发，突破了多项“卡脖子”技术，为推动“东风制造”向“东风创造”的转变贡献力量。

从 DFMA14T 到马赫动力 C15TDR，从 12 人到 300 多人，汪俊君带领的动力总成研发团队逐渐壮大，开发体系和研发能力也在不断完善。为了给企业提供技术支持，也让各部门处理问题时更加高效，汪俊君给每个客户分了一个负责人，如果问题有交叉，汪俊君就会牵头解决。

为了让团队在压力下“跑起来”，汪俊君创造了“肌肉拉练法”。“每个部门都是一块‘肌肉’，团队的产出与团队的体系建设紧密相连，只有每一个部分都强了，团队才能做出最好的产品。”每次布置完工作，他就会注意各个部门之间的协同配合，“哪个部门更吃力，哪个部门就是痛点，就要想办法一起解决”。

每次有新任务，他会先召集大家开一个思想统一会。“先统一思想、目标，再统一行动。”汪俊君说：“团队成员年轻，大家都非常优秀，一定要让大家形成共识，激发内驱力，才能把事情做得更好。”

工作之余，汪俊君经常和大家交流，关心成员生活需求。他还经常把东风老一辈同甘共苦、艰苦奋斗的事迹讲给大家听，增强了团队的凝聚力。汪俊君说：“我们现在的工作能把个人命运与企业命运和国家命运联系起来，这是一件非常难得和幸福的事情。”

这就是团队的力量，也是带头者的人格魅力。一支有凝聚力的青年队伍，既能让各环节紧密相连、高效运转，也能在潜移默化中将深厚的团队文化底蕴赋予每个成员，为大家增添源源不断的前进动力，在一次又一次的挑战中乘风破浪，共同书写动人的篇章。

李文超，国机集团国机精工洛阳轴承研究所有限公司总工程师、技术中心主任，主要负责公司技术研发及科研管理工作。他脚踏实地从事科研攻关，打破国外技术封锁，突破多项关键核心技术，开发了40余种高性能轴承，与“长征五号”大推力火箭、“嫦娥”探月、“天问一号”等成功配套。李文超先后荣获“中国青年五四奖章”和“长征五号运载火箭首次飞行任务突出贡献者”称号。

李文超经常讲，个人的力量是有限的，团队的力量是无穷的。虽然他能力突出、技术出众，但却始终谦虚谨慎，刻苦学习，始终认为成绩都是团队的功劳。他非常注重团队建设和人才培养，尤其是对年轻技术人员一直严格要求、无私传授、细心指导，帮助他们快速成长。遇到困难，他总是冲锋在前，在他的影响下，军品研发部成为公司一支敢打硬仗、能打胜仗，专啃“硬骨头”的铁军，成为新时代航天精神的有力体现和完美诠释。当前，他带领的特种轴承研发团队，平均年龄 33 岁，个个能力突出、战斗力强，每年研制百余种重点轴承新产品。2020 年，该团队被评为“航天航空精密轴承国防科技创新团队”。

“一个人的努力是加法，一个团队的努力是乘法。”加强团结与合作能形成无坚不摧的强大力量。

际华三五一五皮革皮鞋有限公司设备维修领域首席工匠陈虎，三十年如一日，立足设备维修岗位，刻苦学习，勇于攻关。近年来，他带领团队进行技术革新 170 余项，重大技术革新 22 项，获得国家专利 37 项，发明专利 6 项，总计为公司节省维修费用 379 万元，创造效益 4100 万元。他个人荣获“中原技能大奖”和“全国五一劳动奖章”等。

2016 年，为尽快完成限期任务，公司需要将一台进口转盘机进行功能升级。但面临着设备主要的控制配件、系统需要更换等诸多困难。陈虎成立攻关组主动应战，从控制系统到油路循环、气动，一个困难一个困难地排除。

设备改造，需要一种适应性强、操作检修简便、可广泛应用的软、硬件控制系统。陈虎白天带领小组成员进行实验，为了观察设备信息传递状态，通常要在旋转的机器上蹲坐八九个小时，下机器时眼花腿软，回到家里还继续编制程序，利用几台电脑进行模拟运行直到深更半夜。4 个多月的时间他先后对硬件控制系统进行了 3 个方案设计，软件系统修改了 30 多次。皇天不负苦心人，经过陈虎和团队辛勤努力，“通用型单片机工位控制系统”终于在规定时间内完成了改造，节省费用 20 多万元，投入生产后当年就为公司创造效益 140 多万元。其中“利用单片机软硬件系统对进口设备的改造优化”项目，在河南省“职工技术创新竞赛”中，被评为“河南省职工优秀创新成果”并成功申报两项国家专利。

2019 年，陈虎主动承担起公司质量检测信息网络及质量数据库的建设工作，他和团队建立的电脑质量录入系统，装置在 6 条生产线上应用，为公司产品下机一次合格率提高 8% 提供了有力保障。2020 年，陈虎带领团队成员对智能胶粘鞋靴生产线进行改造，为企业节省机械设备购置费用 60 多万元，生产效率提高了 11%，每年可多创造效益 160 多万元。

“一花独放不是春，百花齐放春满园。”在自己作出出成绩的同时，陈虎将所学技术细心传授给班组成员。他时常组织大家开展模拟故障与现场学习，对于重点关键设备，如泵机的合并使用、系统的应急快速连接、辅件的代换使用、位移的调整等，维修后每个人要提出假设故障，最后总结记录，以备排除故障参考。此举强化了维修人员对设备结构的掌握，快速提高了应急检修技术能力。

广大央企青年在工作中要树立大格局，坚持团结合作，处理好个体与整体的关系，发挥团队的整体优势，在创新创造中展现青春的力量。

中国冶金地质总局物勘院资源勘查分公司地质与化探中心主任魏江，长期扎根于勘查地球化学和矿床地球化学异常模式及找矿模型的研究，圆满完成了 50 余个生产和科研项目，多次荣获中国黄金协会科学技术奖个人特等奖、一等奖。

2022 年 3 月，为打造一支优秀的科技创新团队，魏江全面梳理管理制度，提升精准化管理水平，组织团队成员学习研讨，提升专业技术水平。他既是管理者又是生产者，以身作则，吃苦在前，一心扑在工作上，每个项目都参与现场采样及指导。在他的带领下，化探中心被锻造成一支能吃苦、能拼搏、业务过硬、勇于创新的队伍。

为推进改革改制和结构调整、转变经济发展方式、促进改革发展，在对构造叠加晕找矿法发展应用的同时开拓生态环保市场，魏江与同事们同甘共苦，每天工作十几个小时。他手把手教年轻人采样、分析样品，教他们安全知识；向专家虚心请教，仔细对成果报告把关评审。在不到 5 个月的工期内，圆满完成了工作任务，为生态环境保护治理提供了重要依据。2019 年，魏江所在的科室荣获国务院国资委“中央企业青年文明号”称号，2021年“中国冶金地质总局物勘院地球化学构造叠加晕方法科创团队”，被河北省科协确定为2021年“最受关注的企业科技创新团队”培养帮扶对象名单。

“大厦之成，非一木之材也；大海之阔，非一流之归也。”团队合作比个人奋斗更重要，一个人的力量是有限的，但只要我们万众一心、众志成城，就没有克服不了的困难和问题。

中国节能环保集团有限公司下属烟台新时代健康产业日化有限公司生产班长张建宁，3次参与厂房建设与设备的规划、安装、运行，凭借专注与热爱，主导创建了“张建宁劳模创新工作室”，由一名普通生产操作人员成长为优秀的管理人员。

2019年，为充分发挥劳模示范带动作用，激发广大职工的创新热情和创造活力，烟台新时代健康产业在上级工会、公司党委的领导下，建立了“张建宁劳模创新工作室”，围绕公司生产经营活动中的重难点问题，开展创新和攻关活动。“张建宁劳模创新工作室”现已成为公司职工科技创新推广交流经验的平台，多名一线员工经过不断磨炼，由普通员工成长为“技术能手”。工作室已完成科技创新项目以及小改小革合理化建议800余项，形成了“人人争创新，事事可创新”的全员创新氛围。

近年来，烟台新时代健康产业日化有限公司牙膏产品销量快速增长，年均增长50%，为保障产品供应，需建设一条年产3000吨高端牙膏生产线。生产线建成后出现了一个技术问题，原有的牙膏机无法将膏体搅拌均匀保证膏体细腻，膏体频频出现分层现象，产品质量一度受到影响。张建宁带领创新工作室课题小组成员多次与技术、质量专业人员进行沟通，对牙膏膏体的配方和设备参数进行调整，在平台上反复操作调试。最终，小组人员采用电流比对法，创造性地设计出了双分散的解决方案：将原底部均质器改造为底部双高速搅拌盘结构，将半成品粒径由1毫米缩小到2微米，粒径缩小为原来的1/500，一举攻克了膏体质感不细腻、不稳定的难题，还将产能提升了2.2倍。此项技术创新居行业领先水平，对牙膏行业乃至整个日化行业提质增效具有重要意义。

“团结就是力量，团结就是力量。这力量是铁，这力量是钢，比铁还硬，比钢还强……”这首耳熟能详的《团结就是力量》的歌曲，已传唱近80年，家喻户晓，历久弥新。新时代央企青年要在歌曲所展现的情怀鼓舞下，发扬团队协作精神，充分相信集体的力量，互相信任，一起进步，共同成长。

思想一变天地宽

思想领航

“明者因时而变，知者随事而制。”不断解放思想、主动适应时代，才能不断发展。2018年11月7日，习近平总书记在上海考察时发表重要讲话指出：“要进一步解放思想，准确识变、科学应变、主动求变，坚决破除条条框框、思维定势的束缚，深入推进重要领域和关键环节改革，加强系统集成，继续抓好国资国企、民营经济、商事制度、社会信用、人才发展、城市管理、民生保障等改革举措的完善和落实，放大改革综合效应。”

解放思想、更新观念是扫除障碍、引领发展的“法宝”，是推动经济社会发展的强大思想动能。历史车轮滚滚向前，时代潮流浩浩荡荡。历史只会眷顾坚定者、奋进者、搏击者，而不会等待犹豫者、懈怠者、畏难者。新时代新征程，只有思想解放，不断转观念、换思维，才能顺应时代潮流，紧跟时代步伐，奋斗不止、勇往直前。

青春风采

国能江苏谏壁发电有限公司运行部副主任陈家骏，多次参与百万机组技术创新，从未发生事故，机组实现长周期安全稳定运行。在2020年江苏省“火力发电集控运行值班员技能竞赛”中，他在所有组别172名选手中脱颖而出，获第一名。

面对电网新能源装机容量持续增长，陈家骏带领团队攻关火电如何发挥兜底保供作用。他大胆解放思想，转变发展观念，进一步挖掘机组深调潜力，将深度调峰作为企业实现提质增效、加快转型发展的着力点。他和计划营销部同事一起深入研究电力市场交易规则，缜密综合各方政策及信息，时刻关注天气变化及调峰需求曲线，实时调整报价策略，确保在窗口期内有效参与报价。同时，加强机组深度调峰环节管控，根据电网形式、机组状态、供热能力等实际情况，加强指标对比分析，查找工作短板，制定保障措施，为机组深度调峰有序开展奠定基础。结合安全生产专项整治行动，他积极开展应急事故演练和设备隐患排查，加强设备巡检力度和缺陷管理，不断提高设备和环境安全运行水平。

2022年4月，陈家骏带领运方组技术人员，在完成百万机组30%深度调峰发电机进相试验后，又加快推进机组20%深度调峰技术课题攻关，制定专项课题，对试验数据收集、整理、分析、研究，拟通过技术革新不断挖潜机组深调极限，努力实现企业效益最大化。截至2022年5月，国能江苏谏壁发电有限公司辅助服务市场交易收益达到1136.8万元，同比增加840.4万元，创历史同期新高。

思想一变天地宽。2013年5月4日，习近平总书记在同各界优秀青年代表座谈时发表重要讲话指出：“生活从不眷顾因循守旧、满足现状者，从不等待不思进取、坐享其成者，而是将更多机遇留给善于和勇于创新的人们。”我们要进一步开阔眼界、开阔思路、开阔胸襟，不断解放思想，推动发展观念的更新、发展思路的转变，才能乘风破浪，不断攻坚克难，创造新的业绩。

刘旭，长沙矿冶研究院有限责任公司矿产资源开发利用技术研究所所长、党支部书记，高级工程师。他多年来凭借积极钻研的劲头和扎实的专业基础，针对矿山技术难题带头开展技术研发和项目攻关，取得优异成绩。

在传统矿产资源板块行业面临发展瓶颈的关键时期，如何转变思路，做优存量、做大增量、突破总量是资源所当前乃至较长时间需要解决的主要问题。刘旭作为资源所主要负责人，积极思考未来发展的新路子，在稳步开拓国内市场的基础上，积极寻求与国外机构合作机会，力争在涉外项目中做出精品、做出品牌、做出影响。为攻克MMG公司世纪锌矿尾矿极细粒锌矿低成本回收难题，他与团队潜心钻研，紧密协作，以出乎业主意料的攻关速度，突破了技术瓶颈，研发成果得到国外同行一致认可。不但重新唤醒了矿山生命，而且节约了矿山闭坑复垦工程数亿澳元的巨额投入，为矿山带来百亿澳元增值。在澳洲中信SINO铁矿流程改造项目中，刘旭从设计到施工，全程参与，紧盯每一个细节，不放过每一根管道、每一颗螺钉，顺利完成了各项工作并实现预期目标。他参与的秘铁高纯铁精矿选矿技术及伴生铜铅锌综合利用项目，获中国钢铁工业协会、中国金属学会冶金科学技术奖一等奖。

思想是个“总开关”，思想一通，一通百通；观念是个“万花筒”，观念一变，一变万变。解放思想就是要用新思路、新理念研究新情况，解决新问题。

晏文娟，现任中林森旅控股有限公司党群工作部副部长、杭州千岛湖发展集团有限公司副总经理、歙县披云山庄有限公司党支部第一书记、党的十九大代表。

为了将餐饮与徽文化融合，晏文娟深入研究古徽州饮食文化，总结汇编每个徽菜的来历和故事。她多次拜访当地砚雕大师，将盛菜的容器制作成歙砚的模样，大大提升了菜肴的文化气息。她带领团队设计研发的“徽州迎亲宴”和“五明童真宴”，连续两年在全国餐饮行业职业技能大赛上荣获金奖。为了提高服务团队的责任意识，她创立项目经理人制度，将每次接待任务当作一个项目，各个部门分工明确、各司其职，大大提升了酒店服务质量，保留并扩大了客源。

为了强化市场竞争力，创新营销模式，晏文娟带领团队打造文化旅游、森林旅游和研学旅游等系列产品，宣传了企业文化，推动了披云品牌增值和发展，酒店荣获“中国餐饮 30 年优秀企业奖”以及“国家五钻级酒家”“中国徽州菜传承名店”等称号，到 2021 年公司连锁店达 14 家，营业收入逐年递增。在 2020 年新冠肺炎疫情影响下，晏文娟带领千岛湖鱼味馆餐饮团队创新“绿水青山”宴荣登中央电视台《新闻联播》。她带领千岛湖小学师生，用千岛湖有机鱼的鱼骨创意作画《千岛十景》，描绘出一幅幅千岛湖的独特风景，献礼建党百年，宣传推荐千岛湖鱼文化。

自 2008 年起，披云山庄开始实施标准化管理，晏文娟带领的团队，历时 3 年，推进标准的编制工作，对体系中的所有标准进行了分工。她参与和主导编制 86 项国家标准、17 项行业标准、11 项地方标准、359 项企业标准，努力闯出一条标准引领、质量提升、品牌带动的高质量发展之路。2013 年，她创建了“劳模创新工作室”，2017 年该工作室被评为“全国示范性劳模和工匠人才创新工作室”。

惟创新者进，惟创新者强，惟创新者胜。实践发展永无止境，解放思想、更新观念永无止境。

中国绿发新能源江苏分公司如东海上风电场场长和法利，针对海缆路由复杂海况，带领项目组人员实地扫海踏勘、多方论证，创造性提出“牵引 + 脚手架的海缆登陆方式”“过驳倒缆施工方案”等多种海缆施工新思路，破解了海缆铺设长距离登陆、路由穿越长距离高滩等施工难题。

他提出采用“双翼”延展式双向铺设方案，顺利实现总长102公里超长距离220 kV海缆铺设，在五指沙创造了国内海缆铺设的奇迹，为后续海上风电行业海缆铺设提供了宝贵经验。该项目获得“国家优质工程”奖，和法利连续3年获得公司“科技进步奖”，获2021年度中国绿发“劳动模范”称号。

逆水行舟，不进则退。顺应时代，解放思想，大胆创新，方能更新观念，另辟新路，推动改革发展、技术进步。

中粮糖业控股股份有限公司经理徐光辉，面对韩国、日本产品质量稳定、占据高端市场的情况，带领研发团队在糖业科技创新领域积极开拓。徐光辉和同事们查阅了大量资料，进行更加系统的分析，最终认识到需从源头解决问题，也就是要为树脂系统提供高品质的糖浆。思路转变气象新。通过自主研发，他们开发了一种高性价比的脱色剂，通过小试研究，达到了预期效果。崇左糖业的精制糖产率由之前的65%上升至90%。同时，相比原来引进的日本技术，生产过程中的酸碱消耗降低了40%以上。此成果获省部级科技奖2项，参与项目累计创造效益超过1亿元。徐光辉荣获“中粮集团青年岗位能手”称号。

前行路上，各种各样的拦路虎不计其数，可以预见和难以预见的风险因素也将明显增多。央企青年要解放思想、更新观念，准确识变、科学应变、主动求变，善于化危为机、转危为安。

曹路，2009年进入重庆长安汽车股份有限公司，从事汽车焊装工作。随着公司战略转型，模具事业部生产改造升级，引进大量自动化设备，需要增加有一定设备基础的维修人员，曹路积极报名，成为一名机电维修工。

引进自动化新设备，对员工来说，是能丰富学习机会，但也是艰难的挑战。曹路积极学习各种机电、自动化智能化设备方面的专业知识，积累维修维护实践经验。2018年8月，由于焊枪焊接过程中会产生飞溅的火花，容易造成自动化夹具上面的工件传感器损坏，他带头制定自动化线工件传感器技术攻关，一是原先使用的 Turck 传感器，通过与采购方面沟通，提出计划更换性能相同的、成本更低的国产传感器；二是给高更换率位置的传感器加上保护罩，降低传感器损坏频率 70%，综合计算攻关后成本节约 12.24 万元。2020 年 12 月，他获得第 16 届“振兴杯”全国青年职业技能大赛“机电装调维修工”项目三等奖，并被授予“全国青年技术能手”称号。

古人云：“苟日新，日日新，又日新。”辩证唯物主义告诉我们，世界上一切事物都是运动的、发展变化的。广大央企青年要用唯物辩证法武装头脑，进一步解放思想、转变观念，用新发展理念推动改革深化，练就担当作为的硬脊梁、铁肩膀。

调查摸情况，研究找对策

思想领航

2020 年 10 月 10 日，习近平总书记在中央党校（国家行政学院）中青年干部培训班开班式上发表重要讲话，强调调查研究是做好工作的基本功。一定要学会调查研究，在调查研究中提高工作本领。没有调查，就没有发言权，更没有决策权。在实际调研工作中，如果满足于坐在办公室里，要数据，听汇报，或者仅仅根据上级文件办事，或者到基层走马观花以示调查，不愿作艰苦、细致的调查研究，若是在这种情况下拍脑袋作决策，那就没有不失误的。

广大央企青年要对牵动全局、涉及长远的大事，特别是关系改革发展稳定的重大问题以及情况复杂、矛盾突出的社会热点难点问题，进行深入的调查研究，进一步提高工作能力与水平，树立奋力拼搏、敢闯新路、勇于突破的创新精神，迈向新征程，实现新作为。

青春风采

李东星，现任国投新疆罗布泊钾盐有限责任公司硫酸钾厂副厂长。他是一名从生产一线成长起来的生产技术管理人员，在公司系列产品的生产及新产品的调试过程中注重调查研究，解决了不少实际问题。

2017 年，他负责新建的 15 万吨硫酸钾造粒项目生产调试。这是目前国内最大的单体硫酸钾造粒工程，他深感责任重大。一到任，他一边着手整理前期试验资料和生产数据，开展试车前的生产培训；一边深入现场调研，同设计、施工人员和厂家多次沟通协调，将生产中可能会遇到的问题，尽可能提前解决。正是有了充分的调研准备，15 万吨硫酸钾造粒项目于 2017 年 4 月底一次性投料试车成功。试车完成后，针对暴露出的问题，他又投入新一轮的整改和人员培训中去。好事多磨，新产品的开发并非一帆风顺，试生产一开始就遭遇了各种各样的突发问题，对此他毫不气馁，日夜奋战在生产一线，带领相关技术人员查资料、做小试、定方案，相继攻克了颗粒抗压强度低、粒度不达标、斗提机等输送设施稳定性差等问题，并建立科学的试验及测试方法，逐步摸索出挤压、破碎、干燥等关键工序的工艺参数，使生产形势日趋向好。当年，15 万吨硫酸钾造粒项目圆满完成了公司下达的生产任务，并于 2018 年顺利实现达产达标。

基层是最大课堂，实践是最佳平台。大兴调查研究之风，把死知识变成活知识，把活知识变成真本事，边干边学，学以致用，常调查，细研究，向实践问计，向岗位寻策，就能获取实践真知，深化工作成果。

中煤集团生产基建管理部智能化处处长蔡峰，坚守“技术助推煤矿高质量发展，保护矿工生命安全”初心，全力以赴为煤炭安全高效绿色智能开采贡献力量。

2019 年 1 月，蔡峰作为中组部、团中央选派的“第十九批中央博士服务团”成员赴陕西省神木市挂职副市长。神木市是全国第一大产煤之地。其煤炭资源得天独厚，开采条件优越，加之具有“特低灰、特低磷、特低硫、中高发热量”的“三低一高”特点而享誉全国。但是，神木市不仅有世界一流的千万吨矿井，还有许多产能小、技术相对落后的小煤矿。由此，他找到了工作的切入点，旨在帮助神木市进行煤炭产业技术的转型升级、减少安全事故发生成为他的奋斗目标。两年时间，他跑遍了神木市每一个乡镇，发挥专业优势，组织制定了神木市严厉打击煤矿违法违规行为 15 条措施，深入 58 处煤矿井下采掘一线，查出各类隐患问题 569 项，召开了 6 次现场警示会，责令 3 处煤矿停产（工）整改，消除了一大批安全隐患。

全力推进政产学研合作，蔡峰带队赴 8 家科研院所调研考察，积极促成神木市人民政府与 6 家单位签订合作协议，为推进神木市煤炭产业高质量发展提供了支撑。他大力推广应用先进技术装备，带领神木市能源局及部分煤矿负责人 63 人次先后赴中煤集团、山东能源集团、陕煤集团等单位调研学习，考察智能化开采、薄煤层开采、无煤柱开采、TDS 智能干选等先进技术装备，学习先进矿井安全生产管理经验，推进煤矿技术装备水平的提升。他着力强化专业技术培训，先后邀请中煤集团等单位 39 名院士、专家，到神木市举办了 5 场报告会（培训班），累计培训超过 2000 人次。他组织协调 12 名院士、专家到神木市 3 处煤矿和 4 处煤化工企业调研考察，建言献策，推动神木煤炭产业向安全高效绿色智能方向提升，拉开了神木煤炭产业依靠科技进步向高端化迈进的序幕。

调查研究要真正取得成效，必须沉下心来，放下架子、俯下身子，到基层中去、到实践中去、到群众中去，着力查找问题，努力从实践中获取真知，切忌浮光掠影、主观臆断、搞走过场式“花架子”。

中国稀土集团所属赣州稀土矿业有限公司环保部经理陈国梁，主要负责稀土矿山环境保护、水土保持、环境治理等工作。2019 年 1 月，他调到环保部后，经常深入一线开展调研。他牵头完成无铵新工艺试验项目并取得赣州稀土矿山整合项目（一期）技改环评批复，创新性建立了离子型稀土矿区“源头削减控制 - 过程监管预警 - 末端防控”水污染防治体系，组织制订赣州稀土矿区环境监测优化方案，全面完成中央环保督察整改销号等重点工作。此外，他还积极参与稀土行业标准规范制定、科研项目研究等工作，取得较好成果，两次获得省部级科技进步奖一等奖。

由于几十年无序粗放开采，使用落后的池浸、堆浸工艺产生了大量尾砂，造成矿山植被破坏、水土流失、环境污染等历史遗留问题，要在短短几年内完成整改，谈何容易？陈国梁面对问题想思路、找专家，对每项问题进行分解，任务项目化、项目清单化，以此推进各项工作，车间环保整改、废弃矿山恢复治理、地表尾水处理站论证、无铵新工艺现场试验等都进展顺利，但地下水污染治理怎么落实，他仍然一筹莫展，无从下手。那段时间，陈国梁整天在网上查找地下水治理技术资料，与环评技术服务单位人员座谈研讨，大大小小的讨论会，已记不清开了多少次。

为了找专家咨询，他不停地往北京跑。中国恩菲、北矿院、中国环科院、生态环境部环境工程评估中心、清华大学等院校和研究机构，他来来回回跑了个遍，对于每个专家的意见都认真地听和记，晚上回到酒店，翻开笔记本，又认真分析、总结归纳，推演项目实施过程和效果，一个人经常工作到深夜两三点。

经过努力，2020 年 4 月，终于形成了“源头控制、过程监管、末端治理”地下水污染防治技术思路，并得到了专家及技术单位的一致认可。随后，技术思路经过不断细化完善，形成了完整的技术方案并通过了专家论证，最终确定了优化替代方案。对陈国梁来说，是厚厚的云层慢慢散开，阳光照了进来。

调查研究必须讲究方式方法。科学方法的运用对提高调查研究水平至关重要。央企青年要因地制宜，因时制宜，根据不同调研内容和调研对象，采取不同的方法和措施，做到眼睛亮、耳朵灵、嗅觉敏、嘴巴勤、手脚快，真正把本地区、本部门、本单位的现状摸清摸透，把影响和制约发展的主要问题找准找好。

中国广核集团先进核能首席专家、铅铋快堆重大战略专项总设计师、中广核研究院铅铋快堆项目部主任林继铭，从事核电厂相关工作十几年，关注基础研究，致力于开发更安全、更经济、燃料利用率更高的核能系统，在国内外同行中具有巨大影响力。

2011 年，国家对于新建的核电厂，包括已经在运行的核电厂，提出要做安全改进的要求，要满足国际最高的安全标准。经过梳理，他们决定在核电站上一套新的安全系统，这就需要开展大量的实验以及大量的现场运行数据的测量比对和修正工作。

当时，测量核电厂实际实验数据，需要进到反应堆压力容器和保温层之间的间隙。林继铭毅然带着一个团队进去了。他们团队的平均年龄三十七八岁，都是年轻人，只要国家需要，他们就义无反顾、绝不退缩。做测量的时候，他们头顶就是核反应堆的核燃料，空间只有半米高、40 厘米宽，气温有六七十摄氏度。所以，每次进去测量，大概只能待 10 秒钟就得出来。他们整整测量了两个多月，把所有相关的各个区域、各个角落的数据都做了详细记录。

两个月之后，他们基于全工况所有的详细数据的记录、分析验证和相关实验，实现了国际首次堆腔注水新系统在百万千瓦级核电站的工程应用，达到了国际领先水平。之后，系统在红沿河、宁德、防城港、田湾等十几个核电机组都得到了广泛应用。

我们要正确处理好调查和研究两个环节的关系，在充分调查之后，对在调查中获得的资料和情况，要进行去粗取精、去伪存真、由此及彼、由表及里的深入思考、细致分析、认真研究，透过纷繁复杂的现象抓住事物的本质，找出问题的原因及问题内在的联系和规律，把零散的认识系统化，把粗浅的认识深刻化，从而得出正确的结论和解决问题的措施办法。

中国黄金集团营销有限公司高级经理、直营店党支部书记贾雪，工作踏实，锐意创新。当时，一线采取的还是“大锅饭”式的薪酬分配制度，不仅形成了“精气神差、主动性弱、淘汰标准无”的零循环一线氛围，也不利于调动员工的积极性和打造企业良性竞争生态氛围。为形成有效工作激励机制，2018 年 7 月，她作为核心成员，全程深度参与了一线员工薪酬改革方案的制订。贾雪深知这件事情的意义和影响，为了使制订出来的薪酬改革方案既能与市场和行业水平挂钩，又能充分体现中金集团特色，她主动承担起薪酬制度市场调研的任务。首先她组织团队通过品牌性质、盈利水平、销售收入、受消费者喜爱程度等多重标准筛选确定了北京地区具有参照性的行业调研目标。

经过连续一个月的走街串巷，贾雪对调研目标进行了大量的数据收集，通过对数据成果的比对分析找出共性和特性，并结合本品牌的优势和不足，提出本品牌适用的建议方案，最后向一线广泛征集相关的建议和意见进行修改完善，30 天内形成了参照性较强的调研报告。该报告作为后期薪酬改革的核心参考，得到公司领导的高度认可，并切实运用到实际方案的制订中。全新的薪酬激励制度，坚持阶梯式的职业晋升渠道，倡导激励资源向一线倾斜、晋升渠道为一线畅通、优秀年轻人才大胆任用，有效优化了人才队伍结构，为同类企业提供了借鉴和参考，更为珠宝公司上市改革和行稳致远提供了内生动力。贾雪先后两次获得中国黄金集团公司“青年岗位能手”、珠宝公司“优秀员工”、“优秀共产党员”等荣誉称号。

“工欲善其事，必先利其器。”调查研究必须讲究方式方法，即必须得“法”。科学方法的运用对提高调查研究水平至关重要。调研的方式要灵活多样，实用可行，切忌形式单调，一成不变。要一切从实际出发，针对不同问题，有的放矢，开展调查研究。

郝泽嘉，2010 年 7 月进入中国南水北调集团中线有限公司，长期从事工程技术、科研管理，现任中线公司安全监测处副处长。冬季时，南水北调中线工程沿途区域气候寒冷，渠道处于无冰输水、流冰输水和冰盖输水等复杂运行状态，如何兼顾挖掘冬季输水潜力、发挥工程效益和确保工程输水安全是亟待解决的问题。

经过调研，类似工程大多在冬季停水，或者能够形成较为稳定的冰盖。郝泽嘉组织人员对历史观测数据进行梳理和分析，针对中线工程气象水力条件综合和临界冰情状态的复杂情况，探索冰情发展规律，构建水温和冰情预测模型，开发冰情观测信息平台。通过迭代水温预测模型、基于水温 - 阶段负积温双元空间分布和多维冰情临界状态的冰情演变预测模型，显著提高了中线冰期输水的冰情预报精度，扩展了冰情预报时间，建立了冰情信息“收集—分析—处理—展示—发布”一体化集成信息平台，实现了冰情的综合研判、精准预警和快速响应。在应对 2021 年 1 月华北地区极端寒潮过程中，信息平台提前 15 天发布概略预报，提前 7 天正式发出冰情预警，为中线冰期输水的资源调配、应急组织、调度控制、策略调整、供水对象应急保障争取了缓冲时间，避免了突发冰情的不利影响，保证了工程的顺利运行，得到水利部、集团公司领导的好评。

问题是客观存在的，是躲不开的，也是绕不过去的。在现实工作中，我们不能遇到矛盾躲着走、碰见难题往后退或者不作为，我们要真正沉下去深入研究，并结合实际加以解决。

滴水穿石，久久为功

思想领航

习近平同志曾在《摆脱贫困》一书中写道："一滴滴水对准一块石头，目标一致，矢志不移，日复一日，年复一年地滴下去——这才造就出滴水穿石的神奇……我推崇滴水穿石的景观，实在是推崇一种前仆后继，甘于为总体成功牺牲的完美人格；推崇一种胸有宏图，扎扎实实，持之以恒，至死不渝的精神。"

"行百里者半九十"，越接近成功越不可疏忽大意。要始终保持水滴石穿的毅力，持续用力推进工作，抓好成效巩固提升，确保工作成果经得起实践、人民和历史的检验。

基层工作纷繁复杂，千头万绪。广大央企青年要发扬"水滴石穿"的韧劲、拼劲，不轻易言败，不轻易服输，克服急于求成、急功近利的浮躁心态，要有"功成不必在我""功成必定有我"的思想境界，以对历史和人民高度负责的态度，沉住气、静下心、安下身，刻苦钻研业务，矢志攻坚克难。要增强全局意识，强化系统思维，树立长远眼光，真正推动经济社会实现高质量发展。

青春风采

持之以恒、久久为功，是美好的德行，守得住寂寞、经得起诱惑，专注笃行，利在长远，善作善成。

于重阳，现任龙源电力蒙东公司技术中心风机专责，作为"国家能源集团首席师"和龙源电力"首席技师"，挂牌成立了"于重阳劳模和工匠人才创新工作室”，多年来在生产一线认真钻研风电机组运行检修技术。刚入职时，为尽快熟悉业务，他注重点滴积累，将风机图纸烂熟于心，把每一次跟随老师傅到风机开展定检、处理故障当成学习，自己再对照图纸、查阅资料、反复求证，不断为自己“充电蓄能”。

于重阳通过运用先进的数据分析工具，结合扎实的技术功底，先后支援解决龙源系统内多家单位现场风电机组的疑难故障，共处理问题186项。他几乎每天都会收到来自全国各地的技术求助电话并远程耐心指导，直至设备恢复运行。

面对老旧设备设计先天不足、故障频发的实际问题，于重阳自主搭建了风电系统实训平台，带领大家先后研发了“MOOG变桨充电器调试工具”“风速计校验系统”“基于风电机组的零序电压检测模块”“掌上资料库平台”等项目，实际应用后解决了诸多实际难题。

通过一次次的技术攻关，于重阳的工作室瞄准了前行的新方向，那就是将设备设计先天不足造成的处理被动转为数据提前预判分析的主动。他与技术团队同心协力、顽强奋战，共同完成科技创新28项，开发软件12项，发表学术性论文17篇，先后填补了风电行业多项技术空白。

甘于坐冷板凳、聚焦产业前沿、钻研产业难点，是一项基本功。创新突破，如同在崎岖的山路上跋涉，要跨越巉岩，经历缺氧，踏破铁鞋，才能享受“无限风光在险峰”的喜悦。这样的跋涉，往往是漫长而孤独的，考验的是决心、意志，彰显的是一往无前的革命英雄主义精神。

黄晓初是中国质量认证中心下属广东中认华南检测技术有限公司燃气具检测室的助理部长。2021年，公司正式建设燃气具检测室，他潜心研究燃气具标准和检测技术，利用下班和周末时间编制报告模板13份，原始记录13份，作业指导书、不确定度报告等文件30多份；培训同事掌握检测标准和操作检测设备50多场，同时负责燃气检测室日常管理，协调燃气具检测首次CMA现场对接和现场试验，使公司顺利通过燃气具 CMA 首次评审。2021 年广东省市场监督管理局组织省内各地级以上市的市场监督管理局和有关检测机构，进行家电检测技能大比武，黄晓初代表广东中认华南检测技术有限公司参赛，通过笔试和实操两轮考试，他取得了第一名。

“水滴石穿，久久为功。”央企青年在平常的学习工作中，一定要有恒心，有毅力，有不到长城非好汉的雄心壮志，而不应“三天打鱼，两天晒网”，对事业好高骛远，眼高手低。要立足本职岗位，胸怀长远目标，踏踏实实地艰苦奋斗。

大亚湾核电运营管理有限责任公司核反应堆高级操纵员李凯，2015 年 7 月通过国家能源局组织的核电厂主控操纵员取照考试取得了国家核安全局颁发的民用核设施核反应堆操纵员执照，并于 2019 年 3 月取得国家核安全局颁发的民用核设施核反应堆高级操纵员执照。

核电厂主控操纵员的工作核心是守护核安全，责任重大。李凯秉持“质量第一、安全第一、追求卓越”的基本原则，不仅将核安全铭记于心，更是养成了精益求精的工作习惯。他说，“安全首位，细节到位，问心无愧，下班安睡”。李凯担任主控操纵员以来，始终坚守生产一线，工作勤勤恳恳、严谨细致，成功针对机组出现的异常瞬态如因海洋生物袭扰的冷源异常等进行干预，为岭澳 1 号机组安全稳定运行作出了贡献。他参与并顺利完成了岭澳一期 1、2 号机组历次大修及 L166 小修、十九大保电等集团、公司的重要任务，参与并顺利完成了一回路抽真空、稳压器灭汽腔等多项重大及高风险操作，获得领导和同事的一致好评。严格遵守公司、部内各项管理规定及行为规范，他当班期间没有出现因工作失误产生任何重大偏差，其所在运行一值团队参与守护的岭澳 1 号核电机组已连续安全运行 5710 天，持续创造国际同类型机组最高纪录，被评为 2021 年“中国电力行业年度发电运行集控标杆班组”。

李凯在工作之余依然坚持学习，不断提升核电技术水平，取得了

2017 年广东省职业技术大赛核电厂主控操纵员技能竞赛个人第二名、团队第一名的好成绩，并荣获“全国青年岗位能手”“中央企业技术能手”等多项荣誉称号。

“宝剑锋从磨砺出，梅花香自苦寒来。”广大央企青年要有不畏困难、持之以恒的毅力与韧劲，只有如此，才能务实功、出实招、求实效，善作善成。

中国化学工程第十四建设有限公司副总经理季家根，注重学习和钻研，无论多忙多累，每天都坚持读书学习，始终保持孜孜不倦的学习热情，先后考取了造价员、一级建造师（建筑、市政）资格证书。

通过 5 年的国外历练，季家根拥有了国际化的视野及管理能力，并凭借在国外工作的出色表现，被公司任命为全球最大的化学工业品供应商巴斯夫在国内的投资建设项目负责人。

2018 年，季家根担任低温储罐项目经理，该项目是公司承接的第一个集土建、安装、场站为一体的大型低温储罐项目，该储罐是当时国内最大的单台罐容 16 万立方米的乙烷低温罐。然而，新的团队不仅人员经验不足、专业人才欠缺，而且项目工期紧、任务重，可谓步履维艰。但在季家根的不懈努力下，团队通力合作、刻苦攻关，终于在 2019 年 5 月 5 日顺利完成项目“气顶升”这一重大里程碑节点。

新时代央企青年，面对当前优越的发展环境，广阔的成长空间，要自觉插上腾飞的翅膀，干任何工作，办任何事情，都要有高度负责的态度、一抓到底的决心，以“咬定青山不放松”的劲头，以“直挂云帆济沧海”的气势，与目标对接，与难题交锋，向先进看齐，盯紧每个细节，盯住每个环节，真正做到干一件成一件，件件见成效，件件不平凡。

第十四章

不负韶华、只争朝夕，践行“请党放心，强国有我”的青春誓言

2016年12月30日，习近平总书记在全国政协新年茶话会上发表重要讲话指出，“一个时代有一个时代的主题，一代人有一代人的使命”。对每一位中国青年来说，必须准确把握我国社会发展所处的新的历史方位，深刻理解新时代、新矛盾、新使命、新方略、新征程的科学内涵和具体要求，从而坚定为建设富强民主文明和谐美丽的社会主义现代化强国而奉献青春的信心和决心。

新时代央企青年要大力发扬奋斗精神，克服满足现状、坐享其成、不劳而获、好逸恶劳的思想，积极应对具有许多新的历史特点的伟大斗争，以不怕困难、不惧风雨、不言失败的顽强精神，逢山开路、遇水架桥的拼搏精神，排除万难、勇往直前的气魄胸襟，在新时代新征程上砥砺奋进，接续奋斗，驰而不息。

增强学习的紧迫感

思想领航

青年时期是学习知识、增长本领的黄金时期。2019 年 4 月 30 日，习近平总书记在纪念五四运动 100 周年大会上发表重要讲话指出：“新时代中国青年要增强学习紧迫感，如饥似渴、孜孜不倦学习，努力学习马克思主义立场观点方法，努力掌握科学文化知识和专业技能，努力提高人文素养，在学习中增长知识、锤炼品格，在工作中增长才干、练就本领，以真才实学服务人民，以创新创造贡献国家！”青年精力充沛、思维活跃，主要任务就是学习学习再学习，实践实践再实践。

广大央企青年要深入学习马克思主义理论，特别是新时代党的创新理论，尤其是要深入学习贯彻习近平新时代中国特色社会主义思想，深刻把握贯穿其中的马克思主义立场、观点、方法，形成与所处岗位相称的政治眼力、理论功力、工作能力；要加强思想淬炼、政治历练、实践锻炼、专业训练，增强“八项本领”、提高“七种能力”，多到党和人民最需要的地方、条件最艰苦的地方经风雨、见世面、壮筋骨、开眼界、长本领；要按照“干什么学什么，缺什么补什么”的原则，针对工作越来越专业化、专门化、精细化的特点，努力学习各方面的基础知识，掌握做好本职工作相关的新知识新技能，提高内在素质，锤炼过硬本领，使自己的思维视野、思想观念、认识水平跟上时代发展步伐。

青春风采

学习是人类为获得知识技能，形成品德习惯，促进身心发展，并外化为行为表现的实践活动。人生的黄金时期在青年，青年选择了学习，就是选择了进步。

中核集团福清核电操纵员模拟机培训教员曹宇华在 14 年核电从业生涯中，靠着勤奋学习与钻研，从对核电知识一无所知的“核电小白”成长为独当一面的核电技术人才。曹宇华知道只有经过深入、综合的核电理论知识和现场实践学习，才有能力守护核电安全，守护千家万户的平安。她经过大大小小几十场考试，学习的资料堆起来比她的身高都高。这期间，她参加了三种堆型 VVER、M310 和“华龙一号”的理论知识学习并顺利通过各项考核，具备 VVER、M310 和“华龙一号”操纵员资格及 M310、“华龙一号”反应堆高级操纵员资格。

2018 年，曹宇华被选拔担任“华龙一号”首批操纵人员理论培训教员和兼职模拟机培训教员。这期间，她克服首批操纵人员培训在即、培训教材编制紧迫的困难，高质量参与编制了《高级运行》《中级运行》《核电厂系统与设备》等培训教材。2020 年 1 月，曹宇华来到培训处，担任专职模拟机培训教员，把运行操作知识传授给学员。2020 年 3 月，“华龙一号”首批操纵人员考试顺利完成，为 5 号机组装料提供了人员保证。截至目前，福清核电累计培养出 100 余名“华龙一号”操纵人员，遍布运行、生产计划、安全监督、培训等各个领域，助力“华龙一号”“走出去”。

我们知道，任何一项工作能得以顺利开展，都必须有丰富的理论知识储备和实践经验支撑。丰富的理论知识和实践经验，只有通过学习才能获得。

徐红飞，北京北方车辆集团有限公司工具液压公司数控车工、高级技师，中国兵器工业集团关键技能带头人。徐红飞已是公司的技术骨干，但他仍不满足，依然勤奋好学，刻苦钻研。《数控编程技术》《车刀刃磨技术》《机械加工》等，是他业余时间经常翻看的书籍。他注重学以致用，经常利用废弃的边角料，采用不同加工方式和各种刀具，认真地打磨产品，无论是产品的加工精度，还是加工效率，都是数控车工里完成得最好的。徐红飞带领车工组成员承接了步战车、无人机、摩擦盘等多项科研项目。在加工过程中，由于产品的壁较薄，导致产品易变形，加工难度非常大。眼看时间节点将近，在这紧急时刻，徐红飞主动承担起这个棘手的项目。他反复测试，日夜奋战，最终通过改变产品装夹方法、改进切削刀具等方式顺利完成了精车工序，为后面各工序的开展奠定了基础。在平衡肘加工过程中，由于平衡肘并非中心对称的产品，在车床主轴高速旋转的带动下极易发生偏移造成危险。徐红飞又一次挺身而出，经过与技术人员反复研究，最终确定采用在主轴合适的位置上逐渐增加配重，确保主轴旋转不会发生偏移，使这一难题被彻底解决。

学习是丰富理论素养、提高专业技能的必然途径，也是开阔视野、提升思想境界的重要手段。当今是知识更新日新月异的时代，必须树立“终身学习”的理念，坚持从书本中学、从实践中学、从群众中学，做到敏而好学、学以致用，不断增强学习的主动性、系统性、专业性。

王晓琦，中国石油勘探开发研究院新能源研究中心储能新材料研发部负责人、高级工程师。2012 年，他刚接触油气行业时，庞大的学科体系与所需知识量给了他一个下马威。什么是非常规？什么是细粒沉积？什么是油气储层？问题纷至沓来，他从材料专业的研究生成了彻底的“门外汉”，成了一名“小学生”。面对理论知识一知半解、研究对象错综复杂，以及标志性设备开发、科研创新的巨大压力，他以实验室为家，结合自身材料学专业背景，不断寻找非常规油气储层研究的突破口。

他从头开始学起，以再读一次研究生的心态，啃读了《石油地质学》《油气地球化学》《岩石力学》等基础教材，疯狂下载阅读科研文献，努力夯实理论基础。他与实验室的学生打成一片，在主动协助学生做实验的过程中交流学习，锻炼基础实验与作图本领。跟着前辈跑野外，到岩心库描岩心，到实验室磨薄片，学习书本之外前辈的宝贵经验。下班后利用空闲设备加班加点做实验，潜心挖掘 FIB-SEM 设备潜力。

苦心攻读尝到了甜头。2019 年，他提出的页岩油微观生排烃机理研究计划，成功获得国家自然科学基金委青年科学基金支持，在国内率先提出原位有机质热解电子显微成像技术方法，将有机地球化学微观原位表征领域成功下探到亚纳米级别，揭示微观演化机理，相关研究成果获 2021 年勘探院“青年十大科技进展”奖。

梦想从学习开始，事业靠本领成就。新时代央企青年要牢记党的教诲，不负时代重托，不负青春韶华，增强学习紧迫感，如饥似渴、孜孜不倦地学习，不断增强本领，立志成为社会主义建设者和接班人。

大唐华银电力股份有限公司金竹山火力发电分公司检修部焊工班技术员虞明，坚守焊接一线，优质高效完成 3 万个各类焊口，合格率达 99%，被誉为“免检焊工”。凭借着“指哪儿点哪儿、焊哪儿哪儿好”的高超本领和精湛技能，他屡次在国际大赛、省级大赛中获奖，先后被授予“中央企业技术能手”、湖南省“百优工匠”等荣誉称号。

电焊是一门易学难精的技术，“会干易，干好难”，这不仅需要超强的悟性，更需要超凡的耐心和毅力。身形瘦小的虞明，骨子里有一股初生牛犊不怕虎的拼劲。焊工技术比的就是手稳。为了把手练稳，在师傅要求悬空拿焊枪、手腕吊砖头练习时，虞明自我加压，别人吊一块他吊两块砖头，日夜苦练一个月后，他顺利完成手吊两块砖“指哪儿点哪儿”的精准操作。平焊、横焊、立焊、仰焊，他一项一项勤学苦练，一招一式仔细琢磨，把满腔热情倾注到焊接工作中。

狭小、闷热的焊培操作间成了虞明的“练武之地”，一滴滴汗水浇灌着一朵朵焊花。晚上休息时，他又捧起《焊接技术问答》《金属材料学》《氩弧焊操作与理论》《新型焊接材料及工艺》等专业书籍，日积月累地“充电”。每一本书都被他翻得卷起了边儿，每一页他都记下了大量的心得、笔记。在焊接工作中，他将理论与实践完美结合，享受着“在工作中学习，在学习中工作”的乐趣。

一般来说，培养一名合格的高压焊工至少需要 5 年时间。通过不懈的努力，虞明仅用两年时间就掌握了多种高合金材料、大口径管、异种钢焊接技术，还陆续取得 T23、T91、TP347、WB36 等新型材料的焊接资格，练就了一身高超的“焊功”，在 2016 年通过德国 GSISLV 考试，取得了国际焊工资格证。

央企青年肩负着时代重任，要努力学习科学知识，提高自身综合素质，使自己的思维视野、认识水平、专业技能跟上时代发展步伐，在担当中历练，在尽责中成长。

赵成泽，中国航天科工三院 301 所四室某工程组组长、青年助理、某重点型号副主任设计师。一直从事型号总体设计、预研创新及规划论证工作。2021 年 5 月，他荣获“2019 —2020 年度中央企业青年岗位能手”称号。

刚参加工作时，赵成泽对一切事物都感到既陌生又兴奋。为了快速熟悉工作内容，他大量查阅各专业报告，遇到问题则向前辈取经并写下阅读批注，很多报告的批注篇幅甚至超过了正文。学习的过程需要大量的时间投入。为了节省上下班时间，赵成泽每天骑自行车往返于单位与宿舍。当时回宿舍的路凹凸不平且路灯很暗，加班到深夜回宿舍时，他每骑一段就要下车看一看路况。久而久之，那条路上哪里有道坎、哪里不好走他都一清二楚，可以做到“自主规避”。正是凭借着日复一日的努力与坚持不懈的学习，赵成泽快速进入工作状态，逐渐在型号设计与日常工作中独当一面，受到领导与同事的高度评价，成为大家心目中的“奋斗典型”与“技术能手”。

恰是一生好年华，正是发奋学习时。当今时代，知识更新不断加快，新技术、新模式、新业态层出不穷。这为央企青年施展才华、竞展风采提供了广阔舞台，也对自身能力与素质的提高有了新的更高要求。广大央企青年要把读书学习作为一种人生追求和生活习惯，作为探求未知世界的一把金钥匙，让学习的灯塔始终照亮前行的道路。

青年要求真学问

思想领航

2018 年 5 月 2 日，习近平总书记在北京大学师生座谈会上发表重要讲话指出："求真学问、练真本领，更好为国争光、为民造福。"成大才，就要求真学问、练真本领，在潜心求知问学中求真理、悟道理、明事理。要学经典、明真理，感受马克思主义的真理力量，掌握马克思主义的基本原理、立场、观点和方法，并用以观察事物、认识规律、改造客观世界。

荀子说："不闻不若闻之，闻之不若见之，见之不若知之，知之不若行之。"学习的目的在于运用，只有以知促行、以行求知，在实践中锤炼真本领，才能更好认识国情，更好认识党和国家事业发展大势，更好认识历史发展规律，更加能动地推进各项工作。对于央企青年来说，必须坚持学以致用，深入实际、深入群众，在全面建设社会主义现代化国家的伟大实践中，在企业改革发展的火热实践中，掌握真才实学，努力成为可堪大用、能担重任的栋梁之材。

青春风采

求得真学问，练好真本领，无论什么时候，都应该是首要选择。学问来自实践，实践出真知。

华能英国门迪电池储能项目是公司在西方投资建设的首个储能项目。建设初期，遭遇新冠肺炎疫情冲击。为确保项目按时投产，锁定保底收入，中国华能集团香港有限公司工程部一级职员、华能国际工程技术有限公司经营管理部副主任陆泽宇和同事们，一边抢在断航前赶赴项目现场，一边协调供应商尽快复工达产，确保项目如期投运。疫情高峰时，陆泽宇每天坚持前往项目现场监督电站建设，积极协调相关工作，其间完成上百份记录和报告材料，将现场第一手资料及时发回国内。

工作之余，他主动学习财务、金融、商务、法律等知识，深入分析英国电力市场机制和趋势，成功帮助门迪项目在 2020—2022 年的英国容量竞拍中锁定合计 800 万英镑的合同收入，进一步提升了项目经济效益。同时，他持续关注基建管理及设备采购方面的管理创新。基于门迪项目的管理运营经验，他撰写了《刚性与柔性管理模型在境外投资管理中的实证研究》，获得了“电力企业管理创新论文大赛”特等奖。他撰写的《两阶段设备采购在境外项目建设中的应用》创新了境外项目采购方式，在保证设备质量的同时有效控制造价。他还助力门迪项目签署了英国储能市场上第一个具有保底性质的长期电力承购协议，形成了一套可复制、可借鉴、风险共担、利益共享的电池储能新商业模式。

加强学习，注重实践。在推动企业高质量发展的大熔炉中，在社会这个广阔的大学校里，只要肯吃苦，勤于学习，必能学有所成，业有专攻，成为可堪大用、能担重任的栋梁之材。

白虎虎是中色东方中色新材机电维修分厂的一名钳工技师，长期从事国家战略性铍产品设备的维修、维护及改造工作。他怀着对事业的热爱和追求，扎根西北苦干实干，为保障我国战略资源安全尽其所能，作出了贡献。

他一门心思扑在工作上，利用业余时间学习掌握了数控机床、液压系统、真空系统、PLCS7-200、300 编程等方面的知识，靠着钻劲、闯劲解决设备技术难题 500 多个，完成各类技术创新和改进成果 100 余项，累计为企业创效近 1000 万元，逐步成长为一名学习型、技能型、创新型的复合型技术工人。他维修过的设备种类繁多，从真空熔铸、粉末制备到机械加工、电火花加工、压力加工，再到分析检测风机及水泵等，几乎涉及制造业大部分设备，但他对这些设备的工作原理、结构都有着深入的了解，能够做到常见故障心中有数，非常见故障原因分析准确到位，快速及时地解决设备存在的各种问题，并通过自己的设计对重点设备进行技术改进，提高设备自动化程度和运行效率。

白虎虎常说："这个时代的劳动者应该崇尚的是知识，是技能，是不断突破自我的决心和勇气！"过去 11 年里，他做过的工作笔记摞起来，近 2 米高，几乎接近自己的书柜高。为了不断加强知识储备，掌握最前沿的技术实践，了解设备自动化未来的发展方向，他很少在夜里 12 点前睡觉，不是在啃书本，就是在网上看相关专业知识。他始终深信一句话："今天的日积月累，早晚会让你成为别人望尘莫及的人！"

目前，他已拿到了钳工和电工两个高级技师职业资格，夺取了第七届"全国职业技能大赛"宁夏回族自治区选拔赛钳工第一名，并代表自治区参加了第六届、第七届"全国职工职业技能大赛"决赛。

有人说，每个人的世界都是一个圆，学习是半径，半径越大，拥有的世界就越广阔。青年时期打下的学识基础，会一直在人生旅程中闪烁智慧的光芒。广大央企青年要在日积月累的学习中增长知识、锤炼品格，在实践中增长才干、练就本领，勇敢担负起时代使命，在党和人民事业中绽放青春风采。

中国建筑设计研究院有限公司副研究员刘翔宇，2015年博士毕业后入职中国建筑设计研究院建筑历史研究所，全身心投入我国文化遗产保护与研究。他曾作为合作主持或核心成员，参加50余项国家重要文化遗产保护、科研项目，涉及中国世界文化遗产（含预备）的占比40%，获国际、省部级、集团等奖项近20项。特别是在“良渚古城遗址”申报世界遗产全过程咨询中，他在“实证中华5000多年文明史”的学理与技术支撑方面，作出了重要的技术贡献。

2016年，良渚遗址申遗文本编制工作刚刚启动时，申报对象发生重大调整，原定以良渚城址为主的申报对象，在国家文物局重新考察和要求下，将良渚水坝遗址和瑶山祭坛墓葬遗址也加入进来。这不仅是面积和遗产构成上的扩大，而且给价值内涵、系列遗产的申报策略、规划力度、保护管理及展示利用压力等诸多方面带来质的变化。面临严峻考验和挑战，刘翔宇和同事经过一番番磨合，不断调整思路，逐步将难点一一拆解，分层次、分类型采取不同的应对策略予以化解，推动编制工作顺利开展，获得了国内外专家的一致好评。

2018年1月8日，国家文物局提出将原定的规划期限由2013—2025年变更为2017—2025年。压缩规划期限后，整个文本的结构和内容都要进行较大的改动，尤其是如何继续在文本中体现2013年以来遗产地为保护良渚遗址作出的成绩、成果，给编制团队带来极大挑战。而此时距离将正式英文申报材料提交给联合国相关部门仅剩不到1个月的时间，给翻译校对、排版制作预留的时间仅剩3天。这是挑战，更是磨炼和担当。经过加班加点日夜奋战，刘翔宇和编制团队终于如期完成了任务。

2019年7月10日，刘翔宇站在评审良渚遗址列入世界遗产名录的第43届世界遗产大会现场，看到木槌敲响的那一刻，他的眼里闪耀着泪花，深切地感受到文化自信带来的自豪感。

时代把历史责任赋予青年。央企青年要厚植家国情怀，把美好的青春献给祖国和人民。为此，要刻苦学习，练好本领，勇于创新争先，以时代新人的姿态，激扬青春，接续奋斗，永久奋斗。

中国航天科工集团二院二〇六所首席专家、研究员许诺，作为单位最年轻的副总师，她研究的智能微机电技术在国际上尚属于全新的科研领域，特别是面向不同应用场景，新领域的太多未知如泰山一般横亘在面前，她自觉压力极大。然而，微机电技术能不能使隐身技术变得更智能、实时？能不能让繁杂的生物检测流程变得更简单、快速？能不能让深空中的航天器动力系统变得更高效、精准？面对这些问题，想要颠覆性的创新及应用让她兴奋不已，带着对未来的无限憧憬，她与团队迅速投入了这个全新领域的“战斗”中。

她沉下心来，一头扎入微系统的微观世界，在毫米、微米、纳米之间穿梭，在小结构、微液滴、纳器件之间漫步，努力构建通往未知前沿与重构世界的入口，一干就是10多年。通过不断研究验证，她巧妙地将微系统技术与传统航天机电专业有机融合，制造了可颠覆传统的系列化新材料与新器件，并成功将这些新材料与新器件应用在了空间推进、医疗诊断、环境检测等领域。

每每谈及在前沿领域的坚持，许诺万分感慨，“确实太难了，但只要是航天事业需要的，我义无反顾”。许诺坚定地说道，“习近平总书记说，希望我们‘科技工作者要把握大势、抢占先机，直面问题、迎难而上，瞄准世界科技前沿，引领科技发展方向，肩负起历史赋予的重任，勇做新时代科技创新的排头兵’。选择投入微系统前沿领域，就是想把自己所学的专业知识用于祖国需要的地方，为国家的航天事业的进步发展解决一些实际问题，为科技自立自强献出自己的一分力量。”

10多年里，许诺和团队一直致力于空间微动力、生物微机电、智能传感等领域核心技术的自主创新，艰辛地钻研与努力，他们的成果逐步出来了，有些达到了国际先进水平。

学问，好似真金白银，要历经烈火熔炼，要一步一个脚印地去获得，除此，没有任何捷径可走。广大央企青年要有“板凳要坐十年冷”的执着坚守，静得下心，沉得住气，聚焦岗位需要和现实需求，虚怀若谷、海纳百川，做真学问，做大学问。

做攻坚克难的“拓荒牛”

思想领航

2021 年 2 月 10 日，习近平总书记在春节团拜会上发表重要讲话指出，“人们把为民服务、无私奉献比喻为孺子牛，把创新发展、攻坚克难比喻为拓荒牛，把艰苦奋斗、吃苦耐劳比喻为老黄牛。前进道路上，我们要大力发扬孺子牛、拓荒牛、老黄牛精神，以不怕苦、能吃苦的牛劲牛力，不用扬鞭自奋蹄，继续为中华民族伟大复兴辛勤耕耘、勇往直前，在新时代创造新的历史辉煌”。锤炼本领，满足人民所需。广大青年既是新时代的中流砥柱，也是国家发展、民族复兴的源头力量，站在百年未有之大变局的新征程历史节点，要坚定理想信念、锤炼过硬本领、勇于开拓进取，当好新时代的拓荒牛。

“人才自古要养成，放使干霄战风雨。”越是伟大的事业，越是充满挑战，越需要知重负重、攻坚克难。实现国家富强、民族振兴，需要一代代人前赴后继、砥砺奋斗，做攻坚克难的“拓荒牛”。新时代央企青年，要在民族复兴的赛道上奋勇争先，站在攻坚克难最前沿，努力书写无愧于党、无愧于人民、无愧于时代的壮丽诗篇。

青春风采

拓荒牛，不但要创新，更要不畏艰难进行开拓。

第二十五届“中国青年五四奖章”获得者——胜利油田博士后科研工作站副总工程师、物探研究院首席专家秦宁，把“为国家找油，为民族争气”作为永恒的追求，勇于攻坚克难，在青春的赛道上跑出优异成绩。

2013 年，秦宁以优异成绩从石油勘探专业博士毕业。外国知名公司抛出“橄榄枝”，导师希望她留校从事科研工作。秦宁却认真思考未来，她知道，唯有一个人的事业融入社会发展洪流，才能迸发出更多的生命激情，完成人生使命。

她想起 2013 年习近平总书记在同各界优秀青年代表座谈时给年轻人的人生寄语：青年“要不怕困难、攻坚克难，勇于到条件艰苦的基层、国家建设的一线、项目攻关的前沿，经受锻炼，增长才干”。这些话，她想了又想，最终一个清晰的想法形成——胜利油田是贴近生产的勘探一线，拥有全世界最复杂的地质环境，是最有可能诞生新技术、推动油气堪探技术进步的地方。她还年轻，她想要去那里发挥自己所学。青少年时期听过的勘探时隆隆的炮声又在耳边响起，似乎在提醒她：一定要去油田一线经受考验。

于是，她通过高层次人才引进计划入职胜利油田。进入油田后，她为了积累一线资料，主动申请到野外跑现场。给地下岩体做 CT，需要打孔放炮，将收集到的地震声波转化成形象的图像语言。“勘探放炮大多是冬天施工，因为冬天农田都收割了，会减少农民损失。”华北平原冬天很冷，又是在旷野，要在户外工作很久，风直往身上扑。她每次去，穿着好几层棉衣裤还冻得嘴唇发紫。有人对她说，你一个女孩子，留在驻地就行了，不用到现场。秦宁腼腆地笑笑，继续埋头在风里布设仪器。她知道，如果不到现场，就无法了解实际情况，也就难以找到解决问题的方法。

经过几个月的努力，当第一次拿到自己处理的地下构造成像剖面图时，秦宁非常激动，原来生产上的实际数据跟实验室里的理想模型差别这么大。这段经历对秦宁的成长非常重要，也进一步激发了她在油田广阔舞台上实现人生价值的拼搏斗志。

展望未来，作为青年科技工作者，秦宁决心把论文写在为国找油一线，把研究成果应用到勘探实践中，不断强化科技支撑力，让科技创新成为保障国家能源安全的深厚底气，为推动高质量发展，建设领先企业、打造百年胜利作出更大贡献。秦宁和团队完全有信心、有能力在新的起点上实现更大的突破，在关键技术上带头“领跑”。

惟创新者进，惟创新者强，惟创新者胜。只要心中有壮志，办法总比困难多。央企青年要敢于“逢山开路，遇水架桥”，保持“闯”的精神、“创”的劲头、“干”的作风，以不断创新的进取之心，为发展注入新动能，做创新发展、攻坚克难的“拓荒牛”。

王晓玮，现为中国电科集团北京太极信息系统技术有限公司政务事业部总经理，积极适应信息创新发展要求，主动担当作为，勇于攻坚克难。

2019 年 10 月，公司接到用户紧急任务，要在一个月内完成设计方案的申报，不仅时间紧，项目本身涉及若干个业务系统、多张网、多地数据中心，建设难度很大，且业务范围涉及全国各省和用户单位内多个部门，项目敏感度高，须驻场使用专用设备才能完成。如何在规定时间内完成这项艰巨任务，对公司是一个严峻挑战，充满了诸多不确定因素。

困难摆在眼前，责任担在肩上。深知项目意义以及战略影响的王晓玮，第一时间扛起大旗，带领团队接过任务，全身心投入。他立刻对项目进行评估，挑选部门精兵强将，并抽取核心人员组建方案编制专班，快速探讨形成方案大纲，同时编制了调研提纲、调研问卷等 25 类调研模板，白天深入各部门做调研，晚上与各厂商做技术确认和沟通，夜以继日反复修正，最终在30天内拿出优秀方案并上报主管单位，获得最快报批，得到高度认可。

该方案作为第一个快速高质量完成围绕信息化创新项目的编制方案，在企业内外部树立了良好的标杆。王晓玮针对方案进行梳理提炼，形成了可复制多类共性知识库及模板，并在相关公司内部专题会上进行分享和培训，该方案为公司在2020年度拿下后续多个相关领域的信息化创新项目作出了贡献。

新时代央企青年是攻坚克难的奋斗者，有敢向问题叫板的勇气和敢与困难较劲的志气，充满奋斗激情，决心在推动企业高质量发展中奉献青春才华，实现人生价值。

许鹏，中海石油（中国）有限公司天津分公司渤海石油研究院渤西勘探室主任，荣获“中央企业青年岗位能手”称号。他来自大庆油田，是标准的“油三代”。2013年他离开家乡来到渤海之滨，只因他想要重现父辈们当年在大庆找油的壮举，实现自己寻找大油田的梦想！

2016年12月14日，备受瞩目的BZ19-6-1井终于上钻，作为全球罕见的深埋潜山领域，难度前所未有！负责随钻的他提前将妻子和孩子送回老家，退掉火车票安心陪井过年。钻前，他多次与工程作业的同事深入对接，做了足足8种风险预案。

然而，现实却冒出第9种风险。2017年春节前两天，当所有人都认为BZ19-6-1井会如愿进入潜山时，却钻遇到一套沙砾岩，钻速断崖式下跌，400米磨坏了4个钻头，却没见到油气显示。决策会议上质疑声一片——“这都打了快4000米了，一点显示没有。”“钻头也打不动。”“进没进山？有没有油气？1米4万元的勘探成本要不要提前完钻？”太多难题需要回答。许鹏跟领导立下军令状：“能不能再给我半天，明早8点，我一定能给出依据。”成败在此一举，他迅速筛查渤海53口钻遇凝析气的井、113 口钻遇潜山和沙砾岩的井，查阅国内外 260 多篇文献，最终在渤海和塔河找到了类似的成功案例，认为这套沙砾岩极有可能是天然气藏——潜山还有戏！“找到气了”，这个发现无疑给 BZ19-6-1 打了一剂强心针，公司决策继续钻进。最终关乎成败的第一口井喜获 300 多米气层，打破渤海单井最厚油气层纪录。如果没有许鹏和其团队的坚持，就没有 BZ19-6-1 初战告捷，千亿方大气田可能就与渤海失之交臂。

“看似寻常最奇崛，成如容易却艰辛。”人世间，任何一项成功，都不可能轻轻松松，唾手可得。广大央企青年要直面挑战，勇于攻坚，在各自的岗位上建功立业，以更高的站位、更高的标准，奋力谱写企业高质量、可持续发展的新篇章。

中海石油（中国）有限公司湛江分公司文昌油田群作业公司主任工程师陈可营，是中国海油最年轻的享受国务院政府特殊津贴的集团公司级技能专家，曾获全国能源化学地质系统“大国工匠”“全国技术能手”“中央企业技术能手”“中央企业青年岗位能手”等荣誉称号。

作为海上一线的技能专家，陈可营立足现场难题、重大项目等开展技能攻关 120 余项，面对海上的生产难题，他总能找到最优解决方案。合作油田投产后，他注意到平台的火炬非常大，并且冒黑烟严重。为了解决这个问题，他通过各种模拟实验验证，制订出了一个对原设计流程进行 15 项优化的改造方案，可实现回收天然气 3600 万立方米 / 年，凝析油 2500 立方米 / 年。通过优化文昌气田热值控制，2020 年增加销售气 206.76 万立方米；围绕文昌气田低压螺杆机难题开展攻关，将运行时率提高 69.8%，每年可多回收天然气 200 万立方米，为公司创下可观的经济效益。同时，海休期间，他积极投身技能传承和人才培养工作，带徒授课 750 余学时，编写各类培训教材 15 万余字，指导徒弟在国家、集团公司、分公司三级比赛中取得 3 金 8 银 22 铜；以其名字命名的创新工作室先后获得广东省总工会及中国海洋石油集团有限公司授牌，成为中国海油首批五家大师级工作室之一。陈可营所代表的一线海油人正在用自己的实际行动深耕蓝疆，精技兴业，助力中国海油“七年行动计划”快速落地实施，保障国家能源战略安全。

奋进新征程，担当新使命。今后在工作中，央企青年要继续攻坚克难、勇毅前行，一步一个脚印，做好本职工作，致力于公司的高质量发展，贡献自己的智慧和力量。

国家电网北京丰台供电公司技术骨干张岩，先后担任北京冬奥组委规划建设部专项工作处主管、冬奥电力运行中心运行团队场馆秘书长。从进入冬奥组委的第一天，张岩就迅速进入角色，与团队成员加紧组织冬奥电力工作协调小组会、国际奥委会电力专项审议会、技术审议会，对各利益相关方工作职责进行细化和分解，有条不紊地推动冬奥电力建设保障标准制定，确定了冬奥电力运行中心场馆建设方案和场馆临时电力设施设计。

北京 2022 年冬奥会和冬残奥会电力运行中心（EOC）是冬奥保电指挥的重要枢纽。电力运行中心筹办之初，张岩与团队成员分组开展多方协调，提供了整套可行的组织架构和运行方式建议，并带领相关工作人员完善运行计划，确保电力指挥体系的高效运转。他也因此荣获“北京冬奥会、冬残奥会突出贡献个人”称号。

从 2018 年到 2022 年 5 年间，国网北京电力聚力攻坚，汇聚成赛区的灯火辉煌。张岩见证着这场冬奥盛会。他说，点亮它们的是千千万万像他一样的电力人。张岩他们像线一样点点串联起各方力量，默默担负起冬奥供电服务保障的无限责任。

攻坚克难，展现的是能力素质，体现的是担当作为。中华民族伟大复兴绝不是轻轻松松、敲锣打鼓就能实现的。只要我们勇于善于攻坚克难，在发展机遇面前能主动出击、困难矛盾面前能迎难而上、危险挑战面前能挺身而出，我们就一定能交出不负时代、不负人民的答卷。

激扬自信自强的精神力量

思想领航

人无精神则不立，国无精神则不强。唯有精神上站得住、站得稳，一个民族才能在历史洪流中屹立不倒、挺立潮头。2022 年全国“两会”期间，习近平总书记作出我国发展具有“五个战略性有利条件”的重大论断，其中一条就是“有自信自强的精神力量”。2022 年 5 月 10 日，习近平总书记在庆祝中国共产主义青年团成立 100 周年大会上发表重要讲话指出：“新时代的中国青年，更加自信自强、富于思辨精神，同时也面临各种社会思潮的现实影响，不可避免会在理想和现实、主义和问题、利己和利他、小我和大我、民族和世界等方面遇到思想困惑，更加需要深入细致的教育和引导，用敏锐的眼光观察社会，用清醒的头脑思考人生，用智慧的力量创造未来。”

一个时代的精神风貌，总是在青年身上得到最生动的体现。新时代中国青年满怀“可以平视这个世界”的自信，以前所未有的深度和广度认识世界、融入世界，在对外交流合作中展示出理性包容、自信自强的精神风采。广大央企青年要鼓起“自信人生二百年，会当水击三千里”的豪情，磨炼“踏平坎坷成大道，斗罢艰险又出发”的斗志，以朝气蓬勃的青春之姿，不断突破极限、超越自我，在各个岗位上书写奋发有为的新篇章。

青春风采

冬奥会延庆赛区场馆群通信经理兼延庆冬奥村技术经理，中国联通北京市延庆区分公司冬奥会项目运营团队负责人祁嘉楠，和其他团队成员一起用 1800 多个日日夜夜，将延庆小海陀山这个“信号盲区”变成了 5G 全覆盖的通信高速地带，圆满完成了冬奥通信保障任务。

冬天，海拔 2198 米的小海陀山最低温度达到零下 30 多摄氏度，最大风力达到 9 级。“整个人都被吹僵、吹透了，施工结束后，施工队 20 多名师傅手冻得跟胡萝卜似的。”但即便在这样的条件下，祁嘉楠还是和同事们一起创造了 10 天完成国内第一条符合国际雪联认证要求的管道内计时记分线缆铺设工作、5 天完成中国联通第一个冬奥标准机房建设工作的奇迹。

祁嘉楠 2016 年参与冬奥会筹办相关工作，2019 年全面负责延庆赛区通信建设工作，出色完成延庆赛区所有冬奥测试活动通信重保任务。2022 年 1 月，他第一批进入闭环，常驻延庆冬奥村，从来没有回过驻地酒店，7 × 24 小时为延庆赛区通信系统平稳运行保驾护航。他带领的团队全面实现网络保障零失误、通信保障零中断、网络信息安全零漏洞、赛事服务零投诉、保障人员零感染，得到北京冬奥组委和各国代表团的高度赞扬！

没有豪言壮语，只有默默的坚守，祁嘉楠在重大任务中勇挑重担、积极作为，充分展示了一名青年共产党员的敬业、执着、拼搏、担当！

矛盾和难题最能考验一个人敢于担当的精神。敢于担当，就是要遇到矛盾不回避、碰到难题不绕道。当前，我们面临的矛盾千头万绪，需要啃的“硬骨头”很多，如果没有敢于担当的精神，那什么事情都做不成。

鞍钢股份炼钢总厂连检三作业区点检长、首席技师刘铁，被誉为全国钢铁行业 RH 炉真空精炼专家，他开创了全国钢铁行业真空炉领域密封段盘根在线快速更换的先河，攻破了行业内真空炉普遍存在顶枪回火烧枪的技术难题，经其改进的氧枪在全国钢铁行业 RH 炉中使用寿命最长。

在炼钢总厂，工人师傅们给刘铁起了个绰号——“刘改革”，因为他革新设备，所以对故障难题总能找到解决办法。比如，他研究的顶枪链条快换技术使检修时间由 8 小时降低到 3 小时，创下了更换链条历史最少时间纪录。他不断创新攻关，完善设备功能、精度，开拓新技术，提升精炼、连铸设备技术能力，保障了设备高质量运行。他研究的 RH 密封段盘根快换技术，得到行业专家高度赞许，年创效益 753.8 万元。正是凭着这股不断创新的劲头，他管辖的区域设备开动率达到历史最高水平，为鞍钢生产精品钢起到重要的推动作用。多年来，他潜心钻研技术，通过一系列创新改进，对经常制约生产的设备故障点进行攻关，使 RH 炉的整体能力达到并超过设计要求，居国内领先地位，达到世界一流水平。

犯其至难方能图其至远。正如作家冰心所言：“成功的花，人们只惊慕她现时的明艳！然而当初她的芽儿，浸透了奋斗的泪泉，洒遍了牺牲的血雨。”可以说，一个人只有经历实践中的摸爬滚打、摸索前行，激扬自信自强的精神力量，向困难宣战、与挑战斗争，才能获得真正的成长。

钟声，现任定南大华新材料资源有限公司技术研发部部长、工程师。从基层技术员到管理者，他勤恳实干，创新奉献，近年完成公司级项目 10 项，市级项目 2 项，参与实施五矿稀土集团承担的国家重点研发计划课题：低放射性残渣稳定化安全处置。参与 3 项国家和行业标准的制定，获实用新型专利 10 项，创建公司省级企业技术中心。

作为共产党员和技术研发部负责人，钟声很早就开始筹建企业技术中心，通过完善研发管理制度，招聘 8 名技术人员，引进采购、安装、调试、运营设备设施，持续开展自主和合作研发工作，4 年时间内技术中心先后被认定为赣州市技术创新中心、江西省省级企业技术中心。同时，通过项目驱动、持续的研发投入，不断输出研发成果，使公司被认定为国家高新技术企业。

一段时间以来，由于环烷酸市场变化，公司难以采购适合萃取分离的环烷酸。环烷酸对于南方离子型稀土矿分离属关键技术，关系相关产品的产出。钟声带领团队走访五矿稀土研究院、环烷酸生产企业、辽宁科技大学，共同分析环烷酸和稀土行业的现状和需求，与各方通力合作，通过 300 多次的试验，制定环烷酸的鉴定方法和企业标准，创出了一条以环烷酸纯化及精准调制再生解决有机相的新办法，2019 年底至 2020 年初成功恢复了公司停滞的老 HA 线，恢复了环烷酸萃取线 90% 的产能，解决了氧化钇产能不足的技术瓶颈问题。

对青年来说，困难是自身成长的“营养剂”，挑战是提升本领的“磨刀石”。没有经历过让人挠头的事情，没有经历过突发情况、复杂环境的磨炼，很难有真正意义上的成长。

中国航空工业集团宏光空降装备有限公司试跳员范亮，累计跳伞次数达 2000 多次，试跳过国内在产的各种伞型和预研伞型。在空降空投事业中，他全程参与我国大型运输机功能性试验，完成各项试验数据测算，大大提升了大型运输机空降空投能力，有效提高了部队战斗力。

他完成了高原海拔数千米高空跳伞试验，保证某新型伞兵伞顺利列装空降兵部队。他在零下 60 摄氏度的极寒条件下跳伞，完成某新型伞兵伞的科研试验，填补了国内相关技术领域的空白。2021 年到 2022 年全程参与某新型伞兵伞的跳伞试验，完成携带数十公斤单兵装具包延迟坠落跳伞，填补了国内携装自由坠落跳伞的空白。

2017 年 9 月，在某科研伞型鉴定试验的某次高原试跳过程中，范亮的主伞突然出现特殊情况：单边脱离，备份伞被动拉出，造成两伞同时充气带着他在空中旋转。他根据经验判断，此刻必须马上飞脱主伞，不然就会出现两伞相互缠绕，造成两伞同时失效的危险，于是他果断拉动飞伞把柄，放飞了出现特殊情况的主伞，及时制止了主伞与备份伞的缠绕。如此处置后，备份伞正常充气，范亮也安全落地。这是范亮第一次在开伞过程中出现特殊情况，事后试跳队队长、其他试跳员及设计员也第一时间了解了情况并分析了原因，为该型伞设计定型找到了设计缺陷，消除了部队在试训中的安全隐患。后来他感慨道：“空中一分钟，生死一轮回。一名合格的试跳员就是在一次又一次的风险中磨炼出来的。”

面对困难和挑战，央企青年必须以时不我待、刻不容缓的斗争精神，勇敢地“闯”、大胆地“创”、扎实地“干”，以永不懈怠的精神状态和一往无前的奋斗姿态开创事业发展新局面，在全面建设社会主义现代化国家新征程上，努力以不负韶华的奋斗争取更大荣光。

2021 年 3 月，“保利物业杯”全国物业管理行业职业技能竞赛落下帷幕，在物业精英云集的赛场上，90 后小将陈良一举夺魁，斩获物业管理行业的至高荣誉——2020 年“全国物业管理行业职业技能竞赛”物业管理员第一名！陈良在备赛时，翻烂了 5 本复习材料，写完了 18 支笔，阅读了 100 多部法律文件，做了 100 多套试题，刷过 10000 多道题目，备赛紧张状态堪比高考。

苦心精钻业务，展示青年奋进风采。2019 年，垃圾分类工作在广州推广落地后，陈良担任工作组代表，牵头对接街道和业主代表，从楼层撤桶到分类点选择始终走在前列，先后组织开展了 13 场“共创共建绿色家园”垃圾分类主题宣讲活动，参加的群众近万人次。通过多方协调和团队的不懈努力，陈良所在项目荣获“广州市垃圾分类样板小区”和“广州市物业管理示范住宅小区”的称号。2020 年，作为广州市垃圾分类成果的重点展示项目，他迎接了来自全国各省市的观摩代表团 20 余批次、1000 余人次的参观学习，受到公司和业界协会的高度认可。陈良获得了“全国技术能手”“全国优秀共青团员”称号。

“艰难方显勇毅，磨砺始得玉成。”身处大有可为的新时代，央企青年要以高度的政治责任感和历史使命感，不断提高解决实际问题的能力，在经风雨、见世面中壮筋骨、长才干，以自信自强精神攻坚克难，不断开创事业发展新局面。

中国一重大连工程技术公司热轧装备设计研究院副院长、党支部书记马博，十余年如一日，钻研技术，一步一个脚印地成长为冶金热轧领域技术带头人。先后当选中国金属学会冶金设备分会第八届委员会委员、中国重型机械工业协会专家委员会委员、长三角钢铁产业发展协会特钢产业专家库成员。

在早期的热轧工程技术总体方案制订过程中，马博发现涉及装备工艺技术层面，设计者惯用大量经验值，由于缺乏数据和机理支撑，在与国际先进企业同台竞争时，总是缺乏技术底气。他暗暗下定决心，将热轧工艺技术的突破作为自己的奋斗目标。他从中国一重多年的高端热轧装备丰富实践中汲取经验，从最基础的轧制工艺理论出发，持续学习国内外专业领域最新的技术成果，理论研究和工程实际双管齐下，全身心地投入自己热爱的热轧工艺技术研究之中。

他带领攻关团队成功开发出“精品板带热轧生产线智能化设计及在线工艺优化系统”等 3 个专业数字化软件系统平台，实现了传统技术与新兴智能技术的融合，填补了 2 项国内技术空白。马博是冶金热轧工艺装备技术创新的引领者，他主持开发了“薄规格高效不锈钢热连轧生产线技术及工程应用”等 4 个重点创新项目，打破了国外高端不锈钢热轧技术垄断，为解决国家“卡脖子”技术问题作出了突出贡献。

一个民族的兴旺，一个国家的崛起，离不开自信自强，也离不开拼搏向上。今天，中国人民更加自信、自立、自强。新时代央企青年要始终坚持团结奋斗，握指成拳，合力致远，汇聚起砥砺前行、攻坚克难的强大精神力量。